新・スタンダード憲法

古野豊秋・畑尻　剛　編〔第４版補訂版〕

はしがき

本書の旧版が出てから８年，改訂版が出てから５年の歳月が経ちました。この間には内外で激しい政治的・経済的・社会的な変化がみられ，それに伴って，実務ばかりでなく，学説においても新たな展開がみられました。

そこで，本書はほぼ全面的に改訂して，このような時代の変化に対応することにしました。とはいえ，旧版の編集方針は，基本的に継承しております。しかし，旧版と大幅に異なる点は，以下のとおりです。

⑴　執筆者の人数が旧版よりも６名増えました。そして，その６名の担当箇所も，旧版からの執筆者と同様に，各自の専門分野であります。

⑵　旧版では，判例の参照を本書とは別の判例集で行いましたが，新版では読者の便宜を考えて，代表的な判例（51件）を巻末に掲載しております。なお，最高裁判所の判例については，上告人の主張の内容を掲載して，争点を明確にしてあります。また，判例の引用については，判例の原文を長々とそのまま引用するのではなく，判旨の論理的筋道が明確に把握できるように，執筆者が適宜原文をつなぎ合わせる方法を採用しました。

⑶　本書では，旧版より１章増やして，基本的人権の国際的保障の流れに対応しております（21章)。また，情報化社会における諸問題に対応するため，旧版よりも叙述の分量を増やしております。さらに，統治の分野では，いわゆる行政国家現象における憲法と行政・行政法との対応関係にも留意して執筆しております。

⑷　本書は，当初より，公務員試験や各種の資格試験にも資することを目的としています。この目的のために，従来よりもさらに質や量を充実させております。たとえば，最新の学説や判例の動向をフォローし，さらに，学説の対立については，その理論的な背景までフォローして，各種の試験勉強に対して便宜を図っております。

⑸　旧版では，学部を問わず教育を念頭においていましたが，本書ではそ

れに加えて，ロースクールの教育をも視野に入れたロースクール１年生の入門書としての性格をもたせております。

このたびの新版により，本書の特色がますます活用され，それとともに本書の存在価値がなおいっそう高まれば幸いです。

2003年３月

編　　者

補訂版　はしがき

本書が刊行されてからまだ２年しか経っていませんが，しかしその間にいわゆる司法改革の一環として法科大学院が開設されました。また，政治的には，憲法改正に関する議論が盛行しております。さらには，この間に憲法に関する新たな法令が制定され，また重要な最高裁判所の判決も出されました。

そこで，このような事情に対応すべく，本書に対する必要最小限度の補訂をすることにしました。とくに，法科大学院との関係では，本書はいわゆる法学未習者を念頭に置いた記述を増やしました。また，既習者を対象とした新たな参考文献も掲示しました。さらに，法科大学院の開設に伴う執筆者の所属の変更については，巻末で新たな所属を掲示しました。

なお，本書の基本方針や旧版以来の本書の特色である各学部の授業や公務員試験および各種資格試験の教科書・参考書としての性格には変更はありません。

本書の補訂版により，その特色が大いに活用されれば幸いです。

2005年３月

編　　者

改訂版　はしがき

本書の補訂版が刊行されてからすでに３年経ちました。その間に，憲法に関する重要な立法や最高裁判所の判例が数々登場しました。また，法科大学院の修了者を対象とした新司法試験がすでに２回も実施されております。

そこで，本書もこれらの状況の変化に対応すべく，改訂版を刊行することにしました。編集方針は従来と変わりありませんが，今回の改訂版でとくに留意したのは，「判例セレクト51」に収録されている判例の整理と最新判例の追加です。また，最新の立法（たとえば，裁判員制度や憲法改正手続に関する法律など）についても，新たに説明を加えました。

これまで，本書がコンパクトな憲法の概説書として，「スタ･憲」あるいは「新スタ･憲」の愛称のもとに読者の間で好評を博していることは喜ばしい限りです。今回の改訂を契機になおいっそう本書の特色が活用されれば幸いです。

2007年11月

編　　者

第３版　はしがき

1995年に本書の旧版が発行されてから今年で15年経過しました。この15年間において，憲法の学説や最高裁の判例に大きな変化が見られました。その背景には，国内の政治的・経済的・社会的，さらには国際的な大きな情勢の変化が存在することは，いうまでもありません。

このような学説や判例の新しい変化に対応して，本書をさらに発展させるべく，ここに本書の第３版を発行する次第です。

本書の特色がこれまで以上に広く活用されれば，幸いです。

2010年３月

編　　者

第４版　はしがき

本書の第３版が2010年３月に発行されてから今年で丸３年が経過します。この３年間において，憲法の学説や最高裁の判例に大きな変化が見られました。その背景に，国の内外の政治的・経済的・社会的な情勢に大きな変化があったことは，いうまでもありません。

そこで，このような学説や判例の新しい変化に対応して本書をさらに発展させるべく，本書の編者を新たに１名追加し，加えて本書の執筆者をさらに２名追加して，ここに本書の第４版を発行する次第です。

なお，本書の第４版における，形式・用語の統一，事項索引の作成など，様々な煩わしい編集作業には，中央大学大学院法学研究科博士課程後期在籍の太田航平さんをはじめ，同大学院法学研究科博士課程前期在籍の小畠万季さん，斉藤拓実さん，松井智之さんたちに参加してもらいました。ここに記してお礼を述べます。

本書がこれまで以上に広く活用されるようになれば，誠に幸いです。

2013年３月

編　　者

第４版補訂版　はしがき

本書の第４版が2013年４月に発行されてから今年で丸３年が経過します。この３年間において，憲法の学説や最高裁の判例に大変大きな変化が見られました。その背景には，国の内外の政治的・経済的・社会的な情勢に大きな変化があったことは，いうまでもありません。

このよう大きな変化に大幅に対応することは時間の関係で控え，今回はとりあえず最高裁の４件の重要判例を追加し，その詳細な解説を行うことに止めました。

なお，次の版では，憲法の解釈の方法やその限界，あるいはそれに関連する憲法学の基本的な問題について言及する予定です。

本書がこれまで以上に広く活用されるようになれば，誠に幸いであります。

2016年３月

編　　者

目　次

第５章　基本的人権総論

第６章　包括的人権

第７章　精神的自由(1)

第８章　精神的自由(2)

第９章　経済的自由

第10章　適正手続の保障と人身の自由

第11章　受益権（国務請求権）

第12章　社　会　権

第13章　参　政　権

第14章　国　　　会

第15章　内　　閣

第16章　裁　判　所

カバー・表紙・本扉デザイン　**山下 勇三**

判例セレクト55　一覧

〔本書中の〔1〕～〔51〕の書体番号は，巻末付録に掲載の判例番号に対応〕

〔1〕　警察予備隊違憲訴訟（最大判昭和27.10.8民集6巻9号783頁）
〔2〕　チャタレイ事件（最大判昭和32.3.13刑集11巻3号997頁）
〔3〕　砂川事件（最大判昭和34.12.16刑集13巻13号3225頁）
〔4〕　東京都公安条例事件（最大判昭和35.7.20刑集14巻9号1243頁）
〔5〕　奈良県ため池条例事件（最大判昭和38.6.26刑集17巻5号521頁）
〔6〕　「宴のあと」事件（東京地判昭和39.9.28下民集15巻9号2317頁）
〔7〕　恵庭事件（札幌地判昭和42.3.29下刑集9巻3号359頁）
〔8〕　朝日訴訟（最大判昭和42.5.24民集21巻5号1043頁）
〔9〕　都教組事件（最大判昭和44.4.2刑集23巻5号305頁）
〔10〕　博多駅テレビフィルム提出命令事件（最大決昭和44.11.26刑集23巻11号1490頁）
〔11〕　京都府学連事件（最大判昭和44.12.24刑集23巻12号1625頁）
〔12〕　八幡製鉄事件（最大判昭和45.6.24民集24巻6号625頁）
〔13〕　小売商業調整特別措置法事件（最大判昭和47.11.22刑集26巻9号586頁）
〔14〕　尊属殺重罰規定事件（最大判昭和48.4.4刑集27巻3号265頁）
〔15〕　全農林警職法事件（最大判昭和48.4.25刑集27巻4号547頁）
〔16〕　三菱樹脂事件（最大判昭和48.12.12民集27巻11号1536頁）
〔17〕　猿払事件（最大判昭和49.11.6刑集28巻9号393頁）
〔18〕　薬事法事件（最大判昭和50.4.30民集29巻4号572頁）
〔19〕　徳島市公安条例事件（最大判昭和50.9.10刑集29巻8号489頁）
〔20〕　衆議院議員定数不均衡訴訟（最大判昭和51.4.14民集30巻3号223頁）
〔21〕　旭川学テ事件（最大判昭和51.5.21刑集30巻5号615頁）
〔22〕　津地鎮祭事件（最大判昭和52.7.13民集31巻4号533頁）
〔23〕　マクリーン事件（最大判昭和53.10.4民集32巻7号1223頁）
〔24〕　前科照会事件（最判昭和56.4.14民集35巻3号620頁）
〔25〕　大阪空港公害訴訟（最大判昭和56.12.16民集35巻10号1369頁）
〔26〕　堀木訴訟（最大判昭和57.7.7民集36巻7号1235頁）
〔27〕　税関検査事件（最大判昭和59.12.12民集38巻12号1308頁）
〔28〕　在宅投票制度廃止事件（最判昭和60.11.21民集39巻7号1512頁）
〔29〕　北方ジャーナル事件（最大判昭和61.6.11民集40巻4号872頁）
〔30〕　森林法事件（最大判昭和62.4.22民集41巻3号408頁）
〔31〕　サンケイ新聞意見広告事件（最判昭和62.4.24民集41巻3号490頁）
〔32〕　殉職自衛官合祀事件（最大判昭和63.6.1民集42巻5号277頁）

〔33〕 百里基地事件（最判平成1.6.20民集43巻6号385頁）
〔34〕 予防接種禍訴訟（最判平成3.4.19民集45巻4号367頁）
〔35〕 大阪府知事交際費事件（最判平成6.1.27民集48巻1号53頁）
〔36〕「逆転」事件（最判平成6.2.8民集48巻2号149頁）
〔37〕 定住外国人参政権訴訟（最判平成7.2.28民集49巻2号639頁）
〔38〕 泉佐野市市民会館使用不許可事件（最判平成7.3.7民集49巻3号687頁）
〔39〕 婚外子の法定相続分差別規定違憲訴訟(1)（最大判平成7.7.5民集49巻7号1789頁）
〔40〕 神戸高専事件（最判平成8.3.8民集50巻3号469頁）
〔41〕 愛媛玉串料訴訟（最大判平成9.4.2民集51巻4号1673頁）
〔42〕 輸血拒否訴訟（最判平成12.2.29民集54巻2号582頁）
〔43〕 郵便法事件（最大判平成14.9.11民集56巻7号1439頁）
〔44〕 外国人の公務就任権事件（最大判平成17.1.26民集59巻1号128頁）
〔45〕 船橋市立図書館蔵書廃棄事件（最判平成17.7.14民集56巻6号1569頁）
〔46〕 在外邦人選挙権訴訟（最大判平成17.9.14民集59巻7号2087頁）
〔47〕 旭川市国民健康保険条例事件（最大判平成18.3.1民集60巻2号587頁）
〔48〕 内閣総理大臣の靖國参拝事件（最判平成18.6.23判時1940号122頁，判タ1218号183頁）
〔49〕 NHK記者証言拒絶事件（最決平成18.10.3民集60巻8号2647頁）
〔50〕 君が代伴奏拒否事件（最判平成19.2.27民集61巻1号291頁）
〔51〕 国籍法事件（最大判平成20.6.4民集62巻6号1367頁）
〔52〕 空知太神社事件（最大判平成22.1.20民集64巻1号1頁）
〔53〕 一人別枠方式の違憲性（最大判平成23.3.23民集65巻2号755頁）
〔54〕 堀越事件（最判平成24.12.7刑集66巻12号1337頁）
〔55〕 婚外子の法定相続分差別規定違憲訴訟(2)（最大決平成25.9.4民集67巻6号1320頁）

参考文献一覧

芦部信喜（高橋和之補訂）・憲法〔第6版〕，2015，岩波書店
芦部信喜・憲法学Ⅰ・Ⅱ・Ⅲ〔増補版〕，1992，1994，2000，有斐閣
芦部信喜・憲法判例を読む，1987，岩波書店
新正幸・憲法訴訟論〔第2版〕，2010，信山社
有倉遼吉＝時岡弘編・条解日本国憲法〔改訂版〕，1989，三省堂
市川正人・ケースメソッド憲法〔第2版〕，2009，日本評論社
伊藤正己・憲法〔第3版〕，1995，弘文堂
岩間昭道・憲法綱要，2011，尚学社
岩間昭道＝戸波江二編・司法試験シリーズ憲法Ⅰ・Ⅱ〔第3版〕，1994，日本評論社
内野正幸・憲法解釈の論点〔第4版〕，2005，日本評論社
浦田賢治＝大須賀明・新 判例コンメンタール日本国憲法１・２・３，1994，有斐閣
浦部法穂・憲法学教室〔第3版〕，2016，日本評論社
大石眞・憲法講義Ⅰ・Ⅱ〔第2版〕，2009，2012，有斐閣
大石眞＝石川健治編・憲法の争点，2008，有斐閣
大石眞＝大沢秀介編・判例憲法〔第3版〕，2016，有斐閣
大沢秀介・憲法入門〔第3版〕，2003，成文堂
奥平康弘・憲法Ⅲ，1993，有斐閣
甲斐素直・憲法演習ゼミナール読本上・下，2008，信山社
神余隆博編・国際平和協力入門，1995，有斐閣
川又伸彦・マスター憲法，2009，立花書房
川添利幸・憲法概論，1961，文久書院
川添利幸＝山下威士編・憲法詳論，1989，尚学社
木下智史＝村田尚紀＝渡辺康行編・事例研究憲法，2008，日本評論社
清宮四郎・憲法Ⅰ〔第3版〕，1979，有斐閣
工藤達朗・憲法の勉強，1999，尚学社
栗城壽夫＝戸波江二編・憲法〔補訂版〕，1997，青林書院
小嶋和司・憲法概説，2004，信山社
芹沢斉＝市川正人＝阪口正二郎編・新基本法コンメンタール憲法，2011，日本評論社
小林直樹・憲法講義上・下〔新版〕，1980，1981，東京大学出版会
小山剛・「憲法上の権利」の作法〔第3版〕，2016，尚学社

小山剛＝山本龍彦＝新井誠編・憲法のレシピ，2007，尚学社
小山剛＝駒村圭吾編・論点探究憲法〔第2版〕，2013，弘文堂
佐藤功・日本国憲法概説〔全訂第5版〕，1996，学陽書房
佐藤功・憲法上・下〔新版〕，1983，1984，有斐閣
佐藤幸治・日本国憲法論，2011，成文堂
佐藤幸治＝中村睦男＝野中俊彦・ファンダメンタル憲法，1994，有斐閣
渋谷秀樹・憲法〔第3版〕，2017，有斐閣
渋谷秀樹＝赤坂正浩・憲法1・2〔第6版〕，2016，有斐閣
渋谷秀樹＝大沢秀介＝渡辺康行＝松本和彦編・憲法事例演習教材，2009，有斐閣
清水睦・憲法〔改訂新版〕，1979，南雲堂深山社
清水睦＝吉田善明＝高見勝利＝鴨野幸雄＝野中俊彦＝中川剛＝新正幸・憲法講義(1)，1979，有斐閣
初宿正典・憲法1・2〔第3版〕，2002，2010，成文堂
杉原泰雄・憲法Ⅰ・Ⅱ，1987，1989，有斐閣
杉原泰雄編集代表・新版体系憲法事典，2008，青林書院
田中英夫・憲法制定過程覚え書，1979，有斐閣
辻村みよ子・憲法〔第6版〕，2018，日本評論社
高橋和之・立憲主義と日本国憲法〔第4版〕，2017，有斐閣
長谷部恭男＝石川健治＝宍戸常寿編・憲法判例百選Ⅰ・Ⅱ〔第6版〕，2013，有斐閣
戸波江二・憲法〔新版〕，1998，ぎょうせい
戸松秀典・憲法訴訟〔第2版〕，2008，有斐閣
戸松秀典・プレップ憲法〔第4版〕，2016，弘文堂
戸松秀典＝初宿正典編・憲法判例〔第8版〕，2018，有斐閣
長尾一紘・日本国憲法〔全訂第4版〕，2011，世界思想社
中村睦男・憲法30講〔新版〕，1999，青林書院
根森健＝山下威士＝山下泰子・平和と人権の法，1980，南窓社
野中俊彦＝中村睦男＝高橋和之＝高見勝利・憲法Ⅰ・Ⅱ〔第5版〕，2012，有斐閣
橋本公亘・日本国憲法〔改訂版〕，1988，有斐閣
長谷部恭男・憲法〔第7版〕，2018，新世社
長谷部恭男他編・ケースブック憲法〔第4版〕，2013，弘文堂
樋口陽一・憲法〔第3版〕，2007，創文社
樋口陽一・比較憲法〔全訂第3版〕，1992，青林書院
樋口陽一＝佐藤幸治＝中村睦男＝浦部法穂・憲法Ⅰ・Ⅱ・Ⅲ・Ⅳ，1994，1997，1998，2004，青林書院

樋口陽一＝野中俊彦編・憲法の基本判例〔第2版〕，1996，有斐閣
樋口陽一編・ホーンブック憲法〔改訂版〕，2000，北樹出版
平野武＝中谷実＝南川諦弘＝有澤知子・新判例憲法，1994，三和書房
松井茂記・日本国憲法〔第3版〕，2007，有斐閣
宮沢俊義（芦部信喜補訂）・全訂日本国憲法，1978，日本評論社
棟居快行・憲法解釈演習〔第2版〕，2009，信山社
棟居快行＝工藤達朗＝小山剛編・プロセス演習憲法〔第4版〕，2011，信山社
安西文雄＝巻美矢紀＝宍戸常寿・憲法学読本〔第2版〕，2014，有斐閣
山内敏弘編・新現代憲法入門〔第2版〕，2009，法律文化社
山内敏弘編・有事法制を検証する，2002，法律文化社
吉田善明・日本国憲法論〔第3版〕，2003，三省堂

新・スタンダード憲法

第1章
憲法総論

1. 憲　　法

1. 意　味

（1）　固有の意味の憲法

これは，簡単には，国家の基本法のことである。伝統的な国家学によれば，国家には，領土，国民，統治権力の三つの要素がある。その中でも重要なのは，統治権力の要素であり，固有の意味の憲法は，特に，この統治権力のあり方（組織・作用）を定めた規範のことをいう。このような規範は，古今・東西を問わず，あるいは，規模の大小を問わず，およそ国家である限り，どのような国家も有している。

（2）　歴史的意味の憲法

これは，特定の国家の特定の歴史的段階における固有の意味の憲法のことであり，その内容には，それぞれの時代における政治的状況の特徴が含まれている。中でも重要なものが，近代国家における憲法（近代的意味の憲法・近代憲法）である。というのも，この意味の憲法は，それまでの国家のあり方を否定して，国家の統治権の主体を，君主ではなくて国民とし，国家の統治権の目的を，国民の人権の保障におき，そのために，国家の権力を分立したからである（フランス人権宣言16条参照)。ちなみに，人権の保障および権力の分立を基本原理とする考え方を近代立憲主義という。なお，現代憲法もこの近代憲法の流れを汲んだものである。

（3）　形式的意味の憲法

これは，成文の憲法典のことである。つまり，固有の意味の憲法が成文で，しかも体系的に法典化されたものである。この場合には，憲法の内容が文章によって明確に表現される。近代的意味の憲法は，その特徴を明らかにするために，一般に憲法典の形式をとっている。

（４） 実質的意味の憲法

これは，固有の意味の憲法が憲法典とは別の形式で表現されているものである。この場合の形式には，成文法ばかりでなく，慣習法も含まれる。たとえば，領土に関する定めは，固有の意味の憲法に属する。わが国の場合，この定めは，憲法典ではなくてポツダム宣言等の国際法の形式で示されている。また，イギリスでは，議院内閣制のような国の統治に関する重要な制度が，成文法ではなくて慣習法の形式によって成立している。

以上，四つの憲法の意味のうち，（１）と（２）は，憲法の内容それ自体に関するものであり，（３）と（４）は，憲法の内容の発現形式（法源）に関するものである。これらの関係をみると，固有の意味の憲法は，必ずしもすべて形式的意味の憲法のうちに含まれている訳ではない。逆に，形式的意味の憲法は，必ずしも固有の意味の憲法だけを含んでいる訳ではない。

２．種　類

（１） 成文憲法・不文憲法

この区別は，憲法の内容が成文か否かによるものである。成文憲法は，憲法の内容がとりあえず明文で示されたものであり，必ずしも体系的に法典化されたものに限らない。もっとも，日本国憲法は，憲法の内容が明文により示され，しかも法典化されている。このように，憲法の内容が明文で示され，しかも法典化された憲法を，成典憲法ともいう。なお，不文憲法は，憲法の内容が成文では示されず，慣習や判例のうちに現れているものである。ちなみに，イギリスの憲法は，一般に，慣習や判例に基づく不文憲法とされるが，権利章典や王位継承法等の成文の憲法も存在する。このように，憲法の内容が，法典化されていない憲法を，不成典憲法ともいう。したがって，イギリスの憲法は，正確には，不成典憲法というべきものである。

（２） 硬性憲法・軟性憲法

この区別は，法律の改正手続と比較した憲法（形式的意味の憲法）の改正手続の難易によるものである。法律の改正手続に比較して，より困難な改正手続をもった憲法を硬性憲法という。軟性憲法は，法律の改正と同様な手続によって改正されうる憲法のことをいう。近代的意味の憲法は，一般に，形式的意味の憲法であり，しかも硬性憲法である。その例外としては，1848年のイタリア憲法があげられる。

（3） 欽定憲法・民定憲法・協約憲法

この区別は，憲法制定の権威によるものである。欽定憲法は，君主主義の原理に基づき，君主が憲法の制定の権威となるものである。その例としては，1814年のフランス憲法やわが国の明治憲法がある。民定憲法は，国民主権主義の原理に基づき，国民が憲法の制定の権威となるものである。その例としては，1791年のフランス憲法やわが国の日本国憲法がある。協約憲法は，君主主権の原理と国民主権主義の原理の妥協に基づき，君主と国民の両者が憲法の制定の権威となるものである。その例としては，1830年のフランス憲法がある。

（4） 単一国家憲法・連邦国家憲法，君主制憲法・共和制憲法

この区別は，国家の体制によるものである。単一国家憲法と連邦国家憲法の違いは，憲法が国家体制として連邦制を採用しているか否かの違いである。また，君主制憲法と共和制憲法の違いは，憲法が国家体制として君主制を採用しているか否かの違いである。

（5） その他

以上の他に，ドイツの憲法学者のレーヴェンシュタイン（Loewenstein, K. 1891-1973）の唱えた規範的（normative）憲法・名目的（nominal）憲法・意味論的（semantic）憲法というものがある。この区別は，憲法と現実との関係によるものである。規範的憲法とは，現実にもその内容が十分に実現されている憲法のことをいう。名目的憲法とは，現実にはその内容がまだ十分には実現されていない，名目上の憲法のことをいう。意味論的憲法とは，現実には実現されてはいるが，その内容は，現実の権力保持者の利益のために既存の権力関係を固定化したに過ぎない憲法のことをいう。

3．性　質

（1） 授権規範性

憲法は，国家機関に対して，一定の行為をなしうる権限を授ける規範としての性質をもっている。たとえば，立憲国家の場合，議会に対しては立法権，政府に対しては行政権，裁判所に対しては司法権が，憲法によって授けられている。独裁国家の場合でも，法的には，独裁権は，憲法によって授けられているのである。

（2）　制限規範性

憲法は，独裁国家の場合は除き，一般に国家権力の行使を枠づける規範としての性質をもっている。特に，近代的意味の憲法は，人権の保障のために，国家権力の濫用を防止する目的をもっている。

（3）　最高規範性

憲法は，国法秩序の最高位の規範としての性質を形式上もっている。この性質により，憲法に反する下位の法規範は無効とされる。なお，近代的意味の憲法の場合には，内容上も，人権の保障を目的としているがゆえに最高規範としての性質があるとされる。

（4）　根本規範性

憲法の基本原理を示す規範を根本規範ということがある。この場合，憲法は，根本規範としての性質をもっているといわれる。ちなみに，この意味での根本規範は，純粋法学の主唱者であるケルゼン（Kelsen, H. 1881-1973）が唱えた法論理的意味での根本規範とは別のものである。（→第20章**1．1**）

4．効　力

（1）　形式的効力

憲法の形式的効力は，上記の憲法の最高規範性に由来するものであり，憲法に違反する法規範または国家の行為を，憲法の内容の是非を問わず，単にそれに違反するという形式的な理由だけで無効とさせるものである。したがって，たとえ法律の内容の方が憲法の内容よりも望ましいものであっても，その法律は，憲法に反するがゆえに無効とされる。このような効力によって，憲法を頂点とする国法秩序が形成されるのである。

（2）　前文の効力

憲法には，一般に，本文の前に「前文」が存在する。それぞれの国の憲法により，その内容は多様であり，単に憲法の制定過程を述べているのもあれば，その憲法の基本原理を述べているものもある。あるいは，この両方を述べているものもある。たとえば，ドイツの憲法（基本法）は統一前には，その制定過程の叙述に加え，ドイツの統一と自由の完成を全ドイツ国民の目的として定めていた。

このような憲法の前文について，特に日本国憲法に限っていえば，まず第1に，その法的規範性が問題となる。前文の内に憲法の基本原理（国民主権，人権保障，平和主義）が含まれていることから，前文の法的規範性が一般に認められている。したがって，前文の内容を変更するには，憲法の改正手続が必要となる。また，一般に，この憲法の基本原理は，憲法の改正の限界を示すものとされる。

第2に問題となるのは，前文の裁判規範性である。この点について，学説は肯定説と否定説とがあるが，後者が有力である。なお，判例では下級審であるが後者の立場を明確に示しているものがある（長沼事件―札幌高判昭51.8.5）。この判例によれば裁判規範が，具体的事件に対して，裁判所によって適用されうる法規範として理解される限り，一般的・抽象的な内容の前文に対しては裁判規範性が認められていない。（→第3章**1. 2.**（1））

なお，前文の解釈基準性については，学説は，一般にこれを肯定する。判例でもこれを肯定するとみられるものがある（砂川事件―最大判昭34.12.16〔3〕）。

2.　近代憲法の諸原理

1．国民主権

（1）　主権の意味

主権（souveraineté（仏），Souveränität（独），sovereignty（英））の概念は，歴史的なものであり，多義的である。一般には，①国家権力そのもの（国家の統治権），②国家権力の属性としての最高・独立性，③国政についての最高の決定権力または権威，あるいは憲法制定権力の意味として理解されている。

（2）　主権論の系譜

1）ボーダンの主権論

フランスの政治思想家ボーダン（Bodin, J. 1530-1596）は，1576年に『国家論』（6巻）を著した。この著作の中で，ボーダンは，君主が有すべき国家権力は，対外的にも，対内的にも最高・絶対的であることを唱えた（君主主権論）。このボーダンの主権論は，君主の絶対的権力によってフランスが統一的な国民国家となることに寄与した。

2）ルソーの主権論

フランスの思想家ルソー（Rousseau, J. J. 1712-1778）は，1762年に『社会契約論』を著した。ルソーによれば，主権とは，人民（peuple）の意思力＝一般意思であり，万能の権力とされる。この場合の人民は，主権の帰属の主体であり，それは社会契約の締結者の全体とされる。しかし，具体的な主権の行使にあたっては，個々の人民がその主体とされる（人民主権論＝プープル主権論）。

ルソーの主権論の大きな特徴は，「主権は，代表されない」という点にある。これは，直接民主主義の考えを示すものである。このルソーの主権論は，絶対君主制に対する理論的な根本的批判を意味した。

3）シェイェスの主権論

フランスの政治家シェイェス（Sieyês, E. J. 1748-1836）は，1789年に，『第三階級とは何か』を著した。シェイェスによれば，主権とは，国民（nation）の共同意思であり，単一不可分の万能な憲法制定権力である。この場合の国民は，個々の具体的な個人ではなく，抽象的・観念的な存在を意味する（国民主権論＝ナシオン主権論）。このような抽象的・観念的存在が主権の主体とされる点では，ルソーの主権論と大差はない。

シェイェスの主権論の大きな特徴は，抽象的・観念的な国民の意思を具体的に形成し，表明する者（国民の代表）が，必然的に要請される点である。この国民の代表が，主権を具体的に行使するのである。この点が，ルソーの主権論と大きく異なる。シェイェスの主権論では，主権は，必然的に代表されるのである。そこに，間接民主主義の考えが示されている。このシェイェスの主権論は，フランス革命の前夜に唱えられ，1791年憲法の採用するところとなった。

（3） 国民主権の特徴と問題点

シェイェスに代表される国民主権論が，近代憲法の基本原理の一つとして制度化されるにしても，その具体的なあり方は，各国々によって当然異なる。ただ一般的な特徴としていえることは，国民主権にあっては，主権を実際に行使する者とその行使を正当化する者とが分離され，国民は，その代表による主権の行使を正当化する地位に止まるということである。

このことは，国民の代表の意思＝国民の意思というフィクション（擬制）を前提にしてはじめて可能である。しかし，現実には，国民の代表の意思が国民の多数派の意思であるにもかかわらず，少数派を含めた国民全体の意思として扱われることがある。この場合には，国民主権は，現実を隠蔽するイデオロギーとして機能することになる。これが，国民主権に内在する困難な問題点である。（→第14章1．1．（1））

2．権力の分立

（1） 権力の分立の意味

国家の統治に関する近代憲法の基本原理で，上述の国民主権に並ぶのが，権力の分立である。国家権力が一つの国家機関に集中すると，その濫用によって国民の権利・自由が侵害されるおそれがある。権力の分立は，このようなおそれを避けるための統治原理であり，その制度は，極めて自由主義的な性格をもっている。この原理によれば，国家の権力は，その作用の種類に応じて，①立法権，行政権，司法権に区分される。そして，②それぞれが，別個の国家機関に割り振られ，③相互に抑制と均衡の関係に置かれる。

（2） 権力分立論の系譜

1）ロックの権力分立論

イギリスの政治思想家ロック（Locke, J. 1632-1704）は，1690年に，『市民政府論』を著した。ロックによれば，国家の権力は，立法権，外交権，執行権とに区分され，そして，立法権が最上位に置かれ，執行権は最下位に置かれる。このようなロックの権力分立論は，いわば水が上から下へ流れ落ちる落水型の権力分立論ということができる。なお，ロックの場合，行政権と司法権は区別されずに執行権に一括されている。

2）モンテスキューの権力分立論

フランスの政治思想家モンテスキュー（Montesquieu, C. L. de Seconda. 1689-1755）は，1748年に，『法の精神』を著した。モンテスキューによれば，国家の権力は，立法権，行政権，司法権とに区分され，それぞれが独立した別個の国家機関の担当とされる。このようなモンテスキューの権力分立論は，いわば三権が一列に並ぶ水平型の権力分立論ということができる。ちなみに，モンテスキューの権力分立論は，イギリスの権力分立制度の紹介の形で展開されたものである。しかし，モンテスキューは，ロックと異なり，執行権を分割して行政権と司法権を明確に区別している。モンテスキューの権力分立論が，三権分立論とよばれる所以である。

（3） 権力分立の特徴と問題点

近代憲法の統治原理としての権力の分立は，それを採用する国々の歴史的・政治的事情によって，その具体的なあり方に当然相違がある。絶対君主に歴史的に対抗してきた議会を有するイギリスの場合には，権力の分立にあっても，立法権が当然に重視される。世襲制の裁判官を歴史的に有したフランスの場合には，権力の分立にあっても，司法権の地位は立法権よりも劣る。また，独立に際し，イギリス本国の議会とも対抗したアメリカの場合，立法権ばかりでなく行政権や司法権の地位も重視される（モンテスキュー流の権力の分立)。しかし，それにもかかわらず，権力の分立は，上述のように，自由主義的な政治思想に基づく点に特徴がある。

もっとも，民主主義の観点からみれば，制度上，国民の意思を反映する議会あるいは大統領の方に権力が集中されてしかるべきではないか，という問題が，権力の分立に対して提起されるであろう。しかし，自由主義およびそれに基づく権力の分立は，権力の集中による権力の濫用に対して国民の権利・自由を守ろうとするものである。したがって，自由主義の観点からすれば，いかなる名目の権力の集中も許されないことになる。いわゆる大統領制は，確かに大統領に行政権が集中するが，しかしすべての国家権力が集中するものではない。他方，議院内閣制は，確かに行政権が議会の意思に依存するものの，しかし議会が行政権を行使する訳ではない。（→第15章**1．3**）

3．人権の保障

（1） 人権の意味

近代憲法の基本原理として極めて重要なものが，人権の保障である。上述の国民主権や権力の分立が国家の統治の組織に関する基本原理とすれば，人権の保障は，国家の統治の目的に関する基本原理ということができる。

このような人権の保障の原理は，国民主権や権力の分立の原理と同様に，近代自然法思想から強く影響を受けたものである。ロック等に代表される近代自然法思想の特徴は，個人主義・自由主義の立場である。この立場にあっては，国家以前に個人の人間としての権利が所与のものとして存在しており（自然権），国家の任務は，この個人の人間としての権利を保障することにある。近代憲法における人権は，このような自然権の観念を背景としているのである。この人権の意味を一言でいうならば，人間が人間として当然に有する権利ということである。

（2） 人権の保障の歴史

近代憲法における人権保障の歴史については，大別して，①人権宣言前史，②人権宣言，③人権宣言の普及の三段階に分けることができる。

1）人権宣言前史

18世紀後半のアメリカやフランスでの人権宣言の段階に先行して，イギリスではすでに13世紀の初頭において，マグナ・カルタ（1215年），17世紀に権利請願（1628年），権利章典（1689年）等が存在していた。しかし，マグナ・カルタの場合は，貴族であるバロンたちの封建的な特権の保障を要求するものであり，権利請願および権利章典は，イギリス国民が歴史的・伝統的に認められてきた権利・自由の保障を要求するものであった。その意味では，これらの権利は，人間が人間として当然に有する権利としての近代憲法の人権の観念とは性質を異にしている。

2）人権宣言

イギリスの植民地からの独立戦争を経験したアメリカでは，1776年のヴァージニアの権利章典や13州の独立宣言，およびその後の各州における権利宣言において，自然権ないし天賦人権思想を背景とした人権の観念が表明された。人間であれば，誰でもが当然に有する権利としての人権である。また，革命により旧体制が崩壊したフランスでは，1789年に「人および市民の権利の宣言」，いわゆるフランス人権宣言が出された。ちなみに，冒頭の第１条で，人は生まれながら自由・平等であることを規定しているこの人権宣言が，アメリカの独立宣言やヴァージニアの権利章典の影響を受けていることは周知のとおりである。

近代憲法における人権の観念は，近代自然法思想を背景とし，そして，アメリカの独立宣言および各州の権利宣言，さらにはフランスの人権宣言の形を通して実定化されたのである。

3）人権宣言の普及

イギリス，アメリカ，そしてフランスへと連なる人権保障の流れは，19世紀ヨーロッパ大陸へと及んだ。1831年のベルギー憲法，1849年のフランクフルト憲法，1850年のプロイセン憲法，何れもが権利・自由の保障を定めている。しかし，この権利・自由が保障されうるのは，個々の人間ではなく，ベルギー国民であり，ドイツ国民であり，そしてプロイセン人であった。18世紀後半，人間が人間として当然に有する権利として宣言された人権は，19世紀ヨーロッパ大陸の君主制国家においては，その国家に所属する「国民」の権利・自由として普及したのである。わが国の明治憲法もこの流れを汲むものである。

（3） 人権の体系

近代憲法における人権を分類・体系化する場合，その基準にはいろいろなものがある。その中でも代表的なのが，19世紀ドイツの公法学者イェリネク（Jellinek, G. 1851-1911）がその著書『公権論』（1892）で示した基準である。イェリネクによれば，この基準は，国民の国家に対する地位に求められる。この国民の国家に対する地位としては，①受動的地位，②消極的地位，③積極的地位，④能動的地位の四つがあげられる。

このうち，①の受動的地位は，国民が国家の支配権に服す地位であり，この地位に対応するものは，国民の権利ではなくて義務の方である。②の消極的地位は，国民が国家から自由という地位であり，この地位に対応するものが，自由権である。③の積極的地位は，国民が国家の作用を求めうるという地位であり，この地位に対応するものが，裁判を受ける権利等の受益権である。④の能動的地位は，国民が国家の意思形成に参加する地位であり，この地位に対応するものが，参政権である。

このようなイェリネクの基準は，「国民」の国家に対する地位であり，人間が人間として当然に有する権利としての人権の分類・体系化には必ずしも十分なものではない。それにもかかわらず，一つの有力な基準であることに変わりはない。

（４） 人権の保障の特徴と問題点

近代憲法における人権の保障は，国家の統治の目的に関する基本原理であり，その思想上の背景には，国家以前の人間の権利・自由の存在を前提とする近代自然法・自然権思想がある。したがって，近代憲法によって保障される人権は，自由権に主眼をおくものということができる。この点が，近代憲法における人権の保障の特徴であると同時に，限界であり，問題点でもある。社会権の観念は，このような限界や問題点を露呈し，克服するものとして位置づけられる。

3.　現代憲法の特徴

近代立憲主義に立脚する近代憲法も，19世紀の後半以降の政治的，経済的，社会的変化，あるいは国際的環境の変化に直面し，その基本原理の点でも新たな対応を迫られざるをえなかった。このような近代憲法の流れを汲んだ現代憲法は，次のような特徴をもっている。

１．国民主権

近代憲法における国民主権の一般的な特徴は，上述のように，主権を実際に行使する者（国民代表）とその行使を正当化する者（国民）とが分離されていることである。このような分離は，国民代表と国民の同一性が前提とされてはじめて有意義なものである。したがって，国民の間に利害関係の対立が存在し，しかもその対立の激化によってこの同一性に揺らぎが生じるならば，国民代表と国民の関係はますます空虚なものとなる。現代において，ほとんどの国で制限選挙が否定されて，普通選挙が導入されているのは，このような同一性の確保の一手段とみることができよう。

この点でさらに重要なのは，このような国民代表と国民を媒介する地位と機能をもつ政党の存在である。現代国家においては，立法や行政において，政党の存在を抜きにしては十分な機能を発揮しえない状態にある（政党国家現象）。このような政党は，ドイツの国法学者トリーペル（Triepel, H. 1868-1946）によれば，歴史的には，当初は敵視され，次には無視され，その次には承認され，最後には憲法に編入される段階を経るとされる。ちなみに，この最後の段階の政党としては，ドイツの政党が典型的である（基本法21条）。

このように，現代憲法においては，国民代表の意思と国民の意思が事実上も類似した状態が要請されている。この場合の「代表」のあり方は，一般には「社会学的代表」と呼ばれるが，プープル主権を前提とした場合には「半代表」と呼ばれることもある。（→第14章**1．1**）

2．権力の分立

近代憲法は，国家の統治の基本原理として，権力の分立を採用した。その目的は，国家権力の集中による人権の侵害を防止するためであった。この原理は，確かに君主の絶対的な権力に対しては，有効であった。しかし，議会の多数派による少数派の権利・自由の侵害には無力である。というのも，このような侵害は，立法権の内部の問題であり，しかもそこでの議決は，国民の代表の名においてなされるからである。このような議会の立法権の行使は，少数者の人権の侵害であると同時に，人権を保障する憲法そのものに対する侵害でもある。

現代憲法は，原理上，権力の分立を採用しつつ，しかも立法権の行使に対する裁判所の違憲審査権の拡大・強化を通して，人権および憲法の保障を実効あらしめようとしている。（→第17章**1**）

なお，現代憲法が直面するその他の問題としては，委任立法の増加にみられるように行政権の拡大・肥大化の現象（行政国家現象）があげられる。また，わが国では国と地方公共団体の権力の分立（地方分権・多元的権力分立）の問題があり，この点については，1995年の地方分権推進法の公布でもって対処されている。

3．人権の保障

近代憲法における人権の保障の特徴は，特に，国家以前の権利（自然権）の保障に重きがおかれたことである。このことは，個人の国家からの自由が尊重されることであり，国家は，個人の自由に干渉しないことがその主な役割であった（消極国家）。しかし，財産をもたない者に，個人の経済的自由を保障しても絵に描いた餅である。国家からの干渉を受けずに経済的自由を謳歌しえたのは，資産家であり，資本家であった。

（1） 人権の社会化

19世紀後半以降，社会の経済的な不平等が拡大・深化するにつれて，この不平等を解消し，労働者等の経済的弱者の困窮を救済することが，国家に対して要求されるようになった。国家の役割が積極的なものへと変化したのである（積極国家・社会国家）。この段階で登場したのが，いわゆる社会権である。労働者の団結権，団体交渉その他の団体行動権，勤労権，生存権，教育を受ける権利等がこれに該当する。これらの権利の実現には，国家の積極的な作為が不可欠である。したがって，社会権は，自由権と異なり，国家に対して一定の作為を要求する性質をもっている。このような社会権の観念を憲法のレベルで20世紀に最初に取り入れたのが，1919年のワイマール憲法（第2編第5章「経済生活」）であった。20世紀に成立した諸国の憲法は，ほとんどがこの意味での社会権を採用している。わが国の憲法もその一例である。（→第12章**1**）

（2） 人権の国際化

なお，第二次世界大戦後，人権の保障が国際法のレベルにまで拡大するとともに，それに対応する措置が各国の憲法秩序内においてとられるようになった。この点も，現代憲法における人権の保障の大きな特徴といえる。現代においては，人権の保障は，一国の国内法上だけではなく，国際法上からも要請されるのである。このような人権の国際化の流れは，1948年の世界人権宣言を発端として，1951年の難民の地位に関する条約（1981年に批准），1966年の国際人権規約（社会権規約・自由権規約，1979年に批准），1979年の女性差別撤廃条約（1985年に批准），そして最近では，1989年の児童の権利条約（1994年に批准）等にまで及んでいる。（→第21章**2**）わが国は，これらの条約を批准することによって，その内容を実施する国際法上の義務を負っている。

（３） 情報化社会における人権

さらに，現代憲法における人権の保障の特徴として，高度の情報化社会における個人情報の保護の要請があげられる。いわゆるプライバシーの権利の保障の問題である。(→第６章**1．2**)

この問題に対する法制度は，現在では整備されている。たとえば，個人情報の保護に関する基本的な法律として，①「個人情報の保護に関する法律」が2003年５月30日に公布され，同時に②「行政機関の保有する個人情報の保護に関する法律」および③「独立行政法人等の保有する個人情報の保護に関する法律」が公布されている。①の「個人情報の保護に関する法律」は，主に民間の個人情報取扱事業者を対象としたもので，この事業者が保有する個人情報の保護のための措置・手続（利用目的の制限，開示請求，訂正等）に関して詳細な規定を設けている。なお，②および③の法律は，①の個人情報保護の趣旨や手続を行政機関や独立行政法人等の保有する個人情報に対して及ぼすものである。

ちなみに，報道，著述，学術研究，宗教活動，政治活動の用に供する目的で個人情報を扱う報道機関，著述を業として行う者，学術研究機関等，宗教団体，政治団体については，「個人情報の保護に関する法律」の適用が除外されている（50条１項)。

（４） 新しい人権

以上の他に，現代憲法の人権の保障の特徴として，いわゆる「新しい人権」というものがあげられる。近代憲法における人権の保障が，いわば個別的な人権保障であるのに対して，この「新しい人権」は，一般的人権の保障の性質をもっている。

日本国憲法について具体的にいえば，いわゆる「幸福追求権」(13条）がこれに該当する。この権利は，その内容として，プライバシーの権利や名誉権，自己決定権などを含むものであり，これらの権利を総称して一般的人格権と呼ばれることがある。なお，基本的な人権の総則的な意味をもつ「平等原則」(14条）も，「平等権」の保障として理解すれば，この権利も現代憲法によって保障される人権の一つとして理解しうる。

第2章

日本憲法史

1.　明治憲法の制定

明治22（1889）年2月11日，大日本帝国憲法（いわゆる明治憲法）が発布され，帝国議会開会の日である明治23（1890）年11月29日をもって施行された。わが国史上，初めての成文憲法である。明治維新以来変転を重ねたわが国制が，ここに一つの確立をみた。

徳川幕府将軍慶喜の大政奉還（慶応3(1867)年10月）により，700年におよぶ武家政治が終わりを告げた。幕府側の思惑は，政権を返上しつつも，未だこれを担う力をもたない朝廷や諸大名の中で指導的地位を確保するところにあったが，討幕派が対抗してクーデタを断行，王政復古を宣言する（慶応3年12月（1868年1月））。摂関および幕府を廃し，古代の例にならって朝廷主導により国威を挽回することを企てるものであった。しかし，わが国を取りまく内外の諸状況は，もはや単なる旧秩序への回帰を許さない。新たに成立した明治政府の下，わが国は近代国家への道を歩み始めることになる。

新政府はまず，5カ条からなる御誓文を発し，公議輿論の尊重や開国和親の徹底などを国是として掲げるとともに，これを実施するため，国家統治の基本構造を定める政体書を頒布した（慶応4＝明治元(1868)年）。権力分立制や議事制度（議会制），官吏公選制といった点にアメリカ法制の影響をうかがうことができるが，律令以来の名目的な官職を残し，また従来の藩を存続させるなど，本来のねらいであった中央政府への権力集中は不徹底なものにとどまっていた。人材不足のためもあったが，政務の不統一を避けるとして，議政（立法）官と行政官に一部兼官を認めるなど，新たな制度を実現するだけの条件は未だ備わっておらず，いくどか改変を受けた後，翌年の職員令で廃止されてしまった。

その後政府は，版籍奉還（明治2(1869)年）や廃藩置県（明治4(1871)年）を経て，中央集権国家の形成を押し進めていく。徴兵令（明治6(1873)年）による国民軍の創設や地租改正（同年）による財政基盤の強化もまた，集権体制の確立に不可欠とみなされた。なかでも，とりわけ急務と考えられたのが，法制度の整備である。そこには，封建制の廃止という対内的要因のみならず，わが国と欧米列強諸国との国際関係という対外的な要因があった。

徳川幕府はその末期に，開国を求める諸国と一連の条約を締結していた（安政の五カ国条約）。それは，わが国の関税自主権を否定し，領事裁判制度（治外法権）を設ける一方で，相手国に最恵国待遇の特権を与えるなど，わが国にとってきわめて不利な内容をもつものであった。明治政府は，これらの条約を国家主権の重大な侵害とみなし，改正の必要性を認識していたが，開国和親の国是から，当面これを遵守せざるを得ない。かくて，早急に不平等条約を改正し，欧米諸国と比肩しうる国際的地位を獲得することが，わが国の重要課題となった。早くも明治4年には，条約改正の準備交渉を行うため，岩倉具視を特命全権大使とする遣外使節団を欧米に派遣している。

ところが，こうしたもくろみは，直ちに受け入れられるものではなかった。相手国からすれば，そもそも不平等条約の原因は，わが国体・政俗の特異なため，列国公法によって諸国と交渉し，また公義・公権（共通の権利・義務）によって他国民を取り扱うことができなかったところにある。欧米諸国は，条約改正の前提条件として，近代的な法典編纂と司法制度の確立を要求した。わが国には未だそれに応ずる用意がなく，結局，使節団の各国歴訪は，単なる視察旅行に切り替えられざるを得なかった。だが，この経験が，政府の指導者たちに，自ら欧米先進国の文明に接し，世界におけるわが国の地位やアジアの現状をとらえ直す機会を与えることになる。彼らは，列強の権勢に翻弄される東欧・アジア諸国の運命を目の当たりにして，国内改革の必要性を痛感したのであった。

このようにして，政府は，国家機構の整備と並んで法制度の近代化に着手する。「近代」化とは，とりもなおさず「西欧」化を意味した。ブスケやボアソナード，ロェスラーといった御雇外国人の力を借りて，西欧諸国の法制にならった法典編纂を行っていく。当初はイギリス，フランス等がモデルとされたが，次第に方針を改め，当時普仏戦争に勝利し，国運隆盛の途にあったドイツ・プロイセンに範を仰ぐようになる。その到達点の一つが，明治憲法の制定にほかならない。西欧法の継受によって，わが国は，比較的短期間のうちに近代的な法治国家へと転換することができた。しかし，まさにそれゆえに，わが国の法制は，明治初期を画期として前後で大きな断絶を被ることにもなったのである。

さて，明治政府の実権を掌握したのは，倒幕の担い手となった諸藩の下級武士，とりわけ薩摩・長州の出身者であった。だが，政府内でも抗争が絶えず，征韓論争（明治 6 (1873)年）を契機として反主流派たちが野に下り，藩閥政府批判を掲げて民撰議院の設立を建白（明治 7 (1874)年），また国民の自由民権運動を指導する道を選んだ。

こうした事態に直面して，政府の側も，議会の開設および憲法の制定を不可避と考えたが，むしろ漸次に国家立憲の政体を立てる方針をとった。明治 9 (1876) 年，国憲（憲法）草案の起草を命ずる勅書が発せられたのを受けて，元老院が，日本国憲按（第一次および第二次案，同年および明治11(1878)年）や国憲（明治13(1880)年）などの憲法案を作成した。しかし，これらは西欧立憲主義の影響を強く受けたもので，わが国体に適しないとして退けられた。この間，民間でも，さまざまな政社や個人が私的な憲法草案（私擬憲法）を作成し，公表するようになる。それらはみな立憲君主制を採るものであったが，なかには，植木枝盛の日本国国憲案のように天賦人権論や主権在民論に立脚したものも現れた。

制定されるべき憲法のあり方をめぐって，政府内部にも対立があった。山県有朋，黒田清隆，伊藤博文など，多くは漸進論に立っていたが，ひとり大隈重信が急進論を唱え，イギリス流の政党内閣論と，即時の憲法制定および議会開設を主張した。これに対抗した伊藤の働きかけもあって，岩倉具視が憲法制定意見書（明治14(1881)年）を提出し（起草は井上毅），プロイセンを模範とする漸進主義を支持した。意見書に付された大綱領には，既に，欽定憲法主義，帝位継承法の憲法からの排除，天皇の諸大権，両院制，前年度予算施行制など，明治憲法の原型となる内容が含まれていた。

明治14年，北海道開拓使官有物払下事件を契機として，大隈が政府から追われた。ここに，政府の憲法制定方針は，君権の強大なプロイセン流の立憲君主制にならうことが確定する。勅諭をもって，明治23（1890）年を期して国会を開設する旨が宣言された。10年後の国会開設を約束して，自由民権運動の目標を失わせるとともに，憲法制定を国会開設に先行させることで，民権派の関与を排し，政府の主導権を確保しようとするものであった。

明治15（1882）年，憲法調査のために，伊藤博文が西欧に派遣された。主としてドイツに滞在し，ベルリンでグナイストやモール，ウィーンでシュタインといった国法学者の講義を受けている。一方，国内では，井上毅がロェスラーと意見を交換しつつ，憲法制定の準備に当たっていた。伊藤は帰国後，井上，伊東巳代治，金子堅太郎の補助を得て，憲法その他の関係法令の起草に着手する。作業は極秘のうちに行われ，国民は一切その内容を知ることがなかった。いくつか草案を重ねた後，明治21（1888）年４月には成案が完成し，奏上された。伊藤自身を議長とする枢密院を新たに設置して，憲法案を諮詢，若干の修正が施された後，天皇の裁可を経て最終的に確定した。かくて，明治22（1889）年２月，皇室典範，議院法，貴族院令，衆議院議員選挙法などの法令とともに，大日本帝国憲法として制定公布されたのである。

2.　明治憲法の特質

明治憲法の制定により，わが国はひとまず，西欧諸国にならった立憲国家へと移行した。そこでは，君主主義と立憲主義との調和が企てられていたが，重視されたのは前者であった。その特質には，次のようなものがある。

１．天皇主権

明治憲法は，天皇の制定した欽定憲法であり，国家意思の最高の決定権が天皇にあるとする天皇主権の立場をとった。大日本帝国は万世一系の天皇がこれを統治し（１条），天皇は国の元首として，統治権を総攬する（４条前段）。ただし，立憲主義思想に基づき，統治権の行使は憲法の条規によって行われねばならないものとされた（同条後段）。

2．天皇大権と権力分立

明治憲法も権力分立制を採用していたが，天皇が統治権を総攬するという原則の下では，それは不十分な，しばしば外見的なものにとどまらざるを得なかった。

天皇は，帝国議会の協賛をもって立法権を行った（5条）。法律の制定には議会の議決が必要だが，立法権の主体はあくまで天皇である。帝国議会は貴族院と衆議院で構成されるが，国民がその意思を反映する可能性は限られていた。貴族院は，皇族，華族および勅任議員をもって組織され，そもそも国民の選挙自体が排されている。衆議院については，当初，納税額による制限選挙制がとられ，後に男子普通選挙制に移行したが（大正14(1925)年），女性には選挙権が与えられなかった。両院は対等の権限を有していたから，貴族院が衆議院の活動に対して抑止的に働くことも少なくなかった。

帝国議会は，政治的には政府を監視する役割をもったが，法的には，政府の成立や存続は議会の信任に依存していない。他方，政府の側は天皇の衆議院解散権（7条）を援用することができたから，政府に対する議会の統制権は極めて弱いものであった。財政面では，租税法律主義（62条1項）や予算に対する議会の協賛（64条1項）が定められていたが，議会の議決が得られない場合には，前年度の予算を執行することが認められており（71条），予算の統制も十分とはいえなかった。

天皇は，法律を裁可し，その公布および執行を命じた（6条）。その際，国務大臣が輔弼の任に当たったが（55条），国務大臣は議会の意思とは関わりなく在職し，その責任も，もっぱら天皇に対して負うものであった（同条）。明治憲法には内閣の定めはなく，内閣は，初め内閣職制（明治18(1885)年太政官達）によって，後には内閣官制（明治22(1889)年勅令）によって設置されていたにとどまる。内閣総理大臣は，同輩者中の首席にすぎず，強い指導権をもたなかったから，内閣の連帯を確保することは困難であった。

司法権は，裁判所が，天皇の名において法律に従ってこれを行った（57条）。立法権や行政権に比べて独立性は高かったが，特別裁判所（60条）や行政裁判所（61条）が設けられていたため，司法裁判所の権限には限界があった。また，違憲審査制に関する憲法上の規定はなく，最高裁判所たる大審院も，自ら違憲審査権を否定した（大判大2.7.11）。

3．臣民の権利

明治憲法は，国民に一定の権利を保障していた。たとえば，居住移転の自由（22条），裁判を受ける権利（24条），財産権（27条），信教の自由（28条），言論・集会結社の自由（29条）などがある。他方，思想・良心の自由，学問の自由，社会権などの規定は欠けていた。

この権利保障には，いくつかの限界があった。第1に，それは法律に対抗することができなかった。国民は，法律の範囲内で，あるいは法律の定めた場合を除いて，権利の保障を受ける（法律の留保）。権利および自由の保障が，政府から議会の手に委ねられたのだが，それは反面，法律をもってすればいかなる制限も可能であることを意味する。たとえば，言論の自由は出版法や新聞紙法によって，集会結社の自由は治安警察法や治安維持法などによって制限されていたが，それが法律による制限である限り，憲法違反の問題を生じなかったのである。

第2に，そのような法律の留保さえ完全ではなく，天皇大権により，法律に基づかない権利制限が課せられることがあった（8条・31条）。たとえば，大正14（1925）年に公布，施行された治安維持法は，昭和3（1928）年に改正され，死刑および無期刑が追加されたが，この改正は，議会の議決する法律でなく，天皇の定める緊急勅令によって行われている。

第3に，明治憲法は，国民に生まれながらの人権があるという思想（天賦人権論）そのものを認めていなかった。そこに掲げられたのは，天皇が恩恵的に国民に与えた権利にすぎない。それは人間の権利ではなく，「臣民の権利」だったのである。

3. 明治憲法の運用

明治憲法は，その起草を命じた明治9（1876）年の勅書にも示されていたように，一方では「我建国ノ体」に基づき，他方では「広ク海外各国ノ成法ヲ斟酌」しつつ制定された。それは，君主主義と立憲主義との妥協の産物であったから，いずれに重点をおいて解釈運用するかによって，異なる政治的現実をもたらす可能性を内包していた。

初期には，議会に基礎をおかない強い政府が，政治の主導権を握ることを試みた（超然内閣)。他方，帝国議会とりわけ衆議院では，政府を批判する諸政党（民党）が優位を占め，予算案等をめぐって政府と対立した。早くも第 2 回議会で衆議院が解散され，政府は，選挙干渉を通じて議会を支配しようとしたが，失敗に終わっている。もはや，議会との妥協・協力関係なしに国政を運営しえないことは明らかであった。その後，日清・日露戦争に対する国民的支持を取りつける必要から，政府は，衆議院において優位を占める政党との提携を強め，政党内閣制へと近づいていく。

明治30年代以降，普選運動の高まりに応じて選挙法が再三改正され，選挙権が次第に拡大された。これに伴って，衆議院に新興市民階級の支持を集める諸政党が成長する。大正期には，2 度の憲政擁護運動を経て，政府に対する衆議院の支配を確立する途が求められた。その結果，衆議院の第一党が政府を組織し，その信任が失われると野党が新たな政府を組織するという「憲政の常道」が生じた。この大正デモクラシーの時代を支えたのが，美濃部達吉の国家法人説や，吉野作造の民本主義などの自由主義的学説であった。この時期，長年の懸案であった不平等条約の改正もようやく実現している。大正14（1925）年，護憲三派からなる政党内閣の下，男子普通選挙制が導入された（実施は昭和 3 (1928)年)。だが同時に，国体の変革と私有財産制度の否認を目的とする運動を禁じた治安維持法も制定される。明治憲法とわが国の歴史を左右する，新たな国民統合と抑圧の体制の萌芽であった。

昭和期に入ると，国際政治や世界経済に大きな変動が生じ，国内でも新たな問題となって現れてくる。昭和 5 （1930）年，政府は諸国と海軍力の削減に合意したが，軍部はこれを天皇の統帥権の干犯として非難した（ロンドン海軍軍縮条約問題)。他方，アメリカの株価大暴落に端を発する世界恐慌が，金解禁を行ったばかりのわが国を襲い，輸出に依存していた生糸産業を直撃して，農村を中心とする国内経済を破壊した（昭和恐慌)。ところが，この間，政党は内部の腐敗や政争のゆえに，適切な処理策をとれなかったため，国民の信頼を失ってしまった。次第に，軍国主義と結びついた全体主義思想が，実力行使によって権力の掌握を試みるようになる。統帥権の独立は，このような勢力にとって格好のより所であった。昭和６（1931）年，軍部が独走して満州事変を引き起こすと，恐慌下の国民の欝屈を排外熱の形で一気に燃え上がらせ，多くが軍部の行動を支持した。昭和７（1932）年の五・一五事件で内閣総理大臣犬養毅が暗殺されると，政党政治は崩壊し，第二次世界大戦の終わるまで復活することはなかった。

政党に代わって，軍部が国政を支配した。議会主義が急速に衰退し，明治憲法の立憲主義的側面は力を失って，反民主主義的側面が際立つようになる。自由主義刑法学の滝川幸辰が，国家思想涵養の義務に反するとして休職を命ぜられ（滝川事件），また，天皇機関説がわが国体に反するとして，美濃部達吉が貴族院議員の地位を追われ，著書の発禁処分を受けたのは（天皇機関説事件），こうした時代のことであった。

昭和８（1933）年，国際連盟が，満州事変におけるわが国の行為を侵略と認定し，対日撤兵勧告案を可決した。これに反発して，わが国は国際連盟を脱退，世界から孤立していく。政府および軍部は非常時体制・総力戦体制の整備に努め，昭和13（1938）年には，戦時における人的および物的資源の統制運用を目的とする国家総動員法が制定された。戦時に必要とされる措置をすべて勅令に委ねるもので，議会でも，法律事項を行政権に白紙委任する授権法だとして，その合憲性が問題となったほどである。昭和15（1940）年には，各政党が解体して大政翼賛会が結成され，議会政治は全く終わりを告げた。このようにして，わずかな立憲主義的要素すら失われた明治憲法の下，わが国は，アジア諸国への侵略と欧米諸国との戦争に突入し，ついにはこれに敗れて，壊滅的な損害を被るのである。

4. 日本国憲法の制定

１．制定の経緯

昭和20（1945）年７月26日，米中英三国がポツダム宣言を発表し，わが国に戦争終結のための条件を提示した。だが，日本政府は「国体の護持」に執着，しばらくその受諾を躊躇する。広島・長崎への原爆投下，ソヴィエト連邦の対日参戦を経た8月10日になってもまだ，連合国側に，同宣言が「天皇の国家統治の大権を変更するの要求を包含」しない旨の照会を行っている。明確な回答が得られないまま，ついに8月14日，わが国は連合国に対し，ポツダム宣言を受諾して無条件降伏する旨を通知した。終戦の詔書が公布され，翌15日，ラジオ放送を通じてこれを国民に伝える。ここに，人類に未曾有の災禍をもたらした第二次世界大戦が終結したのである。

ポツダム宣言は，日本国民の間における民主主義の復活強化と基本的人権の尊重（10項）や，国民意思による平和的政府の樹立（12項）を要求していた。政府は当初，同宣言の受諾は国体の変更を意味するものではなく，憲法改正を行わずに宣言の要求を履行することが可能だと考えていた。美濃部達吉や宮沢俊義などの憲法学者も，憲法改正の不要を唱えた。しかし，宣言第12項は，国民主権原理を採用することを意味していたから，明治憲法を改正しないでおくことは許されないはずであった。わが国は，連合国の占領管理の下におかれ，その総司令部（GHQ）の指示によって，消極的ながらも憲法改正の準備に取りかかることになる。

昭和20年10月，内大臣府において近衛文麿が佐々木惣一とともに改正草案の作成に当たったころから，憲法改正問題が現実化する。同月末には，内閣に憲法問題調査委員会が設けられ，国務大臣松本烝治のほか，宮沢俊義，河村又介，清宮四郎，入江俊郎らを委員として，憲法改正の調査に着手した（松本委員会）。政府の作業とは別に，各政党も独自の憲法案を作成，民間でも，鈴木安蔵・高野岩三郎の主宰する憲法研究会の憲法改正要綱など，憲法研究や草案作成がいくつか行われている。

12月の第89回帝国議会において明らかにされた松本委員会の改正方針は，①天皇の統治権総攬の維持，②議会の議決事項の拡大と天皇大権の削減，③国務大臣の責任の拡大と対議会責任，④国民の権利・自由の保障の強化といったものであった（松本四原則）。昭和21（1946）年2月，かかる原則に基づく改正試案（松本試案）が総司令部に提示された。だが総司令部側は，新聞のスクープ記事（2月1日）によって事前に試案の内容を把握しており，その保守性ゆえにこれを拒否することを決定していた。代わって，民政局長ホイットニー准将を中心に，独自の憲法草案の作成に当たった。その際指針とされたのが，最高司令官マッカーサーの提示した，①天皇の元首化と世襲制，②戦争の放棄と陸海空軍・交戦権の否定，③封建制度の廃止などの原則である（マッカーサー・ノート）。

こうして作成された総司令部案（マッカーサー草案）は，2月13日に日本政府に手交された。その内容は，国会を一院制とし，議院内閣制を採り，天皇を象徴にすぎないものとし，かつ，戦争の放棄を宣言するものであった。政府はこの草案に抵抗を示したが，結局これに基づいて改正案を作成することに決し，総司令部と折衝した上で，3月6日，憲法改正草案要綱を決定して国民に発表した。4月10日，女性を含む普通選挙制による衆議院議員総選挙が行われた。このときまでに，各政党が草案要綱に対する見解を表明していたが，概ねこれを好意的に受け止めるものであった。同17日，要綱を基にした憲法改正草案が公表された。5月16日に召集された第90回帝国議会において，政府は，明治憲法73条により，枢密院の諮詢を経た同草案を正式の大日本帝国憲法改正案として衆議院に提出した。衆議院は，原案に多少の修正を加えた後これを可決，貴族院でも若干の修正が行われたため，衆議院が改めて同意を与えて帝国議会の審議を終えた。改正案は，再び枢密院の審議を経た後，天皇の裁可を得た。このようにして，11月3日，日本国憲法が公布され，翌昭和22(1947)年5月3日に施行されたのである（100条1項参照）。

2．日本国憲法の効力

こうして成立した日本国憲法の効力の根拠については，見解の対立がある。

一方に，日本国憲法を明治憲法の改正とみる立場がある。憲法改正は，改正規定に従いさえすればいかなる内容の改正も可能であるところ，日本国憲法の制定も，その上諭が述べるように，明治憲法73条の改正手続に従って行われたというのである。

他方，日本国憲法は，実質的には，明治憲法の改正でなく新憲法の制定として成立したとする立場がある。憲法改正には限界があり，その基本原理を否定するような改正は許されないから，天皇主権に基づく明治憲法73条の改正手続により，国民主権を採用することはできない。むしろ，国民主権の採用を要求するポツダム宣言を受諾した時点で，天皇主権が否定され国民主権が成立し，わが国の基本原理となったのであって，日本国憲法はこれに基づいて新たに制定されたというのである。旧憲法の改正という外観を採って，明治憲法との連続性を装ったのは，政治的な混乱を回避するという便宜のゆえにすぎない。

昭和20（1945）年８月のポツダム宣言受諾により，わが国の主権原理の転換，すなわち法的意味の革命があったとするこの八月革命説には，近年批判も寄せられているが，日本国憲法が国民自身の主権に基づいて制定されたものであることを初めて明らかにした点に，その意義がある。

これらに対し，日本国憲法が，第二次世界大戦の敗北後，占領下に占領軍の関与を経て制定された憲法であることを捉えて，その効力を疑問とする見解も見られる。一国が占領下にあり独立を有しない時には，憲法改正はできない，また，日本国憲法は占領軍の押しつけによるものであるなどとして，それが無効であると主張する。

しかし，現在わが国の法秩序を基礎づけているのが日本国憲法であることは，否定すべくもない事実である。国会，内閣，裁判所等の国家機関は，すべて日本国憲法に基づいて構成され，活動しているし，また，国家に対する国民の権利義務も，日本国憲法を基準に判断されている。事実認識の問題として捉える限り，日本国憲法が無効であるとの議論には余り意味がない。

5.　日本国憲法の基本原理

日本国憲法は，国民主権，基本的人権の尊重，平和主義という三つの基本原理をもつ。これらは前文で宣言され，また各条項で具体化されている。人権保障がわが国の国家目的であるのに対し，国民主権はそれを実現する手段である。平和主義は，人権保障を確保するための前提をなす。それぞれの原理は，相互に密接な関連を有しているのである。

１．国民主権

明治憲法が天皇主権に基礎をおいたのに対し，日本国憲法は，国民主権原理に基づいている（前文１段・１条後段）。

「主権」の概念は多義的である。国家権力そのもの，国家の統治権を指すこともあれば（ポツダム宣言8項参照），国家権力の属性としての最高独立性をいうこともある（前文3段）。だが，国民主権や君主主権における「主権」とは，国家意思の最高の決定権を意味する。(→第1章2.1)

国民主権とは，国家意思の最高の決定権が国民に属することをいう。これはさらに，二つの側面に分けることができる。一つは，国家権力の行使を正当化する究極の権威が国民に存することである（正当性の契機）。いま一つは，国の政治のあり方を最終的に決定する権力を，国民自身が行使することである（権力性の契機）。ここから，通常の国政においては，国民の権威を援用しうるだけの実質的な手続が採られねばならないこと，また，重要な政治的判断を要する事項については，国民自身が意思決定を行う方法が確保されていなければならないことが導かれる。

では，かかる主権の存する「国民」とは，何人であるか。

国民主権は，何よりも君主主権に対立する概念である。明治憲法下では，主権は天皇にあったが（旧1条・4条），わが憲法は厳にこれを排除した（前文1段）。したがって，国民主権を語るときの「国民」には，天皇は含まれない。だが，その他の点では，わが憲法の国民主権をいかに解するか，見解が分かれている。

第1説は，国民主権における国民とは，全国民すなわち一切の自然人たる国民の総体であるとする。国民主権は，国民をもって国家権力の究極の淵源とする原理であるから，主権を有しない国民の部分を認めることは，民主主義の基本理念に背くという。だが，この立場によれば，主権を有する国民そのものは，何ら国家機関として活動しないことになる。

第2説は，主権とは国政についての最高の決定権，憲法の制定権だとする理解の下，主権の保持者としての国民は，国家の所属員のすべてでなく，天皇や，機能を行使する能力のない未成年者などは除外されるという。この立場は，主権者たる国民に国家機関としての地位を認めるのであるが，それが具体的に行使する権能が何であるか，必ずしも明確ではない。

第3説は，わが国の国民主権をルソー流の人民主権と解する。そこでは，国家権力は政治的意思能力をもつ現実的・具体的な人民（有権者）に帰属し，その行使が確保されていなければならない。代表制の下でも，議員に対する命令的委任やリコール制度が要請されるという。だが，わが憲法上，これらの制度が認められるか否かについては疑問がある（43条１項・51条参照）。（→第14章1．1）

そこで，国民主権の二つの契機に応じて，主権者たる国民の範囲を区別する理解が生ずる。まず，主権の正当性の契機は，国家権力を民主的に基礎づけ正当化する根拠が国民にあることを意味する。この国民は，必ずしも政治的意思決定を行うことを要求されないから，広く全国民だとしてよい。他方，権力性の契機を強調すれば，国民が自ら国家意思を決定する点が重視される。このときの国民は，実際に政治的意思表示を行うことのできる者を意味し，法制度上，有権者として組織される集団がこれに当たるのである。

２．基本的人権の尊重

近代憲法の本質は，人権保障と権力分立にある（フランス人権宣言16条参照）。日本国憲法もまた，前文で基本的人権の尊重をうたい，詳細な人権のカタログをおいている。これら個別的人権の基礎には，個人の尊重がある（13条）。いわゆる個人主義の原理であって，人間社会における価値の究極の根元が，個々の個人にあるとする思想である。

わが憲法の保障する人権は，主に自由権である。近代的人権の核心が，国家からの自由の確立にあったからにほかならない。だが憲法は，それにとどまらず，現代的人権たる社会権をも保障している。また，各条項に列挙された権利のみならず，社会の変化に伴って新たに認識されてきた法的利益をも，人権として保障するものと解される。このような新しい人権の根拠は，いわゆる幸福追求権（13条）に求められている。（→第６章1）

他方，権力分立は，これらの基本的人権，とりわけ自由権を保障するための統治機構の組織原理である。国家権力が一つの機関に集中すると，その濫用を招き，国民の権利・自由を侵害するおそれがあろう。そこで，国家の諸作用を各々の性質に応じて分かち（権力の区別），それぞれ異なった機関に配分するとともに（権力の分離），その行使に際しては他機関による一定の関与を定めて，一機関が突出した権力を掌握することを防止しようとするのである（抑制と均衡）。

歴史的にみれば，ロックが立法権，執行権，連合権の分立を考え，モンテスキューが，立法権，万民法に関する事項の執行権（統治権・行政権），市民法に関する事項の執行権（司法権）の区別を説いた。だが，彼らの主張は，君主や貴族といった既成の身分に，それぞれ一定の国家作用を配分しようとする狙いをもっていた。国民主権に基づく実定憲法の上では，立法権，行政権，司法権の三権分立の形をとることが多い。

一般的には，立法権が法を定立する作用であるのに対し，その法の下で，これを能動的に執行する作用が行政権，そこで生じた紛争について，法を解釈適用して解決に当たる作用が司法権であると言えよう。しかし，それらの具体的なあり方は，諸国の伝統や政治状況によって異なっている。

立法権と行政権との関係では，両者を同格とみるアメリカ型と，前者に優位を置くヨーロッパ型がある。両者の組織も，抑制均衡を重視する大統領制と，一定の協働を重視する議院内閣制に分かれる。また司法権についても，ヨーロッパ大陸型では民事・刑事の裁判に限定されるのに対し，英米型では，行政事件の裁判を含むとされている。わが憲法では，国会を国権の最高機関とし（41条），内閣の存立が国会の信任に依存する（66条３項・69条）立法府優位の制度であるが，他方で，立法・行政に対する裁判所の違憲審査制も定められるなど（81条），三権はより複合的な関係をもっている。

３．平和主義

日本国憲法の基本原理として最も特徴的なのは，その平和主義である。かつてわが国は，アジア諸国を侵略し，西欧諸国と戦争を行って，彼我ともに莫大な被害をもたらした。憲法は，こうした戦争の惨禍を深く認識し，徹底した平和主義を採用したものである。学界の通説によれば，憲法９条は自衛戦争を含めて，戦争を全面的に放棄するとともに，自衛戦力，交戦権をも否定している。また憲法は，国際協調主義を宣言し，平和のうちに生存する権利，いわゆる平和的生存権を保障するものと解される。

しかし，現実には，内閣が集団的自衛権の行使を容認する閣議決定を行い（平成26（2014）年），いわゆる安全保障関連法が制定される（平成27（2015）

年）などの動きがあり，憲法上の疑義が指摘されている。（→第３章）

6.　日本国憲法改正の動き

日本国憲法は，広く国民の支持を受ける一方で，当初からさまざまな批判にさらされてきた。制定の過程を捉えた「押し付け憲法」論のほか，明治憲法を理想とする復古的立場からは，天皇の戦争責任を回避するための「避雷針憲法」，天皇に実質的権能のない「山吹憲法」といった揶揄も寄せられた。

昭和30（1955）年の保守合同で誕生した自由民主党は，その後長きにわたって政権を担当してきたが，憲法改正による自主憲法の制定を党是としている。早くも昭和32（1957）年には，内閣に憲法調査会（高柳賢三会長）を設置し，日本国憲法の制定過程や運用のあり方，改正の要否についてさまざまな審議・調査を行った。昭和39（1964）年，多数説たる改憲論と少数説の改憲不要論を併記した最終報告書が提出されている。

憲法改正論議の争点は，当初，９条の定める平和主義が中心であった。しかし，国民の間には同条改正に対する反対も根強く，護憲派の政党が国会で一定の勢力を確保し続けたため，自民党の長期政権下でもついに憲法の改正を実現させることはできなかった。

1990年代に入って，国際貢献の名の下に自衛隊の海外派遣が行われた頃から，再び憲法改正に向けた動きが活発化する。新たな論議は，９条のみならず，プライバシー権や知る権利，環境権などの新しい権利の明文化，憲法裁判所の設置といった多様な論点をめぐって闘わされた。

平成11（1999）年の国会法改正により，衆参両院に憲法調査会が設置された。平成17（2005）年，憲法改正を見据えた最終報告書を提出している。平成19（2007）年５月には「日本国憲法の改正手続に関する法律」（憲法改正国民投票法）が成立，改正に必要な国民投票（96条１項）の手続が定められた。満18歳以上の国民に投票権を認める（法３条）一方で，投票日前の国民投票運動のための広告放送を制限するなど（法105条等），問題点も指摘されている。

第3章

平和主義

1.　平和主義

1．平和への努力

われわれ人類の歴史においては，数限りなく戦争が繰り返され，そのたびに大きな惨禍がもたらされてきた。そしてまた，このような惨禍への反省として，平和への努力も何度となく繰り返されてきている。特に，近代立憲主義では，国家権力の発動を制限する憲法に平和への努力が規定される例を見ることができる。たとえば，1791年のフランス憲法は，征服目的での戦争の放棄を宣言しており，それは，1848年憲法にも受け継がれている。また，1891年のブラジル憲法，1911年のポルトガル憲法，1922年のオランダ憲法改正，1935年のフィリピン憲法などが，戦争を放棄する旨を宣言している。

また，国際法においても，戦争を制限するさまざまな試みが行われてきた。1919年の国際連盟規約は，初の国際機関による平和の希求として注目された。また，1928年には，パリ不戦条約が締結された。しかしながら，このような憲法や国際法における平和への努力にもかかわらず，第二次世界大戦が勃発し，われわれに未曾有の被害をもたらすに至った。

1945年，第二次世界大戦の終結直前に，新たな国際機関として国際連合が設立された。この国際連合は，国際平和と安全の維持・強化および国際協力を目的とし，世界の大半の国家が加盟している。全会一致のゆえに重要な決定が困難であった国際連盟の活動に対する反省を踏まえて，総会では多数決制がとられた。しかし，国際平和のために重要な任務と権限を有する安全保障理事会では，五大国にいわゆる拒否権が認められたために，東西冷戦下では，しばしば大国の利害の対立により，その活動が妨げられてきた。

２．日本国憲法における平和主義

（１） 憲法前文

日本国憲法では，大日本帝国憲法（明治憲法）下において引き起こされた悲惨な戦争に対する反省に基づき，憲法前文において，「政府の行為によつて再び戦争の惨禍が起ることのない」ように，「恒久の平和を念願」し，「平和を愛する諸国民の公正と信義に信頼」して，「安全と生存を保持しよう」という決意を表明して，平和主義を宣言した。この平和主義は，日本国憲法の基本原理の一つをなすものである。

また，憲法前文では，「われらは，全世界の国民が，ひとしく恐怖と欠乏から免かれ，平和のうちに生存する権利を有すること」が確認されている。この「平和的生存権」は，従来の考え方から一歩進んで，平和を権利として意識するという点において，注目すべきものである。学説の中には，平和的生存権を具体的権利と解する見解もあり，平和主義をめぐる訴訟において平和的生存権がたびたび援用されることがある。長沼事件第１審判決（札幌地判昭48.9.7）は，平和的生存権を根拠に原告適格を認めたが，控訴審判決（札幌高判昭51.8.5）は，平和的生存権は，「なんら現実的，個別的内容をもつものとして具体化されているものではない」として裁判規範性を否定し，上告審（最判昭57.9.9）もこれを間接的に支持した。また，百里基地訴訟でも平和的生存権が援用されたが，その裁判規範性は認められなかった（水戸地判昭52.2.17，最判平1.6.20〔33〕）。

しかし，近年では平和的生存権の裁判規範性を認める下級審判例も見られる。2003年のイラク戦争に関わる自衛隊のイラクへの派遣の違憲確認，差止めや損害賠償を求める訴訟の控訴審において，名古屋高裁は，平和的生存権が，憲法の基本的精神や理念の表明に留まるものではなく，全ての基本的人権の基礎にあってその享有を可能ならしめる基底的権利であるとして，平和的生存権が憲法上の法的権利であることを認めたうえで，「戦争の遂行，武力の行使等や，戦争の準備行為によって，個人の生命，自由が侵害され又は侵害の危機にさらされ，あるいは現実的な戦争等による被害や恐怖にさらされるような場合，また，憲法９条に違反する戦争の遂行等への加担・協力を強制されるような場合」には，当該違憲行為の差止請求や損害賠償等の方法により救済を求めることができる場合があり，この限りで平和的生存権が具体的権利である，としている（名古屋高判平20.4.17)。この判決では，名古屋高裁は控訴人（原告）の請求を退けているため，この判断はいわゆる「傍論」にすぎないと見るべきであろう。この判決の判例としての価値はともかく，平和的生存権の解釈論としては，注目に値するものである。

（2） 憲法第2章

さらに，日本国憲法では，この平和主義の原理を徹底させるために，憲法第2章に「戦争の放棄」と題する章が設けられている。ここでは，前文で宣言された原理を実現していくための具体的手段として，戦争の放棄（9条1項)，戦力の不保持および交戦権の否認（9条2項）が規定されている。

ここで注目すべきは，日本国憲法が平和主義の表明として，単に戦争の放棄を宣言するのみにとどまらず，その具体的手段として，戦力の不保持と交戦権の否認を規定しているという点である。

前に述べたように，平和への努力の一態様として戦争の放棄を宣言することは，各国の憲法や国際法のなかにも見られ，日本国憲法に固有のものというわけではない。しかし，これらの法において放棄される戦争は，侵略戦争に限られ，自衛のための戦争や，自衛のための軍備は容認されていた。そして，それが，戦争が繰り返される要因となっていたのである。

これに対して，日本国憲法は，平和主義を実現する具体的手段を設けたという点で，世界各国の諸憲法よりもさらに徹底した平和主義を採用しているといってよいであろう。これが，日本国憲法の平和主義のきわだった特徴である。

2. 戦争の放棄

1．9条制定の経緯

憲法9条の起源については，連合国最高司令官マッカーサーと当時の首相幣原喜重郎との間で1946年1月24日に行われた会談の際に，そのアイディアが提示されたと伝えられているが，詳細な経緯は明らかではない。その後，このアイディアは，マッカーサーが新憲法の基本事項を草案起草者に提示した「マッカーサー・ノート」において，「国権の発動たる戦争は，廃止する。日本は，紛争解決のための手段としての戦争，さらに自己の安全を保持するための手段としての戦争をも，放棄する。日本は，その防衛と保護を，今や世界を動かしつつある崇高な理想にゆだねる。日本が陸海空軍をもつ権能は，将来も与えられることはなく，交戦権が日本軍に与えられることもない。」という形で結実する。そして，これをもとに日本国憲法の草案が起草され，若干の修正を経て現在の憲法9条が成立するに至ったのである。

2．9条の内容

（1） 自衛権

憲法9条1項の内容上，まず問題となるのは，同条によって「自衛権」が放棄されているか否かである。

自衛権とは，一般に「国家が急迫・不正の侵害を受けたときに，侵害を加えた相手に対して反撃を加える権利」と定義され，自然法上，国家には固有の自衛権が存在すると考えられている。国連憲章51条は，「この憲章のいかなる規定も，国際連合加盟国に対して武力攻撃が発生した場合には，安全保障理事会が国際の平和及び安全の維持に必要な措置をとるまでの間，個別的又は集団的自衛の固有の権利を害するものではない」と定め，急迫・不正の攻撃を受けた国家が単独で行使する「個別的自衛権」のほかに，他国が武力攻撃を受けたときに，これと同盟関係にある国が，自国に対して現実の攻撃がない場合でも，攻撃された国を援助し共同して反撃する権利としての「集団的自衛権」の存在をも示唆している。集団的自衛権の行使は，自衛のための必要最小限の範囲を超えるものであることから，憲法9条1項は集団的自衛権の行使を認めるものではないが，個別的自衛権までも放棄するものではないと一般に考えられている。（→本章3．4．（1））

（2） 戦争の放棄

憲法9条1項においては，日本国民が「正義と秩序を基調とする国際平和を誠実に希求」することを宣言するとともに，「国権の発動たる戦争と，武力による威嚇又は武力の行使」は「永久にこれを放棄する」ことが宣言されている。しかし，本項の解釈において問題となるのは，「国際紛争を解決する手段としては」という文言が，本項において放棄される「戦争」といかなる関係にあるのかという点である。

第１の見解は，「国際紛争を解決する手段としては」という文言が，本項において放棄されている戦争に何らの限定を加えるものではないと解する。この見解によれば，本項においては，侵略，自衛，制裁等，目的を問わず一切の戦争が放棄されることになる。

これに対して，第２の見解は，「国際紛争を解決する手段としては」という文言が本項において放棄される戦争に限定を加えていると解する。この見解によれば，本項においては，すべての戦争が放棄されるのではなく，「国際紛争を解決する手段として」行われる戦争，すなわち侵略戦争のみが放棄されることになり，自衛のための戦争は放棄されていないということになる。この見解が多数説である。しかし，この見解に対しては，自衛のための戦争と侵略戦争との区別は現実には不可能ではないかとの疑問が提示される。

（３） 戦力の不保持

憲法９条２項１文は，「前項の目的を達するため，陸海空軍その他の戦力は，これを保持しない」として，「戦力の不保持」を規定する。ここでは，「陸海空軍その他の戦力」とは何かが，まず問題となる。

「戦力」に関しては，それを「外敵との戦闘を主要目的として設けられた人的・物的手段」と厳格に解する見解と，「自衛のための必要最小限度を超える実力」と緩やかに解する見解とがあるが，前者が多数説となっている。

さらに本項の冒頭の「前項の目的を達するため」という文言の解釈により，憲法が保持を禁じている「戦力」がどのようなものかについて見解が分かれる。

第１の見解は，「前項の目的」を「正義と秩序を基調とする国際平和を誠実に希求」することと解し，そのために戦力の不保持が規定されているとする。この見解では，すべての戦力の保持が禁止されることとなり，仮に第１項において放棄されている戦争を侵略戦争に限定して解した場合でも，自衛のための戦力の保持が禁止されることになるので，結果として自衛のための戦争もできないということになる。「戦力の不保持」に関しては，この見解が多数説である。

一方，第2の見解は，「前項の目的」を，「侵略戦争の放棄」と解する。この見解では，侵略戦争に必要な戦力の保持のみが禁止されることになり，自衛のための戦力の保持は禁じられないことになる。しかし，この見解に対しては，「戦争の放棄」の解釈の場合と同様，自衛のための戦力と侵略のための戦力とを明確に区別して保持することは不可能であるとの批判がよせられる。

（4） 交戦権の否認

憲法9条2項2文は，「国の交戦権は，これを認めない」として，交戦権の否認を規定する。ここでは，「交戦権」という文言が何を意味しているかが問題となる。

第1の見解は，「交戦権」を文字どおり「戦争をする国家の権利」と解する。しかし，この見解では，2項の「交戦権の否認」が，1項の「戦争の放棄」の同義反復となってしまい，2項のこの文言の独自の意味を見いだすことができないという欠点がある。

第2の見解は，「交戦権」を，「国際法上，国家が交戦者としてもつ諸権利」，たとえば，敵の兵力を殺傷破壊し，敵国領土を攻撃・占領する権利や，船舶を臨検・拿捕する権利など，と解する。この用法は，国際法上一般に用いられる「交戦権」の用法とも一致しており，「交戦権」の理解については，この見解が多数説となる。

以上，多数説によれば，憲法9条の意味内容は，1項においては，侵略を目的とする戦争のみが放棄され，自衛のための戦争は放棄されていないが，2項において自衛のための戦力も含めたすべての戦力の保持が禁じられ，国際法上国家が交戦者としてもつ諸権利も否認されているので，その結果事実上戦争を遂行することができなくなる，ということになる。

3. 平和主義をめぐる諸問題

1．自衛隊

（1） 自衛隊設立の経緯と自衛隊の任務

1945年の敗戦により，旧日本軍が解体された。わが国は，連合国軍の占領下におかれ，占領軍による統治を受けた。占領軍の統治下においては，わが国は独自の軍事力をもたなかった。この時期は，他律的ではあったにせよ，憲法９条の趣旨が厳格に遵守されていたといってよいであろう。

ところが，1950年の朝鮮戦争の勃発とともに，わが国に駐留していた占領軍が朝鮮戦争に動員されることとなり，不足する警察力を補完するという目的で，連合国総司令部の指示により，７万5,000名から成る警察予備隊が創設された。その後，1952年には保安隊・警備隊と名称を変更し，1954年にはこれらが拡大強化されて自衛隊となった。この自衛隊は，侵略に対する防衛を第１の任務とする組織として編成されたものであった。

その後，自衛隊は年々増強され，世界でも有数の実力をもつに至った。また，1978年の「日米防衛協力のための指針（ガイドライン）」では，わが国への武力攻撃（のおそれ）を想定した日米共同作戦態勢の強化がはかられたが，この間は「専守防衛」という考え方が貫かれていた。

しかし，1990年の湾岸危機，翌年の湾岸戦争を機に，わが国の国際貢献，すなわち国際的な平和維持活動への自衛隊の参加の必要性が主張され，1992年，「国際連合平和維持活動に対する協力に関する法律（PKO協力法）」が制定された。この法律によって，平和維持活動（PKO）への参加や，平和維持軍（PKF）への参加のための自衛隊の海外派遣が認められるに至った。

また，1997年に合意された日米安保条約の「新ガイドライン」およびそれに基づいて1999年に制定された「周辺事態法」や，2001年，アメリカ合衆国で起きた同時多発テロ事件を契機とする「テロ対策特別措置法」により，自衛隊は，海外派遣はもとより，アメリカ合衆国軍隊の後方支援という新たな任務をも担うに至っている。現在では，自衛隊の任務は，わが国の防衛や治安維持にとどまってはいない。

（２）　政府の憲法解釈

このような自衛隊に対して，政府は，一貫して憲法９条に違反するものではないとの解釈を示してきているが，政府の解釈の論理は，自衛隊の拡大強化とともに変更されている。

日本国憲法の草案の審議段階である1946年には，政府は，自衛権は否定されていないが，９条２項によって一切の軍備と交戦権が否認されているため，自衛権の発動としての戦争が放棄されているとしている。しかし，1952年の保安隊の設置に際して，憲法９条２項に規定される「戦力」とは，「近代戦争遂行に役立つ程度の装備，編成を備えるもの」であって，保安隊はこれには至らない程度の実力であり，違憲ではないとの解釈を示した。さらに，自衛隊の創設時には，政府は，国家が有する自衛権を根拠として，外部の侵害からの国土保全を任務とし，そのために必要な限度の自衛力をもつことは，憲法に違反しないとの解釈を示した。それ以後，政府は一貫して，自衛隊は自衛のための必要最小限度の実力にとどまっているため，憲法９条で保持が禁じられている「戦力」には当たらないとの解釈をとっている。

PKO協力法による自衛隊の新たな任務については，政府は，武力行使を伴わないPKOはもちろん，武力行使を伴うPKFも，①紛争当事者間の停戦合意の成立，②自衛隊の参加に対する紛争当事者の合意，③平和維持軍の中立的立場の厳守，④以上３条件が充たされない場合の自衛隊撤収，⑤自衛のためやむを得ない場合の必要最小限の武器の使用，という原則の下では，憲法に違反しないとの解釈を示している。また，周辺事態法やテロ対策特別措置法に基づく合衆国軍隊の後方支援活動についても憲法違反の疑いが提起されているが，政府は憲法に違反しないとしている。

（３） 判　例

日本国憲法制定以後，自衛隊の存在が憲法９条に違反しないかどうかという問題が，訴訟としてたびたび裁判所に持ち込まれている。下級審判例の一部には，この問題に対して正面から判断を下したものも見うけられるが，最高裁判例を含め多くの判例は，この問題に正面から判断を下していない。

警察予備隊違憲訴訟（最大判昭27.10.8〔1〕）では，自衛隊の前身である警察予備隊の設置が憲法９条に違反し無効であるとの確認を求める訴訟が直接最高裁判所に提起されたが，最高裁判所は，このような訴訟を裁判する権限がないとの理由で，警察予備隊に関して憲法判断をしないまま訴えを却下した。

恵庭事件（札幌地判昭42.3.29〔7〕）では，自衛隊の演習用の通信線を切断したことにより，自衛隊法121条の防衛用器物損壊罪に問われた被告人が，自衛隊法の違憲・無効を主張したが，裁判所は憲法判断をすることなく事件を解決している。

自衛隊のミサイル基地の建設をめぐる保安林の指定解除処分の取消しを求めて争われた長沼事件の第1審判決（札幌地判昭48.9.7）では，自衛隊は，その編成，規模，装備，能力からすると明らかに軍隊であり，憲法9条2項が保持を禁じている「戦力」に該当し違憲であると判断されたが，控訴審判決（札幌高判昭51.8.5）は，自衛隊の存置は高度の政治性を有し，一見極めて明白に違憲・違法と認められない限り裁判所が判断すべき問題ではないとした。なお，上告審判決（最判昭57.9.9）は，代替施設の整備によって保安林の指定解除処分の取消しを求める訴えの利益がなくなったとして，憲法判断をせずに上告を棄却している。

自衛隊基地の用地を取得するために，国と私人の間で締結された契約が，憲法9条に違反し無効だとして争われた百里基地訴訟の第1審判決（水戸地判昭52.2.17）では，一国の防衛問題は，国家統治の基本に関する政策決定の問題であり，一見極めて明白に違憲無効であると認められない限り司法審査の対象となりえないとし，控訴審判決（東京高判昭56.7.7），および上告審判決（最判平1.6.20〔33〕）は，憲法9条は私人間の法律関係には適用されないとして，憲法判断を回避した。

ペルシャ湾の機雷除去のための自衛隊の掃海艇派遣の憲法適合性が問題にされた事件では，裁判所は本件は原告の法的利益を侵害するものではないとして，憲法問題について判断していない（大阪地判平7.10.25，東京地判平8.5.10）。

2．日米安全保障条約

（1） 日米安全保障条約

1952年，サンフランシスコ平和条約が発効し，わが国は占領状態を解かれ，主権を回復した。このサンフランシスコ条約と同時に，わが国は，アメリカ合衆国との間に旧日米安全保障条約を締結した。その後1960年に改定されたこの条約は，①アメリカ軍は日本における施設，区域の使用を許され，日本はこれを無償で提供すべき義務を負う，②基地供与の目的は，日本国の安全に寄与し，並びに極東における国際の平和および安全の維持であること，③武力攻撃に抵抗するそれぞれの能力を維持発展させ，日本国の施政下にある領域における，いずれか一方に対する武力攻撃に対しては，共同の危険に対処するように行動すること，④1970年6月23日以降は，両国のいずれでも終了の通告ができ，その場合には通告後1年で終了すること，等を内容とするものである。1970年以降もこの条約は継続され，1978年には，有事の際の自衛隊とアメリカ軍との協力の枠組みを定める「日米防衛協力のための指針（ガイドライン）」が策定された。また，1997年には「新ガイドライン」が合意され，わが国とアメリカ合衆国との間の安全保障に対する相互協力のほか，周辺事態が生じた場合における自衛隊のアメリカ軍に対する後方支援等も定められるに至った。この日米安全保障条約と日本国憲法における平和主義との間にも，問題が生じている。

まず，安保条約によってわが国に駐留するアメリカ軍が，憲法9条によって保持を禁じられている「戦力」に当たらないかが問題となる。この問題については，条約という政府の行為に基づく駐留軍は憲法9条2項が保持を禁じている「戦力」に当たるとする見解と，外国の軍隊は「戦力」に当たらないとする見解があるが，政府は後者の見解をとり，駐留軍は憲法に違反しないとしている。最高裁も砂川事件判決において，憲法9条が保持を禁じている戦力とは，「わが国がその主体となってこれに指揮権，管理権を行使しうる戦力」であり，「外国の軍隊は，たとえそれがわが国に駐留するとしても，ここにいう戦力には該当しない」としている（最大判昭34.12.16〔3〕）。

また，駐留軍の基地の大部分が沖縄に集中していることから，特に沖縄において，アメリカ軍兵士の犯罪や，基地用地の収用などアメリカ軍基地をめぐるさまざまな問題が生じている。沖縄では，1996年に県民投票が行われ，過半数が米軍基地の整理・縮小に賛成するという結果であったが，この問題は，現在，根本的に解決されるには至っていない。2009年の衆議院総選挙において自民党から民主党へと政権が交代したことにより，沖縄の基地政策についても一定の変化が見られるが，アメリカ合衆国との調整など困難も多く，根本的な問題解決にはまだまだ時間を要しそうである。今後の動向を注目したい。

さらに，「新ガイドライン」に基づく一連の措置についても，さまざまな憲法問題が提起されている。

（2） 判　例

基地の拡張に対する抗議行動の際に，基地内に侵入したとして旧安保条約に伴う刑事特別法違反に問われた被告人らが，旧安保条約の合憲性を争った砂川事件において，第１審は，日本政府が合衆国軍隊の駐留を認めることは，憲法９条２項によって禁じられている戦力の保持に該当し，憲法に違反するとした（東京地判昭34.3.30）が，上告審は，安保条約は高度の政治性を有し，一見極めて明白に違憲無効であると認められない限り，司法審査の対象にならないと判断した（最大判昭34.12.16〔3〕）。

駐留軍用地特別措置法に基づく駐留軍用地の強制使用にかかる代理署名を沖縄県知事が拒否したために提起された沖縄職務執行命令訴訟において，最高裁判所は，日米安全保障条約および日米地位協定が違憲無効であることが，一見極めて明白でない以上，これらが合憲であることを前提にして駐留軍用地特別措置法の憲法適合性を審査すべきであり，そうであれば，駐留軍用地特別措置法は憲法に違反しないと判断した（最大判平8.8.28）。

3．有事法制

有事法制とは，外部からの武力攻撃等に備えて，あらかじめそれらに対する対応を定めておく一連の法制度をいう。2002年，有事法制のための一連の法律案が国会に提出された。これらの法律案は，武力攻撃を受けた場合の自衛隊の活動や，地方公共団体，民間人の義務，権利の制限等について規定するもので，日本国憲法の平和主義に抵触するとの問題が提起されている。これらの法律案は，2003年６月，第156国会において可決，成立した。

4．平和主義論議の最近の動向

（1） 集団的自衛権

憲法９条１項は，国家に固有の権利としての自衛権を否定・放棄するものではないが，集団的自衛権の行使まで認めるものではない。（→本章**2．2．（1）**）

歴代の政府も，集団的自衛権について，「国際法上，国家は，集団的自衛権，すなわち，自国と密接な関係にある外国に対する武力攻撃を，自国が直接攻撃されていないにもかかわらず，実力をもって阻止する権利を有しているものとされている。わが国が，国際法上，このような集団的自衛権を有していることは，主権国家である以上，当然である。しかしながら，憲法第9条の下において許容されている自衛権の行使は，わが国を防衛するために必要最小限度の範囲にとどまるべきものであり，他国に加えられた武力攻撃を実力をもって阻止することを内容とする集団的自衛権の行使は，これを超えるものであって，憲法上許されないと考えている。」として，一貫して，集団的自衛権は保有しているがその行使は憲法上許されない，との態度をとってきた。しかし，2012年末に政権に復帰した自民党の安倍内閣は，2014年7月，従来の政府解釈の変更を閣議決定し，①わが国の存立が脅かされ，国民の生命，自由及び幸福追求の権利が根底から覆される明白な危険があり，②他に適当な手段がない，③必要最小限度の実力行使，という三つの要件の下で，集団的自衛権の行使を容認するに至った。さらに，翌2015年には，これにともなう安全保障関連法の整備も行われたが，これら一連の変更に対しては，学界の大多数が，憲法9条に違反するものであると評価している。

（2） 憲法9条の改正

憲法9条を含め，日本国憲法は60年以上にわたって改正されてこなかった。しかし，2007年，憲法改正国民投票法が制定されるに至り，憲法改正へ向けた動きが活発化している。このような動きの中で，9条の改正論議は，憲法改正論議の中心的な位置を占めるものである。

たとえば，2005年に示された自由民主党の「新憲法草案」では，現行憲法の9条2項を削除したうえで，9条の2を新たに設け，そこでは「わが国の平和と独立並びに国及び国民の安全を確保する」ための「自衛軍」の保持が明記されている。

このような憲法改正の動向に対しては，賛否両論，さまざまな意見が表明されているが，憲法学界はおおむね批判的である。敗戦の悲惨な経験から日本国憲法に織り込まれた憲法9条という価値選択の変更に関しては，性急な議論は決して望ましいものではない。憲法9条が戦後60年のわが国の平和にもたらした意義が，再度問い直されなければならないと考えられる。

第4章
天　　皇

1. 天皇の地位－明治憲法と日本国憲法

明治憲法において，主権は天皇にあるとされていた。第1条「大日本帝国ハ万世一系ノ天皇之ヲ統治ス」はこのことを表したものである。そして，このような天皇の地位は神勅によるものであり，「神聖ニシテ侵スヘカラ」ざる（3条）ものであり，天皇の尊厳を侵す行為は不敬罪（刑法旧74条）によって処罰された。「統治権ヲ総攬」する（4条）天皇は，天皇大権（統帥大権，国務大権，皇室大権）と呼ばれるきわめて強大な権限をも有し，帝国議会，国務大臣，裁判所も天皇の補助機関に過ぎないとされていた。また，皇室に関する事項は，議会の関与できない皇室典範によって規律され，憲法とは別の法体系に属するものとされていた。

民主主義，基本的人権の尊重，平和主義を求めるポツダム宣言を1945年8月に受諾したことにより，明治憲法の神権天皇制は否定された。しかしながら，ポツダム宣言自体が天皇制の存続について明言していなかったため，存続か廃止かに分かれて内外で議論が繰り広げられた。このような中，1946年1月1日に「天皇の人間宣言」が出され，天皇自ら神格を否定した。一方，日本国憲法の制定過程においても主導権を握ったマッカーサーは，民主主義的な方向に改めることにより天皇制を存続させることを選択し，これが日本国憲法の象徴天皇制として実を結ぶこととなった。これにより，天皇主権から国民主権に転換し，天皇の地位は日本国および日本国民の統合の象徴（1条）にとどまることになった。そしてその地位の根拠も，主権者である「国民の総意」（1条）にあるとされるに至ったのである。天皇は憲法の定める国事に関する行為のみを行い，国政に関する権能を有しない（4条）とされた。また，皇室典範は通常の法律と同様，国会の議決（2条）により制定，改廃されることとなり，憲法体系の下に置かれることになった。

2. 象徴天皇制

日本国憲法1条は「天皇は日本国の象徴であり日本国民統合の象徴」と定める。

1．象徴の意味

象徴とは，抽象的で目に見えないものを具体的な形で表すこと，あるいはその媒介物をいう。たとえば，鳩が平和の象徴であり，白百合の花が純潔の象徴であるというように用いられる。象徴という語を憲法の条文上で使った例としては，スペイン憲法56条がある。

2．象徴天皇制の意味

明治憲法においても，天皇は象徴としての役割を有するとされてきた。そこで，日本国憲法における象徴天皇制との関連性が問題となる。通説的見解によると，明治憲法下に天皇のもっていた権能から国政に関する権能が剥奪され，残ったのが現在の日本国憲法下の象徴としての役割であるとされる。この説は，明治憲法下の天皇制と日本国憲法下の天皇制は基本的に連続していると主張する（連続説）。これに対して，日本国憲法が新たに象徴として天皇制を創設したという非連続説が有力である。

象徴それ自体は何ら法的意味をもつ語ではない。この点，代表概念とは異なっている。代表は，代表するものとされるものとが同質であることを前提とし，代表者の行為は被代表者の行為とみなされる。これに対して，象徴は，象徴されるものと象徴するものとが異質であり，象徴するものとされるものとの間に法的関係はない。しかし，憲法で象徴天皇制が規定されている以上，なんらかの法的な内容を表現しているはずである。日本国憲法の象徴規定は，天皇が象徴としての役割以外のいかなる役割ももたないことを強調することに意味があると考えるのが通説的見解である。

3．象徴としての地位と元首，君主問題

天皇が象徴としての地位を有することに関連して，「君主」という地位を有するかどうかが問題となる。これについては，「君主」の概念をどうとらえるかが重要である。伝統的には，君主の要件として①世襲制をとる独任機関であること，②統治権の重要な部分，少なくとも行政権を現実に行使すること，③対外的に国家を代表していること，④国家を象徴するものであることなどが必要とされてきた。日本国憲法下の天皇は②と③の点で欠けており，したがって上に言う「君主」であるとは言えない。もっとも，「君主」概念も歴史的なものであるから，必ずしも②を重視する必要はなく，統治権が名目化した君主をいただくイギリスのような国を例に，天皇も君主であると解く見解もある。

また，天皇が「元首」としての地位を有するかという問題もある。伝統的には，国家有機体説に由来する「元首」という概念は，国家を人体になぞらえる際その頭脳に当たるものだと考えられてきた。すなわち，対内的には統治権を総括し，対外的には国家を代表する地位にあるものが「元首」とよばれてきた。伝統的な意味での君主は元首とされるし，共和国では大統領が元首とされている。この意味からすると，日本の元首は天皇ではなく，内閣または内閣総理大臣である。このような見解に対して，天皇は対外的に国家を代表する資格（外交文書の認証など）を憲法により与えられており，外交上元首として扱われていることから，天皇を元首とする立場もある。これに対して多数説は，大使，公使の信任状を発行する権限や，条約締結権限をもつのは実際は内閣であることを根拠として，この見解を否定している。

4．象徴であることの法的効果

天皇が象徴であるということから，以下のような法的効果が導き出される。

まず天皇の刑事責任について，皇室典範21条は摂政・天皇の権能代行者が在任中は訴追されないと定めており，天皇にも在位中の不訴追特権が認められると解する立場が支配的である。

次に民事責任について，昭和天皇の病気平癒を願う記帳所の設置を争う住民訴訟で，天皇に対する民事裁判権が及ばないとの最高裁判所判例がある

（最判平1.11.20）。

ちなみに，天皇に対する不敬罪が問題となったプラカード事件で，最高裁判所は大赦令によって公訴権が消滅したとして免訴の判決を下し，この問題について判断を回避した（最大判昭23.5.26）。

3. 皇位の継承

天皇の地位（皇位）は「世襲のものであつて，国会の議決した皇室典範の定めるところにより，これを継承する」（2条）。「世襲」とは，ある地位，財産を引き継ぐ資格が，特定の系統，特に血統に属するものに限定されることをいう。この皇位の世襲原則は，日本国憲法14条の定める法の下の平等に矛盾するが，憲法自体が認めた例外と考えられている。皇位継承の原因は，現行法上天皇の崩御のみであり（皇室典範4条），生前退位，譲位は認められていない。

皇室典範によると，皇位継承は1条で「皇統に属する男系の男子」と定められ，2条1項，2項でその順序は①皇長子②皇長孫③その他の皇長子の子孫④皇次子およびその子孫⑤その他の皇子孫⑥皇兄弟およびその子孫⑦皇伯叔父およびその子孫⑧上示各号の皇族がいない時は，それ以上で最近親の系統の皇族，と規定され，この順位は，長系および長子優先主義に基づくものとされている。これらの皇室典範上の規定から，女性の皇位継承は法律上認められていないということになる。これに対して，法の下の平等を定めた日本国憲法14条や女性差別撤廃条約2条に違反しているとの議論や，過去には女帝も存在したという歴史的事実や後継問題から，女帝を認めるべきとの主張が存在する。しかしながら，そもそも天皇制自体が14条の例外であるから，皇位継承における不平等も違憲とまではいえないとする説が有力である。もっとも，皇位を継承できる若い男性皇族が不足しており（皇位継承問題），皇族の公務に従事する者も減少しているため，女性宮家創設が議論されている。

なお，第1順位の皇位継承者である皇嗣に精神もしくは身体の不治の重患または重大な事故があるときには，皇位継承順位が変更になるが，その場合は皇室会議がその決定を行う（皇室典範3条）。

4. 天皇の権能

1．国事行為の性質

「天皇は，この憲法の定める国事に関する行為のみを行ひ，国政に関する権能を有しない」（4条1項）。また，天皇の国事行為すべては，「内閣の助言と承認を必要とし，内閣が，その責任を負ふ」（3条）と定められている。天皇は，これら国事行為を単独ではなしえず，また当然拒むこともできない。憲法は，助言と承認を通じて，内閣が天皇の国事行為に対してコントロールを及ぼし，責任を負うことを明らかにしている。

天皇の国事行為の性質をめぐって争いがあり，通説は，本来的に形式的・儀礼的行為なのであり，内閣の助言と承認もこのような形式的・儀礼的行為そのものに対して行われる（本質的形式説）と説く。これに対して，憲法が実質的決定権を明記しない行為はすべて天皇に帰属するものととらえ，これらの実質的決定権が「助言と承認」を通じて内閣に吸収されて形式的・儀礼的行為になる（結果的形式説）と説く立場もある。両説の対立は，特に，衆議院の実質的解散権の所在，憲法上の根拠をめぐる議論において影響を及ぼしている。（→第15章**2．2．**（3））

2．内閣の「助言」と「承認」

一般に「助言」とは，天皇の行為に先だって行われる勧告であり，「承認」とは，行為の後の同意を意味する。天皇の国事行為に際して，助言と承認いずれかがあれば足りるとする説もあるが，承認のみで足りるとすれば，天皇に発議権を認めることになり，「国政に関する権能を有しない」とした4条1項の趣旨に反することになる。助言と承認ともに必要であるとする説が解釈上は妥当であろう。ただし，結局は内閣の「助言」に対して拒否することはできないし，内閣の申し出に基づいて天皇が国事行為をした後で，さらに内閣が承認することは不必要だとの考えから，助言と承認を統一的に把握することが可能であり，実際の取扱いもそうなっている。文書の形で行われる国事行為に関しては，「内閣の助言と承認」は内閣総理大臣の副署によって示される。

3．内閣の責任

日本国憲法は，66条3項で，「内閣は，行政権の行使について，国会に対し連帯して責任を負ふ」と定めるが，3条が定める天皇の国事行為に対する助言と承認が，この66条3項の「行政権の行使」に含まれるか否かは学説で結論が分かれる。しかし，天皇の国事行為に対する内閣の助言と承認についての責任は66条3項同様に，国会に対する連帯責任であると考える立場が多数を占めている。ここにいう「責任」とは，憲法上明示されていないが，政治責任であると解されている。

4．国事行為の類型

天皇の国事行為について，憲法は具体的にまず6条で，「国会の指名に基いて，内閣総理大臣を任命」（同条1項）し，「内閣の指名に基いて，最高裁判所の長たる裁判官を任命する」（同条2項）と定めている。ここにいう「任命」は，選択権を全く伴わない，形式的行為にすぎない。

また，7条では以下の行為が国事行為として定められている。

① 憲法改正，法律，政令及び条約を公布すること。

「公布」とは，すでに成立した法令を広く国民一般に知らせる表示行為のことである。

② 国会を召集すること。

「召集」とは，期日及び場所を指定して国会を開会させる行為である。天皇が署名・捺印し，内閣総理大臣が副署する詔書形式で行われる。

③ 衆議院を解散すること。（→第15章**2．2．**（3））

④ 国会議員の総選挙の施行を公示すること。

「公示」とは，一定の事柄を周知させるため，国民が知りうる状態に置くことである。これも詔書形式で行われる。

⑤ 国務大臣及び法律の定めるその他の官吏の任免並びに全権委任状及び大使及び公使の信任状を認証すること。

「認証」とは，ある行為または文書の成立・記載が正当な手続を経てなされたことを公の機関が証明する行為である。その行為の効力を発生させる要件となるかどうかについては，無関係であると解する立場が有力である。

⑥ 大赦，特赦，減刑，刑の執行の免除及び復権を認証すること。

⑦ 栄典を授与すること。

勲章や褒賞を授与することである。なお，14条3項には，「栄典の授与は，いかなる特権も伴はない」し，「現にこれを有し，又は将来これを受ける者の一代に限り，その効力を有する」とある。

⑧ 批准書及び法律の定めるその他の外交文書を認証すること。

⑨ 外国の大使及び公使を接受すること。

ここに言う「接受」は，儀礼的な接見行為を示す。

⑩ 儀式を行ふこと。

国家的性格の儀式を天皇が主宰して行うことであり，「即位の礼」（皇室典範24条），「大喪の礼」（同25条）がその例である。当然のことながら，日本国憲法20条3項の政教分離原則に反するような宗教的性格をもつ儀式は禁止される。この点で，1990年に「即位の礼」との関連で行われた「大嘗祭」が問題となるが，知事の参列についての政教分離原則違反が問われた住民訴訟では合憲の判断が下されている（最判平14.7.11）。

5．その他の行為

憲法の定める国事行為以外に，日常生活，旅行，研究など，天皇も当然に私人としての行為を行う。問題は，このような私的行為や国事行為以外の行為，たとえば国内巡幸，国会開会式の「おことば」，外国への公式訪問などの公的な行為が憲法上認められるのかである。「象徴としての行為」や「公人としての行為」としてとらえる立場や，国事行為に含めて考える立場などの肯定説と，上のような公的行為を認めない否定説に分かれるが，4条1項の趣旨からいえば否定説が理論的に説得力をもつ。しかしながら，これらの行為を否定するのは実際的ではないから，内閣による助言と承認を通じて政治的コントロールに服する行為として肯定する説が通説となっている。

6．国事行為の代行

憲法は，「皇室典範の定めるところにより摂政を置くときは，摂政は，天皇の名でその国事に関する行為を行ふ」としている（5条）。摂政とは，天皇が自ら行為を行い得ない場合に認められる機関である。皇室典範によると，天皇が未成年のとき，精神若しくは身体の重患または重大な事故のときに置かれるとされる（皇室典範16条）。

また憲法は，摂政を置くほどでもない場合に「天皇は，法律の定めるところにより，その国事に関する行為を委任することができる」（4条2項）と規定する。

5．皇室経済

1．皇室財産

明治憲法の下では，皇室自律主義のもと，皇室の財産に対して政府や議会の監督も及ばないものとされ，莫大な資産を有する皇室は実質的には一種の財閥であった。日本国憲法は，皇室自律主義を排し，皇室財産を国有化した（88条前段）。もっとも，天皇や皇族の純然たる資産，皇位とともに継承されるべきものはここにいう皇室財産には含まれない。また，皇室に必要とされるものをその用に供することを否定する趣旨でもない。

2．皇室の経費

明治憲法下において，皇室の経費は，皇室財産からの収入と国庫からの収入により調達され，議会の協賛が必要とされたのは，国庫からの収入を増額する場合のみとされていた。これに対して日本国憲法は，「すべて皇室の費用は，予算に計上して国会の議決を経なければならない」（88条後段）と定め，国会のコントロールに服するものとした。皇室経済法によると，この皇室費用は，天皇および内廷の皇族（独立した宮家をもたない）の日常の費用にあてられる「内廷費」，皇族としての品位保持のために各宮家の皇族に対し年額で支給される「皇族費」，宮内庁の経理に属する「宮廷費」に区別されている。

3．皇室の財産授受の制限

日本国憲法は，皇室と外部の結合を阻止し，皇室の政治的中立性を担保するために，「皇室に財産を譲り渡し，又は皇室が，財産を譲り受け，若しくは賜与することは，国会の議決に基かなければならない」（8条）とした。ただし，上のような趣旨から，通常範囲の私的経済行為については，皇室経済法により，国会の議決も個別的なものは不要であり，包括的なもので足りるとされている。

第５章

基本的人権総論

1.　基本的人権の分類

日本国憲法の保障する基本的人権は，自由権，受益権（国務請求権），社会権，参政権に大別される。(→第１章2．3．(３))

自由権は，国家が個人の領域に対して権力的に介入することの排除を求める権利であり，精神的自由，経済的自由，身体的自由（人身の自由）に分かれる。受益権は，国家の一定の行為・給付を求める権利である。裁判を受ける権利，国家賠償請求権などがこれに属する。社会権は，国家の行為・給付を求める点では受益権と同じだが，20世紀の社会国家において保障されるようになったという歴史的背景（→第１章3．3．(１)）などから，受益権と区別される。参政権は，国家の政治に参加することを求める権利である。その中心は選挙権である。

以上の他に，日本国憲法には，基本的人権の総則ないし一般的人権として，幸福追求権（13条），法の下の平等（14条ほか）が保障されている。もっとも，知る権利や環境権など，ある人権が複数の性質をもつこともあるので，この分類は相対的である。

2.　基本的人権の享有主体

１．国　民

国民が，基本的人権の持ち主，すなわち基本的人権の享有主体であることについては争いがない。国民とは，国籍を有する者をいう。憲法10条は，「日本国民たる要件」すなわち日本国籍を法律で定めるものとしており，これを受けて国籍法が制定されている。国籍法は，日本国籍取得の方法として，出生と帰化の二つを定めている。出生による国籍取得については，父または母が日本国民である場合，その子が日本国籍を取得することを原則としている（血統主義，属人主義）。

未成年者（子ども）や障がい者も人権の享有主体である。ただし，教育や保護などの観点から他の国民とは異なる制約が課されることがある。そのような制約が果して，必要最小限のものかどうかについては，それらの者の人権享有主体性を前提とした上で，慎重に吟味する必要がある。

基本的人権の享有は，一般に，出生に始まり死亡により終わると考えられるが，例外的に，胎児の生命権や，死者の名誉権などを考える余地がある。

2．天皇・皇族

天皇は，憲法上，一般の国民とは異なり，世襲に基づく日本国および日本国民統合の象徴としての特別の地位を有するため，基本的人権の享有主体たりうるかが問題になる。この点につき肯定説と否定説が対立しているが，基本的人権の普遍的性格から考えて，日本国憲法の人権規定の保障を受けうると考えるべきであろう。ただし，その特殊な憲法上の地位に照らして，性質上保障されない権利があり，保障される場合であっても，一般の国民とは異なった制限を受けることがあると考えられている。一般に，保障されない人権としては，参政権，職業選択の自由，国籍離脱の自由などがあげられる。また，表現の自由や財産権も，一般の国民とは異なる制限を受ける。

皇族については，享有主体たりうるとしても，天皇との関係から，選挙権などは保障されず，その他の権利もまた，一般の国民とは異なる制限を加えても違憲ではないと考えられている。

3．外国人

（1） 人権享有主体性

外国人とは，一般に，日本国籍を有しない者をいう。日本国憲法の人権の保障が外国人にも及ぶかどうかについては議論がある。かつては，憲法第3章の表題が「国民の権利及び義務」となっていることから，外国人には憲法の人権保障は及ばないとする見解があった。しかし，現在では，①人権の普遍的性格，②憲法の国際協調主義（前文・98条2項），③人権の国際化を根拠に，外国人にも原則として人権規定の保障が及ぶことが，広く承認されている。

（2） 保障される人権と保障されない人権の区別の基準

ただし，その場合でも，外国人に保障されない人権は存在しうる。そこで，保障される人権とされない人権との区別の基準が問題となる。この点につき，憲法の文言を基準とし，憲法の規定の中に「何人も」とある人権は外国人にも保障が及ぶが，「国民は」とある人権は及ばないとする説（文言説）と，各権利の性質を基準に判断しようとする説（性質説）がある。日本国憲法の規定は外国人も享有しうる権利とそうでない権利を意識的に区別していない。そのため，文言説では，たとえば22条2項の国籍離脱の自由を外国人にも保障するという矛盾が生ずる。そこで，性質説が通説・判例となっている。

（3） 外国人に保障されない人権

性質説をとった場合，性質上外国人に保障されない人権として，参政権，社会権，入国の自由などがあげられてきた。

1）参政権

参政権の中心である選挙権，被選挙権は，国民主権原理からして，主権者である国民固有の権利であり，外国人には保障されない（保障が禁止される）と従来考えられてきた。また，参政権の一つと考えられる公務就任権については，「公権力の行使または国家意思の形成への参画にたずさわる公務員は，日本国民に限る」というのが政府見解である。なお，請願権は，直接に国家の意思形成に参加する権利ではないから，外国人にも保障される。

2）社会権

社会権は，第一次的には各人が所属する国家によって保障されるべきものである。したがって，日本国憲法の社会権は外国人には保障されないとされてきた。ただし，「保障されない」という意味は，選挙権の場合とは異なり，保障が禁止されるのではなく，外国人には保障しなくてもよいということである。法律等で外国人に社会権を及ぼすことまで，憲法が禁じているわけではない。

3）入国の自由

外国人の入国を認めるか否かは，国際慣習法上，国家の自由裁量に属するとされている。したがって，外国人には，わが国に入国する自由はない。

これら以外の人権については，原則として外国人にも保障される。ただし，日本国民と区別すべき合理的な理由があれば，日本国民と異なった制限は可能である。

（4） 定住外国人の問題

従来は，外国人一般に人権享有主体性が問題とされてきた。しかし，近年では，定住外国人，長期滞在者，短期滞在者，難民など，外国人の種類と生活実態に応じた考察が必要とされている。とりわけ，わが国に生活の本拠を置く定住外国人，特に過去の植民地支配の結果わが国に定住することになった在日韓国人・朝鮮人・中国人について，日本国民に準じた扱いをすべきと主張されるようになってきた。具体的には，地方レベルでの選挙権，公務就任権，（再）入国の自由，などが問題となる。

とりわけ，地方レベルでの選挙権については，93条2項が「国民」ではなく「住民」と規定していること，国政とは異なり地方自治が地域に密着した問題を扱っていることなどから，国政レベルとは異なり，定住外国人に選挙権を付与することは憲法上許容されているとする説（許容説）が有力である。（→第19章**3**．**1**．（1））

（5） 判　例

1）政治活動

外国人の人権享有主体性が争点となった事件としては，マクリーン事件が重要である。最高裁判所は，性質説をとったうえで，政治活動の自由も，「わが国の政治的意思決定又はその実施に影響を及ぼす活動」を除き，性質上外国人にも保障されるとした。しかし，この保障は，国の裁量に委ねられている外国人在留制度のわく内で与えられているにすぎず，国内での外国人の政治活動をしんしゃくして在留期間の更新を拒否したとしても違憲ではないとした（マクリーン事件―最大判昭53.10.4〔23〕）。

2）社会保障

最高裁判所は，社会保障上の施策において在留外国人をどのように処遇するかは，当該外国人の属する国との外交関係，変動する国際情勢，国内の社会，経済，社会的諸事情に照らして，国の政策的判断により決せられるとして，広範な立法裁量を認めた上で，旧国民年金法の障害福祉年金給付からの在留外国人の排除は，立法裁量の範囲内にあり，合憲だとしている（塩見訴訟―最判平1.3.2）。

3）再入国の自由

日本国民と婚姻し，わが国に居住するアメリカ国籍の女性が，海外渡航に先立ってわが国への再入国許可を申請したが，却けられた。最高裁判所も，在留外国人は，憲法上，外国へ一時旅行する自由を保障されているものではないと述べた（森川キャサリーン事件―最判平4.11.16）。

4）参政権

定住外国人に国政参政権を認めない公職選挙法9条1項，地方参政権を認めない同2項および地方自治法11条，18条の合憲性が争われている。最高裁判所は，国政レベルにおける外国人の選挙権には否定的だが（最判平5.2.26），地方自治体レベルについては，法律をもって選挙権を外国人に付与することは禁止されていないとした（許容説）（最判平7.2.28〔37〕）。

5）指紋押捺

旧外国人登録法による，在留外国人に対する指紋押捺の強制の合憲性が問題となった。指紋押捺をむやみに強制されない権利は，13条を根拠とするプライバシー権や人間の尊厳と結びつき，性質上外国人にも保障されると考えられる。問題は国民と異なった取扱いをする正当な理由があるかである。最高裁判所は，指紋押捺制度は在留外国人の公正な管理に資するという合理的かつ必要な目的を有し，制度内容・方法も相当なものであったとして，これを合憲とした（最判平7.12.15）。1999年の法改正で外国人登録制度における指紋押捺は完全に廃止され，その後2009年の法改正により外国人登録制度自体が廃止され，かわって，中長期の在留外国人を対象に顔写真が貼付された在留カードによる新しい在留管理制度が導入された。

しかし，それとは別に，近年の国際テロ対策の一環として，出入国管理及び難民認定法が，16歳以上のすべての外国人（特別永住権者を除く）に対し，入国時の指紋および顔写真の提出義務を課している。（→第6章**1**.**2**.（3））

6）公務就任権

東京都が外国人職員に管理職昇任試験の受験を拒否したことの合憲性が争われた事件で，東京高等裁判所は，管理職選考の受験機会を奪うことは外国籍の職員が管理職に昇任する道を一律に閉ざすもので，法の下の平等と職業選択の自由を定めた憲法に違反すると述べた（東京高判平9.11.26)。これに対し最高裁判所は，国民主権の原理から，地方公務員の中でも住民の権利義務を決定したり，重要な政策に関する決定をする幹部職員（「公権力行使等地方公務員」）については，外国人の就任は想定されておらず，自治体が人事の適切な運用を図るため，「公権力行使等地方公務員」とその他の職を含む管理職の任用制度を採用し，日本国民たる職員に限り管理職に昇任できるとしても，それは合理的な区別であり，憲法14条１項の法の下の平等に反しないと判断した（外国人の公務就任権事件―最大判平17.1.26〔44〕)。

７）戦争補償

戦傷病者戦没者遺族等援護法や恩給法は，給付対象者を日本国民に限定しているため，旧日本軍人として戦線に動員された台湾住民らがその合憲性を争った。だが最高裁判所は，当該補償問題は外交交渉による解決の予定されていたもので，法律が国籍条項を設けていることには合理的根拠があり，憲法14条に違反しないと判示した（最判平4.4.28，ただし本件係属中の立法により台湾住民の元軍人らに弔慰金・見舞金が支給されることとなった。朝鮮半島出身の元軍人・軍属につき―最判平16.11.29)。

４．法人（団体）

基本的人権は，本来，自然人のみに保障され，法人ないし団体には保障されないとされていた。しかし，現在では，①法人（団体）が社会の重要な構成要素となっていること，②法人の活動も自然人を通じて行われ，自然人にその効果が帰属することを理由に，通説・判例は法人の人権享有主体性を認めている。ただし，性質上，自然人にのみ帰属すべき権利は，法人には保障されない（性質説)。性質上保障されない人権としては，生命・身体の自由，生存権，教育を受ける権利，選挙権・被選挙権などがあげられる。その他の人権は，たとえば経済的自由，表現の自由，法定手続の保障など，法人にも保障されるが，自然人とは保障の程度が異なりうる。とりわけ，法人に人権を保障することが，法人の内外の自然人の人権にとってかえって不利益・悪影響を生じさせる場合には，制限されるべきである。

法人の人権享有主体性については，会社の政党への政治献金に関する八幡製鉄事件判決（最大判昭45.6.24〔12〕）が重要である。最高裁判所は，法人にも性質上可能な限り人権保障があるとした上で，会社の政治活動，政治献金の自由も性質上保障され，自然人と別異にあつかう憲法上の要請はないとして，自然人と異なる制限を課すことを否定した。この判決に対しては，会社の政治献金が自然人の政治活動の自由，参政権に与える悪影響を軽視しているとの批判がある。

法人とその構成員の人権衝突の問題として，税理士会が，税理士法改正運動資金を政治団体に寄付するため，会員から特別会費を徴収する決議の効力が争われた南九州税理士会事件がある。最高裁判所は，税理士会は法が設立を義務付けた強制加入団体であって，会社とは性格を異にするという。会員には，さまざまな思想・信条および主義・主張を有する者があるため，会員に要請される協力義務にも限界がある。政治団体への寄付は，選挙における投票の自由と表裏をなし，会員各人が市民としての個人的な政治的思想，見解，判断等に基づいて自主的に決定すべきであって，本件決議は税理士会の目的の範囲外であると判示した（最判平8.3.19）。

一方，群馬司法書士会事件では，阪神淡路大震災で被災した兵庫県司法書士会の復興を支援するため，会員から特別負担金を徴収する旨の群馬司法書士会（強制加入団体）の決議の効力が争われた。最高裁判所は，南九州税理士会事件とは反対にその決議が司法書士会の目的の範囲内の行為であると判示した（最判平14.4.25）。

3.　基本的人権の私人間効力

近代憲法においては，国家権力から国民の基本的人権を守ることが基本理念とされたから，憲法の人権規定も国家権力に対する保障であり，私人間の関係を規律する効力はもたないとされた。ところが，資本主義の発展により，社会の中に巨大企業，労働組合，経済団体，巨大なマスコミなど国家に匹敵する力をもつ団体（社会的権力）が成立したため，私人間においても人権の効力を及ぼすべきではないか，及ぼすべきとすればどのような方法で及ぼすかが問題とされるようになった。

1．学　説

（1）　無効力説

憲法の人権規定は私人間では効力を及ぼさない（適用されない）とする伝統的な考え方である。しかし，この説は，社会的権力による人権侵害に対して無力であることから，現在ほとんど支持がない。

（2）　直接適用説

憲法の人権規定は私人間にも直接適用されるとする考え方である。しかし，この説をすべての人権に貫くと，近代法の原則である私的自治の原則が脅かされること，国家からの自由という自由権の本質が損なわれかねないことが問題とされる。

（3）　間接適用説

憲法の人権規定は，私人間には直接適用されないが，私法の一般条項を通じて間接的に私人間に効力を及ぼすとする見解である。たとえば，私人間の法律行為による人権侵害について，「公の秩序又は善良の風俗に反する事項を目的とする法律行為は，無効とする」（民90条）との民法の規定などを憲法の人権保障の趣旨を勘案して解釈・適用することにより，私人による人権侵害を無効とする。ただし，この説も，性質上私人間にも適用すべき人権規定には直接適用を認める。たとえば，奴隷的拘束・苦役からの自由（18条），労働基本権（28条）がそれである。この説は，無効力説と直接適用説の中間に立ち，両説の欠点を緩和するものとして，現在の通説・判例となっている。

（4）　ステイト・アクションの理論

間接適用説の欠点として，私人間の純然たる事実行為による人権侵害に十分対応できないことが指摘される。そこで，その欠点を補うために，私人の一方が国家に準ずる機能を営んだり，国家から援助を受けている場合には，私人の行為を国家の行為と同一視し，憲法の人権規定を直接に適用するとする，アメリカのいわゆる「ステイト・アクションの理論」が注目されている。

（5） 近年の見解

近年，無効力説を再評価し，憲法上の権利はあくまで私人間を拘束せず，民法の背景にある自然権（→第1章2．3．（1））が民法90条・709条や2条を通じて私人間を拘束するとする説（新無効力説）も主張されている。

2．判　例

（1） 企業と労働者

私企業の入社試験の際に大学在学中の学生運動歴を申告しなかったことを理由とする試用期間経過後の企業の本採用拒否が，思想信条の自由等を侵害しないかが争われた事件がある。最高裁判所は，直接適用説を否定した上で，間接適用説の立場をとった。しかし，その具体的な適用にあたっては，企業の雇い入れの自由の方を強調し，企業は雇い入れに際して思想調査を行っても違法でないとした（三菱樹脂事件—最大判昭48.12.12〔16〕）。

一方，男女別定年制が問題となった日産自動車事件判決で，最高裁判所は，女子50歳，男子55歳（後に女子55歳，男子60歳に変更）の男女別定年制を定める企業の就業規則を，憲法14条1項（法の下の平等）を参照しつつ，民法90条により無効であるとした。これは三菱樹脂事件判決とは異なり，間接適用説を積極的に用いた事例である（日産自動車事件—最判昭56.3.24）。

（2） 大学と学生

大学内外での政治活動を禁止する私立大学の学則が，学生の思想良心の自由，表現の自由を侵害しないかが問題となった事件で，最高裁判所は，三菱樹脂事件判決の立場を継承しながら，私立大学の独自性などを理由に，人権規定の間接適用を行わなかった（昭和女子大事件—最判昭49.7.19）。

（3） 高等学校と生徒

バイクやパーマの禁止を定める私立高校の校則の違憲性が争われた。だが最高裁判所は，憲法規定は私人相互間の関係について当然に適用ないし類推適用されるものではないから，私立学校の校則が憲法に違反するか否かを論ずる余地はないとしている（バイク禁止につき—最判平3.9.3，パーマ禁止につき—最判平8.7.18）。

4.　特別の法関係における基本的人権

1．「特別権力関係」の理論

かつてのドイツの通説およびそれを受けついだわが国の戦前の通説は，公務員，国公立学校の学生，在監者などと国家との関係を特別権力関係とよび，一般の国民と国家との関係である一般権力関係と区別した。そして，憲法の人権保障は一般権力関係には適用されるが，特別権力関係には適用されないとして，特別権力関係における強力な人権制限を認めた。これがいわゆる特別権力関係の理論である。この理論によると，①特別権力関係においては，国家に包括的な支配権（命令権・懲戒権）が与えられ，②特別権力関係における人権制限には個別・具体的な法律の根拠を必要としないし，③特別権力関係内部における公権力の発動は司法審査に服さない，とされた。

しかし，この伝統的な特別権力関係の理論は，法の支配と人権尊重の原則を排除するものであるから，日本国憲法下ではとることができない。現在では，判例・学説とも，この理論をそのまま採用するものはない。

公務員関係，（刑事施設）被収容関係，在学関係などにおいては，それらの目的を達成するため，人権は，一般の国民とは異なる，しかし必要最小限度の制約にのみ服するとし，必要最小限度かどうかは，あくまでも，個々の関係ごとに，具体的に判断されねばならないとするのが最近の学説の傾向である。

2．公務員

公務員については，特に，①政治活動が制限されていること（国公法102条，人事院規則14-7，地公法36条）と，②労働基本権が制限されていること（国公法98条２項，地公法37条など）が問題となる。

（1）　政治活動の禁止

1）制限の内容

国家公務員法102条は，国家公務員の政治活動の自由について，政党又は政治目的のために寄付金その他の利益を求め，もしくは受領すること，あるいはこれらに関与すること（１項），公選による公職の候補者となること

（2項），政党その他の政治的団体の役員・政治的顧問となること（3項）を禁止する他，「選挙権の行使を除く外，人事院規則で定める政治的行為をしてはならない」（1項）と定めている。この規定の委任を受けた人事院規則14-7は，17項目の「政治的行為」を禁止している。禁止違反には，懲戒罰（82条）の他，刑事罰（110条1項19号）が科される。

地方公務員法も地方公務員について同種の制限を課している。ただし，禁止される行為の範囲は国家公務員と比べ狭く（36条），懲戒罰（29条）のみで刑事罰は予定されていない。

2）判　例

郵便局員（当時は，国家公務員）が，衆議院議員選挙候補者の選挙ポスターを，勤務時間外に掲示・配布したことが国家公務員法違反に問われた猿払（さるふつ）事件において，第一審の旭川地方裁判所は，①民主主義社会における政治活動の自由の重要性から，その制限は必要最小限でなければならず，②法の定める制裁方法よりもより狭い制裁方法で目的を達成できる場合には，その制裁方法は，必要最小限度を超える（「より制限的でない他の選びうる手段（LRA）」の基準）とした上で具体的検討を加え，現業の非管理職の公務員で，職務内容が機械的労務の提供にとどまる者の勤務時間外の政治活動まで，刑事罰をもって制限を加えることは，必要最小限度の範囲を超え，憲法21条に違反するとした（旭川地判昭43.3.25）。第二審の札幌高等裁判所も第一審判決を支持した（札幌高判昭44.6.24）。

これに対して，最高裁判所は，下級審の判決をくつがえし，①行政の中立的運営とこれに対する国民の信頼の確保という規制目的は正当であり，②規制の手段が，公務員の職種，職務権限，勤務時間の内外等を区別せず，また行政の中立的運営を直接，具体的に損なう行為のみに限定されていなくとも，規制目的との間に合理的な関連性が失われるものではなく，③規制により得られる利益と失われる利益とは均衡がとれている，としてこの規制を合憲とした（最大判昭49.11.6〔17〕）。

学説は一般に，この最高裁判決に対して，必要最小限度の規制を超える不必要な規制を合憲としているとして批判的である。最近最高裁判所は再び国家公務員法等の禁止規定自体を合憲としたが，禁止される「政治的行為」とは，公務員の職務の遂行の政治的中立性を損なうおそれが実質的に認められるものと限定解釈し，非管理職公務員の勤務時間外などの政党ビラ配布はこれに該当しないとして被告人を無罪とした（堀越事件—最判平24.12.7〔54〕）。

（2） 労働基本権の制限

1）制限の内容

憲法28条は，「勤労者」に団結権，団体交渉権，争議権を保障している。公務員も，労働力を提供し，その対価として賃金を得ている以上「勤労者」であり，これらの権利の享有主体であることについて，学説・判例は一致している。しかし，各種の法律（国家公務員法98条，地方公務員法37条，自衛隊法64条など）により，公務員にはこれらの権利の全部または一部が否定・制限されていることが問題となる。すなわち，第1に，警察・消防・自衛隊・海上保安庁・刑事収容施設の職員は，三権とも否定されている。第2に，非現業の国家公務員および地方公務員は，団結権は認められるが，労働協約締結権がないため団体交渉権が制限され，争議権が否定されている。第3に，特定独立行政法人等（特定独立行政法人，国有林野事業を行う国営企業）および地方公営企業の地方公務員は，団結権と団体交渉権は認められるが，争議権は否定されている。争議行為の禁止違反には懲戒罰（国家公務員法82条，地方公務員法29条）があるほか，争議行為を共謀し，そそのかし，あおり，くわだてた者に対しては，刑事罰（国家公務員法110条1項17号，地方公務員法61条4号）が科される。

2）判　例

労働基本権の制限のなかでも，とりわけ争議行為禁止の合憲性が裁判で争われてきた。最高裁判所の判決は，三つの時期に分けられる。

まず，占領下，占領軍の指令に基づき公務員の労働基本権を制限する政令の合憲性が争われた政令201号事件判決で，最高裁判所は，公務員が「全体の奉仕者」（15条2項）であることおよび一般に人権は「公共の福祉」（13条）に服すことを理由として，争議行為の一律禁止を簡単に合憲とした（最大判昭28.4.8）。

その後，最高裁判所は，当時の現業の国家公務員の争議行為の禁止に関する全逓東京中郵事件判決において，公務員の争議権に理解を示し，①労働基本権の制限は必要最小限度でなければならないこと，②制限は国民生活に重大な障害をもたらすおそれのあるものに限ること，③制限違反に対する不利益は必要最小限度のものに限り，特に刑事罰は必要やむをえない場合に限られること，④やむをえず制限する場合には代償措置を講ずべきこと，との条件を示した。この条件に照らして，争議行為の禁止規定自体は合憲としたが，処罰される場合を限定した（最大判昭41.10.26）。その後，非現業の地方公務員に関する都教組事件判決（最大判昭44.4.2〔9〕），非現業の国家公務員に関する全司法仙台事件判決（最大判昭44.4.2）において，最高裁判所は全逓東京中郵事件判決を発展させ，あおり行為の処罰規定につき，いわゆる「合憲限定解釈」を行い，処罰の対象となる行為は，争議行為およびそのあおり行為とも違法性の強いものに限定されるとした（「二重のしぼり論」）。

ところが，最高裁判所は，非現業の国家公務員に関する全農林警職法事件判決において再び立場を変更し，限定を付すことなく，争議行為の一律・全面禁止を合憲とした。その理由として，①争議行為は，公務員の地位の特殊性と職務の公共性から国民全体の共同利益に重大な影響を与えること（国民全体の共同利益論），②公務員の勤務条件は国会の制定する法律・予算により定められるから，政府に対する争議行為は的はずれであること（財政民主主義論），③公務員の争議行為には，私企業とは異なり，ロックアウトや市場の抑制力などの歯止めがないこと（歯止め欠如論），④人事院勧告など，争議行為の禁止の代償措置が存在すること（代償措置論）をあげている。処罰規定の合憲限定解釈についても，判決は，それは犯罪構成要件の不明確な解釈を行うことにより，31条の刑罰構成要件の明確性の要請に反するとしてしりぞけた（最大判昭48.4.25〔15〕）。この判決の趣旨は，非現業の地方公務員に関する岩手教組事件判決（最大判昭51.5.21），当時の現業の国家公務員に関する全逓名古屋中郵事件判決（最大判昭52.5.4）で踏襲されている。

全農林警職法事件判決以来の最高裁判所の判例に対して，学説は一般に，政治活動の禁止と同様に，個々の公務員の職務上の地位や職務の内容に応じた必要最小限度の制限のみを認めるべきだとの立場から，批判的である。

3．被収容者

被収容者とは，刑事収容施設に強制的に収容されている者を指す。受刑者のほか，未決の刑事被告人や被疑者を含む。

被収容者は，法定の手続を経た上で，国家により強制的に身体の自由を拘束される者であり，一般の国民と国家との関係とは異なる関係が成り立つことは認められる。しかし，ここでも，伝統的な特別権力関係理論を用いるべきではない。被収容者が一般の国民と異なった処遇を受ける根拠は，憲法自身が，18条・31条において刑事収容関係の存在と自律性を認めていることである。そして，刑事収容施設の秩序を維持し，罪証の隠滅・逃亡を防止するなど刑事収容関係の目的を達成するのに必要最小限の人権制限のみが許される。とりわけ，精神的自由の制限については特に厳格な審査が必要である。

1）制限の内容

刑事収容関係における人権制限としては，旧監獄法および同施行規則の定める図書・新聞の閲読制限，信書の発受・接見の制限，飲酒・喫煙の禁止などが問題となった。

2）判　例

未決拘禁者の喫煙禁止の合憲性が争われた事件で，最高裁判所は，①監獄内においては，秩序維持の目的に照らして，被拘禁者の自由に，必要かつ合理的制限をなしうるとし，②必要かつ合理的制限かどうかは，必要性の程度，制限される人権の内容，具体的制限の態様を比較衡量して決するとした上で，結論として喫煙禁止を罪証隠滅や火災防止のための必要・合理的な制限として認めた（最大判昭45.9.16）。なお，喫煙の自由が憲法上の人権として保障されるかについては議論がある。

新聞の閲読制限に関するよど号ハイジャック新聞記事抹消事件判決で，最高裁判所は，①閲読の自由は憲法上保障されるが，監獄内の規律・秩序の維持のため，一定の合理的制限を受ける，②その制限が合理的であるためには，閲読を許すことにより生ずる規律・秩序が害される一般的，抽象的おそれの存在では足りず，具体的事情の下で，規律・秩序の維持上放置できない程度の障害が生ずる「相当の蓋然性」が必要であるとした上で，規制を合憲とした（最大判昭58.6.22）。この判決に対しては，学説から「相当の蓋然性」よりも厳しい審査基準を用いるべきとの批判もある。

5. 基本的人権の限界

1．公共の福祉

明治憲法においても，一応，国民（臣民）の権利に関する規定が存在したが，そこにはいわゆる「法律の留保」が付されていた。このため，人権は行政権に対する保障にすぎず，立法権（議会）により人権の範囲は自由に決定できた（→第2章2. 3）。これに対して，日本国憲法ではこの意味での法律の留保の規定は存在せず，人権は侵すことのできない永久の権利として，行政のみならず「立法」の上でも最大の尊重が必要とされている。しかし，人間が社会的存在である以上，人権は絶対無制限ということはできず，少なくとも他人との関係で限界が生ずる。日本国憲法上，人権の限界づけの根拠として問題となるのが「公共の福祉」である。

（1） 学　説

憲法において「公共の福祉」は，人権の総則規定である12条・13条と，経済的自由（職業選択の自由，財産権）の規定である22条1項・29条2項に定められている。そこで，この二つの型の公共の福祉のどちらを重視するかによって学説が対立した。

まず，12条・13条の公共の福祉とりわけ13条を根拠にして，すべての人権を制限できるとする説があった。その場合，22条・29条の公共の福祉は，法的には特別の意味を持たないことになる。しかし，この立場は結局明治憲法の法律の留保と同じになるとの批判がある。

他方，この説を批判し，公共の福祉による人権制限が認められるのは，そのことが個別の人権規定で定められている場合（つまり，22条・29条の経済的自由）に限られるとする説が唱えられた。12条・13条の公共の福祉は倫理的規定にすぎず，法的な意味は持たないことになる。もっとも，この説も，公共の福祉による制約とは別に，他人との関係で人権に最初から内在する制約は認めている。この立場に対しては，13条を倫理的規定とすると，「新しい人権」の根拠（幸福追求の権利）もなくなってしまうという批判がある。

現在の学説は，12条・13条の公共の福祉にも，22条・29条の公共の福祉にも，両方，法的意味を認める傾向にある。たとえば，12条・13条の人権の総則規定における公共の福祉は，すべての人権にかかわる内在的限界を意味し，22条・29条のそれは経済的自由に対する，内在的限界を超えた外在的・政策的限界を意味するとされる。その場合，内在的限界とは，フランス人権宣言４条に規定されているように，他人を害する人権の主張（他人の生命・健康，他人の人間の尊厳，他人の正当な人権主張を害する主張など）はできないという限界である。これに対して，外在的・政策的限界とは，社会国家的観点から社会的・経済的弱者保護や資本主義経済の調和のとれた発展のために，経済的自由に対して課される強い制約であるとされている。

以上は他人の権利や利益との関係で生ずる基本的人権の限界であるが，例外的に，本人の利益のために本人の基本的人権を制限する考え方（パターナリズム）もある。この制約は，たとえば，判断能力の不十分な子どもや精神障害者の自己決定権の制限の場面や，生命の保護のための自殺の阻止の場面などで考えられる。

（２） 判 例

最高裁判所は，昭和30年代までは，12条・13条の公共の福祉を根拠に簡単に人権の制限を正当化する傾向があった。しかし，昭和41年の全逓東京中郵事件判決で，労働基本権につき従来の傾向をあらため，「国民生活全体の利益の保障という見地からの制約を当然の内在的制約として内包している」という立場を打ち出した（最大判昭41.10.26)。

２．人権規制立法の違憲審査基準

公共の福祉の概念は，以上のように，ある程度具体化することができるにしても，いまだ抽象的，観念的である。したがって，これだけを用いて，個々の事件における制限の合憲・違憲の判定を行うことはできない。そこで，より具体的な違憲審査基準が必要になる。（→第17章4.6）その審査基準としては，利益衡量論と二重の基準論が重要である。

（１） 利益衡量論（比較衡量論）

これは，人権の制限によって得られる利益とその制限により失われる利益とを比較衡量し，前者の価値が高いと判断される場合には，人権の制限を合憲とし，後者の価値が高いと判断される場合には，人権の制限を違憲とする判断方法である。この手法は事件ごとのきめ細かな判断を可能とするが，かえって比較の視点が明確でなく主観的判断になったり，人権の制限によって得られる利益は国民全体の利益であるとして人権制限に傾きがちになる欠点があり，限定的に用いるべきとの批判がある。

最高裁判所は，昭和40年代より，公務員の労働基本権制限に関する全逓東京中郵事件判決（最大判昭41.10.26），報道の自由に関する博多駅テレビフィルム提出命令事件決定（最大決昭44.11.26〔10〕）で，この基準を用いている。

（2） 二重の基準論

これは，精神的自由の規制立法は厳しい審査基準により合憲性を審査するのに対して，経済的自由の規制立法は立法者の裁量を尊重して緩やかな審査基準により合憲性を審査すべきだとする理論である。この理論は，アメリカの判例理論の中で形成されてきたものであるが，経済的自由について特に明文で公共の福祉による制約を規定している日本国憲法の趣旨に合致するため，わが国の学説でも広く支持されている。この理論の背景には，精神的自由を不当に制約する立法は一旦制定されると民主政のプロセス自体を破壊するので，もはや民主政のプロセスで議会により除去・是正することは困難であることから，裁判所が厳格な審査基準を用いて積極的に介入する必要があるのに対して，経済的自由を不当に制約する立法は民主政のプロセスで是正可能のため，裁判所の審査基準はゆるやかで足りるとする考え方（民主政のプロセスの理論）や，経済的自由の規制は多くの社会・経済政策と関係するので複雑な政策的判断を必要とするが，その判断能力は裁判所には乏しいので議会の判断を尊重すべしとする考え方（裁判所の審査能力限界論）がある。

二重の基準論において，精神的自由とりわけ表現の自由の規制立法の合憲性を審査する際に用いる厳格な審査基準としては，明白かつ現在の危険の法理，より制限的でない他の選びうる手段の法理（LRAの基準），事前抑制の禁止の法理，漠然性故に無効の法理，過度の広汎性故に無効の法理などが学説上主張されている。これに対して，経済的自由の制限立法に対する違憲審査に用いられる比較的ゆるやかな審査基準としては，合理性（明白性）の基準がある。(→第８章1．2)

最高裁判所も，営業の自由の制限に関する小売商業調整特別措置法事件判決（最大判昭47.11.22〔13〕）および薬事法事件判決（最大判昭50.4.30〔18〕）で，二重の基準論を採用した。しかし，いずれも経済的自由の規制立法に関するものであり，精神的自由の規制立法が，厳しい審査基準の適用により違憲とされた例はない。わずかに，市民会館の使用許可申請が却けられたことの違憲性が争われた事件で，集会の自由と会館管理権に基づくその制約の必要性・合理性を較量するにあたって，集会の自由の制約は，精神的自由を制約するものであるから，経済的自由の制約における以上に厳格な基準の下にされなければならない，と述べたことが注目される（泉佐野市市民会館使用不許可事件―最判平7.3.7〔38〕)。(→第17章4．6．(２))

（３） 三段階審査

近年，ドイツの憲法論の影響を受けて，自由権制限の合憲性審査の手順を三段階に再構成する説も主張されている。そこでは，第一段階で，規制対象となった行為が憲法上の権利の「保護領域」に入るか，第二段階で，問題の国家行為が権利の「制限」といえるか，第三段階で，その制限が憲法上「正当化」できるかが審査される（制限の正当化のためには，法律上の根拠の存在などの形式面の要求の他，①制限の合理性（その規制が規制目的達成に役立つか)，②必要性（他に方法がないか)，②制限により得られる利益と失われる利益の均衡（つりあい)，が要求される)。

6. 人権の保障と制度の保障

１．人権の保障と裁判的救済

個人に人権を保障するとは，最終的には，基本的人権が侵害された場合，個人がそれを裁判所に訴え，裁判による法的な救済を受ける途を保障することを意味する。しかし，裁判的救済を求めるためには，救済の対象となる人権の内容・範囲が，かなり明確でなければならない。そこで実際には，その明確性の程度に応じて，人権の裁判的救済の度合いに差が生ずることがある。プログラム規定，抽象的権利，具体的権利などがそれである。これらの裁判的救済の程度の差は，生存権などの社会権，「新しい人権」である知る権利や環境権などにおいて問題となることが多い。

（1） プログラム規定

憲法の人権規定の形式をとってはいるが，厳密には法規範ではなく，単に国家の政治的，道徳的な指針を示すにとどまるため，個人に対して何ら裁判的救済の権利を与えない規定をいう。この概念は，ワイマール憲法下のドイツで，社会権について，その内容が不明確であるなどの理由で主張され，わが国の最高裁判所も，25条の生存権について，朝日訴訟判決（最大判昭42.5.24〔8〕）等でこれに近い考え方をとっている。

（2） 抽象的権利

法規範ではあるが，それ自体としては抽象的で，個人はその侵害を理由に裁判的救済を求めて裁判所に出訴することはできない，しかしその抽象的内容を具体化する法律が制定されれば憲法上の権利として出訴可能になる権利をいう。生存権について，一応現在の通説の立場である。また，21条の表現の自由に根拠をもつ情報開示請求権としての「知る権利」についても，抽象的権利であり，その内容を具体化する法律が必要であるとされる。

（3） 具体的権利

それ自体を根拠として，個人が救済を求めて裁判所に出訴しうる権利をいう。自由権をはじめ，憲法のほとんどの人権規定は具体的権利である。

2．制度的保障

人権宣言は，個人に権利を保障する規定がその中心であるが，同時に，人権と密接に結びついた一定の客観的「制度」を保障することがある。これを「制度的保障」とよぶ。人権の保障とりわけ具体的権利の保障とは異なり，制度的保障の場合には，国家がそれに違反しても，個人に裁判によりその違反を是正させるための出訴の途は必ずしも保障されない。もっとも，客観訴訟など法律でその途を与えることはでき，また裁判所は，制度的保障の規定を裁判規範として裁判の基準に用いることができる。

制度的保障の例としては，学問の自由と関連する「大学の自治」の保障（23条），信教の自由と関連する「政教分離」の保障（20条1項後段・3項・89条後段)，経済的自由と関連する「私有財産制」の保障（29条１項）などがある。

7. 義　務

憲法第３章の表題は「国民の権利及び義務」であり，その中には，四つの義務が規定されている。このうち，教育，勤労，納税は「国民の三大義務」といわれることもある。しかし，日本国憲法は，人間の生まれながらの権利である基本的人権の保障を主眼としており，義務の規定は本来それとなじまない。そこで，それらの義務は，国民に対する倫理的訓辞，法律による具体化の予定を意味し，それ自体としては，具体的な法的意味は持たないか，あるいは限定された法的意味しか持たないとするのが通説である。

なお，憲法99条は，憲法尊重擁護義務を規定しているが，この義務は，公務員の義務であり，国民の義務とはされていない。(→第20章**2．3**）

１．人権保持の義務（12条）

この義務は，国民に対する倫理的訓辞であり，直接に具体的な法的義務を国民に課したものではない。

２．教育の義務（26条２項）

この義務は，形式的には，保護者の国家に対する義務であるが，子どもの「学習権」の主張の高まりとともに，実質的には，保護する子女に対する義務と考えられるようになった。(→第12章**3**)

３．勤労の義務（27条１項）

この規定も，資本主義経済体制において勤労の義務を課すことは不可能であることから，法的意味のない倫理的訓辞だとされている。(→第12章**4**)

４．納税の義務（30条）

国民主権の下，国民が国家の存立のために財政を支えるべき当然の義務を定めたものとされる。(→第18章**2．1，2**）

第6章

包括的人権

1.　幸福追求権

1．総　説

（1）　意　義

幸福追求の権利は，ロックの『市民政府論』（1690年）における「生命，自由および財産」や，アメリカの独立宣言（1776年）における「生命，自由および幸福の追求」の権利に由来する。「幸福の追求」とは，幸福そのものの他に，幸福を追求する場の確保にかかわる。

憲法13条の幸福追求の権利は，当初は14条以下の個別的な権利を総称するものとされてきたが，戦後日本の社会・経済の急激な変化・発展の中で，新しい権利・自由が要請されることになり，そのような「新しい人権」を包摂するものとして理解される。

（2）　法的性質

幸福追求権は，憲法13条前段の「個人の尊重」から導き出される。「個人の尊重」の意味としては，戦前の全体主義の否定という意味での「個人の尊重」，また，人権の基礎にある理性的な人格を備えた個人の自律的生活を保障するという意味での「人間の尊厳」，さらには，社会権の保障にみられるような現実生活における「人間存在の尊重」という三つの意味をもつ。したがって，個人の尊重の三つの意味のうちいずれを強調するかによって，幸福追求権の法的性質の理解は異なる。学説には三つの見解がある。もっともどの見解も幸福追求権の具体的権利性を肯定し，裁判所で主張できる権利であるとすることに変わりはない。

第1の見解は，幸福追求権があらゆる生活活動領域に関して成立する一般的な行動の自由であるとする（一般的自由説）。この見解に対しては，①人権のインフレ化を招くこと，②殺人の自由も保障されることなどが批判される。そこで，幸福追求権は個人の人格的生存に不可欠な権利・自由を内容とする包括的な権利であるとする第２の見解（人格的利益説）が主張される。この見解に対しては，①人間を人格的存在と考えることが適切でないこと，②人格的生存に不可欠か否かの二分法は危険であること，③人格概念が不明確であることが批判される。さらに，最近では，憲法が民主的統治のためのプロセスを定めたものであるとの理解から，憲法上の権利は政治参加のための市民的権利でなければならず，幸福追求権もそのようなものに限定して解釈する見解（プロセス的権利説）がみられる。これに対しては，基本的人権とは多数決民主主義から保護されるべき少数者の権利を護るものでなければならないとの批判がある。

最高裁判所は「警察官が，正当な理由もないのに，個人の容ぼう等を撮影することは，憲法13条の趣旨に反し，許されない」（京都府学連事件—最大判昭44.12.24〔11〕）と述べて，幸福追求権が個人に主観的権利を保障することを肯定し，また，「個人の基本的自由を認め，その人格の独立を国政上尊重すべきものとしている憲法の下においては，子どもが自由かつ独立の人格として成長すること」を憲法26条と13条から認めている（旭川学テ事件—最大判昭51.5.21〔21〕）。

当初は自由権として発展した幸福追求権も，現在では請求権としての性質を含んだ複合的な性質を有している。また，個別的人権との関係では，幸福追求権はそれと競合するのではなく，あくまでもそれを補充するものである。

（３） 問題性

幸福追求権は社会の変化に対応した，新しい人権の根拠と考えることができる。しかし，むやみに新しい人権を憲法13条の幸福追求権から認めることは，人権のインフレ化状況をもたらし，結局，人権の内容を希薄にする危険性がある。したがって，新しい人権を認めるとしても，人権としての成熟度や不可欠性，また社会における認容の程度などから慎重な検討を要する。

2．プライバシー権

アメリカでは，プライバシー権は，19世紀に新聞に個人の私生活を暴露する記事が多かったため，被害者が不法行為の賠償を求める根拠として，「一人でいさせてもらう権利」とか，「私生活をみだりに公表されない自由」という私法上の権利を主張したことから発展し，現在では自己決定権を含む憲法上の権利として認められている。わが国においても，「宴のあと」事件で，「法的救済が与えられるまでに高められた人格的な利益」として，「私事をみだりに公開されない」という権利が認められた（東京地判昭39.9.28〔6〕)。

（1） 定 義

現代のような情報化社会において，個人の人格を守るためにはプライバシー権を単に公表の禁止を内容とするだけでは不十分である。むしろ，プライバシー権は，本来的な公権力との関係だけでなく，マス・メディアや私企業との関係でも，自己に関する情報をコントロールする権利として構成されるようになった。この場合の「情報」には「プライバシー固有情報」と「プライバシー外縁情報」がある。前者は，人の精神過程とか内部的な身体状況にかかわるような強く秘密にすることが求められる性質の情報で，具体的には，政治的・宗教的信条にかかわる情報，心身に関する基本情報，犯罪歴にかかわる情報などをいう。後者は，プライバシー固有情報とはいえなくても，それが集積され，効率的に利用の対象とされるとき，個人の生活様式を裸にする性質の情報をいう。

（2） 法的性質

プライバシー権は，自己の情報を意に反して収集・利用・公表されない（自由権）ことだけでなく，どのような情報が収集されているかの開示を求め，誤った情報が収集されているときには，その訂正や利用の停止を要求する（請求権）ことも内容とする権利である。後者の権利が具体的に保障されるためには，立法措置を必要とする（抽象的権利)。

（3） 公権力とプライバシー権

1）自由権的側面

第1に，情報の収集に関して，犯罪の捜査や防止のために，同意なく写真やビデオがとられることがあるが，これがプライバシー権侵害にならないかが問題となる。京都府学連事件で，最高裁判所は，憲法13条により「個人の私生活上の自由の一つとして，何人も，その承諾なしに，みだりにその容貌・姿態を撮影されない自由を有する」が，その自由の制限も，犯罪捜査において「現に犯罪が行われもしくは行われたのち間がないと認められる場合であって，しかも証拠保全の必要性および緊急性があり，かつその撮影が一般的に許容される限度をこえない相当な方法をもって行われるとき」は許されると述べて，制約の目的と手段についての基準を示した（最大判昭44.12.24〔11〕）。最高裁判所はこの考え方を自動速度監視装置による写真撮影についても同様にあてはめた（最判昭61.2.14）。

また，定住外国人以外の，１年以上日本に滞在する外国人に指紋押捺を罰則によって強制してきた旧外国人登録法がプライバシー権との関係で問題となった。指紋押捺を拒否して外国人登録法違反に問われた事件で，最高裁判所は外国人の同一人性の確認という指紋押捺制度の目的に十分な合理性があり，３年に１度，１指について押捺を罰則により間接的に強制する当時の制度は，方法としても一般的に許容される限度を超えない相当なものであるとした（最判平7.12.15）。（→第５章**2**.**3**.（５）５））なお，現在は日本に入国する外国人に指紋押捺と顔写真の撮影が義務づけられている（出入国管理・難民認定法６条３項）。

さらに，自己の前科が公権力により公表されたことが問題となった前科照会事件で，最高裁判所は「個人の前科及び犯罪経歴は人の名誉，信用に直接かかわる事項であり，前科等のある者もこれをみだりに公開されないという法律上の保護に値する利益を有する」と述べた。伊藤補足意見は，より明確に，「前科等は，個人のプライバシーのうちでも最も他人に知られたくないものの一つであり……公開が許されるためには，裁判のために公開される場合であっても，その公開が公正な裁判の実現のために必須のものであり，他に代わるべき立証手段がないときなどのように，プライバシーに優越する利益が存在するのでなければならず，その場合でも必要最小限の範囲に限」られると述べた（最判昭56.4.14〔24〕）。前科のように個人の人格的生存にかかわるプライバシー固有情報にあっては，その制約は最も厳格な審査基準により合憲性が判断される。

2）請求権的側面

プライバシー権の請求権的側面を具体化する立法としては，地方公共団体の個人情報保護条例や「行政機関の保有する個人情報の保護に関する法律(行政機関個人情報保護法)」がある。とりわけ，後者においては自己情報の開示請求権（12条)，訂正請求権（27条)，そして利用停止請求権（36条）を定めている。戦時中の自己の経歴に関して厚生省援護局に自分の身上調査表の訂正を求めた事件で，東京高等裁判所は「他人の保有する個人の情報が，真実に反して不当であって，その程度が社会的受忍限度を超え，そのため個人が社会的受忍限度を超えて損害を蒙るときには，その個人は，名誉権ないし人格権に基づき，当該他人に対し不真実，不当なその情報の訂正ないし抹消を請求しうる場合がある」(東京高判昭63.3.24）と述べた。

（4） 私人によるプライバシー権侵害

プライバシー権は憲法21条の表現の自由などと衝突する。この場合，両者の比較衡量によって調整を行う。一般的には，公表された事実が公共の利害に関する事実であるか，あるいは，一般の正当な関心事に属する事実であり，かつ，その事実の公表が単に興味本位に私事をあばく類のものでない限り，表現の自由が優位し，プライバシー権侵害とはならないとされる。なお，プライバシー権の保護の手段としては，民事法上の事前的救済として表現の差止め（侵害の除去のための差止め請求）と，事後的救済として不法行為による損害賠償請求がある。前者は，後者よりも表現の自由に対する制約が大きいため，それが認められるための要件はいっそう厳格なものとなる。(→第8章2. 1)

判例としては,「宴のあと」事件（東京地判昭39.9.28〔6〕),「逆転」事件(最判平6.2.8〔36〕),「石に泳ぐ魚」事件（最判平14.9.24)，そして早稲田大学プライバシー事件（最判平15.9.12）がある。また，社会にあって個人情報データベース等を事業に利用している事業者のプライバシー権を遵守すべき義務等を定める個人情報の保護に関する法律（個人情報保護法）が制定され，事業者は，個人からの請求により，個人情報の開示（25条)，訂正（26条)，利用停止（27条）の義務を負う旨を定める。

クレジット・カードなどの発行に際して，住居の持ち家の有無・勤め先と地位・年収・趣味等の個人情報が収集され，本人の知らないうちに利用される場合があり，個人のプライバシー権侵害となる（東京地判平3.3.28)。

3．名誉権

（1） 定　義

名誉の保護は，歴史的には，公権力に対する表現を抑圧するための手段として用いられ，刑法の中に名誉毀損罪として存在してきた。しかし，名誉は人の社会的評価（外部的名誉）という人格的価値を内容とし，名誉権も憲法13条の幸福追求権に含まれる。ただ，名誉権とプライバシー権は共に人格的価値にかかわるが，前者が人の価値に対する社会の評価を問題とするのに対して，後者が社会的評価とは無関係の私的領域を問題とする点で両者は異なる。

（2） 具体的事例

名誉権は公権力による悪質業者の名称の公表や酒気帯び運転検挙者の氏名の公表といった，行政目的達成のための公表により制限されうる。また，名誉権の保護を目的とした刑法230条の名誉毀損罪や民法709条以下の不法行為としての名誉毀損の規定は，もっぱら，私人の表現の自由と名誉権の調整の制度として機能している。この場合，プライバシー権の場合と同様に，両者の比較衡量による調整が行われる。とりわけ，刑法では，戦後，表現の自由を尊重するために刑法230条の2を追加している。ここでみられる考え方は，判例上，民法709条の不法行為の成立要件においても準用されている。また，名誉権の保護のための法的救済として，事後的な名誉毀損罪による処罰や，不法行為による損害賠償の他に，北方ジャーナル事件（最判昭61.6.11〔29〕）や「石に泳ぐ魚」事件（最判平14.9.24）でみられたように，一定の要件の下に表現の事前差止めが認められる場合がある。

4．自己決定権

（1） 定　義

個人は一定の私事について，公権力から干渉されることなく，自ら決定することが保障される。私事には人格的生存に不可分のものから単なる個人の趣味・嗜好に基づくものまでさまざまなものがある。自己決定権の保障範囲について，婚姻，出産，性的行為，自殺など人格的生存（死）に不可欠なものだけを保護するとの見解と，個人の人格にかかわる決定から髪型や運転免許取得の自由など単なる趣味・嗜好まで広範囲のものを保障するという見解がある。この権利はなお生成中の権利である。

なお，この自己決定権には，通常人の自律性の保障が問題になる場合と，高齢者や障害者のように，一方で保護する必要性がありながら，他方で一個人として独立して決定するという自律性が必要とされる場合がある。

（2） 具体的事例

1）生命・身体にかかわる場合

自己の生命・身体に関して自ら決定することを保障する自己決定権は，まず治療拒否権として問題になる。これには自分の信仰に反する行為として治療行為をとらえ，その治療行為を拒絶する場合や，ガンなどの末期患者がこれ以上の延命治療を拒否して，人間らしい死を求める場合（尊厳死）がある。これらの場合，医師が患者の意に反する治療行為を行うことは，自己決定権の侵害となりうる。患者の自己決定権を根拠に，医師が患者の治療を行う際に，十分な情報を提供し，その同意を得なければならないとするインフォームド・コンセント（Informed Consent）の考え方が主張された事件で，最高裁判所は，「自己の宗教上の信念に反するとして，輸血を伴う医療行為を拒否する」権利を認めた（輸血拒否訴訟―最判平12.2.29〔42〕）。

また，人間の最も根源的な自己決定として，積極的に死を求める権利が考えられる（安楽死）。しかし，嘱託殺人罪や自殺幇助罪（刑法202条）は，事実上安楽死を禁止している。横浜地方裁判所は，患者の自己決定権にふれながら，医師による安楽死の要件として，①耐え難い肉体的苦痛があること，②死が不可避で死期が迫っていること，③肉体的苦痛を除去・緩和するための方法を尽し，他に代替手段がないこと，④生命の短縮を承諾する患者自身の明示の意思表示があることをあげた（横浜地判平7.3.28）。

さらに，精神と肉体の面での性の不一致を原因とする性同一性障害者については，性転換手術が治療行為として行われる。その後の戸籍上の性の変更については，「性同一性障害者の性別の取扱いの特例に関する法律」が3条で，未成年の子がいないことなど，限定付ながらこれを定めている。

これまで臓器移植法は，臓器を提供する場合に限って脳死を人の死とし，患者本人の自己決定権を前提として，臓器提供に本人が提供意思を文書で示すことを必要としていたが，2009年の改正で，脳死を一般的に人の死とし，本人の拒否の意思表示がないときは，家族の同意書面による意思表示だけで臓器提供を可能とした（6条1項)。

2）家族関係にかかわる場合

家族関係に関する自己決定権は，婚姻の自由や出産の自由で問題となる。たとえば，事実婚には相続（民法900条4号）について不利益な取扱いがなされることにより，法律婚の強制が行われて，法律婚をしない自由（事実婚の自由）の侵害が主張される。また，出産の自由についても，刑法212条の堕胎罪により人工妊娠中絶の自由が侵害されていると主張される。ただし，これについては，胎児の生命を奪うものである以上，母親の中絶の自由と胎児の生命権との調整が図られなければならない。なお，人工妊娠中絶を認める母体保護法14条1項は，中絶の自由と胎児の生命権の調整をはかることを目的として定められていない。(→本章**2．4．**(3))

3）ライフ・スタイルにかかわる場合

髪型の自由（丸刈り校則事件—熊本地判昭60.11.13，修徳パーマ禁止校則事件—最判平8.7.18）をはじめとし，喫煙の制限（東京地判昭62.3.27)，どぶろくの製造（最判平1.12.14)，そして，高校生のバイク（免許取得）規制（最判平3.9.3）などが問題となる。

5．その他

その他に，幸福追求権の内容として考えられるものとして，人格的価値を不当に辱められない権利や環境権（→第12章**2．3．**(4))がある。前者の権利は，おとり捜査，捜査における強制採尿（→第10章**4．3．**(5))やセクシャル・ハラスメントにおいて問題となる（福岡地判平4.4.16)。最高裁判所は強制採尿について，「強制力を用いてその身体から尿を採取することは，身体に対する侵入行為であるとともに屈辱感等の精神的打撃を与える行為である」としつつも，人権侵害を認めなかった（最決昭55.10.23)。セクシャル・ハラスメントはアメリカでは性差別の問題として主張され，わが国でも職場における性差別と主張する見解もある。なお，男女雇用機会均等法21条は，職場における性的な言動による女性労働者の不利益を防止すべき配慮義務を定めている。環境権については，最高裁判所はまだその権利性を認めていない。

2.　法の下の平等

1．総　説

近代国家において，それ以前の身分による差別を排除して，人間の平等が唱えられた。そこでの平等は，自由の保障と結び付いて，人の現実のさまざまな差異を一切捨象して原則的に一律平等に扱うこと，すなわち，形式的平等（機会の平等）を意味した。これに対して，現代国家では，形式的平等から生じた社会的・経済的不平等などに着目して，平等は国家が積極的にその格差の是正を行うこと，すなわち，実質的平等（結果の平等）をも意味する。このことを自由との関係からみれば，形式的平等においては，自由を保障することと平等を実現することは同一のことを意味するが，実質的平等においては，自由の保障の結果としての不平等の是正が要求されるため，自由が制限されることになる。

2．14条1項の「法の下の平等」

（1）　平等条項の性格

憲法14条1項は，差別的取扱いをしてはならないという客観的な法原則を意味するとともに，平等に取り扱われるという主観的権利を意味する。この場合，通説は，両者は表裏一体の関係にあると理解する。これに対して，国家が一部の者に特権的利益を与え，しかも，それによって他の個人が何らの不利益を受けないときは，平等権侵害とはならないので，平等条項を標準的処遇を受ける権利としてとらえ，平等原則と区別する見解がある。

（2）「平等」の意味

日本国憲法が自由と平等を調和的に保障することからいえば，憲法14条1項の「平等」は，封建社会における身分的拘束（不平等・不自由）を否定し，各人を抽象的人格として把握しようとする点で，まず形式的平等を保障しつつも，各人の間の事実上の差異を均一化する実質的平等の理念から，形式的平等の相対化を認容している。したがって，ここでの実質的平等は，徹底した結果の平等を意味するのではなく，形骸化した機会の平等を回復するための基盤の形成という意味にとどまる。この点，これまで差別されてきた者への優先処遇（Affirmative Action）が，憲法の法の下の平等の観点から要請される。その例として，アイヌ民族の保護対策や国会議員などの公職への女性の割当制（Quota）がある。ただ，優先処遇は行きすぎると「逆差別」となりうる。

以上のような平等の意味から，憲法の要求する平等とは，すべてを等しく扱うという絶対的平等ではなく，各人の違いを考慮してそれに応じた扱いをする相対的平等を意味する。この場合，合理的な区別（合理的差別）が認容される（尊属殺重罰規定事件―最大判昭48.4.4〔14〕）。

（3）「法の下」の意味

「法の下」という言葉は，法適用の平等のみならず，法定立の平等をも意味する（立法者拘束説）。適用の平等だけを保障（立法者非拘束説）しても，適用される法律が不平等であれば，法の下の平等は無意味となるからである。戦後削除された，不倫をした女性のみを罰する刑法183条の姦通罪の規定は，法定立の平等が保障されないとすれば，女性に対してそれが不平等に適用されない限り問題とならない。しかし，法定立の平等も保障されるとすれば，当該規定自体が性差別として違憲となる。

（4） 5事項3関係

1）差別原因としての5事項

憲法14条1項後段は差別の原因として，人種，信条，性別，社会的身分，そして，門地の5事項をあげる。人種とは人の人類学上の種別である。日本では人種による差別の問題は大きく問題とならなかったが，アイヌ人や混血の差別が問題となる。アイヌ民族を同化するために制定された「北海道旧土人保護法」は，国有地化した土地をアイヌ人に給付して，農耕を強制すると同時に，給付された土地の譲渡や抵当権設定の禁止など，土地の所有権に大きな制約を課してきたが，1997年に廃止され，アイヌ文化振興法に改められた。

信条とは宗教や信仰の他に，広く思想や世界観をも含む。信条は民主主義にとって極めて重要であることから，信条を理由とする差別的取扱いは禁止される。このことは国家公務員法27条，労働基準法３条そして労働組合法５条２項４号の規定に具体化されている。

後述するように，性別とは男女の別である。

社会的身分とは，一般に人が社会において占める継続的な地位をいい，帰化人，前科を有する者，使用者・労働者，農民，学生，ある地域に住む住民がこれにあたる。これに対して，社会的身分が，人がその意思によることなく，出生によって決定される社会的地位とか，人が社会において後天的に占める社会的地位で，一定の積極的な社会的評価が伴うものをいうとの見解もある。最高裁判所は，後述の例示説の立場から，「高齢者」(最大判昭39.5.27)，「親子」(最大判昭25.10.11)，「賭博常習者」(最大判昭26.8.1) または，刑法の「業務上」の行為を行った者 (最判昭29.9.21) は社会的身分にあたらないとした。

門地とは人の出生によって決定される家族的身分 (家柄) をいい，「部落出身者」の差別と「部落出身者」への優先処遇が問題となる。

これら五つの差別の原因を，憲法が重要な差別原因を例示的に示したものにすぎないとする見解 (例示説) がある。この場合，これら以外の原因による差別も当然に許されないことになる。これに対して，14条１項後段の５事項による差別を絶対的に禁止されるとする見解 (限定列挙説) や，14条１項後段の５事項による差別には，①合憲性の推定が排除され，差別する側にその合憲性を立証する責任が課せられるとか，②厳格な審査基準が適用されるとする見解がある。

２）差別の場としての３関係

「政治的関係」とは，選挙権･被選挙権･公務員の任用資格などをいい，「経済的関係」とは，勤労の権利･財産の収用･租税の賦課などをいう。「社会的関係」とは，「政治的関係」と「経済的関係」以外の関係をいう。

（５）「合理的差別」といいうるための基準

憲法の平等の観念が相対的平等を意味するとしても，何が合理的差別といえるかを判断することは困難である。その判断基準としては，①取扱いに差を設ける目的の合理性，②異なる取扱いの目的とそれを達成する手段との合理的関連性があげられる（合理性の基準）。これに対して，14条１項後段の５事項に該当する場合には，その差別的取扱いには，①取扱いに差を設ける目的の緊急重大性と，②異なる取扱いの目的を達成するための手段の必要不可欠性という審査を必要とする見解（厳格な審査基準）もある。

さらに，５事項の差別の原因による審査基準の区分に加えて，差別される人権の性質により審査基準を考える立場もある。これによれば，表現の自由や選挙権についての差別には厳格な審査基準を，５事項による差別には①立法目的が重要であること，②その目的と手段との間に実質的関連性があることを必要とするとの審査基準（実質的な合理的関連性の基準）を，それ以外の差別には合理性の基準を適用することになる（三段階審査基準）。

３．具体的事例

（１） 尊属殺重罰規定

1995年までの刑法は，一般の殺人罪（199条），傷害致死罪（205条１項），保護責任者遺棄罪（218条１項），そして，逮捕監禁罪（220条１項）とは別に，自分と配偶者の直系尊属（両親・祖父母など）に対する尊属殺人罪（200条），尊属傷害致死罪（205条２項），尊属遺棄罪（218条２項），さらに尊属逮捕監禁罪（220条２項）を重罰としていた。このような尊属に対する犯罪を重罰とすることは，憲法14条１項の法の下の平等に反しないかが問題となった。

最高裁判所は，当初は尊属殺規定と尊属傷害致死規定に合理的根拠があるとした（最大判昭25.10.11）が，後に，目的と手段について合理性の基準をあてはめて，尊属殺規定を違憲とした（最大判昭48.4.4〔14〕）。多数意見は，「尊属に対する尊重報恩は，社会生活上の基本的道義であり，……尊属の殺害は重い社会的・道義的非難を受けるべきものとして，……法律上一般的に刑を重くすることとしても，ただちに不合理な差別であるとはいえない」が，尊属殺の法定刑はあまりにも厳しく，「立法目的達成の手段として甚しく均衡を失し，……合理的根拠に基づく差別的取扱いとして正当化することはとうていできない」として，手段の合理性を否定した。これに対して，尊属殺規定自体が，「家」制度にあらわれた封建的思想の保護を目的とし，合理性に欠けるとの意見もみられた。この多数意見に依拠して，最高裁判所は尊属傷害致死罪の法定刑が「立法目的達成のため必要な限度を逸脱しているとは考えられない」として合憲としている（最判昭49.9.26)。

尊属殺規定の違憲判決の後，政府は刑法200条の改正案を国会に提出し，国会では審議が行われないままになっていたが，条文の口語化を行った1995年の刑法改正で，すべての尊属関連規定が削除された。

（２） 性差別

憲法14条１項は「性別」による差別を明確に禁止している。もちろん，労働基準法65条にみられる生物学的性差の具体化としての出産保護は合理的差別として認容できる。これに対して，女性の特性を理由とする差別的取扱いや性による分業を反映した制度は合理的差別とはいえない。戦前には選挙権は女性に与えられず，民法上も妻は無能力者とされ，刑法上も妻による姦通罪が定められていたが，これらは戦後に廃止された。しかし，現実の社会にはさまざまな女性差別がみられる。

１）職場における差別

労働基準法４条の男女同一賃金の原則はあくまでも同一価値の労働についてのものであった。1997年に改正された男女雇用機会均等法は，教育訓練，福利厚生，定年・退職・解雇の他に，募集・採用，配置・昇進についても差別の禁止を定めている。当初は不十分であった救済制度も改善された。なお，これと同時に，労働基準法における労働時間・休日と深夜業についての女性保護規定は削除された。

定年年齢を男子55歳，女子50歳と就業規則で定めて女性を解雇した事件で，最高裁判所は，会社の女子の若年定年制は「専ら女子であることのみを理由として差別したことに帰着するものであり，性別のみによる不合理な差別を定めたものとして民法90条の規定により無効である（憲法14条１項，民法１条ノ２［現行２条］参照)」と述べた（日産自動車事件―最判昭56.3.24)。その他に，判例は，女性の結婚退職制（住友セメント事件―東京地判昭41.12.20)，既婚女子社員の人員整理基準（東京地決昭50.9.12)，女子への家族手当の支給制限（岩手銀行女子差別事件―仙台高判平4.1.10）に加えて，女子社員の男性社員との賃金格差（日ソ図書女子賃金差別事件―東京地判平4.8.27）を違法とした。また，女子社員に対する昇格の差別についても，東京地方裁判所は1997年以後は男女雇用機会均等法により「不合理な差別として公序に反することになった」としたが，昇格の地位確認は認めなかった（野村證券女子昇格差別事件―東京地判平14.2.20）。

2）その他

その他に，売春防止法が女性のみを処罰対象とすること（最判昭37.12.18）や，刑法177条の強姦罪が女性だけを保護すること（最大判昭28.6.24）は，法の下の平等から許されるかが問題とされた。旧国籍法における父系優先血統主義も性差別の禁止から問題となった（東京高判昭57.6.23）が，その後旧国籍法の国籍取得条件の改正により，両性の平等が実現された。

（3） その他の差別問題

平等選挙の原則において，選挙資格の平等のみならず，各選挙区間の投票価値の平等，すなわち，すべての投票の結果に対する平等な影響力が憲法14条1項，15条3項，44条但書により保障される。このことは，衆議院選挙，参議院選挙そして地方議会の選挙それぞれについて妥当する（最大判昭51.4.14〔20〕）。（→第13章**3**．**2**．（2））

地域ごとに法的に異なった取扱いがなされることも，法の下の平等から問題となる。条例による売春の規制に関して，最高裁判所は「憲法が各地方公共団体の条例制定権を認める以上，地域によって差別を生じることは当然に予測される」としてこれを認容した（最大判昭33.10.15）。

日本人の父と非日本人の母との間に出生した婚外子につき，国籍法は，①胎児認知のあるとき（国籍法2条1号）と，②生後認知に加えて婚姻があるとき（準正子，旧国籍法3条1項）に，日本国籍取得を認めていた。生後認知された婚外子の国籍確認の訴えにつき，最高裁判所は，生後認知の場合，婚姻の有無で国籍取得に差が生じることにつき，1984年当時には，婚外子と日本国民たる父との生活の一体化の確保という立法目的に合理性があり，国籍取得のため婚姻を要求することは立法目的と合理的関連性がある。しかし，現代の国際化時代の家族観の変化や，国際的な婚外子に対する法的な差別的取扱いの解消の流れの中で，婚姻を国籍取得の要件とすることは過剰であり，立法目的との間に合理的関連性を欠くとして，旧国籍法3条1項を違憲と判断した（最大判平20.6.4〔51〕）。なお，国籍法は2008年12月に改正され，認知だけによる国籍取得が認められた（国籍法3条1項）。

婚外子には婚内子の半分しか法定相続分が認められていなかったこと（民法900条4号ただし書）について，最高裁判所はこれまで合憲としていた（最大決平7.7.5〔39〕）。しかし，最高裁判所は婚外子の個人としての尊厳を重視し，規定の合憲性を支える立法事実を詳細に検討したうえで，家族形態の多様化やこれに伴う国民の意識が大きく変化したことによって従来合憲であった規定が違憲となったと判断した（最大決平25.9.4〔55〕）。

これまで，戸籍の続柄欄に婚内子は「長男」「長女」と，婚外子は「男」「女」と記載されてきたが，このような記載は戸籍制度の目的との関連で必要性の程度を越えているとした2004年の東京地裁判決（東京地判平16.3.2）を契機に，戸籍法施行規則が改正され，「長男」「長女」に統一された。住民基本台帳（住民票）でも，「子」に統一されている。

公立高校入試において，合格点を獲得していたにもかかわらず，全課程の履修の可能性がないとして不合格とされた事件で，神戸地方裁判所は「『高等学校の全課程を無事履修する見通しがある』ことを合否判定の基準とすることができるとしても，障害者に対する不当な差別を招来することのないように留意しなければならない」と述べた（神戸地判平4.3.13）。

その他に，租税制度における所得の種類による異なった取扱いや捕捉率の差異（サラリーマン税金訴訟—最大判昭60.3.27），障害福祉年金と児童扶養手当との併給禁止規定（堀木訴訟—最大判昭57.7.7〔26〕），事実上の差別として，エイズ患者などの病気による差別や同性愛者などへの差別が問題となる。

4．個別的平等

（1） 貴族制度の否認

華族その他の貴族の制度は廃止される（14条2項）。ただし，憲法上の例外として，皇位の世襲制と皇族の存在を前提として天皇制が存置されている。

（2） 栄典の限界

栄典の授与（7条7号）は一代限りであって，経済的特権などいかなる特権をも伴わない（14条３項）。この点について，文化勲章には文化功労者年金がつくが，文化功労者年金が文化勲章受賞者を含めた文化功労者全体に与えられることから，問題はないとされる。

（３） 家族生活の平等

家族生活の平等として，憲法24条は婚姻と夫婦の平等と家族についての個人の尊厳と両性の本質的平等を定めている。これは，明治憲法の「家」の思想を民法の改正を通じて根本的に改めたとされるが，男女の婚姻年齢の差異（民法731条），女性の６ヵ月の再婚禁止期間（同733条），夫婦同氏（同750条）が問題とされてきた。再婚禁止期間について，最高裁判所は父性の重複の推定を回避する合理的なもの（最判平7.12.5）としてきたが，2015年に，医療や科学技術の発達，我が国における社会状況及び経済状況の変化に伴う婚姻及び家族の実態の変化，諸外国における再婚禁止期間の制度の廃止などから，民法772条２項の父性重複の100日を超える部分が，合理性を欠いた過剰な制約であるとして，憲法14条１項および24条１項に違反するとした（最大判平27.12.16）。

一方，同日の判決において最高裁判所は，夫婦が婚姻の際に定めるところに従い夫又は妻の氏を称すると定める民法750条の規定が，憲法13条の「氏の変更を強制されない自由」の人格権を侵害するという主張に対して，この規定は婚姻という身分関係の変動を自らの意思で選択することに伴って夫婦の一方が氏を改めるものであって，自らの意思に関わりなく氏を改めることが強制されるというものではない以上，憲法13条に違反するものではない，とした（最大判平27.12.16）。

（４） その他

その他に，教育における平等（26条１項），選挙権・被選挙権の平等（44条），公務員選挙における普通選挙制（15条３項），請願における差別の禁止（16条），思想・信条による差別の禁止（19条）がある。

第7章

精神的自由(1)

1.　思想および良心の自由

1．意　義

日本国憲法において思想および良心の自由が精神的自由に関する規定の冒頭におかれたのは，戦前・戦中に，治安維持法などにより，個人の特定の思想を弾圧したり，思想の変更を強要するという内心の自由そのものへの国家による侵害が行われたことに対する反省からである。

思想および良心の自由は，個人の尊重（13条）から派生する人格にとって不可欠な自由であり，その保障は内心におけるすべての精神活動に及ぶ。個人の内心の自由は絶対的自由であり，国家がこれに土足で踏みこむことは許されない。

憲法は，その宗教的側面である信仰の自由を信教の自由（20条）で保障し，学問的側面である学問研究の自由を学問の自由（23条）で保障する。また，思想・信条などを外部に表現することについては表現の自由（21条）で保障する。思想および良心の自由は，あらゆる精神活動の根源であり，これらの個別領域に対して一般法的性格を有する。

一般に，思想および良心の自由の「思想」は論理的判断を，「良心」は倫理的判断をさすとされるが，いずれも内心におけるものの見方ないし考え方をいい，両者は密接不可分で，両者が一体として保障されている以上，特に厳格に区別する必要はない。

思想および良心の自由の範囲については，内心における精神活動全般をさすとする広義説と，信仰に準ずべき世界観や主義・信条などと深い関連性があるものに限定する狭義説に分かれるが，通説は広義説をとる。最高裁判所は，謝罪広告事件で必ずしもこの点を明確にしていない（最大判昭31.7.4）。

2．内　容

内心の自由は，絶対的自由として保障され，国家による干渉を受けないことを内容とする。①国家が，特定の思想をもつことを強要したり，禁止したりすることは許されない。②国家は個人の内心に対して中立でなければならず，特定の思想を有するかどうかを理由として，これに刑罰を科したりその他の不利益を課すことは許されない。また，③国家が，思想や良心の告白を強要することは許されない。すなわち，思想および良心の自由には沈黙の自由が含まれるが，この自由は表現の自由の消極的側面としても保障される。勤務評定長野事件で，最高裁判所は，「自己観察」の記入は沈黙の自由を侵害しないとした（最判昭47.11.30）。

3．限　界

思想および良心の自由は，内心の領域にとどまる限り，絶対的に保障され，国家はいかなる内心の自由にも干渉することはできない。しかし，その思想が外部に対して表示された場合，他者の権利を侵害することもあるので，公共の福祉に反する場合に限り，必要かつ最小限度の制約に服する。

（1）　意に反する謝罪

名誉毀損事件で，裁判所が「名誉を回復するに適当なる処分」（民法723条）として謝罪広告を命ずる判決を下したことについて，最高裁判所は，「謝罪広告が，単に事態の真相を告白し，陳謝の意を表明するに止まる程度のもの」であれば，それは上告人に屈辱的もしくは，苦役的労苦を科し，又は上告人の有する倫理的な意思・良心の自由を侵害することを要求するものではないとした（最大判昭31.7.4，最判平16. 7 .15）。また，不当労働行為に対する救済命令として，不当労働行為と認定された旨を立看板に掲示することを命ずるポスト・ノーティス命令について，最高裁判所は「不当労働行為の認定を関係者に周知徹底させ，同種の行為の再発を抑制しようとする趣旨のもの」であり，反省等の意思表明を要求することは本命令の本旨とするところではないとした（最判平2.3.6）。

（2） 雇用の自由と思想・信条の自由

三菱樹脂事件で，東京高等裁判所は，通常の商事会社では，労働者の思想，信条が事業遂行に支障をきたすとは考えられないため，採用試験に際して政治的思想，信条に関係する事項の申告を求めることは公序良俗に違反するとした（東京高判昭43.6.12）が，最高裁判所は，憲法は，19条で思想・信条の自由や14条１項で法の下の平等を保障すると同時に，22条，29条等において，財産権の行使，営業その他広く経済活動の自由をも基本的人権として保障している。企業者は，契約締結の自由を有し，企業者が労働者の採否決定に当たり，労働者の思想，信条を調査し，これに関する事項についての申告を求めることも法律上禁止された違法行為とすべき理由はないと判示した（最大判昭48.12.12〔16〕）。

しかし，日中旅行社事件では，思想・信条に基づく調査および解雇は，事業が特定のイデオロギーと本質不可分であり，その承認，支持を存立の条件とし，労働者に対してそのイデオロギーの承認，支持を求めることが事業の本質からみて客観的に妥当である場合（傾向産業）に限って，例外として認められる，としている（大阪地判昭44.12.26）。

また，私立学校において，政治活動を行わないとの特約を交わして，採用された教師が，それに反して政治活動をなし，学校運営等に不利益を生じさせた場合には，その特約は有効であり，解雇も認められるとされた（十勝女子商業高校事件―最判昭27.2.22）。

（3） 内心の自由と内申書の記載

麹町中学校内申書事件では，東京地方裁判所は，「公立中学校においても生徒の思想信条の自由は最大限保障されるべきであって，生徒の思想，信条のいかんによって分類評定することは違法である」（東京地判昭54.3.28）としたが，最高裁判所は，内申書に「上告人の思想，信条そのものを記載したものでないことは明らかであり，右の記載に係る外部的行為によっては上告人の思想，信条を了知しうるものでない」（最判昭63.7.15）とした。

（4） 君が代訴訟

公立学校の式典における君が代の伴奏・斉唱に関しては，多くの訴訟が提起されている。音楽教諭が入学式での君が代のピアノ伴奏を拒否し，職務命令に反したとして戒告処分を受けた。この処分の取消訴訟において，最高裁は，ピアノ伴奏拒否は当該教諭の君が代に関する歴史観ないし世界観に基づく一つの選択ではあっても，一般的にはこれと不可分に結びつくとはいえず，職務命令は直ちにその歴史観ないし世界観それ自体を否定するものではなく，またピアノ伴奏自体は音楽教諭に通常想定され期待されるものであるとして，思想・良心の自由の侵害を認めなかった（最判平19.2.27〔50〕）。

卒業式等における起立斉唱の職務命令に違反した教師に対する戒告処分等が問題となった事案もある。最高裁は，起立斉唱の職務命令は思想・良心の自由を直ちに制約するものではないが，音楽教諭のピアノ伴奏とは異なり，起立斉唱行為は教員の日常の事務ではなく，敬意の表明の要素も含み，個人の世界観・歴史観に由来する行動とは異なる行動が求められる点で間接的制約となる面があるとした。そして職務命令の目的および内容ならびに制約の態様等を総合的に較量して，制約を許容しうる程度の必要性と合理性が認められる場合には間接的制約が許されるとし，結論として合憲とした（最判平23.5.30，最判平23.6.6等）。その後，職務命令違反による停職処分と減給処分について，裁量権の逸脱・濫用を認めた判決もある（最判平成24.1.16）。

2.　信教の自由

1．意　義

信教の自由の根源にある信仰は，個人の内心に属することであって外部から強制されるものではないが，中世の西洋では，国家と教会が結びつき，国教を強制し，それに従わない者は異端者として迫害された。そこで，近代国家は信教の自由を保障し，宗教の問題を個人の良心に委ねた。

日本でも，明治憲法28条で，法律の留保なしで信教の自由を保障していたが，神社神道は神権天皇制の維持・強化と深い関係があったため「神社神道は宗教にあらず」とされ，神社を崇拝することがすべての国民の義務であるとされた。神社神道と国家権力の結合（国家神道）は，極端な国家主義，軍国主義にも大きな役割を演じ，他の宗教団体を弾圧し，国民の信教の自由を圧迫した。そこで，日本国憲法は個人の人権として信教の自由（20条1項前段・2項）を保障するだけでなく，GHQの神道指令に従い，間接的に信教の自由を保障するための制度的保障として政教分離原則（20条1項後段・3項，89条）を規定している。

20条1項前段および2項の「宗教」とは，過去の経験に鑑みて信教の自由を徹底して保障しようとする趣旨から，広く「超自然的，超人間的本質（絶対者，造物主，至高の存在等，なかんずく神，仏，霊など）の存在を確信し，畏敬崇拝する信条と行為」をいうとされる（津地鎮祭事件―名古屋高判昭46.5.14）。

2．内　容

信教の自由の核となるのは，内心において宗教を畏敬崇拝する信仰の自由であるが，そのほか，信仰の表現である宗教的行為の自由，布教の自由，宗教的結社の自由が含まれる。

（1）　信仰の自由

信教の自由の中心は，19条の思想および良心の自由の宗教的側面でもある信仰の自由である。信仰の自由は内心において特定の宗教を信仰し，または信仰しない自由であり，その信仰を告白する自由や告白しない自由（沈黙の自由）を含む。信仰の自由は内心の自由であるため，絶対的自由として保障される。

（2）　宗教的行為の自由

宗教的行為の自由とは，その信仰に基づき，礼拝，祈禱その他宗教上の祝典・儀式・行事を行う自由をいう。また，宗教的行為をしない自由，宗教的行為への参加を強制されない自由を含む。宗教的行為の自由は表現の自由の宗教的側面でもある。

布教の自由とは，自己の信仰を外部に宣伝する自由であり，他の宗教を批判し，改宗を勧め，自己と同じ信仰をもつよう説く行為の自由をいう。宗教的行為の自由の一側面でもあるが，自己の信仰に基づき行為をする場合と異なり，他の人に自己の信仰を積極的に勧めることから他人の権利・自由と抵触する可能性が大きい。

（3）　宗教的結社の自由

自己と信仰を同じくする者が，礼拝や布教など宗教的目的のために団体を結成し，維持することを宗教的結社の自由という。集会・結社の自由の一側面である。政教分離原則から，「いかなる宗教団体も，国から特権を受け，又は政治上の権力を行使してはならない」(20条1項)。

3．限　界

信仰の自由は，内心の自由であり，絶対的自由であるが，宗教的行為の自由，布教の自由，宗教的結社の自由は，他人の権利・自由に影響を及ぼすので，内在的制約を受ける。宗教法人法によれば，宗教法人が「法令に違反して，著しく公共の福祉を害すると明らかに認められる行為」をしたり，「宗教団体の目的を著しく逸脱した行為」をした場合，裁判所はその宗教法人に解散を命ずることができる（81条)。このことも公共の福祉による制約の一例である。しかし，これらの自由は，信仰を外部に表現する自由であるから，その制約は厳格に解されなければならない。

（1）　宗教的行為の限界

精神障害の治療のために宗教的行為としてなされた加持祈禱であっても，他人の生命，身体等に危害を及ぼす違法な有形力の行使により被害者を死に致したものである以上，信教の自由の保障を逸脱したものであるとされた(最大判昭38.5.15)。これに対して，牧師の牧会活動は，礼拝の自由を保障する宗教行為の自由に含まれ，その制約は信仰の自由を事実上侵すおそれがあるので慎重な配慮を要するとした上で，その活動が犯人の自首を促したとして，犯人蔵匿行為は正当業務行為として罪とならないとされた（神戸簡判昭50.2.20)。

（2）　文化財保護のための条例制定

奈良県文化観光税条例事件では，課税される入場料が「文化財観賞の対価」であり，「条例は，特に宗教を対象として規制したものではない」(奈良地判昭43.7.17）とされた。また，京都市古都保存協力税条例事件でも，「条例は文化財観賞者の信仰の自由を規制する趣旨や目的で本税を課すのではなく，信仰行為に抑止的効果を及ぼし，結果的に制限するものではない」(京都地判昭59.3.30）とされた。

（3） その他

宗教上の義務と教育上の義務が衝突した場合，どのように調整すべきか。日曜日授業参観事件では，宗教上の理由による出席の免除は公教育の宗教的中立性を保つ上で好ましいことではなく，「公教育上特別の必要性がある授業日の振替が，教団の集会と抵触することになったとしても，合理的根拠に基づくやむを得ない制約」であるとされた（東京地判昭61.3.20）。しかし，宗教的信条に基づく剣道の不受講については，剣道実技の履修が必須のものとまでいえず，他の体育種目の履修などの代替措置により教育目的が達成できるだけでなく，剣道実技の拒否は信仰の核心部分と密接不可分のものであるのに加え，教育を受ける機会を剥奪するような退学処分などによる不利益は甚大なものであることから，神戸市立工業高等専門学校の退学処分は社会観念上著しく妥当性を欠く違法な処分とされた（神戸高専事件―最判平8.3.8〔40〕）。

墓地，埋葬等に関する法律13条は「墓地，納骨堂又は火葬場の経営者は，埋葬，埋蔵，収蔵又は火葬の求めを受けたときは正当の理由がなければこれを拒んではならない」と規定する。厚生省（当時）は，宗教団体が，依頼者が他の宗教団体の信者であることのみを理由として拒むことは「正当な理由」によるものとは認められず，埋葬又は埋蔵の際の宗派的典例も埋葬又は埋蔵の観念に含まれるものと解すべきではないとする通達を出した。最高裁判所は，通達は原則として法規の性質を持つものでないので一般国民は直接これに拘束されず，上告人の墓地経営権，管理権を侵害したり，新たに埋葬の受忍義務を課したりする行政処分とはいえないとして取消の訴えは許されないとした（最判昭43.12.24）。

オウム真理教解散命令事件では，最高裁判所は，宗教法人法の解散命令の制度が「専ら宗教法人の世俗的側面を対象する世俗的目的によるものであって，宗教団体や信者の精神的側面に容かいする意図によるものではなく，その制度の目的も合理的である」として，解散命令が憲法20条1項に反しないとした（最決平8.1.30）。

4．政教分離原則

（1） 意　義

歴史的にみても，国家と宗教との結合は，国民の信教の自由を抑圧し，宗教の堕落と，国家の専制化・非民主化をもたらしてきた。わが国でも，明治憲法下で神社神道に実質的に国教的地位が与えられ，他の宗教が弾圧されたりして，信教の自由が侵害された。そこで，日本国憲法は，信教の自由を保障するだけでなく，政教分離原則を採用し，国家と宗教との分離を制度的に保障している。

（2） 政教分離原則の内容

1）宗教団体の特権付与の禁止と政治上の権力行使の禁止

憲法20条1項後段は，「いかなる宗教団体も，国から特権を受け，又は政治上の権力を行使してはならない」と規定する。「特権」とは一切の優遇的な地位と利益をさす。特定の宗教に国教の地位を認めることが最大の特権である。ただし，文化財保護法による寺社の文化財の保護のための補助金の支出や，法人税法が，財団法人，社団法人，学校法人等と並んで宗教法人を非課税扱いしていることは「特権」には当たらないとされる。一定の要件を満たす国民一般の利益付与にすぎないからである。また，「政治上の権力」とは，国・地方公共団体の統治権力をさす。したがって，宗教団体が政治活動をすることを禁ずるものではない。

2）国の宗教的活動の禁止

憲法20条3項は，「国及びその機関は，宗教教育その他いかなる宗教的活動もしてはならない」と規定する。「宗教教育」とは宗教を宣伝し広めたり，宗教を排斥することを目的とする教育であり，教育基本法15条2項は，国公立学校などで特定の宗教のための教育をすることを禁じている。

「宗教的活動」については，①およそ宗教的信仰の表現である一切の行為を包括するという見解（津地鎮祭事件―名古屋高判昭46.5.14）と，②宗教行為の中でも，当該行為の目的が宗教的意義をもち，その効果が宗教に対する援助，助長，促進又は圧迫，干渉になるような行為に限定されるとする見解（津地鎮祭事件―最大判昭52.7.13〔22〕）がある。宗教的活動を安易に限定すると政教分離原則が損なわれてしまうが，過度に広く捉えると，追悼，慰霊等の行事のすべてが含まれるように解されかねない。憲法の趣旨，目的に照らして詳細に検討する必要がある。

３）公金の支出の禁止

憲法89条は「公金その他の公の財産は，宗教上の組織若しくは団体の使用，便益若しくは維持のため，……これを支出し，又はその利用に供してはならない」として政教分離を財政面から徹底する。「公金」とは，国や地方公共団体が有する金銭をいい，「公の財産」とは，国や地方公共団体の施設などの財産をいう。国家または地方公共団体が，特定の宗教の儀式に則って，慰霊祭等を行い，公金を支出することは許されないが，宗教と無関係の戦没者記念碑や原爆被災者慰霊碑の建立や宗教的色彩のない慰霊祭を行うことはこれに該当しない。

（３） 政教分離原則の法的性質

政教分離原則の法的性質について，信教の自由と政教分離は表裏一体であるとして，政教分離による完全な信教の自由の確保を目的とする人権規定説が主張されているが，通説・判例は制度的保障説をとっている。津地鎮祭事件で，最高裁判所は，「元来，政教分離規定は，いわゆる制度的保障の規定であって，信教の自由そのものを直接保障するものではなく，国家と宗教との分離を制度として保障することにより，間接的に信教の自由の保障を確保しようとするものである」としている（最大判昭52.7.13〔22〕）。

（４） 完全分離説と限定分離説

政教分離については，学説は，①戦前に国家と神社神道が結びつき，神社神道の実質的な国教化や他の宗教の弾圧などの弊害が生じたことの反省から憲法に規定されたのであるから，国家または地方公共団体は宗教に一切関与できないとする完全分離説と，②信教の自由を間接的に保障するために制度的に保障されたもので，宗教と国家の完全な分離は不可能であり，かえって完全に分離すると社会生活において不都合が生じるとする限定分離説に分かれる。最高裁判所は，限定分離説をとり，宗教活動について目的効果基準を用いている。目的効果基準とは，その行為の目的が宗教的な意義をもち，その効果が宗教に対する援助，助長，促進または圧迫，干渉になるかどうかを審査するものである。しかし，この基準自体のあいまいさから，同じ基準を適用した裁判所では異なる結論が出されている。

1）地鎮祭

津地鎮祭事件で，津地方裁判所は，地鎮祭を習俗的行為として合憲とした（津地判昭42.3.16）が，名古屋高等裁判所は，完全分離説をとり，主宰者が宗教家かどうか，祭祀の方法が宗教界で定められたものかどうか，当該行為が一般人に違和感なく受け入れられている程度に普遍性を有するかどうかを判断し，地鎮祭は20条3項で禁じられている宗教的活動にあたるとした（名古屋高判昭46.5.14）。これに対して，最高裁判所は，限定分離説をとり，政教分離原則は国家に宗教的中立を要求するものであるが，国家と宗教の完全な分離は不可能に近く，国家が宗教とのかかわり合いをもたらす行為の目的及び効果にかんがみ，相当とされる限度を超えるものについてこれを許さないものとした。そして，本件地鎮祭が宗教的活動であるかどうかについては，目的効果基準をとり，地鎮祭自体が習俗行事化しているだけでなく，その目的は，土地の平安堅固と工事の無事安全であり，特定の神社を援助，助長，促進するものではないとし，地鎮祭は宗教的活動にあたらないとした（最大判昭52.7.13〔22〕）。

2）忠魂碑・慰霊祭

大阪地方裁判所は，箕面忠魂碑訴訟で，忠魂碑は宗教的施設であるとし，市の移設行為は政教分離原則に反するとした（大阪地判昭57.3.24）。また，箕面慰霊祭訴訟でも，教育長の慰霊祭参列は私的行為であり，これに要した時間分の給与を市に返還する義務を負うとした（大阪地判昭58.3.1）。しかし，両訴訟を併合した大阪高等裁判所判決は，忠魂碑は戦没者の慰霊顕彰のための記念碑であり，遺族会も宗教団体ではないので，市の移設行為は違憲ではなく，教育長の慰霊祭参列行為も社会的儀礼行為であり，宗教的活動に当たらないとした（大阪高判昭62.7.16）。最高裁判所も原判決を是認した（最判平5.2.16）。

3）殉職自衛官合祀

殉職自衛官合祀事件で，山口地方裁判所は，目的効果基準を用い，山口地連による合祀申請は宗教的意義を有しており，かつ県護国神社の宗教を援助，助長，促進する行為であり，静謐な宗教的環境の下で夫を追慕して信仰生活を送る妻の宗教的人格権を侵害する違憲・違法な行為であるとし（山口地判昭54.3.22），広島高等裁判所もこれを是認した（広島高判昭57.6.1）。しかし，最高裁判所は，山口地連は合祀の申請を行ったにすぎず，護国神社が合祀するかどうか決定を行うことから，本件は護国神社と自衛官の妻との私人間の問題であり，また信教の自由は他者の宗教上の行為に対し，寛容であることを要請しているとした上で，妻の主張する利益は法的利益でないとした（最判昭63.6.1〔32〕）。

4）靖國訴訟

岩手靖國訴訟では，盛岡地方裁判所は，公式参拝決議に法的効果は伴わないので違憲の問題は生じないとし，玉串料の公費支出については，戦没者慰霊の為の社会的儀礼としてなされた贈与であり，宗教的行為にあたらないとした（盛岡地判昭62.3.5）。それに対して，仙台高等裁判所は，玉串料の奉納は，靖國神社の宗教上の行事に直接かかわる宗教性が濃厚なもので，効果も特定の宗教団体への関心を呼び起こし，神社の宗教的活動を援助するものであるから，政教分離原則に反するとした（仙台高判平3.1.10）。

愛媛玉串料訴訟では，高松高等裁判所は，玉串料が戦没者慰霊の目的で支出されており，その額も社会的儀礼の程度であるとして合憲判決を下した（高松高判平4.5.12）が，最高裁判所は，県の玉串料の支出の目的が宗教的意義をもち，その効果が特定の宗教を援助，助長，促進することになるとし，政教分離原則に違反するとした（最大判平9.4.2〔41〕）。

内閣総理大臣の靖國神社公式参拝についての違憲訴訟では多くの下級裁判所が憲法判断をするに至らなかったが，福岡高等裁判所は，原告適格はないとしながらも，公式参拝は靖國神社を援助，助長，促進する効果をもたらすので違憲の疑いがあるとした（福岡高判平4.2.28）。また内閣総理大臣の靖國神社参拝に対する損害賠償請求事件において，最高裁判所は，上告人の法的利益の侵害はなかったとしている（最判平18.6.23〔48〕）。

5）市有地の無償使用

大阪地蔵像訴訟で，最高裁判所は，大阪市が地蔵像建立や移設のため市有地の無償使用を承認した意図，目的は，何ら宗教的意義を帯びないものであり，「地蔵像に対する信仰は，仏教としての地蔵信仰が変質した庶民の民間信仰」で，「その儀礼行事は地域住民の生活の中で習俗化し」宗教性は希薄である，また，本件各町会は，「町内会組織であって宗教的活動を目的とする団体」でないとし，20条3項及び89条に反しないとした（最判平4.11.16)。

しかし，砂川市の空知太神社の市有地の無償使用について，最高裁判所は，市有地の敷地内に鳥居が立てられ，町内会館に祠が建てられていたことや祭礼などは町内会とは別の宗教団体である氏子集団が行っているとして，一般人の目から見ても市が特定の宗教団体に対して特別の便益を提供し援助していると評価されてもやむを得ないとして，89条に反するとした（最大判平22.1.20〔52〕)。

3. 学問の自由

1．意　義

学問研究は，個人の人格発展の基礎となるばかりでなく，広く社会の発展にも寄与する。しかし，真理を探究する学問は，既存の価値を疑い，絶えず変革を目指すものであるから，政治権力による干渉の対象となりやすい。歴史的にみれば，大学において学問の自由が認められ，研究者の真理探究活動が，外部の勢力の価値判断により抑圧されないように，大学の自治が認められてきたが，明治憲法下では，国家権力によりしばしば研究者に対する干渉，弾圧が行われた（滝川事件，天皇機関説事件等)。日本国憲法23条は，学問の自由を保障するとともに，大学の自治を制度的に保障している。

2．内　容

学問の自由の中心は，真理の探究である学問研究の自由であるが，その研究成果を発表する自由や教授の自由もこれに含まれる。

（1） 学問研究の自由

学問研究の自由は，思想および良心の自由の学問的側面であり，内面的な精神活動にとどまる限り，絶対的自由として保障される。しかし，最近の科学技術のめざましい発展によって，従来の考え方は修正を迫られることになった。たとえば，遺伝子組換えのような先端科学技術の研究は，基礎研究といえども，応用研究と同様に内面的な研究活動と調査・実験という外面的活動が不可分であり，両者を判然と区別することができないだけでなく，①研究成果が未知のものであり，生態系にどのような影響を及ぼすかわからず，②事故などによる組換え遺伝子の環境への放散によるバイオハザードの発生や，あるいは③人間の生命倫理との関係で，人間の生命・健康や自然環境に重大な影響を与える可能性があるからである。

（2） 研究成果を発表する自由

研究成果を発表する自由は，表現の自由における学問の自由の現れでもあり，外部的な精神活動の自由であるので，内在的制約の問題が生じる。しかし，公共の福祉による一般的な制約は，学問研究の自由そのものへの制約につながりかねないので，制約は厳格でなければならず，学問の自由を濫用したような場合に限られる。

（3） 教授の自由

教授の自由については説が分かれている。狭義説は，教授の自由は学問の自由と密接な関係があるが，一般的にこれに含まれるものではなく，「大学において教授その他の研究者がその専門の研究結果を教授する自由」（ポポロ劇団事件─最大判昭38.5.22）のみが保障されるとする。それに対して，広義説は，憲法23条は，教師に対し，学問研究の自由だけでなく教授の自由をも保障しているとして，下級教育機関における教師についても教育の自由の保障は否定されていないとする（第二次家永訴訟杉本判決─東京地判昭45.7.17）。しかし，旭川学テ判決で，最高裁判所は，教育は人格的接触によって個性に応じて行わなければならないことから，下級教育機関においても一定の教育の自由があると考えられるが，児童生徒の能力，教師の影響力，全国的に一定の教育水準の確保の要請を考えれば，完全な教授の自由を認めることは許されないとした（最大判昭51.5.21〔21〕）。

3．大学の自治

（1） 意 義

憲法23条は学問の自由を保障するだけでなく，大学の自治を制度的に保障する。大学の自治は，大学が，外部の勢力に干渉されることなく，学問研究および教育という本来の任務の達成に必要なことがらを自ら決定することである。しかし，大学の自治は，学問の自由を保障するために認められるのであって，大学に治外法権を認めるものではない（愛知大学事件―名古屋地判昭36.8.14)。

（2） 内　容

大学の自治の主体は，一般に，大学の教授その他の研究者の組織である教授会がその中心であり，学生は営造物利用者とされていたが，今日では学生も大学における学問研究および学習の主体であり，大学の不可欠の構成員であるという見解も主張されている。東北大学事件で，仙台高等裁判所は，学生は「大学の運営について要望し，批判し，あるいは反対する当然の権利を有する」(仙台高判昭46.5.28）とした。大学の自治の内容としては，教員や学長の人事の自治，施設管理・学生管理の自治，研究・教育の自主決定権があげられる。

1）人事の自治

学問の自由を保障するために，研究者の身分保障が必要となる。ポポロ劇団事件で，最高裁判所は，大学の自治は特に教授・研究者の人事の自治として認められ，大学の学長，教授その他の研究者が大学の自主的判断に基づいて選任されるとした（最大判昭38.5.22)。

2）施設の管理・学生管理の自治

大学の自治は，大学施設・学生等の自主的管理もその内容とする。最高裁判所は，教授・研究者の学問の自由と自治の効果として，施設が大学当局によって自治的に管理され，学生も学問の自由と施設の利用を認められるとした（ポポロ劇団事件―最大判昭38.5.22)。学内秩序の維持は，一次的に大学が自主的に行うべきもので，警察権の介入は大学の要請があった場合のみ許される（愛知大学事件―名古屋高判昭45.8.25)。

3）研究，教育の自主決定権

本来，大学の自治は，大学における学問の自由を保障することにある。広く学問研究および教育に必要なことがらの決定権は，大学の自治の内容として認められる。

第8章

精神的自由(2)

1. 表現の自由

1．意　義

（1） 表現の自由の意義・価値

日本国憲法21条は表現の自由を保障する。歴史的にみて国家権力が表現活動を抑圧しようとした例は事欠かない。明治憲法下でも，出版法（1893年制定），新聞紙法（1909年制定）に基づいて，出版物・新聞に対する政府による検閲を認めるなどして，言論活動は大きく制限された。明治憲法も29条で表現の自由を保障していたが，あくまで法律の留保の下にあった。

日本国憲法において表現の自由は「優越的地位」を占めるとされる。その根拠として，表現の自由は，①個人が自らの意見を表明し，他の考えや多様な情報に触れることで，自己の人格を発展させる自己実現の価値や，②主権者たる国民が，表現活動を通じて政治的意思決定に参加する自己統治の価値，また，③真理の探究・発見のために求められる「思想の自由市場」を維持する機能を有することが挙げられる。最高裁判所も，北方ジャーナル事件（最大判昭61.6.11〔29〕）において，自由な表現活動を通じて多数意見が形成され，国政が決定されることを民主制国家の存立の基礎とするから，「表現の自由は，特に重要な憲法上の権利として尊重されなければならない」とする。

（2） 表現の自由の内容

憲法21条にいう表現は，広く人の内心における精神作用を外部に公表する精神活動を意味し，自らの思想や意見を表明することを核心とするが，さらに，思想や意見の前提となる事実の表明についても憲法上保護される。

表現とは，言葉通りには思想・意見・事実などの情報を発信・提供することであるが，それにとどまらず情報受領も表現の自由に含まれる。このことは，国家やマス・メディアに情報が集中し情報の「送り手」の地位を独占し，国民がもっぱら情報の「受け手」となった現代においてとりわけ重要な意味を持ち，国民の「知る権利」を導くことに繋がる。他方で，近時のインターネットの急速な普及によって，国民が「送り手」の地位を回復しうる状況もみられ，新たな視点も求められる。さらに，情報提供・発信の前提として情報を収集することも表現の自由に含まれる。以上から，表現の自由は，「収集→提供・発信→受領」という情報の流れを国家権力が堰き止めてはならないことを求める。また，船橋市市立図書館蔵書廃棄事件では，公立図書館に情報の流れを維持するための情報保存機能を認めている（最判平17.7.14〔45〕）。

表現の手段・方法，媒体については，口頭による「言論」や印刷物等による「出版」はもちろん，ラジオ，テレビ，インターネット，写真，絵画，映画，音楽，演劇など「その他一切の表現」を包摂する。さらに，戦争反対の意思表明として徴兵カードや国旗を焼却するといった，言葉によらずに意見を表明する象徴的言論（symbolic speech）も憲法上の保護が及ぶと考えられる（「日の丸」焼却事件―福岡高那覇支判平7.10.26）。

2．制約に対する違憲審査基準

（1） 二重の基準論

表現行為は，他人の権利や自由に影響を及ぼすものであるから，表現の自由も絶対無制約ではない。しかし，表現の自由の「優越的地位」から，制約は必要最小限に抑えられなければならない。そこで，表現の自由を中心とする精神的自由に対する規制と，職業選択の自由や財産権などの経済的自由に対する規制とを区別し，後者よりも前者を厳格な基準で審査しなければならないとする「二重の基準論」が重要となる。これには民主政過程の維持という裁判所の役割や，裁判所の能力も説かれる。経済的自由に対する制約は，民主政の過程が維持されていれば問題なく是正することが期待できるのに対して，表現の自由に対する制約はその過程自体を損なうおそれがあり，裁判所には，積極的に介入し当該制約を厳格に審査することが求められる。また，経済活動に対しては経済・社会政策に基づいた制約が憲法上認められており，それに関する資料を収集し判断をする能力があるのは議会・内閣の政治部門であるため，裁判所は政治部門の判断を尊重すべきであるとされる。

具体的な審査基準については，個別の場面で検討する必要があるが，ここではとりわけ重要なものだけを取りあげる。

（2） 明確性の基準

表現の自由の規制立法は明確でなければならないとする（明確性の基準）。文言が不明確な法令は萎縮効果を与え，国家による恣意的な適用を招くおそれがある。法令の文言が漠然としている場合，合憲的に限定解釈されえない限り，原則として法令それ自体が違憲無効とされなければならない（漠然性ゆえに無効）。また，文言は明確であっても，規制の範囲があまりに広汎で，規制対象としてはならない行為に対してまで規制が及ぶおそれのある場合も，法令自体が違憲とされる（過度の広汎性ゆえに無効）。なお，刑罰法規の明確性は罪刑法定主義の原則からも導かれ，これは憲法31条にも関連する。

法文の不明確性については，徳島市公安条例事件が重要である（最大判昭50.9.10〔19〕）。この事件で最高裁判所は，刑罰法規が不明確ゆえ憲法違反とされるのは，通常の判断能力を有する一般人の理解において，具体的判断に当該行為がその適用を受けるものかどうかの判断を可能ならしめるような基準が読みとれるかどうかによって決定すべきとし，本件条例の「交通秩序を維持すること」という文言は明確性に欠けることはないと判断した。その他に，税関検査事件（最大判昭59.12.12〔27〕）や，「淫行」規定に関する福岡県青少年保護育成条例事件（最大判昭60.10.23）もある。さらに，広島市暴走族追放条例事件では，「暴走族」の定義規定が，憲法で保障された集会まで規制の対象に含みうるもので過度に広汎な規制となっていないかが問題となったが，多数意見は条例全体の趣旨から考えて合憲限定解釈が可能であるとした（最判平19.9.18）。

（3） 明白かつ現在の危険の基準

明白かつ現在の危険の基準は，表現行為が重大な害悪を引き起こす蓋然性が明白であり，害悪発生が時間的に切迫しているという要件が欠けている場合には，表現行為に対する規制を違憲とする基準である。これはアメリカの判例で用いられてきたが，もともと違法行為の煽動に適用された法理であって，広く表現の自由規制立法の違憲審査基準として一般化することは妥当ではないとされる。

下級審においてこの基準を適用した例はみられるが，最高裁判所では採用されていない。ただし，泉佐野市市民会館使用不許可事件で，最高裁判所は，集会等の申請を拒むことができるのは，集会の開催によって人の生命・身体・財産が侵害される危険性があり，その危険性の程度として「単に危険な事態を生ずる蓋然性があるというだけでは足りず，明らかな差し迫った危険の発生が具体的に予見されることが必要である」としており，この基準の趣旨を反映している（最判平7.3.7〔38〕）。

（4） より制限的でない他の選びうる手段（LRA）の基準

LRAの基準によると，表現の自由に対する規制立法の目的が正当であっても，人権を制限する程度がより少ない他の目的達成手段が存在する場合には，当該規制は違憲となる。これは規制目的を達成するために，必要最小限度の手段選択を求める「比例原則」と類似するものである。学説においてとりわけ表現内容中立規制における有用性を説くものもあるが，最高裁判所は，この場面では目的と手段のあいだに抽象的・観念的な関連性を求めるにとどまる（猿払事件―最大判昭49.11.6〔17〕，旭川地判昭43.3.25）。

2. 表現の自由に対する規制の類型

1．事前規制――検閲と事前抑制

（1） 検閲の禁止

憲法21条2項前段は，検閲を禁止している。表現内容が公表されていない段階で，国家権力が内容を審査し規制を加えることは，思想の自由市場に対する不当な介入であり許されない。

検閲の概念については，広義説と狭義説で学説の対立があった。広義説は広く公権力一般によるものを検閲とするのに対して，狭義説は行政権による事前審査を検閲として絶対的に禁止し，司法権による事前審査については事前抑制の禁止の問題とする立場である。

検閲については，外国の書籍等が旧関税定率法21条１項３号（現関税法69条の11第１項７号）が輸入を禁止する「公安又は風俗を害すべき書籍」に該当するとされたことについて争われた税関検査事件（最大判昭59.12.12〔27〕）が重要である。この事件で最高裁判所は，検閲の定義を「行政権が主体となって，思想内容等の表現物を対象とし，その全部又は一部の発表の禁止を目的として，対象とされる一定の表現物につき網羅的一般的に，発表前にその内容を審査した上，不適当と認められるものの発表を禁止すること」とした。この定義は，審査の対象や，目的・手法を限定しており，学説から強い批判が出ている。

学校教育法等に基づく文部科学大臣による教科書検定が検閲に該当するかどうかが問題となる。一連の家永訴訟において，下級審では，教科書検定が思想内容を事前に審査するものとして，検定教科書不合格処分が憲法に違反するとするものもあるが（第二次家永訴訟—東京地判昭45.7.17），最高裁判所は，税関検査事件判決を引用して，「一般図書としての発行を何ら妨げるものではなく，発表禁止目的や発表前の審査などの特質がない」ので検閲には該当しないとした（第一次家永訴訟—最判平5.3.16）。また，普通教育の中立・公正，一定水準の確保等の要請から，不適切な図書を教科書としての発行・使用等を禁止する必要があること，教科書という形態での発行を禁止するにすぎないことから，合理的で必要やむをえない限度での制限であると判断した。

さらに，青少年保護条例において，青少年保護を目的とした有害図書指定等の方法も検閲に該当するかが問題となるが，最高裁判所は，これが検閲に該当しないことは税関検査事件判決や北方ジャーナル事件判決（最大判昭61.6.11〔29〕）の趣旨に徴し明らかであるとした（最判平1.9.19）。

（２） 事前抑制の原則的禁止

検閲の定義には当たらない事前抑制も，表現の自由に対する強い制限となるため原則として禁止されなければならない。事前抑制の原則的な禁止は憲法21条１項から導かれる。問題の中心は，名誉毀損・プライバシー侵害表現に対する裁判所による事前差止めの合憲性である。

最高裁判所は，北方ジャーナル事件において，人格権としての名誉権に基づく表現行為を事前に差し止めることができるとし，表現の自由の重要性から，特に公的な表現行為関しては，「厳格かつ明確な要件のもとにおいてのみ許容されうる」とした。そして，「その表現内容が真実でなく，又はそれが専ら公益を図る目的のものでないことが明白であって，かつ，被害者が重大にして著しく回復困難な損害を被る虞があるとき」に例外的に認めるとした。また，プライバシー侵害表現についても「石に泳ぐ魚」事件において差止めを認めた（最判平14.9.24）。

2．表現内容規制

（1） 表現内容に着目した規制

表現の内容に着目した規制は思想の自由市場に対して重大な影響を及ぼすことになり，できる限り抑制されなければならない。しかし，どのような内容の表現も無制約に保障されるわけではなく，性表現や，名誉毀損・プライバシー侵害表現，犯罪・違法行為の煽動等に対しては法律上の規制がある。これらの表現は「低価値表現」とされるが，安易に価値の低い表現とされると表現の自由の意義は損なわれる。そこで，予め規制される表現を定義づけ，定義から外れた表現は強く保障されるといういわゆる「定義づけ衡量」が支持されてきた。

（2） 性表現

刑法175条は，わいせつな文書等の頒布販売，販売目的での所持を処罰する。しかし，性表現がすべて規制されると考えるのは妥当ではない。性表現が有する思想的・芸術的価値や性表現を通じた人格形成について，国家が介入して判断することには問題が多い。最高裁判所は，社会には「性行為の非公然性の原則」があり，善良な性道徳の維持のためにはわいせつ表現規制が認められるとしている（チャタレイ事件―最大判昭32.3.13〔2〕）。

この問題の中心は刑法175条の「わいせつ」の定義である。最高裁判所は，チャタレイ事件において「徒らに性欲を興奮又は刺戟せしめ，且つ普通人の正常な性的羞恥心を害し，善良な性的道義観念に反するもの」として，これに該当するかどうかは社会通念によって判断するとした。その後，「悪徳の栄え」事件において，基本的にはチャタレイ事件を踏襲したものの，わいせつ性については個々の章句だけでなく「文書全体との関連において判断する」という全体的考察方法を提示した（最大判昭44.10.15）。さらに「四畳半襖の下張」事件では，なおもチャタレイ事件のわいせつの定義に基づきながらも，性描写の程度・手法，文書全体に占める比重，思想等との関連性，文書の構成・展開・芸術性・思想性等による性的刺激の緩和の程度，読者の好色的興味へのうったえかけなどを総合的に判断するとした（最判昭55.11.28）。

また，青少年保護育成条例において，青少年の保護の観点から性表現を含む図書等の有害図書指定などの規制が広く行われている。これについて，最高裁は，岐阜県青少年保護育成条例事件で，「青少年の健全な育成を阻害する有害環境を浄化するための規制に伴う必要やむをえない制約」であると判断し，さらに購入ができない青少年だけでなく，購入に一定の制約を受ける成人についても，憲法21条に違反しないとする（最判平1.9.19）。

（３） 名誉毀損・プライバシー

刑法230条は名誉毀損罪を定めているが，当該表現が政治家や公務員などに関わるものである場合に過度に刑事上の責任を負わせることになると，自己統治の価値，国民一般の知る権利が損なわれるおそれが生じる。そこで，一定の要件を満たした場合に免責する刑法230条の２が，表現の自由との調整役を果たす。この免責要件については，できる限り表現の自由を保障しうるように解されなければならない。

最高裁判所は，月刊ペン事件（最判昭56.4.16）において，公共の利害に関する事実について，私人の私生活上の行状であっても，その私人の社会的活動の性質及び社会に及ぼす影響力の程度によっては該当することを認めた。また，夕刊和歌山時事事件（最判昭44.6.25）において，事実の真実性の証明について，「事実が真実であることの証明がない場合でも，行為者がその事実を真実であると誤信し，その誤信したことについて，確実な資料，根拠に照らし相当の理由があるときは，犯罪の故意がなく，名誉毀損の罪は成立しない」とした。さらに要件を緩和させる「現実の悪意の法理」の意義を説く見解も少なくない。

また，名誉毀損には民事上の責任も負わされる（民法709条・710条）。民法上も名誉毀損は，人の人格的価値に対する社会的評価の低下を意味するが，刑法とは異なり，事実ではない意見や論評による表明でも名誉毀損になりうる。最高裁判所は，公共の利害に関する事実で，公益目的が認められる場合には，当該意見・論評の前提となっている事実が重要な部分について真実性の証明があったときは，人身攻撃に及ぶなど意見・論評としての域を逸脱していなければ免責されるとした（「公正な論評の法理」。最判平9.9.9）。

これに対してプライバシー侵害について刑法は規定を置いておらず，もっぱら民事責任が問題となる。プライバシー侵害が不法行為となる要件として，「宴のあと」事件判決（東京地判昭39.9.28〔6〕）は，私生活上の事実または事実らしく受け取られるおそれがあること，一般人の感受性を基準にして当該私人の立場に立った場合公開を欲しないであろうと認められること，一般の人々に未だ知られていない事柄であることを挙げた。また，過去の刑事事件について実名を用いたノンフィクション「逆転」事件（最判平6.2.8〔36〕）において，最高裁判所は，前科照会事件（最判昭56.4.14〔24〕）を引用して，前科等にかかわる事実を公表されないことに法的保護を認めた。

（4） 営利広告

商品やサービス・業務などの営利広告は，その内容に応じて種々な規制を受けている。例えば，誇大広告や虚偽広告については景品表示法や薬事法などの規制があるが，その他にも，医師の業務広告（医療法。2007年に大幅に規制緩和），たばこの広告（たばこ規制枠組条約）は法令上の規制があり，また，弁護士の業務広告については日本弁護士連合会の規程による規制がある。

営利広告も表現の自由として保障されるが，その内容に応じて表現の自由で保障されるものと経済的自由の内容と捉えられるものに区分する見解や，経済活動の側面をもった表現行為として広い規制を認める見解もある。

最高裁判所は，旧あん摩師等法に基づく制限について，「虚偽誇大に流れ，一般大衆を惑わす虞があり，その結果適切な医療を受ける機会を失わせるような結果を招来することをおそれたため」であって，国民の保健衛生上の見地から憲法21条に違反しないとした（最大判昭36.2.15）。

（5） 犯罪・違法行為の煽動

煽動とは，犯罪・違法行為を実行させる目的で，文書や言動によって，他人にその行為を実行させるように刺激を与えることをいう（最大判昭37.2.

21)。煽動は，破壊活動防止法（刑法上の内乱罪・外患罪を実行させる目的の煽動，政治目的のための放火等の煽動）や，国税犯則取締法・地方税法（不納税の煽動）などによって処罰される。犯罪の実行行為とは無関係に，煽動された者が行為をする危険性があるということだけで処罰を予定しており，表現の自由を侵害するおそれが強い。

最高裁判所は，破防法39条・40条で禁止する煽動は，公共の安全を脅かす重大犯罪を引き起こす可能性のある社会的に危険な行為であるから，「公共の福祉に反し，表現の自由の保護を受けるに値しない」と結論づけた（渋谷暴動事件判決―最判平2.9.28)。公共の福祉によって合憲とする立場には批判が強く，表現が差し迫った違法行為を煽動し，かつ，違法行為を生ぜしめる蓋然性がある場合を除いて処罰できないとする明白かつ現在の危険の基準で審査すべきとする見解もある。

（6） 選挙運動

1）選挙運動の自由

選挙運動は，自己統治の価値を有する表現の自由の中でもとりわけ重要である。選挙運動とは，「特定の選挙について，特定の候補者の当選を目的として，投票を得又は得させるために直接又は間接に必要かつ有利な行為」を意味し，公職選挙法上の様々な規制を受けている。これは選挙の公正性を維持するためのものであるとされてきたが，国民が国政に参加するために重要なものであり，その合憲性については厳格に審査されなければならない。

2）戸別訪問の禁止

公職選挙法138条は，選挙運動としての戸別訪問を禁止している。最高裁判所は，「意見表明そのものの制約を目的とするものではなく，意見表明の手段方法のもたらす弊害」を防止するための「単に手段方法の禁止に伴う限度での間接的，付随的な制約にすぎない」とした（最判昭56.6.15)。これに対して，伊藤正己裁判官は別の事件の補足意見において，戸別訪問の諸弊害（買収や利益誘導等の不正行為の温床など）の指摘は，表現の自由の制限を合憲とするために必要な厳格な基準には合致しないが，選挙は，一定のルールの下での競争することであり，ルールの設定は立法府の広い裁量に委ねられているとした（最判昭56.7.21)。

3）文書図画の頒布販売

公職選挙法は142条以下で，選挙運動のための文書・図画の頒布・掲示について細かく規制している。最高裁判所は，この規制を「時，所，方法等」の制限であるとして，無制限に頒布・掲示を認めることによって「選挙運動に不当の競争を招き，これが為却って選挙の自由公正を害し，その公明を保持し難い結果を来たすおそれが」あり，必要かつ合理的な制限であるとした（最大判昭30.3.30）。今日，インターネットを利用する選挙運動もこの規制を受けることになり，その導入について議論がある。

4）選挙における報道・論評の規制

公職選挙法は，新聞紙や雑誌による選挙に関する報道・論評の自由を認めつつも，選挙期間中と選挙当日は一定の要件を満たすものに限定し，違反した場合には刑罰が科される（148条，235条の2第2号）。この規制は表現の自由を侵害しないか，また，「報道又は論評」に対する規制は過度に広汎ではないかが問題となる。最高裁判所は，「いわゆる選挙目当ての新聞紙・雑誌が選挙の公正を害し特定の候補者と結びつく弊害を除去するため」のものであるとした。また，「『報道又は論評』とは，当該選挙に関する一切の報道・論評を指すのではなく，特定の候補者の得票について有利又は不利に働くおそれがある報道・論評をいう」として合憲限定解釈を用いた（最判昭54.12.20）。

5）事前運動の禁止

選挙運動が許される期間は公職選挙法で制限されている（129条）。最高裁判所は，常時選挙運動を行うことを許容すると，不当・無用な競争を招き，規制困難による不正行為の発生等により選挙の公正を害し，候補者の経済力の差による不公平が生じる結果となり，選挙の腐敗を招来するおそれがあるとして憲法21条に違反しないとした（最大判昭44.4.23）。

6）政見放送の規制

公職選挙法は，候補者届出政党に政見放送を認めている（無所属の候補者は政見放送ができないが，最高裁判所はこの取扱いは合憲であるとする。最大判平11.11.10）。候補者の政見はそのまま放送されなければならず（150条1項），放送法における放送事業者の番組編集の自由は制限される。NHKが政見の中の差別的表現が含まれた箇所を削除して放送した事件で，最高裁判所は，この政見は品位を損なう言動を禁止した公選法150条の２に違反し，この規定に違反する言動がそのまま放送される利益は法的に保護されているとはいえないとした（NHK政見放送削除事件―最判平2.4.17)。

３．表現内容中立規制

（1） 意　義

これまで表現内容規制と表現内容中立規制を区別し，違憲審査基準を分けて考える見解が主張されてきた。そこでは，「思想の自由市場」への不当な介入となりやすい内容規制に対して，内容中立規制は内容そのものを排除するわけではないため，国家の介入は限定的で，したがって厳格に審査される必要はないとされる。しかし，内容中立規制も表現の自由に対する制約であることに変わりなく，安易に緩和された基準によるべきではなく，一般的に中間審査基準（LRAの基準や厳格な合理性の基準）が採用されるべきである。

従来，選挙運動における戸別訪問の禁止は，表現手段を規制したものにすぎず内容中立規制とされてきた。しかし，一定のカテゴリーの表現内容を特定した制約であり表現内容規制であるとする批判がある。選挙運動の民主的な重要性を考えても，安易に緩やかな基準で審査されるのは問題である。

（2） ビラ配り・ビラ貼り，静穏・美観保護のための規制

内容中立規制の典型として，ビラ貼り規制（軽犯罪法，屋外広告物条例等）やビラ配り規制，深夜の騒音規制（軽犯罪法，騒音防止条例，静謐保持法等）などのいわゆる「時・所・方法の規制」が挙げられる。

最高裁判所は，美観風致維持のためビラ貼り等を処罰する屋外広告物条例について「必要かつ合理的な制限」とし（最大判昭43.12.18），また，同じく軽犯罪法についても「たとい思想を外部に発表するための手段であっても，その手段が他人の財産権，管理権を不当に害するごときものは，もとより許されない」とした（最大判昭45.6.17)。さらに，反戦ビラを配布するために自衛隊官舎に立ち入った行為について住居侵入罪で逮捕・起訴された事件において，最高裁判所は同じように管理権者の管理権を侵害するとして処罰を憲法21条１項に違反しないとした（最判平20.4.11)。しかし，他人の財産権・管理権が表現の自由に対して常に優越すると考えるべきではない。

また，駅構内でのビラ配りに関する事件で，伊藤正己裁判官は補足意見で，道路・公園・広場などの一般公衆が自由に出入りできる場所は，本来の利用目的と同時に表現のための場としての機能を有する「パブリック・フォーラム」であり，このような場所では私的所有権・管理権に服するところであっても表現の自由の保障にも配慮が必要であると述べた（最判昭59.12.18）。

4．間接的・付随的制約

最高裁判所は，さらに間接的・付随的制約という類型も用いてきた。猿払事件において，公務員の政治的中立性を損なうおそれのある政治行為を，意見表明そのものではなく行動による弊害の防止を狙いとして禁止するとき，意見表明が制約されるとしても「単に行動の禁止に伴う限度での間接的，付随的制約に過ぎ」ないとした（最大判昭49.11.6〔17〕）。また選挙運動における戸別訪問のケースでも，間接的・付随的制限に言及している。猿払事件においては間接的・付随的制限を利益衡量の要素としたものだが，政治的表現そのものを規制対象としているのであるから，むしろ内容に基づく直接的な制限であると考えるべきである。

間接的・付随的制限の類型は他の自由・権利にも及ぶ。公立学校の卒業式において教師に「君が代」の起立斉唱を強制することが思想・良心の自由に対する間接制約であるとしたり（最判平23.5.30），宗教法人に対する解散命令によって信者の信教の自由が侵害されることについて，そのような制約は「間接的で事実上のものであるにとどまる」としたりしてきた（オウム真理教解散命令事件―最決平8.1.30）。これらの例をみても，権利・事案毎に検討を要するものであり，一律に違憲審査基準が緩和されてはならない。

3.　マス・メディアの表現の自由

1．報道機関の報道の自由

（1）　報道の自由

報道は事実を伝達するものであり，国民の知る権利に資するものとして報道の自由もまた表現の自由に含まれる。最高裁判所も，「報道機関の報道は，民主主義社会において，国民が国政に関与するにつき，重要な判断の資料を提供し，国民の『知る権利』に奉仕する」ものであるとして，報道機関を表現の自由の一主体であることを認めたのに加え，特別な役割を認めている（博多駅テレビフィルム提出命令事件—最大決昭44.11.26〔10〕）。

（２） 取材の自由

報道機関が報道するためには，取材活動は不可欠である。しかし，最高裁判所は，取材の自由について，「報道機関の報道が正しい内容をもつためには，報道の自由とともに，報道のための取材の自由も，憲法21条の精神に照らし，十分尊重に値いする」（最大決昭44.11.26〔10〕）と述べるにとどまった。学説からは，報道における取材の重要性を踏まえて，憲法21条によって保障されると考えるべきであると強い批判がある。

１）取材源の秘匿

取材活動により得られた情報は，取材者と情報提供者の信頼関係に基づいたものであるから，それが報道目的以外に利用されることは問題となる。新聞記者が，取材源を秘匿するべく証言を拒絶した事件において，最高裁判所は，「証言義務は国民の重大な義務」であり，証言拒絶権は例外的に認められるもので，刑事訴訟法146・147・149条所定の場合に限定され，そこに新聞記者は含まれないとした（最大判昭27.8.6）。他方，民事事件において，取材源の秘密が民事訴訟法197条１項３号にいう「職業の秘密」に該当することを認め，取材の自由の意義に鑑みて証言拒絶を認める場合を広く捉えた例もある（最決平18.10.3〔49〕）。

２）国家機密と取材の自由

国家公務員法は，国家公務員に守秘義務を課し（100条１項，109条12号），秘密漏示をそそのかした者を処罰の対象としている（111条）。これについて，新聞記者が外務省事務官から沖縄返還交渉をめぐる日米の密約に関する資料を入手し，秘密漏示罪で逮捕・起訴された外務省秘密電文漏洩事件が有名である（最決昭53.5.31）。最高裁判所は，報道機関が公務員に対して執拗に取材することも，「それが真に報道の目的からでたものであり，その手段・方法が法秩序全体の精神に照らし相当なものとして社会観念上是認されるものである限りは」正当な業務行為（刑法35条）にあたり，違法性が阻却されるとした。しかし，本件取材行為は，取材対象者の人格の尊厳を著しく蹂躙した方法が採られており，正当な取材活動の範囲を超えているとした。

3）刑事裁判におけるテレビフィルム等の提出命令

裁判所が刑事事件において証拠物としてテレビフィルム等の提出を放送局等に命じることも，取材の自由に対する制約として問題となる。博多駅テレビフィルム提出命令事件において，最高裁判所は，公正な刑事裁判を実現する必要性と取材の自由を比較衡量し，「公正な刑事裁判の実現を保障するために，報道機関の取材活動によって得られたものが証拠として必要と認められるような場合には，取材の自由がある程度の制約を蒙ることとなってもやむを得ない」とした（最大決昭44.11.26〔10〕）。この考え方は，犯罪捜査のための取材ビデオテープの押収（刑事訴訟法218条）にも及んでいる（検察事務官によるものとして日本テレビ事件（最決平1.1.30），司法警察官によるものとしてTBSビデオテープ押収事件（最決平2.7.9））。

4）法廷における取材の制限

法廷の秩序維持のため，法廷での写真撮影・録音・録画等の取材活動は制限されている（刑事訴訟規則215条，法廷等の秩序維持に関する法律2条）。最高裁判所は，「公判廷の状況を一般に報道するための取材活動であっても，その活動が公判廷における審判の秩序を乱し被告人その他訴訟関係人の正当な利益を不当に害するがごときものは，もとより許されない」とした（北海タイムス事件─最大決昭33.2.17）。

2．放送の自由

（1） 放送の自由に対する規律

放送の自由も表現の自由に含まれるが，放送は放送法や電波法によって規制されており，新聞とは大きく異なる。例えば，放送局の開設は免許制であり，番組編集準則が置かれ，番組に政治的公平性を求め，意見が対立する問題について多角的に論点を明らかにすることが課される（放送法4条）。

（2） 規律の根拠

放送に対するこのような規制の根拠として，従来，放送用周波数の有限希少性や放送の有する強い社会的影響力などが挙げられてきた。最高裁判所も，放送が「直接かつ即時に全国の視聴者に到達して強い影響力を有している」とした（最判平2.4.17）。しかし，多チャンネル化・デジタル化が進んだ今日，周波数の有限希少性は解消されており，社会的影響力についてもその科学的な裏付けが十分にあるわけではない。放送の自由の重要性からもより説得力のある論拠が必要である。

4. 知る権利

1．国民の「知る権利」

マス・メディアが発達し，また，国家の役割が増大していく中で，国家とマス・メディアが情報の送り手としての地位を占め，反対に国民はもっぱら一方的な情報の受け手の地位に固定化されてきた。これでは国民は情報を与えられるばかりで，自ら必要な情報を収集することは困難になり，情報の受け手の自由は損なわれる。そこで，国民の「知る権利」が登場し，表現の自由と表裏一体のものとして論じられることとなった。

最高裁判所は，「各人が自由にさまざまな意見，知識，情報に接し，これを摂取する機会をもつことは」，個人の思想・人格発展に欠かせず，「民主主義社会における思想及び情報の自由な伝達……という基本的原理」を実効的にするために必要であるとした。そして，このような自由は憲法21条の規定の趣旨・目的から，その派生原理として当然に導かれるものとした（よど号ハイジャック新聞記事抹消事件―最大判昭58.6.22）。これは消極的情報収集権たる「知る自由」を認めたものといえる。

2．情報公開

知る権利はさらに，国民が情報の公開を要求し，それに対応して国家は情報を公開する義務を負うという積極的情報収集権も含む。しかし，憲法上は，一般に抽象的権利と捉えられており，憲法に基づいた直接的な開示請求権は認められていない。最高裁判所も，刑事確定訴訟記録の閲覧について，憲法21条が権利として認めたものではないとした（最決平2.2.16）。

したがって，具体的に情報公開請求権が認められるためには，情報公開法や情報公開条例が必要となる。情報公開法に先立って地方公共団体の情報公開条例が制定され，現在ではすべての都道府県とほとんどの市区町村が情報公開条例をもつ。条例では一定の情報等を非公開としているが，最高裁判所は，知事の交際費のうち，交渉相手が識別される情報や交際費の支出内容が公開されることによって，交渉事務の目的が達成されなくなるおそれがあり，または交際事務を適切に行うことが著しい支障を及ぼすおそれがあるとして，原則として非公開文書にしうるとした（大阪府知事交際費事件―最判平6.1.27）。なお，2001年4月1日から「行政機関の保有する情報の公開に関する法律」が施行されている。

さらに個人情報保護の観点から，自己情報の開示制度もある。最高裁判所は，情報公開制度と個人情報保護制度は「異なる目的を有する別個の制度ではあるが，互いに相いれない性質ものではなく，むしろ，相互に補完し合って公の情報の開示を実現するための制度ということができる」とし，当時個人情報保護条例が制定されていなかった地方公共団体において，本人が自己の情報について情報開示を求めることを認めた（レセプト情報公開請求事件―最判平13.12.18）。その後，個人情報保護条例は広まり，国においても2003年5月30日に「個人情報の保護に関する法律」が制定された。

3．アクセス権

アクセス権とは，国民がマス・メディアに対して，意見広告や反論記事の掲載など，自らの意見発表の場を提供することを求める権利である。この権利も，国民に情報の送り手としての地位を取り戻させるという点で，知る権利の現れである。しかし，これを憲法上認めると，マス・メディアの表現の自由を国家が直接制限することとなり，萎縮効果をもたらすおそれがあるため，学説では消極的に捉えられている。

最高裁判所も，サンケイ新聞意見広告事件において，反論権制度は，新聞の発行・販売者にとって紙面を割かなければならない等の大きな負担を強いるもので，特に公的事項に関する批判的記事の掲載を躊躇させ，表現の自由を間接的に侵害する危険につながるおそれが多いとし，名誉毀損等不法行為が成立する場合は別として，具体的な法律の規定もなしに，反論文掲載請求権を認めることはできないとした（最判昭62.4.24〔31〕）。

5. 通信の秘密

1．意義・内容

憲法21条２項後段は，通信の秘密を保護している。通信とは，はがき・手紙，電話，Eメール，インターネット等すべての手段による意思の伝達を意味し，他者に対する意思の伝達の一形態である限りで表現の自由に含まれる。さらに，通信の内容を他に知られないようにするという私生活上の自由やプライバシーの保護という目的も含まれている。

通信によって伝達された内容が保護されるのは当然として，通信の差出人・受取人の氏名・住所，通話の発信人・受信人・日時など，通信に関するすべての事項が保護されなければならず，これらを公権力が調査することは禁止される。さらに，通信業務に従事するものに対して，職務上知り得た秘密を守ることを命じた法律上の規定（郵便法７条・８条，電気通信事業法３条・４条）も通信の秘密の保護の現れである。

2．限　界

通信の秘密も絶対的なものではなく，現行法上も，刑事訴訟法における押収（100条・222条）や，破産法における破産者宛の郵便物や電報の破産管財人による開封（82条），刑事収容施設法における受刑者等の信書の発受についての検査（127条など）などの制約がある。また，1999年にいわゆる通信傍受法が制定され，組織的犯罪捜査について，裁判官の発した傍受令状による電気通信の傍受が認められるようになった。

同法制定以前にも組織的な覚醒剤捜査等で明文の根拠なく盗聴などの通信傍受がなされていたことについて，最高裁判所は，「重大な犯罪に係る被疑事件について，被疑者が罪を犯したと疑うに足りる十分な理由があり，かつ，当該電話により被疑事実に関連する通話の行われる蓋然性があるとともに，かつ，電話傍受以外の方法によってはその罪に関する重要かつ必要な証拠を得ることが著しく困難であるなどの事情が存する場合」には，憲法上許されるとしていた（最決平11.12.16）（→第10章4.3.(4)）。

3．インターネットと通信の秘密

1980年代以降，急速にインターネットが世界的に普及し，通信に関する環境は大きく変化した。インターネットにおいては，誰もが世界へ情報を発信し，また世界の情報を受信する機会を与えられており，放送・新聞等を中心とする従来のマス・メディアと一般国民との関係とは大きく異なる。しかし，それゆえにわいせつ表現や名誉毀損，違法物件の売買に関する情報などが容易に流通するといった新たな問題も生じている。マス・メディアを中心として展開されてきた従来の規制が，インターネットにどのように適用しうるかは検討を要する。例えば，インターネット上では「対抗言論」による名誉回復が比較的容易に可能であると考えられる（東京高判平13.9.5）が，他方で，最高裁判所は，インターネット上での名誉毀損も従来と同様に扱い，刑法230条の２の免責要件を緩和する必要はないとしている（最決平22.3.15）。

インターネットにおいては，発信者だけではなく，プロバイダーの責任についても問題となる。インターネット上の名誉毀損について，発信者の責任追及が困難であることから，プロバイダーの免責と発信者の情報開示手続が定められたプロバイダー責任制限法が2001年に制定された。

6. 集会・結社の自由

1．集会の自由

（1） 意　義

憲法21条は，集会・結社の自由も保障する。集会の自由を表現の自由の一部として考えることもできるが，集会は多数人が一定の場所に集まって行動を伴うもので，言論・出版などの純粋な表現活動とは異なる扱いが必要であることが多い。最高裁判所も，集会は，自己の思想や人格を形成・発展させ，様々な意見や情報を伝達・交流する場として必要であり，意見表明の有効な手段であるから，「集会の自由は，民主主義社会における重要な基本的人権の一つとして特に尊重されなければならない」とした（最大判平4.7.1）。

(2) 限　界

集会の自由については，公共施設の使用拒否と公安条例による規制が問題となる。最高裁判所は，メーデー事件において，皇居前広場の使用について，管理権者は，公共福祉用財産としての目的を十分達成させるように適正に管理権を行使しなければならないとした（最大判昭28.12.23)。また，市民会館の使用について条例の定める「公の秩序を乱すおそれがある場合」に該当するとした不許可処分が問題となった事件で，集会の開催によって人の生命・身体・財産が侵害される危険性があり，その危険性の程度について明白かつ現在の危険の基準を反映させて判断した（泉佐野市市民会館使用不許可事件―最判平7.3.7〔38〕)。

集会・集団行進・集団示威運動を行う場合に公安委員会の許可を要するとした条例が問題となった事件で，最高裁判所は，集団暴徒化論を展開した上で，不許可の場合が厳格に制限されており，実質的に届出制と異なるところがないとして合憲と判断した（東京都公安条例事件―最大判昭35.7.20〔4〕)。

2．結社の自由

(1) 意　義

結社とは，多数人が特定の共通の目的のために継続的に結合する団体である。憲法21条は結社の自由を保障しており，団体を結成する（しない）自由のほか，団体に加入する（しない）自由，さらには加入した団体から脱退する自由も含む。結社の目的は，政治・学問・芸術など様々にあるが，宗教を目的とした団体は憲法20条で，労働組合は憲法28条で保障されている。

(2) 限　界

結社の自由も絶対無制約のものではない。例えば，犯罪的目的のための結社の自由は憲法上保護されない。破壊活動防止法において，暴力主義的活動を継続的・反復的に行うと認められる団体について，公安審査委員会が当該団体の解散指定を行うことができるとしている。この規制に対しては，結社の存在そのものを否定する過剰な規制であると批判する見解がある。

第9章

経済的自由

憲法22条1項の「職業選択の自由」と29条の「財産権」をあわせて経済的自由という。22条1項の「居住移転の自由」，2項の「外国移住の自由」および「国籍離脱の自由」も，ここで取り扱う。

1. 財産権の保障

1．財産権保障の変遷

財産権は，近代以降の憲法で常に保障される権利であるが，その保障のあり方は大きく変化した。たとえば，1789年のフランス人権宣言が「所有権は神聖不可侵の権利である」（17条）と唱ったのに対して，1919年のワイマール憲法は「所有権は憲法によって保障される。その内容および限界は，法律によって明らかにされる」（153条1項），「所有権は義務を伴う。その行使は同時に公共の福祉に役立つべきである」（同条3項）と定める。違いは明らかである。前国家的自然権で，特別の理由がないかぎり制限されることのない不可侵の権利であったものが，憲法によってはじめて保障される権利，社会的な義務を伴う権利へと，いわば格下げされている。一世紀ほどの間にどうしてこのような変化が生じたのか。

近代の市民革命は封建的な拘束から人々を解放した。これらの人々が人間らしい生活を営むためには生活を支える財産が必要だし，その財産は自分が働いて手に入れたものだから，とても貴重なものであるはずだ。フランス人権宣言は，おそらくこう考えたのだろう。ところが，すでに財産をもっている人々が工場をつくり，多くの人々を雇って大量生産をするようになると，労働者は働いても働いても人間らしい生活をすることができないようになっていく。労働者は生活の基礎となる財産をもたないから，働かなければ生きていけないが，その労働条件は，彼らを雇う財産を持っている人のいいなりだったからである。つまり，フランス革命の頃には，財産は生存の基礎であり労働の成果であるから貴重であると考えられたのに対して，いまでは財産権は労働者の生存にも労働にも対立するものになってしまったのである。

そこで20世紀の憲法は，社会的・経済的に弱い立場にある人々も人間らしい生活をすることができるように，社会権を憲法上の権利として規定した。こうして財産権は，神聖不可侵という性格を失い，その保障の程度は弱いものと考えられるようになる。社会権を実効的に保障するために経済的自由を制限することは，今日の憲法では当然のことと認められているのである。

ただし，自己の能力と努力に基づく自由競争で財産を手に入れることのできる経済体制を憲法は選択したわけであるから，財産権の意義が否定されたわけではない。また，生存と労働の契機がすべての財産から失われてしまったわけでもない。そこで，生存と労働の契機を含む財産は保障を強く，そうでない財産は保障を弱くすることが考えられるが，最初は労働によって形成された小さな財産も他人を支配する巨大な財産へ成長することもあり，その区別は相対的で，この試みは成功しそうにない。

2．財産権保障の意味

日本国憲法29条は，１項で「財産権は，これを侵してはならない」とし，２項は「財産権の内容は，公共の福祉に適合するやうに，法律でこれを定める」とする。１項はフランス人権宣言に，２項はワイマール憲法に似ている。この矛盾を解決するために，ある学説はこう考えた。１項で「侵してはならない」とされる財産権の内容は，２項により法律で自由に決定できるから，財産権は憲法上の権利というよりも法律上の権利であることになる。とすると，憲法上保障されているのは何か。それは，個人の権利としての財産権ではなく，個人が財産権を享有することができる法制度である。つまり，29条１項は，財産権ではなく私有財産制度を保障するものだ，というのである。

これに対して通説は，個人が権利主体になりうる能力（権利能力）をもつことはもちろん必要であるが，いったん手に入れた財産を公権力によって不当に侵害・剥奪されないことも憲法の保障するところであるから，個人が現に有している財産（既得財産）の保障も含むと考えるべきだ，としている。したがって，憲法29条１項は，①個人の権利としての財産権と，②私有財産制度の二側面を保障していることになる。

通説の立場でも，２項はこれらに対する制限を定めたものであるが，法律で財産権の内容をどのようにでも形成できるわけではない。ただし，このように考えたとしても，憲法上保障される財産権の範囲が（所有権を超えて）どこまで及ぶのか，ということ自体，憲法上一義的に確定するのは困難で，法律による財産権の内容形成の余地が広いことは否定することができない。

なお，私有財産制の保障は「制度的保障」である。制度的保障とは，憲法が一定の既存の制度に着目して，その制度の核心部分を客観的に保障するものである。ということは，制度の現状を凍結するものではないから，制度の周辺部分については，時代に適合するように法律で弾力的に形成・変更することができる。では，生産手段の私的所有は，制度の核心部分に含まれるのか，それとも周辺部分にすぎないのか。前者であれば，憲法を改正することなく社会主義へ移行するのは不可能であるのに対して，後者であれば現行憲法のままで移行可能であることになる。この問題は，制度の核心は「人間が人間としての価値ある生活を営むうえに必要な物的手段の享有」であるという後者の立場に立つ学説から提起されたものであるが，職業選択の自由（22条１項）や正当な補償（29条３項）の規定をみると，全面的な計画経済や国有化は不可能だと考えられるから，生産手段の私的所有は制度の核心部分に含まれると考えるのが妥当であろう（通説）。ただし，この問題自体が歴史の経過とともに現実性を失ってしまったことは否めない。

３．財産権の制限

個人の権利として財産権が保障されるとしても，精神的自由などと比較して保障の程度が弱いことは，公共の福祉による制約が２項で繰り返されていることからも明らかである。つまり，財産権は，国民の生命・健康に対する危険を防止し，社会生活の安全を守るための規制（消極目的規制）を受けるのはもちろん，経済の調和的発展や弱者保護のための規制（積極目的規制）をも受けるのである。後者の場合には，国会の政策的判断が尊重されなければならないが，とはいっても，法律によればどのような規制も可能であるというわけではない。最高裁判所は，森林法事件において，立法の規制目的が公共の福祉に合致しない場合や，規制手段が立法目的達成手段として必要性と合理性を欠くことが明らかな場合には財産権規制立法は違憲であるとし，この観点から共有林の分割請求権を制限した森林法の規定を違憲無効と判断した（最大判昭62.4.22〔30〕)。なお，学説上は，規制目的に応じて裁判所が法律の合憲性判定基準を変えるべきかという問題が議論されているが，これについては，**2.2** で説明する。

財産権の内容は「法律で」定めなければならない（29条2項)。地方公共団体の制定する条例（憲法94条，地方自治法14条）で財産権を規制することはできるか。財産は全国的な取引の対象となるから，法律で全国一律に規律すべきで，条例で地方独自の制限を加えることはできないとする学説（規制不能説）も有力であった。しかし通説は，憲法が「法律で」定めることを要求したのは，自己の代表者によって構成された議会の同意なしに自己の権利が侵害されるべきではないという民主主義の理念に基づくものであるから，条例による規制を認めても，条例が住民代表機関である地方議会の制定するものであるかぎり，この理念に反するものではないとする（規制可能説)。最高裁判所も，奈良県ため池条例事件で結論的に（理由づけは必ずしも一致していない）条例による財産権の規制を認めた（最大判昭38.6.26〔5〕)。ただし，条例は地方公共団体の事務の範囲内で認められるものであるから（地方自治法14条1項)，財産権に関する規制にも限界があるのはもちろんである。

4．正当な補償

（1） 補償の根拠

財産権を「公共のために用ひる」には「正当な補償」が必要である（29条3項)。これを損失補償という。たとえば，鉄道を敷設するために，ある人の土地を取り上げたとする。財産権の剥奪であるが，みんなが使い，みんなの役に立つ事業のためなのだから，その公権力の行使は適法である。しかし，現に財産を失った人に対して，その財産の価値を補償しようというのがこの制度である。

公権力の行使が適法であるにもかかわらず，どうして補償の責任が生じるのか。考え方は二つある。まず，①財産権の剥奪が放任されるのでは，財産権が憲法上の権利として保障された意味が失われる。生活の基盤である財産の場合には，特にそうである。損失補償の必要性は財産権の保障から当然だとする。これに対して，②この公共事業では，特定の人を犠牲にしてみんなが利益を得ている。これを放置するのは不平等である。個人の不平等な負担を全体の平等な負担に変換するための手段が損失補償だという考え方もある。通説は①財産権の保障と②平等原則の二つがともに補償の根拠になると考えるが，どちらに重点を置くかで補償の程度に差が生じる可能性もある。

（2） 補償の要否

私有財産を「公共のために用ひる」場合に補償が必要である。典型的には，鉄道・道路・空港などの公共事業のために特定の人の財産を取り上げる場合（公用収用）である。公用収用は，財産権が神聖不可侵の権利とされたフランス人権宣言においても認められていた（17条）ところであるが，「公共のために用ひる」がこのような直接公共の用に供するための公用収用だけをさすのであれば，2項（制限）と3項（収用）の区別は明瞭である。ところが今日では，「公共のために用ひる」とは，公用収用に限らず，公共の利益のために強制的に財産権を収用したり類似の制限を加える場合を広く含むと考えられている。そうすると，3項も広い意味では制限だから，2項と3項の区別が難しくなる。それでは，同じく財産権の制限でありながら，どのような場合には補償が不要で，どのような場合には補償が必要なのか。

従来の通説は，侵害行為が広く一般人を対象としたものか，それとも特定人を対象としたものかという形式的基準と，財産権侵害の強度が，財産権の内在的制約として受忍すべき程度のものか，財産権の本質的内容を侵すほどのものかという実質的基準の双方を勘案して，「特別の犠牲」といえる場合に補償が必要である，とする。これに対して，形式的基準は曖昧であるから実質的基準によるべきであるとし，財産権の剥奪や本来の効用の発揮を妨げる侵害は当然に補償を要し，その程度に至らない財産権行使の規制は，①当該財産の存在と社会的共同生活の調和を保つためのものである場合は，財産権に内在する社会的拘束として補償不要，②他の特定の公益目的のために，当該財産の本来の社会的効用とは無関係に偶然に課せられる制限であるときは補償必要，という学説が次第に有力になりつつある。

財産権を侵害する法令が（憲法上補償が必要であるにもかかわらず）補償規定を欠いている場合，その効力をどのように解すべきか。当該法令は違憲無効になるとの学説も，立法者に再考する余地を残す点で説得力があるが，通説は，憲法29条３項に基づいて直接補償を請求することも可能であるから，当該法令およびそれに基づく処分は有効であるとする（直接請求権発生説）。最高裁判所も，河川附近地制限令事件（最大判昭43.11.27）で，この考え方を採用した。

（３） 補償の程度

どの程度の補償であれば「正当な補償」といえるか。学説は完全補償説と相当補償説に分かれる。完全補償説が当該財産の100％の市場価格を補償すべきだとするのに対して，相当補償説は，諸般の事情を考慮して合理的に算出された相当な額であれば，市場価格を下回ってもよいとする。損失補償の根拠が財産権の保障であるとすると，財産権は今日社会的拘束を強く受ける権利であり，保障の程度も他の権利と比べて弱いのであるから，相当補償説と結びつきやすい。これに対して，個人の不平等な負担を全体の平等な負担に転換するのが補償の根拠だとすると，完全補償説と結びつきやすい。

ところが，今日では相当補償説も完全補償が原則であることは承認している。それでは，例外的に相当補償で足りるのはいかなる場合か。代表的な学説は，既存の財産法秩序の枠内で財産権に個別的な侵害が行われた場合には完全補償が必要であるのに対して，既存の財産法秩序を構成する特定の財産権に対する社会的評価が変化したことに基づき，その権利関係の変革を目的として行われる侵害行為は相当補償で足りるとする。そうであるとすれば，相当補償で足りるのは例外中の例外であって，（次の農地改革事件を別にすれば）常に完全補償であると考えてもまず問題は生じない。両説の対立は事実上消滅している。

判例はどうか。自作農創設特別措置法が農地買収価格を賃貸価格の40倍以内とした（田の場合）のは正当な補償とはいえないと争われた農地改革事件において，最高裁判所は，「正当な補償とは，その当時の経済状態において成立することを考えられる価格に基き，合理的に算出された相当な額をいうのであって，必ずしも常にかかる価格と完全に一致することを要するものでないと解するを相当とする」と述べて，相当補償説の立場に立った（最大判昭28.12.23)。ところが，最高裁判所は，土地収用法の損失補償については，「完全な補償，すなわち，収用の前後を通じて被収用者の財産的価値を等しくならしめるような補償をなすべきであり，金銭をもって補償する場合には，被収用者が近傍において被収用地と同等の代替地等を取得することをうるに足りる金額の補償を要する」として完全補償説をとっている（最判昭48.10.18)。確かに，後者は特定の法律の解釈にすぎない。しかし，（2）でみたとおり，最高裁判所は河川附近地制限令事件で直接請求権発生説をとった。この説は，補償額は裁判所が決定できることを前提とするが，そのためには，補償額が憲法上一義的に定まっていなければならない。国会が諸般の事情を考慮して，政策的に補償額を決めることができるとすると，裁判所で補償額を決めることはできず，直接請求権発生説は成り立たないからである。つまり，直接請求権発生説をとる以上は完全補償説を前提にしているのである。そうであれば，最高裁判所も，相当補償は農地改革事件の1回限りとし，現在では完全補償説をとるものと考えられる（ただし，最高裁判所は最近の判決で農地改革事件を先例として引用しており，今後の立場は予測しがたい。参照，最判平14.6.11)。

なお，財産の収用に対して金銭で補償するだけでは，被収用者がこれまでの生活を維持していくことができないことがある。このような場合，生活を再建するための補償（生活権補償）も憲法の要請するところか，憲法上の要請だとしたら，根拠条文は29条3項か，25条か，それとも立法政策の問題にとどまるのか，学説上争いがある。現行の法律の中にも，職業の紹介・指導・訓練の斡旋，代替地や建物の取得の斡旋などの生活再建措置を定めるものがみられる（公共用地の取得に関する特別措置法47条，都市計画法74条など)。

（4） 補償と賠償の谷間

損失「補償」は，適法な公権力の行使によって生じた財産上の損失を埋め合わせる制度である。公権力の行使が違法であった場合は「賠償」の問題になる（憲法17条，国賠法1条)。それでは，公務員に故意・過失がなく（適法行為)，財産権の侵害でない（生命・健康の被害）場合はどうなるのか。これが補償と賠償の谷間とよばれる問題である。

予防接種禍訴訟では，予防接種による児童の死亡や後遺症などの被害は「特別の犠牲」であり，財産上の犠牲より生命•健康の犠牲を不利に扱う合理的理由はないとして，直接29条３項を類推適用して補償を請求できるとする地裁判決が下されたが，その後厳格な注意義務を課した最高裁判決（最判平3.4.19〔34〕）に基づき，高裁で過失が認定され，今日では国家賠償で救済されている。(→第11章6)

2. 職業選択の自由

１．「職業」の「選択」

憲法22条１項は「職業選択の自由」を保障する。そこに「職業」とは，人が自己の生計を維持するためにする継続的な活動であって，社会的に許容されたものを意味する。殺し屋や詐欺師，麻薬密売人などは，憲法上の「職業」とはいえない。また，規定の文言上は，職業の「選択」だけが保障されているようにみえるが，①自己の従事する職業を選択・決定する自由（狭義の職業選択の自由）だけでなく，②選択した職業を実際に行う自由（職業活動の自由）を含む。そこで，①②をあわせて「職業の自由」と呼ぶこともできる（薬事法事件—最大判昭50.4.30〔18〕）。

②は「営業の自由」ともいわれる。①で保障される職業は，自己が主体となって営む商業であれ，雇われて働く職業であれ，自己の生計を維持するための継続的活動であればすべて含まれるが，雇われた職業の活動は，使用者との関係で28条の問題とされ，新聞記者は21条，教師は23条・26条で扱われるなど，結局22条１項の職業活動として保障されるのは，自己の営む職業＝営業に限られるからである。最高裁は，職業選択の自由の保障は営業の自由を保障する趣旨を含み，憲法は個人の自由な経済活動を基調とする経済体制を一応予定している，と述べている（小売商業調整特別措置法事件—最大判昭47.11.22〔13〕)。

2．職業選択の自由の制限

職業選択の自由は「公共の福祉に反しない限り」で保障される。財産権と同じく「公共の福祉」に基づく制限の可能性が明示されているのは，内在的制約にとどまらず，政策的制約まで認められるからである。しかし，法律による制限にも限界があるはずである。規制手段として，(a)届出制，(b)許可制，(c)資格制，(d)特許制，(e)国家独占が区別されてきたが，法律によるこれらの規制が行き過ぎて違憲になる場合をどのように判断すべきか。

最高裁判所は，許可条件としての距離制限規定の合憲性が問題とされた小売商業調整特別措置法事件（最大判昭47.11.22〔13〕）と薬事法事件（最大判昭50.4.30〔18〕）の二判決で，次のように述べた。

①職業の自由は，憲法上の他の諸権利，特に精神的自由と比べて規制の必要性が高く，社会生活における安全の保障や秩序の維持などのための消極目的の規制を受けるだけではなく，国民経済の調和的発展や経済的弱者保護などのための積極目的の規制も受ける。②積極目的の規制は，目的達成に必要かつ合理的な範囲で憲法上許容されているが，この規制に関しては，裁判所は立法府の裁量を尊重し，立法府がその裁量権を逸脱し，当該法的規制措置が著しく不合理であることの明白である場合に限って違憲判断を下すことができる。③消極目的の規制も，第一次的には立法府の合理的裁量にまかされるが，重要な公共の利益のために必要かつ合理的な措置であって，より緩やかな規制手段では同じ目的を十分に達成できないと認められないかぎり，その規制は違憲となる。

このうち，①は二重の基準論からの帰結である。この点は学説もほぼ一致して支持するところである。これに対して，②③は，同じ経済的自由に対する規制でも，規制目的に応じて合憲性の判断基準が異なるというのである。これを目的二分論と呼ぶことができる。どちらも距離制限規定の合憲性が問題になった事件であるにもかかわらず，小売商業調整特別措置法事件は小売商の保護という積極目的規制の問題であり，著しく不合理であることが明白な規制手段だとは認められないから合憲，薬事法事件では国民の生命・健康に対する危険の防止という消極目的規制が問題であり，より緩やかな規制手段で目的を達成できるので違憲，と結論が異なった。

多数説は，目的二分論に原則的に賛成しつつ，規制目的の区別は相対的であり，いずれかに割り切れない場合もあるので，規制態様もあわせ考えるべきであるとする。そこで，競争を制限するために新規参入を禁止する場合などは，目的がどうであれ厳格に審査されるべきことになる。これに対して，目的により審査の厳格さが自動的に決定されるのは不都合であり，国民の生命・健康を守るための規制が必要最小限にとどまらなければならないのは不合理だとして，二分論自体を否定する学説も有力である。なお，最高裁判所は，酒類販売業の免許制の合憲性が争われた事件（最判平４.12.15）では，目的二分論を用いていない。

目的二分論は，職業選択の自由だけではなく，財産権にもあてはまるか，という問題もある。多数説は，目的二分論を経済的自由一般にあてはまるものと理解したが，最高裁判所は森林法事件（最大判昭62.4.22〔30〕）で違う態度をとった。すなわち，財産権を規制する目的は積極的なものから消極的なものまで多岐にわたるとしながら，森林法の規制目的がどちらであるか明らかにしないまま，森林法の分割制限は，立法目的との関係で合理性も必要性もないことは明らかであるから違憲だ，としたのである。最高裁判所は，分割制限の目的を，森林の細分化を防止することで，森林経営の安定，森林の保続培養と生産力の増進を図り，国民経済の発展に資することにあると解したが，これは積極目的と考えるのが素直であろう。にもかかわらず，最高裁判所は，消極目的規制の事案である薬事法事件の判決（最大判昭50.4.30〔18〕）にしたがい，厳格な基準で合憲性を審査した。この判決以後も最高裁判所は財産権について目的二分論を採用していない（たとえば，証券取引法におけるインサイダー取引の規制を合憲とした最大判平14.2.13）。

3. 居住移転の自由

1．内容と性格

憲法22条１項は，「居住，移転……の自由」も保障する。これは，住所（生活の本拠）または居所（生活の本拠ではないが，ある程度継続的に住む場所）を任意に決定し（＝居住），変更する（＝移転）自由である。判例・通説は，さらに，人の身体の移動の自由を広く含むと解している。

歴史的にみると，封建的な拘束から解放された農民が生まれた土地を離れて他に移ることができるということは，農民をやめて他の職業に就くこと，具体的には都市の工場労働者として働くことを意味した。居住移転の自由は，職業選択の自由とともに，資本主義と不可分の権利であり，この点からみれば経済的自由にほかならない。しかし，この自由には他の側面もある。人の身体の移動の自由は，人身の自由と密接にかかわるものであり，他の人々と意見や情報を交換することにより，人格形成にとっても重要な意味をもつ。そこで通説は，居住移転の自由は複合的性格の権利であり，法律の規制がこの権利のどのような側面にかかわるかによって，その規制の合憲性判定基準も異なると考えている。なお，ハンセン病訴訟において，熊本地裁は，ハンセン病患者の隔離は，居住移転の自由の包括的制限であるだけでなく，憲法上の人格権そのものの侵害であるとした（熊本地判平13.5.11）。

2．外国移住の自由，国籍離脱の自由

「外国に移住」するとは，外国（日本の領域外）に住所を移すことであるから，この自由は居住移転の自由の一部であるということができる。また，この自由が外国に旅行する自由も含むか，**3**でみるように争いがある。

国籍とは国家の構成員たる資格である。国籍離脱の自由とは，日本国民が日本の国籍を離れる自由であるが，無国籍になる自由を含むものではない，と解されている。国際法上も，国籍は強制すべきものではないが，人は必ず国籍をもち，かつ，唯一の国籍をもつべきだと考えられているからである。国籍法は，「日本国民は，自己の志望によつて外国の国籍を取得したときは，日本の国籍を失う」（11条1項）とする。

なお，国籍離脱の自由が認められるからといって，それに対応して，国籍取得権なるものが憲法上認められているわけではない（平等原則との関連で，国籍法事件―最大判平20.6.4〔51〕）。

3．海外旅行の自由

海外旅行（一時的な海外渡航）の自由が保障されていることについて，学

説は一致しているが，その条文上の根拠については争いがある。

判例・通説は，22条2項の「外国に移住する……自由」が根拠だとする。というのは，22条1項は国内における移動を，2項は外国への移動を定めたものであり，2項は外国への永続的な移住まで保障しているのであるから，一時的な旅行も「もちろん」保障されていると解すべきだからである。

これに対して，22条2項が外国移住と国籍離脱の自由を並べて規定しているところからみて，前者は，永久に，または相当長期にわたり外国に移住し，日本国の主権から事実上離脱する自由をさし，日本国の主権の保護を受けながら一時的に旅行する自由を含まないと解すべきであり，それが「移住」の文言にも合致するから，一時的な旅行は，国内外を問わず，22条1項の「移転」の自由として保障されるという学説も主張されている。さらに，居住移転の自由は人身の移動の自由まで保障しているものではないから旅行の自由を含まないが，一般的自由または幸福追求権の一部として，13条によって保障されるという学説もある。どの説をとっても結論が大きく異なるわけではないが，国内旅行と外国旅行を統一的に把握できる点で，22条1項説がすぐれているといえよう。

海外旅行には旅券（パスポート）が必要である。旅券法13条は，外務大臣が旅券の発給をしないことができる場合を定めるが，「外務大臣において，著しく，かつ，直接に日本国の利益又は公安を害する行為を行うおそれがあると認めるに足りる相当の理由がある者」（同条1項7号）の合憲性について争いがある。学説上は法文の不明確性を理由に違憲説が有力である。最高裁判所は同規定を違憲とはしなかったものの，旅券の発給を拒否する場合に必要とされる理由付記は，いかなる事実関係に基づき，いかなる法規を適用して拒否されたのかを，申請者が記載自体から了知しうるものでなければならず，根拠規定を示すだけでは不十分であるとした（最判昭60.1.22）。理由付記という手続で外務大臣の恣意を抑制するもので，注目すべき手法である。

なお，海外旅行の自由は，海外へ渡航した日本国民が日本に入国する自由を含む。ただし，日本に在留する外国人の場合は，外国へ一時旅行する自由が憲法上保障されているわけではなく，再入国の自由は保障されない，とするのが判例（最判平4.11.16）である。

第10章

適正手続の保障と人身の自由

1. 総　　説

各人の身体が不当に拘束されない自由を，人身の自由（あるいは身体的自由）という。人権宣言の歴史をひもとけば，すでにイギリスの1215年のマグナ・カルタ自体が，逮捕・差押え・拘禁に関する国王大権の濫用の制限，同胞による正当な裁判の保障を内容とするものであったように，人身の自由こそ，基本的人権のルーツであるということもできる。

2. 奴隷的拘束および苦役からの自由

憲法18条は，「何人も，いかなる奴隷的拘束も受けない。又，犯罪に因る処罰の場合を除いては，その意に反する苦役に服させられない」と規定し，個人の「人間の尊厳」を踏みにじるような身体の拘束や強制的労役を禁止している。

「奴隷的拘束」とは，非人間的な方法や態様による身体の拘束をいう。「意に反する苦役」とは，広く本人の意思に反して強制される，著しい精神的・肉体的苦痛を伴う労働をいう。たとえば，本人の意思に反して兵役を強制する徴兵制は，非武装平和主義をとる日本国憲法では，憲法9条だけでなく本条にも違反すると解されている。

奴隷的拘束や意に反する苦役の強制のような非人間的な身体の自由の拘束は，国家権力による場合はもちろん，社会生活関係でも許されない。(→第5章3.1.(3)) なお，労働基準法の強制労働の禁止（5条）は，憲法18条の具体化立法にあたる。

3.　適正手続の保障

1．総　説

憲法31条は，「何人も，法律の定める手続によらなければ，その生命若しくは自由を奪はれ，又はその他の刑罰を科せられない」と規定する。この規定は，本条以下に続く人身の自由の手続的保障，特に刑事手続の場面での保障にかかわる諸規定の基本原則にもあたる包括的規定であり，一般には，アメリカ合衆国憲法の「法の適正な手続（due process of law）」条項（修正5条・14条）に由来するといわれる。

2．憲法31条の意義

憲法31条の規定内容としては，刑事手続につき，①その手続が法律で定められていること，②法律で定められる手続は適正なものでなければならないこと，③科刑の実体もまた法律で定められていなければならないこと（罪刑法定主義），④その法律で定められる実体規定も適正でなければならないことがあげられる（通説）。つまり，憲法31条は，アメリカ憲法のデュー・プロセス条項のように，「適正な」という形容詞は明記されてはいないが，当然にそれを内容とするものであり，手続的デュー・プロセスと実体的デュー・プロセスを要求している。

3．手続的デュー・プロセスと「告知と聴聞」

憲法31条の手続的デュー・プロセスの内容として特に重要なのが，「告知と聴聞」を受ける権利である。「告知と聴聞の法理」とは，公権力が市民に刑罰その他の不利益を課す場合には，あらかじめ，当事者にその内容を告知し，当事者に弁解や防御の機会を保障しなければならないというものである。判例も，告知・聴聞が憲法31条の「適正な法定手続」の内容をなすことを認めている（第三者所有物没収事件―最大判昭37.11.28）。

4．違法収集証拠の排除法則

捜査機関の証拠収集手続が違法であった場合に，その証拠能力を否定し，事実認定の資料から排除するという原則を，違法収集証拠の排除法則という。最高裁判所も，警察官の職務質問の際の所持品検査が問題となった事案で，一般論としてだが，「重大な違法」があり，「違法な捜査の抑制」の見地から相当でない場合には証拠能力は否定されるとして，この法則を肯定している(大阪覚醒剤事件―最判昭53.9.7)。

5．実体的デュー・プロセスと明確性の原則

憲法31条は，手続の法定・適正とともに，実体の法定・適正をも要請するというのが通説である。実体の法定の中心をなすのは，罪刑法定主義である。罪刑法定主義の内容としては，通常，刑罰不遡及（事後法禁止）の原則（憲法39条前段でも保障)，刑罰法規法律主義（憲法73条6号但書でも言及)，刑罰法規の類推解釈の禁止，絶対的不定期刑の禁止などがあげられる。さらに，実体の適正にかかわるいわゆる「(法律の規定の) 明確性の原則」も，刑罰法規については，この罪刑法定主義から派生する原則でもある。

法律の規定の「明確性の原則」は，特に，犯罪構成要件の明確性や，表現の自由を規制する立法の明確性につき問題となる。「交通秩序を維持すること」という規定の明確性が問題となった徳島市公安条例事件で，最高裁判所は，ある刑罰法規が不明確かどうかの基準として，「通常の判断能力を有する一般人の理解」において判断可能かどうかを掲げている（最大判昭50.9.10〔19〕)。最高裁判所は，その事案でも，また「淫行」処罰規定の明確性が問題になった福岡県青少年保護育成条例事件（最大判昭60.10.23）でも，さらに破壊活動防止法中のせん動罪規定に言う「せん動」の明確性が問題になった事案（最判平2.9.28）でも，この基準の具体的適用にあたっては，それらの規定は通常の判断能力を有する一般人にも理解できるように限定解釈が可能であるから明確性に欠けることはないとした。しかし，これらの具体的適用については，最高裁判所の行った限定解釈が「通常の判断能力を有する一般人にも理解可能なもの」と言えるか，学説からは強い疑問が出されている。

6．条例による罰則の定め

地方自治法14条３項は，条例へ罰則の制定を委任している。憲法31条の罪刑法定主義との関係では，条例で罰則を規定することができるかが問題となる。最高裁判所は，条例が自治立法であることもふまえて，法律による授権が相当に具体的で限定されているなら，条例による罰則の規定も許されると解し，旧地方自治法14条５項（現３項）を合憲としている（大阪市売春取締条例事件―最大判昭37.5.30)。学説では，憲法94条が「法律の範囲内」で条例制定権を認めている以上，その条例制定権の中には当然に罰則設定権も含まれるのであり，特別の委任規定を必要としないとする見解（憲法直接授権説）も有力である。(→第19章3．2．(２))

7．憲法31条以下と行政手続

（１） 学　説

憲法31条，それに33条以下の諸規定は，その文面からみて，被疑者や被告人の人権を保障するための刑事手続に関する規定であることは疑いない。しかし，行政の行う活動の中には，行政機関が行政目的を実現するために市民の身体や財産に対し実力行使を行うものがある。さらに，市民に対して権利や資格を付与したり，市民の権利や自由を制限したりするものも少なくない。このような行政活動が行われる際の行政手続，とりわけ事前の手続にも憲法31条以下の規定が適用されるのか，この点については説が分かれている。

多数説は，憲法31条および33条以下の規定は行政手続にも適用ないし準用されると解している。もっとも，学説の中には，憲法の文言を厳格に解して，憲法31条以下の規定は行政手続には不適用との立場もある。ただ，この立場の学説でも，初期の不適用説とは異なり，今日では，憲法13条によって，行政手続にも「適正さ」が要請されると解している。

（２） 判　例

憲法31条の適正手続との関係では，一般の許認可処分での適正な手続，特に「告知と聴聞」が必要かが問題となる。最高裁判所も，空港建設反対運動の過激派の建物使用禁止等を定める法律が問題となった成田新法訴訟で，原則論としてであるが，31条の適正手続の保障は行政手続にも及ぶとしている

(最大判平4.7.1)。

なお，憲法35条（令状主義），38条（黙秘権保障）の関係でも，最高裁判所は，旧所得税法上の質問検査権に基づく収税官吏の調査を拒否して起訴された川崎民商事件で，これらの規定が行政手続にも及ぶことを原則として認めている（最大判昭47.11.22)。

（3） 行政手続法の制定

長年の懸案であった行政手続法が1993年に成立し，1994年秋から施行された。同法は，従来各法律によってマチマチであった行政手続を統一して，「行政運営における公正の確保と透明性（……）の向上を図」り，それによって「国民の権利利益の保護に資する」ことを目的としている（1条1項)。そして，①許認可などの申請に対しては，具体的審査基準や処理にかかる時間的目安などを公表すること（5条・6条など)，②不利益処分を行う際には，対象者に事前に，告知と聴聞，または弁明書での反論の機会を設けることや処分理由を明示すること（13条・14条)，③行政指導を行う場合には，指導に従わないことを理由とした不利益な取扱いの禁止（32条）や，指導を受けた側の求めに応じて書面により趣旨・内容・責任者を明示しなければならないこと（35条)，などを定めている。2005年改正で，新たに第6章として，多くの市民に関係のある命令等（行政立法）の制定の際に，その案や資料を公示し，広く一般の意見を求める「意見公募手続」(いわゆるパブリック・コメント）が規定された（39条)。

4. 捜査と人身の自由

1．逮捕と令状主義

（1） 逮捕令状主義

憲法33条は，「何人も，現行犯として逮捕される場合を除いては，権限を有する司法官憲が発し，且つ理由となつてゐる犯罪を明示する令状によらなければ，逮捕されない」と規定する。捜査過程で不当な身体の拘束が起こらないように司法的に抑制しようとして，まず，逮捕につき令状主義を採用したのである。刑事訴訟法では，逮捕状（刑訴法199条以下)，勾引状・勾留状

(同62条)，鑑定留置状（同167条）が制度化されている。

ここで，現行犯が例外とされているのは，犯人の誤認などによる不当な逮捕の危険は少ないと考えられたためである。刑事訴訟法212条２項は，この例外を準現行犯にまで拡張している。通説・判例（最判昭30.12.16）は合憲と解しているが，その解釈運用には厳格を要するとの指摘もある。

（２） 緊急逮捕の合憲性

刑事訴訟法210条１項は，現行犯でないにもかかわらず，逮捕令状主義の例外として，さらに緊急逮捕を認めている。最高裁判所は「厳格な制約の下に，罪状の重い一定の犯罪のみについて，緊急已むを得ない場合に限り，逮捕後直ちに裁判官の審査を受けて逮捕状の発行を求めることを条件とし，被疑者の逮捕を認めることは，憲法33条規定の趣旨に反するものではない」としている（最大判昭30.12.14)。学説では，違憲説も有力である。

（３） 別件逮捕の合憲性

逮捕要件を充たしていない重要な事件（本件）について取り調べる目的で，他の立証の容易な軽微な事件（別件）で令状逮捕することを，別件逮捕という。この別件逮捕は，上述した令状主義を真に充たすものではなく，一種の脱法行為である。刑事訴訟法学説の中には，余罪の取調べは一般に許されるのだから別件逮捕も合憲とする見解もあるが，憲法学説では違憲論が通説である。最高裁判所も，別件逮捕を一般的には違憲と考えているようではあるが，帝銀事件（最大判昭30.4.6）でも，狭山事件（最決昭52.8.9）でも，問題となった事案自体については，本来の違法な別件逮捕には当らないとしている。

２．抑留・拘禁に対する保障

（１） 抑留・拘禁理由の告知・開示と弁護人依頼権

憲法34条は，その前段で，逮捕した身柄の一時的ないし継続的拘束に必要な要件を定める。まず，抑留・拘禁を受ける者は，抑留・拘禁理由の告知を受ける権利と弁護人に依頼する権利を有する。弁護人依頼権の内容としては，単に依頼するだけでなく，弁護人による実質的な援助が受けられる状態も保障される。刑事訴訟法39条が保障するいわゆる接見交通権は，憲法34条の保障する権利ないし要請でもあり，被疑者の防御を不当に制限するような捜査機関側による運用は許されないと解するのが通説・判例（最判昭53.7.10）である。

（2） 抑留・拘禁の意義

抑留とは一時的な身体の拘束をいい，拘禁とは継続性を有する身体の拘束をいう。刑事訴訟法の定める逮捕および勾引に伴う留置（刑訴法203条以下）が抑留にあたり，勾留（同60条・207条）および鑑定留置が拘禁に当たるといわれる。刑事訴訟法では，被疑者の留置は72時間まで（同203条～205条），勾留は通常犯罪では最長20日（同208条）とされている。比較法的には，先進諸国の中ではこのように長時間におよぶ被疑者の身体の拘束を認めるのは日本だけだとの指摘がある。

また，国際的にも問題とされている「代用監獄」制度（被疑者の身柄を勾留する本来の施設である法務省の管轄する刑事施設［旧監獄法では「監獄」と呼称。拘置所］の代わりとして警察官署の中にある留置施設［留置場］を使用できる制度）での被疑者の勾留が不当に捜査に利用され，自白強要につながったことを違法とする下級審判例も少なくない（たとえば，東京高判平3.4.23）。旧監獄法に根拠を持っていた「代用監獄」制度は，2007年6月から施行の「刑事収容施設及び被収容者等の処遇に関する法律」（刑事収容施設・被収容者処遇法）の下でも，一定の改善は見られるが，依然として「代用刑事施設」として存続しており廃止が引き続き課題となっている。

（3） 被疑者の国選弁護人依頼権

憲法34条は，刑事被告人に関する規定（37条3項）のようには，被疑者の国選弁護人依頼権を明記していない。学説では，弁護権は国選弁護制度によって真に完全なものとなること，およびしばしば捜査によって事件が固まってしまうことなどから，被疑者の国選弁護人依頼権も憲法34条から導き出されるとする見解が有力になっている。なお，被疑者の国選弁護人依頼については法制度化（刑訴法37条の2・37条の4）され，2006年秋より，日本司法支援センター（いわゆる法テラス）がそれを受け付けるようになった。

（4） 拘禁理由の開示請求権と公開法廷での開示

憲法34条は，その後段で，特に拘禁について，拘禁理由の開示請求権とその公開法廷での開示を保障している。公開法廷での拘禁理由の開示制度として，刑事訴訟法は勾留理由開示制度を設けている（刑訴法82条以下）。

3．捜索・押収と令状主義

（1） 住居の不可侵とプライバシーの保護

憲法35条1項は，「何人も，その住居，書類及び所持品について，侵入，捜索及び押収を受けることのない権利」を保障する。「各人の住居はその人の城」との英米での法諺もあるように，古くから住居は私生活（プライバシー）の中心と位置づけられ，住居の不可侵は人権保障のいわば象徴としてそのカタログの重要な内容をなしてきた。住居の不可侵を含む本条項は，公権力との関係でのプライバシー権保障の中核規定でもある。（→第6章**1．2**）

（2） 捜索・押収と令状主義

憲法35条は，この「侵入・捜索・押収を不当に受けない権利」が身体の拘束からの自由と不即不離の関係にあることに着目して，33条と同じく，この権利が制約される場合には，一定の要件を備えた令状によらねばならないとの令状主義原則を採用した。すなわち，本条では，①司法官憲（裁判官）が，②正当な理由に基づいて，③各別に発行する，④捜索する場所・押収する物が明示してある令状であることが要求されている。最高裁判所は，令状記載の特定性の要件につき緩やかに解している（日教組本部捜索事件—最大決昭33.7.29）が，学説からは疑問も出ている。

（3） 令状主義の例外

憲法は自ら，この令状主義に「憲法33条の場合を除いては」と例外を認めている。学説では，憲法33条の場合とは，令状による逮捕の場合と現行犯としての逮捕の場合だと解されている。ただし，刑事訴訟法220条は，緊急逮捕の場合も例外としてあげている。最高裁判所は，緊急逮捕に先立つ捜索・押収さえ合憲としている（最大判昭36.6.7）。

（4） 無断写真撮影・電話盗聴（通信傍受）と令状主義

憲法35条の令状主義との関係で，まず，本人の同意無しに行われる犯罪捜査のための写真撮影が問題になる。デモ行進撮影が問題になった事案で，最高裁判所は，一般論として，憲法13条の保障する私生活の自由保護との兼ね合いから，この種の写真撮影にも35条の令状主義の及ぶことを原則として認めている（京都府学連事件—最大判昭44.12.24〔11〕)。しかし，最高裁判所は，本事案ばかりでなく，自動監視装置による写真撮影についても，この判例法理を援用して令状主義の例外を認めて合憲としている（最判昭61.2.14)。

一方，犯罪捜査のために行われる電話盗聴について，最高裁判所は，一定の厳格な条件の下に行われる場合には電話検証令状による電話傍受を合憲と判断している（最決平11.12.16)。本決定後，2000年8月に「犯罪捜査のための通信傍受に関する法律」（通信傍受法）が施行されている（制定自体は1999年8月）。同法は，「数人の共謀によって実行される組織的な殺人，薬物及び銃器の不正取引に係る犯罪等の重大犯罪」について，①犯罪の嫌疑，②蓋然性，③補充性（＝他の方法では犯人の特定，犯行の状況・内容を明らかにすることが困難であること）を令状発布の要件として，傍受令状による通信の傍受を認めている。(→第8章**5. 2**)

（5） 強制採尿と令状主義

身体の捜索・押収，たとえば，覚醒剤捜査の一環として，令状を得て，拒否する被疑者の尿道に器具を挿入して行う強制採尿などは，個人の尊厳と結びついた人格権を深く傷つけるという点で，かりに令状主義の要件が充たされているとしても適正手続に違反し許されないのではないかという問題がある。ただし，最高裁判所は，犯罪捜査上真にやむをえない場合には，最終的手段として，適切な法律上の手続を経て，強制採尿を行うことは許されると解している（最決昭55.10.23)。

（6） 所持品検査と令状主義

職務質問の際などに，無令状で携帯品や身体への装着物に対して行われる所持品検査は，それが犯罪の予防などのためになされる行政処分であるとしても，これが捜索という強制処分にあたるなら，憲法35条の令状主義違反の問題が生じる。最高裁判所は，所持品検査を任意捜査たる職務質問に付随するものと位置づけて，①原則として所持者の承諾が必要だが，②例外として，それが捜索に至らない程度の行為で，強制にわたらない限り，必要性・緊急性・相当性がある場合には，承諾がなくても所持品検査が許されるとしている（最判昭53.6.20)。ただし，承諾なしに上着のポケットに手を入れるような所持品検査は，最高裁判所によっても違法とされている（大阪覚醒剤事件—最判昭53.9.7)。

5. 拷問および残虐な刑罰の禁止

1．総　説

憲法36条は，「公務員による拷問及び残虐な刑罰は，絶対にこれを禁ずる」と規定する。拷問とは，自白を強制するために肉体的，精神的に苦痛を加えることである。憲法は，本条で自白獲得手段としての「拷問」を「絶対に」禁ずるとともに，38条2項で，拷問によってえられた自白の証拠能力を否定することによって，その徹底を図っている。残虐な刑罰とは，人権の基礎をなす個人の尊厳原理ないし人間の尊厳原理と相容れないような人道上残酷な刑罰を言う。残虐な刑罰との関係で特に問題となるのは，死刑制度である。

2．死刑の合憲性

（1）　現行死刑制度と憲法

現在日本では，刑法典で殺人罪など12種類の犯罪につき，さらに7つの特別法で死刑を認め，刑事施設内で絞首して執行することになっている（刑法11条1項)。特徴として，死刑になる犯罪の種類の多いこと，致死罪などにまで死刑が規定されていること，などが指摘されている。憲法解釈上，①死刑という刑罰自体の合憲性，②執行方法としての絞首刑の合憲性，③現行の執行手続（現在の方式は，厳密には絞首ではなく，縊首（首つり）であることなど）が法定手続の要請を充たしているか，が問題となる。

（2）　判　例

最高裁判所は，死刑の必要性を，死刑の一般予防力（威嚇力）と特殊予防力（特別予防力）に求め，憲法解釈としては，憲法13条が死刑を予定し，また31条が死刑を明定しているとの解釈を決め手にして死刑制度自体を合憲としている。また，死刑で残虐な刑罰になるのは，火あぶり・はりつけ・さらし首・釜ゆでのような執行方法の場合としている（最大判昭23.3.12。なお，最大判昭23.6.30参照)。絞首刑については，他の方法に比して特に残虐とは言えないとする（帝銀事件—最大判昭30.4.6）。

（3） 学 説

憲法31条の文言上，憲法が死刑を禁じているとまでは言えないが，憲法の精神からは死刑は廃止されるべきとする見解が多数説である。これに対して，初期の違憲論は，憲法前文・9条・18条・25条などを総合的に解釈して死刑を違憲としていた。最近の違憲論は，死刑が憲法上許されるか否かは，もっぱら（13条と結びついた）36条解釈の問題であり，死刑は，人間の尊厳に反し残虐な刑罰にあたるとか，死刑の必要性すなわち犯罪抑止力を証明できない以上，不必要な苦痛を与える刑罰として，36条ないし適正手続を定めた31条違反となる，と解している。違憲論も次第に増えてきている。

3．死刑をめぐる国際環境

国連の世界人権宣言（1948年）の一層の実効化を図った，いわゆる国際人権規約のうちの「自由権規約」（1966年採択・1976年発効，日本は79年に批准・発効）では，人権として生命権を確認し，加入国に死刑の廃止を促していた。この規約を発展させて，「国連死刑廃止条約」が採択（1989年）され，1991年から発効している。数の上でも，すでにいわゆる死刑廃止国の方が全体の71％となっており（2013年12月末現在），先進諸国に限ると，存置国は日本とアメリカだけになっている。1993年以降，日本は，たびたび国連の自由権規約人権委員会などにより，①前記死刑廃止条約への加入や②死刑廃止に向けた諸措置の実施や死刑確定者の処遇の改善などにつき，勧告を受けている。

6. 刑事被告人の権利

1．公平な裁判所の迅速な裁判

（1） 公平な裁判所の意義

憲法37条1項は，刑事被告人の権利として公平な裁判所の迅速な裁判を受ける権利を保障している。ここでいう公平な裁判所とは，最高裁判所によれば，構成その他において偏りや不公平のおそれのない裁判所を意味する（米穀通帳偽造事件—最大判昭23.5.5）。刑事訴訟法では，裁判官等の除斥・忌避・

回避の制度（刑訴法20条以下・377条）を定めている。

学説では，裁判所の構成上の公平さの他に，訴訟手続のあり方をも射程に入れた要請だとする有力な見解もある。さらに実質的な「公平な裁判」も含まれるとの見解もある。

（2） 迅速な裁判の意義

裁判の迅速性が要請されるのは，裁判が遅延すると，証拠の散逸などで立証活動に支障が出てくるし，何より被告人という地位に長期にわたって止めおかれることによる社会的，心理的負担が大きいからである。最高裁判所は，15年以上にわたって審理が中断していた高田事件で，本条項を直接根拠にして，免訴判決を下した（最大判昭47.12.20）。

2．被告人の証人審問権・証人喚問申請権

（1） 証人審問権

憲法37条2項は，その前段で，刑事被告人に「すべての証人に対して審問する機会を充分に与へられ」る権利（証人審問権）を保障する。証人審問権の主眼は，自己に不利益な証人に対する反対尋問権を保障するところにある。近年，刑事訴訟法（157条の4）に導入された，性犯罪の被害者等の証人尋問に関して，その証人を同じ裁判所内の別の場所に在席させ，映像と音声の送受信により相手の状態を相互に認識しながら通話をすることができる尋問方法（いわゆるビデオリンク方式）につき，最高裁は被告人の証人尋問権を侵害するものではないと判示した（最判平17.4.14）。

（2） 証人喚問権

憲法37条2項は，その後段で，「公費で自己のために強制的手続により証人を求める権利」（証人喚問権）を保障する。最高裁判所は，被告人・弁護人の申請する証人のすべてを喚問する必要はなく，当該事件の裁判をなすのに必要適切な証人であればよいとする（最大判昭23.7.29）。

3．弁護人依頼権と国選弁護人依頼権

（1） 弁護人依頼権

憲法37条3項は，その前段で被告人に弁護人依頼権を保障する。最高裁判

所によれば，この依頼権は被告人自ら行使すべきもので，裁判所は被告人にこの権利を行使する機会を与え，その行使を妨げなければよい。また，本条項は裁判所に告知義務を負わせるものではない（最大判昭24.11.30)。

（2） 国選弁護人依頼権

憲法37条3項後段は，刑事被告人に対する国選弁護人制度を規定する。最高裁判所によれば，刑事訴訟法36条が，裁判所が被告人に国選弁護人を付す場合について，「貧困その他の事由」を条件とし，また被告人の請求にかからせているのは，本条項に違反しない（最大判昭24.11.2)。また，選任を請求できる旨を告知すべき義務を裁判所に負わせるものではない（最大判昭28.4.1)。

刑事訴訟法289条1項は，「死刑又は無期若しくは長期三年を超える懲役若しくは禁錮にあたる事件」を必要的弁護事件としている。最高裁判所は，必要的弁護事件をどう定めるかは刑事訴訟法の問題であり，憲法31条・37条3項によって定まるものでないとする（最大判昭25.2.1)。有力な学説は，必要的弁護制度は憲法の要請であり，被告人の明確な放棄の意思がない限り，弁護人なしには開廷できないとする。

7. 自己負罪の拒否および自白に関する証拠原則

1．自己負罪の禁止ないし黙秘権

（1） 意　義

憲法38条1項は，「何人も，自己に不利益な供述を強要されない」と規定する。この規定は，アメリカ合衆国憲法修正5条の自己負罪拒否の特権に由来する。「自己に不利益な供述」とは，有罪判決の基礎となる事実や量刑上不利益となる事実のように，自己の刑事責任に関する不利益な事実の供述と解するのが通説・判例（最大判昭32.2.20）である。「強要されない」とは，供述しないことが罰せられないだけでなく，それを理由になんらかの法律上または事実上の不利益を及ぼすことを禁じる趣旨である。自己に不利益な供述を強要されないのは，被疑者や被告人ばかりでなく，各種の証人も含まれる(刑訴法146条参照)。刑事訴訟法は，被疑者および被告人に対して，すべての供述を拒否する権利（いわゆる黙秘権）を保障している（同198条２項･291条２項・311条１項)。

（２） 行政手続と不利益供述強要の禁止

本条項の黙秘権保障が行政手続に及ぶのかという問題がある。(→本章**3.7**）行政法規の中には，行政官庁が種々の目的で記帳・報告・答弁の義務を課し，それに応じない場合に一定の刑罰を科すものが少なくない。最高裁判所は，①収税官吏の所得税に関する質問検査が問題となった川崎民商事件で，一般論として，純然たる刑事手続以外でも，事実上，刑事責任追及のための資料の取得収集に直接結びつく作用を一般的に有する手続には，本条項の保障が及ぶとした上で，当該質問検査はそうした手続にあたらないとした（最大判昭47.11.22)。これに対し，②国税犯則取締法上の犯則嫌疑者などに行う質問調査手続については，性質上一種の行政手続だが，その手続が実質的には租税犯の捜査としての機能を営むので，黙秘権保障が及ぶ手続だとする（最大判昭59.3.27)。その他に，最高裁判所は，③麻薬取扱い者の麻薬取扱いの記帳義務については，黙秘権の放棄を擬制することによって（最判昭29.7.16)，④旧道路交通取締法施行令の自動車運転者の事故報告義務については，報告すべき「事故の内容」を限定解釈することによって（最大判昭37.5.2)，⑤医師法21条による医師の異状死体届出義務については，犯罪行為を構成する事項の供述までも強制されるものではないとして（都立広尾病院事件―最判平16.4.13)，当該義務は，黙秘権保障を侵すものでないとしている。

２．自白の排除法則

（１） 意 義

憲法38条２項は，「強制，拷問若しくは脅迫による自白」又は「不当に長く抑留若しくは拘禁された後の自白」を，類型的に任意性に疑いのあるものとして，その証拠能力を否定する原則（自白の排除法則・自白の任意性原則）を明らかにしている。本条項の趣旨について，学説では，①任意性を欠く自白は虚偽を含むおそれが強いためとする虚偽排除説，②黙秘権等の人権を保障するために，虚偽かどうかにかかわりなく，任意性を欠く自白を排除する必要があるためとする人権擁護説，および③この両者を加味した任意性説，さらに④違法に採取された自白を排除することによって適正手続の保障を図り，より人権保障を徹底するためとする違法排除説が唱えられている。

（2） 判 例

最高裁判所は，かつて，不当に長い拘禁後の自白でも，拘禁と自白の間に因果関係が明らかにない場合には証拠としてよいとした（最大判昭23.6.23）。しかし，その後，自白をすれば起訴猶予にする旨の検察官の言葉を信じて行った自白の証拠能力を否定したり（約束自白事件—最判昭41.7.1），偽計によって被疑者が心理的強制を受け，その結果虚偽の自白が誘発されるおそれのある場合に，その自白を証拠に採用することは，憲法38条２項にも違反するとしたもの（最大判昭45.11.25）もある。この点で，最高裁判所の立場は，上述③のいわゆる任意性説に極めて近い立場になっているとの見方がある。

３．自白の補強法則

（1） 意 義

憲法38条３項は，「何人も，自己に不利益な唯一の証拠が本人の自白である場合には，有罪とされ，又は刑罰を科せられない」と規定して，自白について，証拠の証明力に対する自由心証主義の例外を設けた。これは，任意性のある自白でも，自白以外の補強証拠がない限り，有罪の判決をすることは許されない旨の自白の補強法則を採用したものであり，自白の証拠としての証明力に制限を加えることによって，自白偏重と自白強要による人権侵害を防ぎ，自白以外の証拠の収集・利用による捜査・裁判を要請するものである。

（2） 公判廷における自白

自白法則は英米法に由来するが，英米では，裁判外で問題となる拷問などは裁判上では考えられないとして，排除法則や補強法則は裁判外の自白に妥当する原則とされている。そこで，いわゆる「公判廷の自白」が，ここに言う「本人の自白」に含まれるかが問題になる。最高裁判所は，公判廷での自白は，真実性・任意性に問題は生じないので，本人の自白には含まれず，補強証拠を必要としないとする（最大判昭23.7.29）。学説からは批判が強い。この問題について，刑事訴訟法319条２項は，「被告人は，公判廷における自白であると否とを問わず，その自白が自己に不利益な唯一の証拠である場合には，有罪とされない」として立法的に解決を図っている。これに関連して，刑事訴訟法319条３項は，英米でのアレインメント制度（裁判長が罪状認否を問い，被告人が有罪答弁をすれば，それで有罪宣告をなしうるとする制度）を明文で排除している。

（３） 共犯者の自白

憲法38条３項にいう「本人の自白」に共犯者または共同被告人の自白が含まれるかについて，最高裁判所は，形式論によって，本条の「本人の自白」に含まれないとする（練馬事件—最大判昭33.5.28）。学説は分かれるが，「本人の自白」に含まれないとすると，共犯者の自白強要を招きかねないことや，共犯者は他の者に責任を転嫁する傾向があり，その供述については信憑性・信頼性が低いことなどから，共犯者の自白は「本人の自白」に含まれると解すべきであるとの見解が多数説となっている。

8. 事後法の禁止と一事不再理ないし二重の危険原則

１．事後法の禁止

憲法39条前段前半は，「何人も，実行の時に適法であつた行為……については，刑事上の責任を問はれない」と規定して，罪刑法定主義の一内容である事後法の禁止（刑罰不遡及）の原則を定める。この原則は，行為時に適法であった行為を後になって罰則を定めて処罰するばかりでなく，行為時にすでに犯罪とされていたものに後になって刑罰を加重することも禁ずる。

２．一事不再理ないし二重の危険原則

憲法39条前段後半と後段は，何人も「既に無罪とされた行為については，刑事上の責任を問はれない。又，同一の犯罪について，重ねて刑事上の責任を問はれない」と規定する。この規定の意味については，それが，①有罪・無罪の実体判決や免訴判決が確定した場合には，同一事件についてふたたび公訴提起することを認めないとする，大陸法的な一事不再理の原則を定めたものなのか，それとも，②同一の犯罪について，被告人を，二重に，刑事手続による処罰の危険にさらすことを禁じる，英米法的な二重の危険原則を定

めたものなのか，あるいは③一事不再理と二重処罰の危険を定めたものなのか，学説は分かれる。

最高裁判所は，検察官による不利益上訴が本条違反になるかが争われた事案で，一事不再理の原則も二重の危険原則と根本思想を同じくするものとの認識に立って，「一審の手続も控訴審の手続もまた，上告審のそれも同じ事件においては，継続せる一つの危険の各部分にすぎない」として，検察官の上訴は本条に反しないとする（最大判昭25.9.27)。学説では，二重の危険原則と一事不再理原則のズレを厳格に受けとめて，検察官による不利益上訴は「二重の危険」にあたり本条違反とする見解も近時有力に主張されている。

第11章

受益権（国務請求権）

1. 総　　説

本章では，請願権，裁判を受ける権利，国家賠償請求権，刑事補償請求権などを扱う。これらの権利は，国民が国家に対して一定の行為を要求する作為請求権を内容としているため，古典的な人権の分類では，受益権ないし国務請求権とされる。もっとも人権の分類は多様であり，たとえば権利一般の実現が裁判を通じて行われ，また公権力による違法な権利侵害が国家賠償によって補われることから，受益権は「人権を確保するための基本権」として理解することも可能である。ここでは，伝統的な分類によって理解する。

2. 請 願 権

1．意　義

請願権は，1689年の権利章典によって初めて保障されたといわれている。参政権や政治的言論の自由が確立されていなかった時代においては，国民が為政者に要望や権利救済の実現を恩恵的に請い願うほとんど唯一の制度であった。このため，政治活動の自由が保障され民主制が確立した後では，請願権の意義は失われたようにもみえる。しかし，代表民主制のもとでは，多様な国民の意思が必ずしも十分に国会などに反映されるとはいえない。そこで，直接的な意見表明手段として，請願権は今日でも重要な意義を有している。なお，こういった政治的な面に着目し，請願権を参政権的基本権として，他の受益権と区別する立場もある。もっとも，請願権の内容は，あくまで意見表明であり，国家意思の決定そのものに関与するものではない。

2. 内　容

憲法は16条で請願権を保障する。権利の内容は，請願法などに具体化されている。請願の対象として憲法のあげる「損害の救済，公務員の罷免，法律，命令又は規則の制定，廃止又は改正その他の事項」は例示であり，広く一般的公共的事項について請願ができると解されている。ただ，裁判に関する請願については，議論がある。特定の事件について，裁判所以外の機関に裁判所に対する介入を求める請願などは司法権の独立を侵し許されないが，裁判所に対し希望を述べることなどは許されるとするのが，多数説といえる。

請願は，希望を述べることであり，請願の相手方に内容の実現を義務付けるものではない。権利としての請願の内容は，合法的になされた請願を受理し誠実に処理することを，請願の相手方に義務付けることである（請願法5条)。憲法は「請願をしたためにいかなる差別待遇も受けない」として，国家権力による差別を禁じる。この規定はさらに，公的にも私的にも差別を受けないことを意味すると解されている。

請願の主体は，日本国民および内国法人の他，外国人も含むとされている。請願の相手は，請願事項を所管する官公署（請願法3条)，国会各議院（国会法79条以下)，地方議会（地方自治法124条）などである。天皇に対する請願や，所管する官公署の明らかでない請願は内閣に提出する（請願法3条1・2項)。請願の手続は，請願法のほか，国会法，地方自治法などに定められている。

請願は「平穏に」行われなければならず，暴力的，威嚇的な方法による請願に対しては，受理する義務はないと解されている。

3. 裁判を受ける権利

1. 意　義

裁判を受ける権利は，イギリスの権利請願や権利章典などが定める例外裁判所の禁止，1791年フランス憲法におけるいわゆる「法律上の裁判官」条項（第5章第4条）などを通じて，近代法治国家が形成されるなかで認められてきた権利である。この権利は，国民が，自力救済や恣意的な処罰から解放され，独立で公正な裁判所において，適正な手続によってのみ裁かれることの保障を内容とした。明治憲法もこの考え方を採用し，「日本臣民ハ法律ニ定メタル裁判官ノ裁判ヲ受クルノ権ヲ奪ハルヽコトナシ」(24条）と定めていた。もっとも，行政裁判所その他の特別裁判所が認められていたので（60条・61条)，独立の司法権によって裁判が行われるのは，民事事件と刑事事件であった。これに対して，日本国憲法では，司法権の独立を徹底させるとともに特別裁判所の設置を禁じて，法律上の争いのすべてを，原則として，最高裁判所と法律によって設置される下級裁判所とに判断させることとした(76条，裁判所法３条)。(→第16章**1**.**1**.(１)) 憲法32条の保障する「裁判所において裁判を受ける権利」とは，このような現行法制度を前提として裁判所において裁判を受ける権利である。このため，たとえば管轄違いの裁判は違法ではあるが違憲とまではいえないとされた（最大判昭24.3.23)。また，審級制限も違憲ではないとされている。もっとも，最近では，このような形式的な意味にとどまらず，裁判は，公正な手続に従った，実効的に権利保護を実現できるものでなければならない，とするのが多数である。また，2009年５月より実施されている裁判員制度は，一般市民が裁判に関与しているため，職業裁判官以外の市民が含まれる裁判所が，憲法の想定する「裁判所」ということができるかが問題となる。憲法32条の「裁判所」を職業裁判官のみによって構成される合議体と解釈して，裁判員制度を違憲とする説もある。しかし，多数説は，明治憲法24条の「裁判官ノ裁判」とは異なり，日本国憲法は単に「裁判所」としていること，憲法と同時に施行された裁判所法３条３項が一般市民の参加する陪審制を許容していること，現行制度は裁判官が独立性をもって裁判の運営で重要な役割を果たしていることなどを理由に，裁判員制度は合憲であるとしている。判例も，憲法は，32条で「裁判所における裁判」と定めていることや下級裁判所について裁判官のみで構成される旨を明示した規定をおいていないことなどから，国民の司法参加を許容しているとし，憲法31条から39条に定める適正な刑事手続を実現するための諸原則が確保される限り，国民の司法参加の具体的形成を立法政策にゆだねているとする。そして，現行の裁判員制度は，これら諸原則の確保に支障はなく，憲法32条に反するものではないとしている（最大判平23.11.16)。同様のことは，やはり一般市民が裁判にかかわる陪審制や参審制についてもいえる（→

第16章4．2)。

2．内　容

裁判を受ける権利の意味は，民事・行政事件の場合と，刑事事件の場合とでは異なる。民事・行政事件の場合は，裁判所に訴えを提起して，自己の権利の救済を求める権利（訴権）である。裁判所は，適法に提起された訴えを拒否すること（司法拒絶）はできない。なお，1996年に改正された新民事訴訟法では，最高裁判所が憲法問題など重要な法問題を中心に扱うことで法律審としての質を向上できるようにするため，上告手続の改正が行われた。この結果，法令違背は上告理由から外されたが（民訴法312条），これについて，最高裁判所は，上告理由は審級制度の問題であり立法の判断に委ねられているとした（最判平13.2.13，なお最判平10.7.13）。

これに対して，刑事事件の場合は，被告人が，裁判所以外の機関によって裁判を受けたり，あるいは裁判によらずに刑罰を受けたりしないということを意味する。この趣旨は，憲法31条・37条で繰り返されている。このように不当な刑罰からの手続的保護を意味するため，刑事事件についての裁判を受ける権利は，一般に自由権的な性格を持つことが指摘されている。なお，告訴権（刑訴法230条）と告発権（同239条）を被害者らの刑事事件における裁判を求める権利ととらえる考えもある。もっとも，検察官の不起訴処分に対し私人に出訴権を認めなくとも，違憲とはされていない（最大判昭27.12.24）。

なお，「裁判の遅延は，裁判の許否」という法諺や欧州人権条約6条などに鑑みて，刑事事件のみならず，民事事件・行政事件についても適正な期間内に裁判を受けることが憲法32条の内容に含まれるとする説も，最近主張されている。2003年には，裁判の迅速化に関する法律が制定された。

3．限　界

裁判を受ける権利は，法律上の具体的な争いについて，裁判所の法的判断を求める権利である。このため，裁判を受けるには「法律上の争訟」（裁判所法3条）が存在していることが前提となる。（→第16章）この要件を満たしていない場合には，裁判を受けることはできないが，これは裁判を受ける権利の侵害にはあたらないとするのが多数である。判例も，32条の権利は，訴訟要件を満たしている場合に本案判決を受ける権利であるとしている（最大判昭35.12.7）。しかし，そのように理解すると，訴訟要件の定め方いかんで実質的に裁判を受ける権利を否定することも可能になってしまうとする批判がある。

行政事件については，出訴期間が定められている場合がある。たとえば取消訴訟について，行政事件訴訟法は6か月または1年という出訴期間の制限を定めている（14条）。この期間を徒過すると，行政行為の取消を求めて訴訟を提起することはできない。このため，出訴期間の制限は，裁判を受ける権利を侵害しているのではないかが問題となる。最高裁判所は，「その期間が著しく不合理で実質上裁判の拒否と認められるような場合でない限り憲法32条に違反するということはできない」と判断した（最大判昭24.5.18）。

この他に裁判を受ける権利の限界が争われた事例として，たとえば「法廷等の秩序維持に関する法律」に基づく簡易な手続による制裁措置（最決昭60.11.12），道路交通法の交通反則金納付の通告処分に対する不服申立ての方法の不存在（最判昭62.9.17）などがある。最高裁判所は，いずれについても，裁判を受ける権利を侵害するものではないとしている。

4．訴訟事件と非訟事件

裁判を受ける権利でいう「裁判」が，紛争当事者間の実体的権利義務関係の確定をめざす訴訟事件についての審判に限られるのか，それとも権利義務関係の存在を前提としてそれらの内容を単に形成的に具体化する非訟事件も含むのかについては，争いがある。最高裁判所は，32条の「裁判」は訴訟事件に限られるとしている（最大決昭35.7.6，最決昭60.1.22，最決昭60.7.4）。すなわち，非訟事件は「裁判」ではなく，82条も適用されないため，当事者主義・口頭弁論主義によらず，職権探知主義のもとで非公開の審理がなされる。しかし，福祉国家思想の進展とともに，国家の後見的作用が要請される分野について，従来は訴訟手続で処理されてきた事件が非訟事件とされる「訴訟の非訟化」の現象が見られるようになってきた（家事審判や借地非訟事件など）。このため，非訟事件も「裁判」に含めたうえで，訴訟事件か非訟事件かという形式的な区別ではなく，事案の内容に応じて手続も決めるべきであるという考えが有力である。(→第16章1.2) このような考えに基づく立法例として，たとえば2003年制定の人事訴訟法が当事者尋問等の公開停止(22条) を設けたことがある。

4. 国家賠償請求権

1．意　義

近代法治国家が確立する以前は，国家権力の行使によって国民が損害を受けても，「国家無答責」の原則によって，損害の賠償請求は認められていなかった。しかし，国家活動の範囲が広がることで国家権力と人権とが衝突する場面がふえ，そのなかで人権保障の重要性が理解されるようになった。このため，国家活動の結果として国民の権利が侵害された場合には，その損害を賠償すべきであると考えられるようになってきた。

明治憲法では，国の損害賠償責任に関する規定はなく，また法律でも規定されていなかった。しかし，判例では，国家権力の行使が権力的作用である場合と非権力的作用である場合とを区別し，非権力的作用については，民法の不法行為に関する規定を適用して，国の損害賠償責任を認めていた（大判大5.6.1)。しかし，権力的作用の場合には，国の賠償責任のみならず，不法行為を行った公務員の責任も一般に否定されていた。

これに対して，日本国憲法17条は，権力的作用と非権力的作用とを区別することなく，公務員の不法行為による損害に対する国および公共団体の賠償責任を認めた。そして，賠償制度の具体化は，立法に委任している。現行では，国家賠償法が賠償に関する基本的内容を定めている。もっとも，この委任は立法府に無制限の白紙委任を認めるものではない。郵便物について損害賠償責任を免除または制限する旧郵便法の規定（68条•73条）が争われた事件で，最高裁判所は，免責・制限規定の「目的の正当性並びにその目的達成の手段として免責又は責任制限を認めることの合理性及び必要性を総合的に考慮して判断すべきである」としたうえで，免責・制限規定を部分的に違憲であると判断した（郵便法事件—最大判平14.9.11〔43〕)。

なお，日本国憲法が制定される以前の国家権力による国民の損害について，たとえば戦争による被害には，戦傷病者戦没者遺族等援護法などによっていわゆる戦後補償が制度化されている。もっとも，戦後補償は，合法的権力行使の結果による損失とみれば，損害賠償ではなく損失補償の問題である。

2．法的性格

国家賠償請求権を定める17条の法的性格については争いがある。通説は，17条が「法律の定めるところにより」と規定しているので，賠償請求権の直接の根拠とならず，立法による具体化が必要であると解している。これに対して，国家賠償請求権の具体的権利性を認めて，法律がなくても一定の場合には17条を直接の根拠にして賠償を請求できるとする見解もある。

また，公務員の行った不法行為の責任を国が負う根拠，すなわち国家賠償責任の性格についても，議論がある。通説は代位責任論であり，これは，国家賠償責任を使用者責任の一種と理解し，被害者救済の観点から，本来は不法行為を行った公務員が負っている民事責任を国が代位して負うという考えである。これに対して唱えられている自己責任論は，国家活動がもともと危険をはらんでいることを前提に，この危険に対しては国自身に責任があるという考えである。

3．要　件

17条の「不法行為」概念についても争いがあるが，一般には，民法上の概念と同じものであり，成立要件についても同様であると解されている。なお，憲法は「公務員の不法行為」と規定するが，公務員の行為による損害に限らず，公の営造物の設置管理の瑕疵による損害も含む（国賠法２条）。

国家賠償請求ができるのは，公務員の不法行為によって損害を受けた者である。自然人と法人であるとを問わない。外国人については，相互の保証があるときに限り，賠償請求ができる（国賠法６条）。なお，戦後補償について，判例は旧日本植民地の外国人の請求権を認めなかった（最判平13.4.5，最判平13.11.22）。賠償請求の相手方は，国または公共団体である（同３条）。公共団体とは，地方公共団体の他に公共組合や営造物法人など，公権力の行使を認められている公法人も含む。不法行為を行った公務員に対する賠償請求は，通説・判例は否定する（最判昭30.4.19，最判昭53.10.20）。もっとも，公務員の故意の職権濫用などの場合には，公務員個人の直接責任も認めるべきという批判もある。また，「明白に違法な公務」について公務員個人の直接賠償責任を認めた判決もある（東京地判平6.9.6）。不法行為を行った公務員や実際の加害行為は，必ずしも特定される必要はない（最判昭57.4.1）。

不法行為の原因となる公務員の職務執行（国賠法１条）は，真実の職務執行である必要はなく，公務員が「自己の利を図る意図をもってする場合でも，客観的に職務執行の外形を備える行為」であれば足りる（最判昭31.11.30）。また，公の営造物の設置管理も，権限に基づいていなくとも，国または公共団体が事実上これを行える状態であれば，賠償が認められる（最判昭59.11.29）。なお，設置管理の瑕疵については，無過失責任とされている（最判昭45.8.20，最判昭59.1.26，最判平2.12.13）。国家賠償法の「公権力の行使」にいう公権力は，行政権のみならず，立法権および司法権も含む（裁判官の違法行為―最判昭57.3.12，立法の不作為―最判昭60.11.21〔28〕）。また，公権力の不行使も「公権力の行使」に当たる（規制権限の不行使―最判平16.10.15）。

４．違憲審査と国家賠償訴訟

国家賠償法にいう「公権力の行使」に立法権が含まれるとして，法律の内容あるいは立法不作為の違憲性を主張するために，国会議員の立法行為を国家賠償訴訟で争うことができるかが問題となる。在宅投票制を廃止した後，その制度を新たに制定しない立法者の行為を消極的な「公権力の行使」にあたるとした上で，立法不作為により選挙権が侵害されたとして国家賠償が請求された事件で，最高裁判所は次のように判断した。「仮に当該立法の内容が憲法の規定に違反する虞があるとしても，そのゆえに国会議員の立法行為がただちに違法の評価を受けるものではない」，「国会議員の立法行為は，立法の内容が憲法の一義的な文言に違反しているにもかかわらず国会があえて当該立法を行うというがごとき，容易に想定し難いような例外的な場合でない限り，国家賠償法１条１項の規定の適用上，違法の評価を受けるものではない」（在宅投票制度廃止事件―最判昭60.11.21〔28〕，最判平7.12.5）。このように，最高裁判所は，国会議員の立法行為を争うために国家賠償訴訟を用いる可能性を原則として否定した。その後，この基準を用いて，「らい予防法」を廃止しないままにしていた立法者の行為について，立法不作為の違憲・違法性を認めた地方裁判所の判決が現れた（ハンセン病訴訟—熊本地判平13.5.11)。そして，在外邦人選挙権訴訟事件で，最高裁は「立法の内容又は立法不作為が国民に憲法上保障されている権利を違法に侵害するものであることが明白な場合や，国民に憲法上保障されている権利行使の機会を確保するために所要の立法措置を執ることが必要不可欠であり，それが明白であるにもかかわらず，国会が正当な理由なく長期にわたってこれを怠る場合などには，例外的に，国会議員の立法行為又は立法不作為は」違法となると述べた（最大判平17.9.14〔46〕)。この基準は，在宅投票事件判決の基準を緩和したように読める。しかし，判決は在宅投票事件の基準はこの基準と「異なる趣旨をいうものではない」とも述べており，判例変更があったとみるべきかについて今後の展開を注視すべきであろう。(→第17章**3. 4**)

5.　刑事補償請求権

日本国憲法は40条で，抑留・拘禁の後に無罪判決を受けた場合の刑事補償請求権を保障している。この規定を受けて，刑事補償法が詳細を定める。この刑事補償請求権の原因となる抑留・拘禁は，違法である必要はない。この点で，不法行為を前提する17条の国家賠償請求権とは性格を異にする。

刑事補償請求権の主体は，刑法が日本国内で罪を犯した外国人にも適用されるため，外国人も含むと解されている。「抑留」「拘禁」は34条におけるのと同義であり，前者が一次的な身体の拘束，後者はより継続的な拘束を意味する。「無罪の裁判」とは，刑事訴訟法の規定による無罪判決の確定をいう。また，無罪判決ではなく「刑事訴訟法の規定による免訴又は公訴棄却の裁判を受けた者は，もし免訴又は公訴棄却の裁判をすべき事由がなかったならば無罪の裁判を受けるべき者と認められる充分な事由があるときは」補償の請求ができる（刑補法25条)。不起訴処分について，判例では補償の請求ができないとされたが（最判昭31.12.24)，実務上は「罪を犯さなかったと認めるに足りる十分な事由があるときは」，補償が認められている（被疑者補償規程2条）。また，少年審判手続における不処分決定について，判例は「無罪の判決」にあたらないとしたが（最判平3.3.29），1992年の「少年の保護事件に係る補償に関する法律」で，補償が定められた。

6. 非財産的権利の損失補償

日本国憲法の下では，違法な国家活動による国民の権利侵害については，17条と国家賠償法によって，一般的な損害賠償制度が設けられている。ところが，適法な国家活動による国民の権利制限に対する補償については，財産権についての29条3項，刑事補償についての40条があるだけで，非財産的権利についての損失補償制度が用意されていなかった。このため，適法な国家活動に基づく非財産的権利の侵害についても，補償制度の必要性が主張されるようになった。（→第9章**1.4.**(4))

この問題が具体的に争われたのは，適法な予防接種の副作用によって損害を受けた被害者が提起した，いわゆる予防接種禍訴訟においてである。下級裁判所では，非財産的権利の侵害についても財産権に関する29条3項を類推適用して，国に対して補償を請求できると判断したものもある（東京地判昭59.5.18，大阪地判昭62.9.30，福岡地判平1.4.18）。しかし，最高裁判所は，予防接種における過失を認定する基準を緩やかに解して，国家賠償による救済の可能性を高めた（最判平3.4.19〔34〕）。この判決は，予防接種の違法性を認めることで，従来からある国家賠償の道によるべきことを示唆し，予防接種禍訴訟における損失補償という新しい救済方法の必要性を否定したものと，一般に理解されている。

第12章
社　会　権

1. 総　　説

1．社会権の背景

自由主義を基調とする近代の憲法は，前国家的な権利としての個人の自由と平等を保障している。自由の制約は例外的なものであり，国民代表が定める一般的なルールとしての法律によってのみ可能であるとされた。ここでは，国家の役割は犯罪の取締りなど，最小限に限定されるべきとされた。このことは特に経済的自由の領域について妥当するものとされ，経済・社会的領域への国家の介入は原則として認められないものと考えられた。そして，この経済的自由の保障は，19世紀の資本主義の発展に大きな役割を果たした。

もっとも，経済的自由と形式的平等が保障されていたとしても，事実としての不平等の存在までは排除できない。むしろ，自由な活動の結果として不平等は拡大することになる。社会的な不平等は財産権の保障を通じて固定化され，社会階層の分化などが生じた。

社会階層の下位に位置する者，とりわけ賃労働者や社会的弱者とされる者たちは，貧困や交渉力の欠如などの事情から，もはや自由を行使することが事実上できない状態になった。ここから，近代的意味の自由は，財産や労働が確保されていることを暗黙の前提としていたことに意識されるようになった。それと同時に，資本主義が発展を遂げた状況にあっては，もはや財産と労働がすべての個人に確保されていることを前提とできないため，これらを積極的に保障していくことが必要とされた。

社会権規定は，このような事情を背景に成立した。社会権の保障は，自由を確保し，実現するための前提を供給するものである。ここでは，自由国家に比べてより積極的な役割を果たすべきものとされたが，必ずしも国家によるパターナリスティックな活動の要求まで意味するものではない。

社会権を初めて詳細に憲法に規定したのは，1919年に制定されたドイツのワイマール憲法である。第二次世界大戦後には，社会権規定をおく多くの憲法が成立した。1946年のフランス第四共和制憲法や1947年のイタリア憲法がその例である。他方，（西）ドイツは，1949年に制定した憲法（基本法）では，社会国家条項をおいている。

２．日本国憲法における社会権

明治憲法には，社会権の定めはなく，社会保障などについては，国家による政策的実現に完全にゆだねられていた。日本国憲法は，社会権の性格を持つ権利を保障している。25条の生存権，26条の教育を受ける権利，27条の勤労権，28条の労働基本権がそれである。

社会権は，伝統的な自由権とは異なり，むしろ国家が積極的な措置を講じることを求める作為請求権としての性格を持つものが多い。もっとも，不作為請求権が含まれることを排除するものではない（自由権的側面）。

作為請求権としての性格を持つ権利であるために，具体的な作為の内容を確定するにあたり，しばしば立法などによる具体化が必要とされる。このように，社会権と立法の間には一種の親和的関係が存在する。そのため，不作為請求権のような対抗的関係とは異なる特殊な問題が生じうる。

2. 生 存 権

１．生存権の意義と25条の構造

（１） 生存権の意義

憲法25条１項は，「すべて国民は，健康で文化的な最低限度の生活を営む権利を有する」とし，また２項は「国は，すべての生活部面について，社会福祉，社会保障及び公衆衛生の向上及び増進に努めなければならない」と定めている。

この生存権の規定は，自由な経済活動のなかで，財産を持たず生存を支えることのできない者に対し，その生存を保障し，自由な活動を行うための条件を整備するものである。生存権は自律のための前提を供給する点で，13条の個人の尊重，幸福追求権とも密接な関連性を持つものといえる。

（2） 25条の構造

25条については，1項と2項の関係をいかに把握するべきかについて争いがある。堀木訴訟の控訴審判決では，「第2項は国の事前の積極的防貧施策をなすべき努力義務のあることを，同第1項は第2項の防貧施策の実施にも拘らず，なお落ちこぼれた者に対し，国は事後的，補足的且つ個別的な救貧施策をなすべき責務のあることを各宣言したものであると解することができる」とし（大阪高判昭50.11.10），1項2項峻別論を採用した。判決は，2項の射程である防貧施策については広い立法裁量が妥当すると述べ，反対に，1項の射程である救貧施策についてはより厳格な拘束が及ぶことが示唆された。しかし，同訴訟の最高裁判決はこれを採用しなかった（最大判昭57.7.7〔26〕）。

学説では，1項2項峻別論に対する反対論が多い。①救貧施策と防貧施策をクリアに線引きすることはできない，②より厳格な審査がなされる範囲が救貧施策に限られるため，防貧施策へのコントロールが緩やかになってしまう。③1項と2項は，同じ内容の要請を権利の側と義務の側から述べたに過ぎないため，一体的に捉えられるべきである，などと主張される（1項2項一体論）。もっとも，近年では，①条文からして，2項はあくまで努力義務に過ぎず，1項の義務面と捉えることはできない，②2項が努力義務を課す範囲は最低限度の生活の保障よりもはるかに広い，③国家による社会保障の実現につき，公的扶助などとその他の社会保障では，やはり規範的要請のレベルに差異があるなどとして，峻別論を再評価するものも有力である。

2．生存権の法的性格

25条は「健康で文化的な最低限度の生活を営む権利」を保障している。この権利の特に請求権的側面に関しては，規範的拘束力の有無と権利の具体性の程度について争いがある。

当初は，25条の規定から個々の国民に対して直接に具体的な請求権が引き出されるわけではないことから，生存権はあくまで政治的・道徳的な綱領・責務を示したにとどまると解されていた。この立場をプログラム規定説という。その根拠として，資本主義社会においては生活自助の原則が妥当すること，国費の支出が必要であるが，予算については国の財政に関する裁量が認められること，などが挙げられた。

しかし，プログラム規定説に対しては，権利性の否定は25条1項の明文に反しているという点のほか，いくつかの問題点が指摘された。たとえば，①生存権とは，そもそも生活自助を行えなくなってしまった個人を救うために保障されるべきとされたものである。生活自助の原則を理由に生存権の権利性を認めないのは議論が逆転している，②予算作成の際には，憲法の拘束を受けるのであって，予算作成に関する裁量を理由に憲法上の権利性を否定するというのも，議論が逆立ちしている，というものである。

そこで，生存権の法的権利性を肯定する立場は，権利の法的拘束力を認め，生存権実現の法的義務があることを認める。このうち，抽象的権利説によれば，憲法上の生存権の規範内容が抽象的で不明確であることから，これを具体化する法律をまってはじめて権利の具体性が獲得される。そのため，生存権を直接根拠にして裁判的救済を受けることはできないと考える。また，生存権を実現する法律は，憲法といわば一体として捉えられるとも論じられる。

具体的権利説は，憲法が権利として保障した以上，それに見合う裁判的救済を受けうると主張する。たとえば，生存権実現の作為義務（立法義務）を履行しない場合には，不作為違憲確認訴訟が提起可能であるとする。もっとも，同説の論者の多くは，公的扶助給付の直接請求までは認めていない。

近年では，国家賠償請求訴訟の形式によって不作為を含めた立法行為の違憲性が主張できる以上，抽象的権利説と具体的権利説の違いは相対的なものに過ぎないとの指摘もある。また，両説の選択は裁判を受ける権利の問題に還元されるため，25条の問題ではないとする立場もある。

最高裁は当初，食管法事件において憲法25条1項は，「すべての国民が健康で文化的な最低限度の生活を営み得るよう国政を運営すべきことを国家の責務として宣言したものである。……この規定により直接に個々の国民は，国家に対して具体的，現実的にかかる権利を有するのではない」とし（最大判昭23.9.29)，プログラム規定説をとっていると理解された。朝日訴訟でも食管法事件判決が参照されており，この点ではプログラム規定説に近いが，厚生大臣（当時）による生活保護基準の設定につき，憲法による拘束を受けうることも示唆する（最大判昭42.5.24〔8〕)。堀木訴訟では，最低限度の生活という概念が抽象的・相対的であることから，25条の趣旨の具体化については「立法府の広い裁量にゆだねられており，それが著しく合理性を欠き明らかに裁量の逸脱・濫用と見ざるをえないような場合」かどうかについてのみ，審査するとしている（最大判昭57.7.7〔26〕)。最高裁は，25条の拘束力を認め，裁量統制の際にこの点を考慮するものの，立法や行政に対し，広範な裁量を認めるという立場を採用しているといえる。

もっとも，生存権から引き出される規範内容はさまざまである。そのため，それぞれの権利の内容や性格に応じて，その規範的拘束力を具体的に明らかにしていく必要がある。

3．具体的な規範内容

（1） 公的扶助請求権

生存権の核心的内容として，「健康で文化的な最低限度の生活」を送るために必要な施策を講じる国家の義務がある。これに対応して，そのような生活を営むことのできない国民には，公的扶助を請求する権利が認められる。生活保護法は，このような要求を立法により具体化したものであり，公的扶助請求権は，直接には生活保護法に基づいて主張される。

生活保護法および厚生労働大臣が定める保護基準は，「健康で文化的な最低限度の生活」の水準を充たしていなければならない。問題は，そのような生活水準が具体的に確定していると見ることができるかである。

最高裁は，健康で文化的な最低限度の生活は「抽象的な相対的概念であり，その具体的内容は，文化の発達，国民経済の進展に伴って向上するのはもとより，多数の不確定的要素を綜合考量してはじめて決定できるものである」として，保護基準の設定につき，大臣の裁量を広く認めている（最大判昭42.5.24〔8〕)。

なお，外国人は行政措置により事実上生活保護の対象となりうるにとどまり，現行の生活保護法に基づく受給権を有しない（最判平26.7.18)。

（２） その他の社会保障

生活保護のほか，さまざまな社会保障，公衆衛生や社会福祉政策を国家は実施し，立法化している。これらも，25条の保障を具体化するものといえる。

公的扶助以外の社会保障として，各種社会保険の制度がある。国民健康保険法，厚生年金保険法，国民年金法，失業保険法などがそれである。また，社会福祉に関しては，児童福祉法，老人福祉法などが存在し，さらに各種の社会手当の制度も存在する。

これらの社会保障の分野については，政策的判断に広くゆだねられる余地がある。しかし，特に給付の制限により給付を受けられない者が，25条のみならず14条による平等違反も同時に主張することがある。

たとえば，堀木訴訟では児童扶養手当法上の障害福祉年金との併給禁止規定の合憲性が問題となったが，最高裁は25条，14条のいずれとの関係についても，立法者の裁量逸脱を認めなかった（最大判昭57.7.7〔26〕)。

学生無年金障害者訴訟では，国民年金法の強制加入の対象外であった学生が，障害による障害基礎年金等を受給できないことの合憲性が争われた。最高裁は，学生を任意加入としたことについては，その保険料負担能力の欠如に鑑みれば合理的であるとし，結果として加入者との差異が生じても25条および14条に違反しないとした。また，無拠出制の年金支給措置を講じなかったことも，立法裁量の範囲内とした（最判平19.9.28，最判平19.10.9)。

（３） 自由権的側面と制度後退禁止

生存権には，請求権的側面のみならず，自由権的側面も認められるとされる。生存権は，健康で文化的な最低限度の生活を積極的に侵すような国家行為を禁止し，また生活困窮者に対する高額な課税や逆進的な税制なども制限するとされる。自由権的側面については，権利内容が具体化しており，裁判所による救済を直接に求めることができるとの主張も多い。

最高裁は自由権的側面についても，立法者の広い裁量を前提にしている。総評サラリーマン税金訴訟では，給与所得者の課税最低限が生計費を下回ることが違憲であると主張された。最高裁は，主張された生計費が「健康で文化的な最低限度」を維持するための生計費の基準とすることはできないとし，立法裁量の逸脱・濫用があるとはいえないと判断した（最判平成1.2.7)。

また，一度立法者が定めた社会保障などの制度について，その保障を切り下げるような立法を行うことが許されるのか，という問題が議論されている。特に近年では，生活保護基準の改定による生活扶助における老齢加算の廃止が，憲法25条の生存権を侵害していないかが話題となった。

いわゆる制度後退禁止を憲法規範として認める立場は，かりに制度の整備そのものについては広い裁量が認められるとしても，一度定めた制度について不利益変更を行う場合には，憲法レベルで裁量の幅が限定されると考える。そのため，代替措置なく不利益変更を行うには，合理的な理由がなければならないとする。根拠条文としては，25条1項や25条2項が挙げられる。

これに対して，憲法規範性を否定する立場は，①生活保護法などによって具体化された生存権は既得権ではない，②制度後退禁止を客観的な原則として認めることにより現状が固定化されることになりかねない，③生存権に違反するかどうかは，「健康で文化的な最低限度の生活」の水準に達しているかどうかにより判断されるものであって，制度後退禁止によって判断されるものではない，などと主張する。この立場にあっても，生活保護法56条または8条2項に基づいて，不利益変更の際に裁量の幅が狭められることまで否定するものではない。

老齢加算廃止訴訟において最高裁は，生活保護法3条，8条2項に基づいて廃止が最低限度の生活の需要を充たしているかを判断すべきとし，憲法論には踏みこまなかった。そして，厚労大臣の裁量を認めつつも，すでに老齢加算を含めた生活扶助を前提に生活設計を立てていた被保護者の期待的利益も可及的に配慮すべきとした。結論として，老齢加算の廃止は厚労大臣の裁量権の逸脱または濫用にあたるとはいえないと判示した（最判平24.2.28。また，最判平24.4.2)。

（4） 環境権

1960年代の高度経済成長に伴う経済発展と工業化の進展のなかで，公害問題が頻発し，また健康被害なども発生した。このような事態を阻止するために，新しい権利の一環として主張されたのが「環境権」である。

環境権とは，国民が健康で快適な生活を維持するために良好な自然環境を享受し，その保全を求める権利といえる。対象となる環境として社会・文化的環境を含める立場もある。しかし，権利の主張の契機が自然環境の汚染であったことなどに鑑み，自然環境に限る立場が有力である。

環境権が憲法上の権利として主張された背景として，①汚染物を排出する企業に対する民事訴訟（損害賠償請求訴訟，差止訴訟）を有利にする理念的権利が求められたこと，②環境保全を行う義務を国に課すような権利が求められたことなどが挙げられる。①からは私人間効力の問題が生じ，②からは環境権の請求権的側面が問題となる。くわえて，③国の作為による環境破壊の排除を求める権利として，環境権の自由権的側面も問題となりうる。環境権の憲法上の根拠としては，25条，13条，両条の併用などが考えられた。

もっとも，環境権を憲法上の権利として承認することについては，否定的な見解も多い。①については，単に私法上の問題（人格権や財産権侵害など）と解すれば足りる，②については，自然環境の保全は，確かに広く解すれば25条２項による国家の責務が認められうるが，そこから環境に関する具体的な個人の権利が導き出されるわけではない，③については，国による環境破壊が個人の権利（人格権や財産権）を侵害する場合には，その権利を主張すれば足りる。環境権については，自然環境に対する個人の憲法上の権利を構成することがいかにして可能なのか，なお問題が残る。環境保護については，まずは立法を通じて実現されるということになろう。また立法により環境に関する私権（たとえば排出権）を設定することも可能である。

国による生活環境の侵害との関連では，大阪空港訴訟が重要である。高裁では人格権に基づく私法上の妨害排除・妨害予防請求権を認めたが（大阪高判昭50.11.27），最高裁は民事訴訟による訴えを不適法として却下した（最大判昭56.12.16〔25〕）。以後も，最高裁は憲法上の環境権を認めていない。

3.　教育を受ける権利

1．意　義

憲法26条は，「すべて国民は，法律の定めるところにより，その能力に応じて，ひとしく教育を受ける権利を有する」とし，国民の教育を受ける権利を保障している。

教育を受ける権利の背景について，旭川学テ事件判決では，「国民各自が……成長，発達し，自己の人格を完成，実現するために必要な学習をする固有の権利を有する」と述べる（最大判昭51.5.21〔21〕）。教育を受ける権利は人格発達のための学習権として理解するのが一般的であるが，条文の位置から，経済的権利の側面を重視する見解も有力である。

この権利の主体は成人を含めた国民全体であるが，主に子どもの学習権が問題となる。

2．具体的な規範内容

教育を受ける権利には，自由権的側面と請求権的側面が存在する。

請求権的側面から，教育を受ける権利を実効化するための教育条件の整備の義務が国に対して生じる。この義務の履行は，「能力に応じて，ひとしく」いものでなければならず（教育の機会均等），その基本的な内容の決定は「法律により」行わなければならない（法律主義）。教育基本法は，①能力があるにもかかわらず，経済的事情により教育を受けられない者に対する措置を講じること，②障害者の障害の状態に応じた教育を受けられるための支援を講じることを定める（4条2項・3項）。法律主義を採用しているため，立法者には内容についてかなりの裁量の余地が認められる。

教育を受ける権利の自由権的側面として，教育施設の利用などを妨げられない権利が挙げられる。筋ジストロフィーを理由に公立高校の入学を不許可にした処分が問題となった事件で，神戸地裁は，当該生徒は入試において合格点に達しており，専門医が高校3年間の全課程の履修が可能であるとの判断をしていたこともあり，不許可処分を取り消した（神戸地判平4.3.13）。

また，中正な内容の教育を受ける権利も認められうる。教育基本法では，公立学校には政治的・宗教的な中立性を要求し，私立学校には政治的中立性を要求している（14条2項，15条2項）。なお，憲法価値の教育がここにいう中正な内容の教育を受ける権利との関係でどのように評価されるべきかについては，争いがある。

3．教育内容決定権

子供が受ける教育の内容を誰が決定することができるのか。これが教育内容決定権の所在の問題である。この問題は，公教育の担い手は国家なのか，それとも親（およびその信託を受けた教師）なのか，という教育のモデルの問題とも密接にかかわる。

従来，教育内容決定権については，議会制民主主義などに基づき，国家が決定権をもつとする「国家の教育権」説と，親および親の信託を受けた教師を中心とする国民全体であるとする「国民の教育権」説との対立という形で議論された。国民の教育権説からは，国家の教育に関する権限は，原則として外的条件の整備についてのみ認められ，教育内容については，授業科目や時間数など，大綱的基準のみ定めることができるとされた。両説のいずれを採用するかについて，下級審判断は分かれていた。

最高裁は旭川学テ事件において，両説を「極端かつ一方的であって，そのいずれを全面的に採用することはできない」とした。そして，親の教育権，教師の一定範囲の教育の自由，そして子どもと社会公共のために「必要かつ相当と認められる範囲」での国の教育内容決定権を認めるという立場を採用した。そして国家の教育内容決定権の限界については，「子どもが自由かつ独立の人格として成長することを妨げるような国家的介入，例えば，誤った知識や一方的な観念を子どもに植えつけるような内容の教育を施すことを強制するようなことは，憲法26条，13条の規定上からも許されない」としている（最大判昭51.5.21〔21〕）。

判決が示した教育権の分配アプローチとでも称すべき立場そのものには，憲法学説からの支持も多い。国民教育権説にいう「国民」はその内部に多様な主体を含んでおり，相互に利害が対立する可能性があるため，一体として捉えるだけでは不十分であること，他方，国家教育権説についても，親の教育の自由などに鑑み，その憲法上の限界がありうることなど，国民教育権説，国家教育権説のいずれも問題点があるとされたからである。

教師の教育の自由について，最高裁は，憲法23条により保障されるとする。もっとも，教育を受ける側の批判能力，学校や教師の選択の余地の乏しさ，教育の機会均等などの観点から，限界があるとする（旭川学テ事件―最大判昭51.5.21〔21〕)。また高校教師の教育上の裁量も，(学習指導要領を含めた)法規により一定の制約を受けるとする（伝習館高校事件―最判平2.1.18)。

4．義務教育の無償

憲法26条2項によれば，「義務教育は，これを無償とする」ものとされる。義務教育について，法律上は9年の普通教育とされている（学校教育法16条・17条)。

無償の意味については，法定説，授業料無償説，就学費無償説とあるが，最高裁は授業料無償説を採用している（最大判昭39.2.26)。

現行法では，授業料のみならず教科書についても無償である。また，義務教育課程ではない公立の高等学校についても授業料が無償化され，私立・国立の高等学校については一定額の就学支援金が助成されることとなった。

5．教育を受けさせる義務

「すべて国民は，法律の定めるところにより，その保護する子女に普通教育を受けさせる義務を負ふ」(憲法26条2項)。同項から，就学児童・生徒の保護者が普通教育，すなわち一般的かつ基礎的な教育を受けさせる義務が生じる（また教育基本法5条1項)。現行法上は9年の普通教育を受けさせることとなっており（学校教育法16条)，小学校等に就学させなかった場合には保護者に罰則がある（学校教育法144条，17条)。なお，民法820条は親権者の子に対する監護教育権と義務を定めている。

4. 勤 労 権

1．勤労権と勤労の義務

「すべて国民は，勤労の権利を有」する（憲法27条1項)。

自由権としての勤労の自由については，すでに職業選択の自由（22条1項）などによっても保障されている。もっとも，勤労権はこれを超えて，国家が国民に対し勤労の機会を提供する積極的施策を採るべきことを要請するものと解されている。たとえば，雇用対策法，職業安定法などがそれである。

また，職業紹介制度，職業教育施設の設置などもそのような施策にあたる。このほか，勤労権は，就職できない場合における適切な措置をも要求しているとされ，失業者の生活保障として，雇用保険法などが存在する。

また同項は，勤労の義務をも定めているが，憲法18条からしても，労働の強制が許容される趣旨ではない（なお，労働基準法５条も参照）。その点では倫理的義務と解されるが，働く意欲のない者に対しては生活保護や社会保険の保障が受けられないという意味での法的効力が認められるとの立場も有力である（なお，生活保護法４条１項，雇用保険法15条５項も参照）。さらに，労働意欲にかかわらず社会給付を一律に認めるいわゆるベーシック・インカムの導入が勤労の義務に反しないかどうかも問題となりうる。

２．勤労条件法定主義と児童の酷使禁止

私的自治・契約自由の原則からすれば，勤労条件についても使用者と被用者の間で自由に決定するというのがひとつの考え方である。しかし，両者の間の関係が非対称であり，交渉力にも差があることから，対等に契約を結ぶことが困難ともいえる。

そこで憲法は，「賃金，就業時間，休息その他の勤労条件に関する基準は，法律でこれを定める」とし（27条２項），国家が法律を通じて勤労条件の設定に関与することを認め，被用者にとって著しく不利な条件で労働することを阻止しようとした。

勤労条件について具体化するのが労働基準法や最低賃金法などの法律である。労働基準法では「労働条件は，労働者が人たるに値する生活を営むための必要を充たすべきものでなければならない」（１条１項）との労働条件の基本原則を定めたうえで，具体的な労働条件のルールを規定する。

また，資本主義の発達段階においてみられた児童の過酷な労働の存在をふまえ，憲法27条３項は「児童は，これを酷使してはならない」と定める。同項を受けて，労働基準法は15歳未満の児童を労働者として使用することを原則として禁止し（56条１項），また深夜業や危険有害業務などについて，就業制限を定める（61～63条）。

5.　労働基本権

1．意　義

交渉力などにおいて劣後する労働者が使用者と対等に労働条件に関する契約を結ぶための方法のひとつとして，労働者が集団となって使用者と交渉を行うということが考えられる。日本国憲法は，このような集団的交渉を行うことにつき，憲法上の保障を与えた。これが28条に定める労働基本権である。なお，最高裁によれば，労働基本権には，「経済上劣位に立つ勤労者に対して実質的な自由と平等とを確保するための手段」としての性格が認められているとする（全逓東京中郵事件―最大判昭41.10.26）。

労働基本権の主体は勤労者である。勤労者とは，労働組合法３条にいう労働者，つまり「職業の種類を問わず，賃金，給料その他これに準ずる収入によつて生活する者」とほぼ同義であるとされる。ここには，公務員や失業者も含まれるが，自営業者などは含まれない。公務員の労働基本権については，第５章**4．2．**(２)。

2．権利の内容

憲法28条は「勤労者の団結する権利及び団体交渉その他の団体行動をする権利は，これを保障する」とし，団結権，団体交渉権，団体行動権の三権を保障している。

団結権とは，勤労者が労働条件等について交渉を行うことを目的とする団体である労働組合を組織し，加入する権利である。その自由権的側面は結社の自由と同様といえる。

団体交渉権とは，勤労者がその団体を通して使用者と労働条件について交渉し，労働協約を締結する権利である。ここから，団体交渉が妨げられない権利が導き出される。

団体行動権とは，団体交渉を進めるために労働組合が使用者に対して一定の行動をとる権利であり，争議権とも呼ばれる。ストライキや怠業などの形式をとることが多いが，示威行動なども含まれる。団体行動権からは，本来であれば刑事責任ないし民事責任を問われるような行為であっても，それが正当な争議行為であれば免責され，当該行為を自由に行うことができるという効果が発生するものとされる。

労働基本権は，自由権としての性格が強いが，その行使を実質化するための立法措置なども要求する。たとえば，使用者が集団的労使関係においてなす一定の不公正な行為を禁止する不当労働行為制度（労働組合法７条）は，団結権や団体行動権の行使を実質化するものである。

また，労働基本権は，労働関係にかかわるため，特に私人間効力が問題となる。憲法学説では，私人間関係を直接に規律する効果を認める直接効力をこの権利については主張するものが多い。（→第５章3．1）

最高裁は，ユニオン・ショップ協定による団結権侵害が問題となった三井倉庫港運事件判決において，「民法90条の規定により，これを無効と解すべきである（憲法28条参照）」としている（最判平1.12.14）。労働法学説では間接効力説を主張するものが有力であるが，その際に同判決のこの判示形式が参照されることもある。

３．労働基本権の限界

労働基本権はその性格上，他者の権利と衝突する可能性がある。それゆえ，一定の制約を受けうることは当然である。具体的には，労働組合と労働者（組合員）の関係，争議権の限界が問題となる。

労働組合と労働者の関係については，組織強制と組合の統制権の問題がある。組織強制とは，使用者との交渉力を強化するために，組合が使用者に対し，従業員に対する特定組合への加入強制を要求するものである。組織強制は，労働者の組合に加入しない権利や他の組合を結成し，加入する権利との関係で問題となる。三井倉庫港運事件で最高裁は，組織強制のひとつであるユニオン・ショップ協定による使用者の解雇義務について，労働者の組合選択の自由を侵害する場合がありうるとした（最判平1.12.14）。

また労働組合は，組織，交渉力の維持強化のために，組合員に対して統制権を行使できる。もっとも，統制権の行使が組合員の権利に抵触する場合がある。特に組合員の政治的な権利との関係が問題となる。三井美唄炭鉱事件において最高裁は，労働組合の統制権は，労組の存立目的を達成するために行う政治活動に対しても及ぶが，組合員が独自に立候補することを取りやめないことを理由に統制処分を行うことは統制権の範囲を超えるとする（最大判昭43.12.4）。また国労広島地本事件で最高裁は，「多数決による政治的活動に対してこれと異なる政治的思想，見解，判断等をもつ個々の組合員の協力を義務づけることは原則として許されない」と判示し，選挙運動支援のための臨時組合費納入義務は認められないとした（最判昭50.11.28）。

刑事免責，民事免責が認められる争議行為であるためには，当該争議行為が正当なものでなければならない（労組法１条２項，７条，８条参照）。正当性は，争議行為の目的，手段について認められなければならない。

目的の正当性との関連では，労働条件の改善等ではなく政治的目的のために行う政治ストの正当性が問題となる。団体交渉の手段として争議権を位置づける立場からすれば，政治ストは正当性を有しないことになる。これに対し，純粋政治ストと，労働者の経済的利益にかかわるような政治スト（経済的政治スト）を区別し，後者であれば勤労者の生存権確保の観点から正当としうるとする立場もある。最高裁は，純粋な政治ストについては違法であるとしている（たとえば最大判昭48.4.25）。

手段の正当性につき，特に暴力の行使は許されない（労組法１条２項但書）。また，最高裁は，労働組合が使用者から経営権を奪って独自に生産活動を行うという生産管理は，使用者の財産権を侵すものであり，許されないとした（山田鋼業事件―最大判昭25.11.15）。さらに，ストに付随して行われるピケッティングは，言論による説得から実力行使にいたるものまで，さまざまである。最高裁は，ピケの正当性の範囲を狭く捉えている（たとえば，国鉄久留米事件―最大判昭48.4.25）。

正当性の判断にあたっては，免責の種類が刑事免責と民事免責のいずれかという点も影響を与えうる。たとえば政治ストについて，刑事免責は認めうるが民事免責までは認められないとする立場もある。

第13章
参　政　権

1. 意　　義

参政権は，国民が自国の政治に参加する権利であり，国民主権，国民の意思による政治という意味での民主主義の現実化に不可欠の重要な権利である。一般に，参政権には，選挙権・被選挙権，国民投票権，国民解職権，国民発案権などがあげられるが，日本国憲法には国民発案権の規定は存在しない。また，請願権，公務就任権も参政権的性格を持つ権利である。しかし，公務就任権の参政権的性格の強調には，日本国憲法の下では定住外国人の公務就任権の否定につながることから批判もある。

2. 公務員の選定・罷免権

憲法15条１項は，公務員の選定・罷免権を「国民の固有の権利」として保障している。この規定は，国・公共団体のすべての職務担当者の地位の究極の根拠が，明治憲法下とは異なり，天皇の意思ではなく，主権者である国民の意思にあることを宣言する規定である。したがって，すべての公務員が，国民により，直接に選定または罷免されなければならないわけではない。

ところで，公務員の選定または罷免を，国民が直接行うことを憲法が定めているのは，選定については，国会議員（41条１項），地方公共団体の長・地方議会議員等（93条２項）の選挙，罷免については，最高裁判所裁判官の国民審査（79条２項）のみである。そこで，それ以外の公務員について，国民が，直接，選定または罷免する制度を設けることが憲法上許されるのかが問題となる。罷免権との関係で問題となるのが，国会議員のリコール制である。

ルソー流の人民主権論では，国民が政治を直接担当する直接民主制が民主主義の原則であり，選挙により選ばれた者が，国民に代わり政治を行う間接民主制は，直接民主制の代替手段にすぎない。そこで，有権者と議員の関係も命令委任関係とされる。このような人民主権論の立場にたち，選挙区の有権者による国会議員のリコール制の採用が憲法上要請されているとする説もある。しかし，支配的見解は，憲法が間接民主制を原則としていること（前文)，有権者と国会議員の関係は自由委任関係であり，「全国民の代表」である国会議員は選挙区の有権者の指示に法的に拘束されないこと（43条１項•51条）から，国会議員のリコール制の採用は憲法上許されないとしている。なお，選定権に関して，最近，首相公選制の採用が議論されている。学説では，この制度には政権の安定性を保ち難いという重大な欠点があるため，導入反対論ないし慎重論が多数を占めている。

3.　選挙権・被選挙権

１．法的性格・制約

（1）　選挙権

１）法的性格

選挙権は，間接民主制を原則とする現代国家において，国民が自国の政治に参加するための最も重要な権利である。憲法15条１項は，公務員の選定権を国民の「固有の権利」としているが，「選定」には選挙も含まれる。したがって，選挙権が，憲法上の権利であることは疑いない。しかし，選挙自体は，選挙人団という国家機関が他の国家機関の構成員を選定する行為であり，選挙人団の職務ないし権能である。また，選挙権には，年齢制限，選挙犯罪者などに対する選挙権の停止など，他の人権とは異なる制約が課されている。そこで，通説は，選挙権を選挙人として選挙に参加する資格ないし地位と定義しつつ，選挙権に権利と公務の二重の性格を認めている（二元説)。しかし，人民主権論に基づく主権的権利説から選挙権の大幅な制約を正当化するなどと批判されている。

２）制　約

公職選挙法は，選挙権について年齢制限を課し（公選法９条），さらには，選挙犯罪者，一般受刑者の選挙権を停止している（同11条・252条）。従来，一般に，これらは，選挙権の公務性に由来する合理的な制約とされていた。しかし，一般受刑者の選挙権の停止については，違憲説が有力となっている。下級審ではあるが，公選法11条１項２号につき「やむを得ない事由」があるとはいえないとした判決がある（大阪高判平25.9.27）。なお，成年被後見人の選挙権（および被選挙権）を停止する同条項１号は，2013年の東京地裁の違憲判決（東京地判平25.3.14）後同年の公選法改正により削除された。

ところで，投票も選挙権の内容とする場合，選挙人資格が認められていても実際に投票できない場合は，選挙権が剝奪されていることになる。この点で問題となるのが，在宅投票制度の廃止である。在宅投票制は身体障害者等に郵便投票など在宅のままの投票を認める制度であるが，不正選挙の温床となったため1952年に廃止され1974年まで復活されなかった。このことの違憲性が争われた国家賠償請求訴訟で，最高裁判所は，選挙制度の形成についての国会の裁量を強調して賠償請求を棄却した（最判昭60.11.21〔28〕）。なお，在宅投票制度は1974年に復活されたが，残された問題もある。これに対して在外邦人（海外に居住しているため国内の市町村の区域内に住所を有していない日本国民）に選挙権行使の機会を与えていないことの合憲性が争われた訴訟では，最高裁判所は国家賠償請求等を認容した（最大判平17.9.14〔46〕）。

（２） 被選挙権

１）法的性格

被選挙権は，国民が公職の担当者として直接に政治に参加する機会を保障する意義を持つ重要な権利である。学説も，憲法15条１項とする（通説）か，13条とするか分かれるものの，被選挙権が憲法上の権利であることを認めている。ただし，その法的性格については，かつては，権利ではなく当選した場合に公職に就くことができる資格または地位とする説が一般的であった。しかし，現在では，立候補の権利（立候補の自由）を中核とする権利との説が有力となっている。なお，最高裁判所は，被選挙権の権利性を認める趣旨かどうかは必ずしも明確ではないが，立候補の自由について，憲法15条１項が保障する「重要な基本的人権の一つ」としている（最大判昭43.12.4）。

2）制　約

公職選挙法は，被選挙権にも年齢制限を課し（公選法10条），選挙犯罪者，一般受刑者については被選挙権を停止している（同11条･252条）。さらに，同法は，供託金制度（同92条・93条），拡大連座制（同251条の２～251条の５）その他，立候補の自由を制限する規定も設けているが，拡大連座制について，最高裁判所は，「民主主義の根幹をなす公職選挙の公明，適正を厳粛に保持するという極めて重要な法益を実現するため」の必要かつ合理的な規制としている（最判平9.3.13）。

２．選挙の原則

選挙を実施するためには，国家が選挙制度を形成しなければならない。しかし，その形成が国家の自由に委ねられるわけではない。選挙は，国民の意思による政治という意味での民主主義を実現するための最も重要な手段である。したがって，国家は，可能なかぎり多くの国民の意思を，自由・公正に政治に反映できる選挙制度を形成しなければならない。そのために，西欧諸国で形成されてきたのが，以下の原則である。

（１）　普通選挙

普通選挙とは，狭義では財産，納税額を選挙権の要件としない選挙をいい，広義では，性別等も要件とせず，成年に達したすべての国民に選挙権を認める選挙をいう。それに対して，これらを選挙権の要件とする選挙が制限選挙である。かつては，制限選挙が一般的であったが，第一次大戦以降，男子についての狭義の普通選挙が普及した。わが国の場合，1925（大正14）年に狭義の普通選挙制が採用されたが，これは，25歳以上の男性のみを対象とするものであり，女性の選挙権は45年まで認められなかった。これに対して，日本国憲法は，15条３項・44条但書で広義の普通選挙原則を採用し，これを受けて，公職選挙法は満20歳以上の国民に選挙権を保障していたが，2015年の改正により満18歳以上に引き下げられた（９条）。なお，従来，選挙権（および被選挙権）を国籍保持者という意味での国民に限り保障することは「国民国家」の常識とされてきた。しかし，最近では，定住外国人の参政権問題との関係で，これに対して疑問も一部で提起されている。

（2） 平等選挙

平等選挙とは，有権者の投票の価値に差をつけない選挙である。これに対して，有権者を納税額などにより，いくつかの等級に分けて等級ごとに同数の中間選挙人を選ぶ等級選挙や一部の有権者に2票以上の投票を認める複数投票制などを不平等選挙という。日本国憲法には，平等選挙の原則を定める明文規定はないが，14条1項・44条但書等で保障されていると解されている。

平等選挙の原則について特に問題となるのが，議員定数不均衡問題，すなわち，議員定数の配分（または選挙区割）が選挙区の人口数と比例していないため，選挙区により投票価値（一票の重み）に差が生じるという問題である。投票価値の2倍以上の格差は実質的に複数投票制を採用したと同じことになる。そこで，通説は，許容格差を2倍未満としている。しかし，最近では，原則として1対1とする説も有力である（参院については3倍未満とする説などもある）。

最高裁判所は，1962年の参院選（地方区）における4.09倍の格差の合憲性が問題となった訴訟で，原則として「立法政策の問題」にとどまるとしていた（最大判昭39.2.5）。しかし，その後，72年の衆院総選挙における4.99倍の格差が問題となった訴訟で，憲法14条1項等で投票価値の平等が保障されていることを認め，行政区画等，定数配分，選挙区割りに際して，国会が考慮することが許される「諸般の要素をしんしゃくしてもなお，一般に合理性を有するものとはとうてい考えられない程度」に，格差が，達しているにもかかわらず，国会が合理的期間内に是正措置をとらなかった場合に違憲となるとして，本件定数配分全体を違憲とした。しかし，選挙の効力については，「事情判決」（行訴法31条）を用いて，無効とはしなかった（「事情判決の法理」）（最大判昭51.4.14〔20〕。公選法219条1項も参照）。

その後，最高裁は，3.94倍の格差が問題となった80年の総選挙について，格差が違憲状態であることは認めたものの，合理的期間を過ぎていないとした（最大判昭58.11.7）。これに対して，4.40倍の格差が問題となった83年の総選挙については，格差が違憲状態に達し，しかも，合理的期間内に是正措置がとられなかったとし，違憲としたが，選挙は無効にしなかった（最大判昭60.7.17）。また，3.18倍の格差が問題となった90年の総選挙については，格差が違憲状態にあることは認めたものの合理的期間を過ぎていないとして合憲判決を下している（最大判平5.1.20）。さらに，94年に導入された小選挙区比例代表並立制によるはじめての衆院選挙である96年の総選挙では，小選挙区選挙での2.31倍の格差が問題となったが，合憲とした。しかし，この判決で，5人の裁判官は，許容格差は2倍未満とすべきとし，本件定数配分を違憲とする反対意見を述べた（最大判平11.11.10）。

参院議員選挙についても，最高裁は，昭和51年判決で示された法理論を基本的には採用しているが，地域代表的要素，3年ごとの半数改選という参議院の特殊性を強調して，6倍までの格差を合憲としてきた（最大判昭58.4.27，最大判平8.9.11，最大判平10.9.2，最大判平12.9.6，最大判平16.1.14）。しかし，2000（平成12）年9月6日の最高裁判決で，5人の裁判官は，「都道府県代表的要素」は，憲法上，投票価値の平等にくらべ「はるかに劣位の意義ないし重みしか有しないことは明らかであ」り，また，通信，交通，報道手段が発達している現在，この要素を考慮する必要性，合理性は著しく縮小したとして，4.98倍の格差を違憲とする反対意見を述べている。

このように，最高裁は定数不均衡問題についてきわめて広い立法裁量を認め，衆院については3倍，参院については6倍までの格差を許容してきた。しかし，2004年ごろから，多数意見も投票価値の平等を重視するようになり（2004年判決の補足意見，2004年の参院選時点での5.13倍の格差の縮小を国会に求めた2006年10月4日の合憲判決，2007年の参院選における4.86倍の格差を投票価値の平等という観点からは「大きな不平等」とした2009年9月30日の合憲判決），いずれも，合憲判決ではあるが，2011年3月23日の判決では，2009年の衆院選における2.30倍の格差を違憲状態とし，2倍以上の格差を生む主要因となっている「一人別枠方式」の廃止を求め（最大判平23.3.23〔53〕），また，2012年10月17日の判決では，参議院も「国権の最高機関として適切に民意を国政に反映する責務を負っていることは明らか」として，2010年の参院選における5.00倍の格差を違憲状態とし，都道府県単位の現行選挙制度の見直しを求めた（最大判平24.10.17）。その後，衆・参いずれについても抜本的改革はされていない。しかし，最高裁判所は国会で検討が続けられていることを重視して合理的期間論により合憲判決を下している（衆議院について最大判平25.11.20，最大判平27.11.25，参議院について最大判平26.11.26)。

（3） 秘密選挙

秘密選挙とは，だれが，どの候補に投票したかなどの投票内容を第三者に公開しない選挙である。これに対して，これらが公開される選挙が公開選挙であり，挙手による選挙，記名投票などがある。政府等による選挙干渉などを防ぎ，自由で公正な選挙を行うためには，投票内容の秘密が確保されなければならない。そこで，日本国憲法は，15条4項前段で秘密選挙を保障し，これを受けて，公職選挙法で，無記名投票，投票の秘密侵害罪などを規定している（公選法46条4項・227条。なお68条1項6号・2項6号も参照)。なお，秘密選挙の原則に関して，無権利者の投票，不正投票の調査が許されるかが問題となる。当選人や選挙の効力を定める手続の場合，最高裁判所はこれを否定している（最判昭25.11.9，最判平13.12.18)。しかし，選挙犯罪の捜査手続については，詐欺投票罪の捜査のための警察による投票用紙の押収，指紋照合を認めた最高裁判決がある（最判平9.3.28)。

（4） 直接選挙

直接選挙とは，有権者の投票により直接に当選人が決まる選挙である。これに対して，有権者が，中間選挙人を選び，その投票により当選人が決まる選挙を間接選挙，有権者の選挙で選ばれた公務員が他の公務員を選出する制度を複選制という。日本国憲法は，地方公共団体の議会の議員，長等については住民の直接選挙を保障している（93条2項)。しかし，国会議員選挙については憲法明文規定がない。そこで，国会議員選挙に間接選挙を採用することが許されるかが問題となる。衆議院の場合，憲法15条，43条に反し許されないとする説が支配的である。しかし，参議院の場合については見解が対立している。

（5） 自由選挙

自由選挙とは，任意投票すなわち棄権の自由を認める選挙であり，棄権の自由を認めない強制投票制に対立するものである。日本国憲法には，任意投票を保障する明文規定はない。しかし，通説は，憲法15条4項後段・19条を根拠にして，強制投票制は許されないと解している。なお，自由選挙という観念は，選挙運動の自由などを含む広い意味で用いられることもある。

3．選挙制度

（1） 選挙区・代表の方法

選挙区とは，選挙人団を構成する単位としての区域である。1人の議員を選出する小選挙区と2人以上の議員を選出する大選挙区がある。従来の，わが国の衆院議員選挙では，大選挙区制が採用されていた。もっとも，これは，都道府県をさらにいくつかの選挙区に分け，それぞれの選挙区から3人から5人の議員が選出される制度であったため，一般に中選挙区制とよばれている。

代表の方法には，多数代表制，少数代表制，比例代表制がある。多数代表制とは，選挙区の有権者の多数派から議員を選出する代表方法であり，小選挙区制がその典型である。少数代表制とは，少数派からも議員を選出する制度であり，かつての衆院議員選挙における中選挙区制がその例である。比例代表制とは，選挙区の多数派と少数派の比率に応じて議席が配分される制度である。比例代表の方法には，有権者が候補者に順位をつけて投票する単記移譲式と政党が作成した名簿に投票する名簿式がある。これらの代表方法には，それぞれ長所と短所がある。多数代表制は，二大政党制に基づく安定政権を可能とする点で優れているが，死票が多く少数派の意思を政治に反映することを困難にするという問題がある。この点，比例代表制は，有権者の意思を最も忠実に議席に反映できる制度であるが，小党が乱立し，安定した政権運営が困難になるという短所がある。少数代表は，少数派の意思の反映という点では，多数代表制よりは優れている。しかし，わが国のかつての中選挙区制の場合，同じ選挙区で同じ政党から複数の候補者が立候補したため，政策本位でなく個人本位の利益誘導型選挙となったなどの問題が指摘されていた。

（2） 現行の選挙制度

従来の衆院議員選挙の中選挙区制には前述の問題があった。そこで，政策本位・政党本位の選挙の実現，政権交替の可能性の向上などを目的として，94年に，小選挙区比例代表並立制に改められた。この制度は，総数500人のうち300人が小選挙区選挙で，200人が全国11ブロックごとに比例代表選挙で選出され，前者では，有権者は候補者の個人名を投票用紙に自署し，有効投票総数の最多票を得た候補が当選人となり，後者では，有権者は政党名を自署し，政党の得票率に応じて各党に議席が配分され，各政党が提出した候補者名簿に登載されている候補者が上位者から順に当選人となるというものである。しかし，この「並立制」に対しては，ドイツの「併用制」と異なり，小選挙区選挙の候補者の当落が小選挙区選挙の得票だけで決定されるため，政党の得票率と議席獲得率の極端な不均衡が生じ，制度改革の目的にそぐわないのではないか，また，小選挙区選挙と比例代表選挙への重複立候補（公選法86条の2第4項）とそれによる復活当選，小選挙区での政党の選挙運動の肯定，特に政党にのみ政見放送を認めること（同151条・151条の5等）などは憲法14条1項等に反しないか，さらには「一人別枠方式」の採用（衆議院議員選挙区画定審議会設置法3条2項）は，必然的に投票価値の2倍以上の格差を生じさせるなどの点で違憲ではないかなどの問題が一般に指摘されていた（2012年の法改正で廃止）。最高裁判所は，前記，平成11年11月10日の判決で，国会の裁量を強調して合憲判決を下したが，5人の裁判官の反対意見がある（最大判平19.6.13も同旨）。なお，この制度は，2000年の法改正で，衆議院議員総定数は20削減され，比例選挙選出議員が180人，小選挙区選出議員300人とされ（公選法4条1項），また，復活当選に一定の制限が設けられた（同95条の2第6項）。重複立候補制度そのものについては，最高裁判所は合憲の判決を下している（最判平18.10.27）。なお，2012年の法改正で総定数475となり小選挙区選出議員の定数が5削減された。

参議院の場合，従来の全国区選挙には膨大な費用がかかるなどの問題が指摘されていたため，82年に，全国区選挙が比例代表選挙に改められ，総定数252人のうち，100人が全国を一つのブロックとする比例代表選挙で，152人が都道府県を単位とする選挙区選挙で選出されることになった。この制度も，2000年に改正され，比例代表選挙の方式が衆議院と同じ拘束名簿式から，有権者に候補者個人名での投票も認める非拘束名簿式に改められるとともに（公選法46条3項・86条の3），総定数が10削減され，比例選挙選出議員96人，選挙区選出議員146人となった（同4条2項）。なお，参議院の場合は重複立候補は認められていない。

4.　直接民主制的制度

一般に，直接民主制的制度には，国民投票（レファレンダム），国民解職（リコール），国民発案（イニシアティブ）などがある。日本国憲法は，間接民主制を原則とし（前文）つつも，これを補完するために，以下の直接民主制的制度も採用している。最高裁判所裁判官の国民審査，地方自治特別法の住民投票，憲法改正の国民投票である。

1．最高裁判所裁判官の国民審査

最高裁判所裁判官の国民審査制度（憲法19条２項～４項）の法的性格について，最高裁判所は国民解職制度と解している（最大判昭27.2.20）。憲法15条１項が，公務員の「罷免」を「国民固有の権利」としていることからするならば，このような理解も可能かもしれない。しかし，任命直後の裁判官の場合を解職制度とすることは不合理である。そこで，多数説は，内閣の任命行為に対する国民による事後審査ないし信任と国民解職の二重の性格を持つ制度と解している。この制度は，司法の民主的統制のための重要な制度であるが，実際にはまったく機能していない。（→第16章3．3）そこで，この制度の実効性を高め，積極的に活用すべきという意見もある。

2．地方自治特別法の住民投票

憲法95条は，地方公共団体の住民に，地方自治特別法についての住民投票を保障している。地方自治特別法の意味は，かならずしも明確ではないが，有力説は，「特定の地方公共団体の組織・権能・運営に関する基本事項または，その住民の権利・義務について，一般の地方公共団体と異なった取扱いを定める法律」を意味すると解している。そのような特別法は，特定の地方公共団体の自治権を侵し，当該地方公共団体の住民の権利・利益を損なう可能性がある。そこで，国会単独立法の原則（41条）の例外として，住民投票での可決が成立要件とされたのである。

3．憲法改正の国民投票（→第20章2．2．(2)）

4．憲法に列記されていない制度の導入可能性

憲法が明記している直接民主制的制度は，上記の三つである。しかし，これらは限定列挙ではなく，憲法の関連規定に反しないかぎり他の事項について直接民主制的制度を採用することは可能である。ちなみに，地方自治法では，住民自治を拡充するために，条例の制定・改廃請求（12条1項・74条1項）その他の制度が採用されている。（→第19章3．1．(1)）

問題なのは，これら以外の直接民主制的制度採用の憲法上の可能性である。この点に関して，従来から議論されてきたのは，法律案に対する国民投票である。また，最近では，原子力発電所の設置などについての住民投票が実施され，いくつかの自治体において住民投票条例が制定されていることから，これも議論の対象になっている。

前者については，憲法前文および41条から，法的拘束力のある拘束型の制度の採用は許されないとする説が支配的である。もっとも人民主権論を支持する立場からは，法的拘束力のない諮問型の制度については，前者，後者いずれについても，その事実上の強い拘束力に着目し，国民の意思と代表機関の政策決定の乖離という問題を選挙により是正することが困難であるという現状の是正策として，積極的に評価されている。しかし，独裁政治，衆愚政治の防止という点で，間接民主制が直接民主制よりも原理的に優れているという見解をとるならば，諮問型制度の採用も，消極的に評価されることになろう。いずれにせよ，わが国を含め現代国家は，国民の意思による政治という民主主義の形骸化の防止と独裁政治・衆愚政治の予防という二律背反的課題の克服を迫られているのである。

第14章

国　　会

1.　国会の地位

1．国民の代表機関

憲法１条は,「主権の存する日本国民」と定めて国民主権の原理を示す。そして,「その権力は国民の代表者がこれを行使し」と定める前文１段の他に,「全国民を代表」すると定める43条は，日本国憲法が国民代表制（間接民主制）を原則として採用していることを示している。

（1）　国民代表と国民主権の関係

国民代表の観念は国民主権を具体化するものであり，その内容は国民主権の理解によって変わる。「主権の存する日本国民」と定める１条の「主権」という観念は，学説において次のように三つに解釈されている。第１に主権とは，実定憲法を越えて，国政のあり方を終局的に決定する力・意思の源を示すものとして，国家権力の正当性の契機を強調する立場がある。この意味の主権を有する国民とは，国家機関としての国民ではなく，日本の国籍を有する者すべてを指す。このような国民主権の観念においては，主権者たる国民が自ら直接に国権を行使することは必要ではない。そこでは，主権の帰属と主権の行使とが分離され，権力の行使は必然的に国民代表が担うことになる。そして，国民代表には議員の免責特権（51条）にみられるように，活動の自由が強く保障される（純粋代表)。

第２に主権とは，憲法制定権力または実定憲法上の国家権力の所在を示すとして，権力性の契機を強調する立場がある。主権を有する国民とは，直接に国家権力を行使できる者でなければならない。国民は憲法制定権力を行使して憲法改正に参加できる。したがって，国民とは権力を行使する憲法上の国家機関としての有権者を意味する。このような国民主権の観念においては，直接民主制が原則とされるべきことになる。しかし，直接民主制はごく小規模で，社会構造が単純な国家では可能であるが，複雑で多様な社会構造の国家では，あらゆる問題についての決定は現実には行われないので，次善の策として国民代表議会が設けられ，間接民主制が採用されることになる。そして，国民代表は実在する民意をできるだけ反映することが要求される（半代表)。

第3に，実定憲法を越えた次元で，主権概念をとらえようとする第1の立場と，国家の制度上の次元で主権概念を理解する第2の立場とはそれぞれが「主権」を異なった次元で正しくとらえているとして，主権に正当性の契機と権力性の契機の両者の存在を認める通説の立場がある。これによると，国民代表は，国民主権の権力的契機から理解される場合には，国民代表の国民による拘束が生じる。他方で，国民主権の正当性の契機から理解される場合には国民代表の自由も保障されることから，この立場では，国民代表の拘束と自由の調和が問題となる。

（2）「全国民を代表」することの意味

1）政治的代表

憲法43条の「代表」とは，国民代表の行為が法的に国民の行為とみなされるという意味での法律上の代表であることを意味しない。むしろ，「代表」とは，国民が国民代表を通じて行動し，代表機関は国民の意思を反映するものとみなされるという政治的な代表を意味する。これによると，議員はその選挙区や特定の利益集団の代表ではなく，全国民の代表として活動しなければならないこと，また，議員は国会にあっては，自己の信念だけに基づいて行動し，その選挙区や特定の利益集団の指図に拘束されないことになる（自由委任)。このことは，議員が選出母体の訓令に拘束される昔の等族議会の制度（命令的委任）と根本的に異なる。

2）社会学的代表

政治的代表や自由委任の考え方は，国民の意思と国民代表の意思の乖離を覆い隠すイデオロギー的な性格を持つことも指摘される。そこで，選挙を通じて国民が議員を選出するというプロセスに着目して，国民意思と議会意思との事実上の類似性が求められるようになった（社会学的代表)。この場合，国民の間の多様な意思をできるだけ正確に国会に反映させる選挙制度が必要とされる。

（3） 政党と国民代表

1）政　党

政党とは，「一定の主義，原則，政策で一致している人々が，その実現をめざして政治権力を追求するために組織した持続的な集団」である。このような政党については，政党の選挙における公的機能が重要である。政党の憲法上の位置づけについては，トリーペルの①敵視，②無視，③承認と合法化，④憲法への編入という4段階説が有名である。

日本国憲法には，政党についての規定は存在しないが，憲法は政党の存在を21条の結社の自由において認めるのみならず，66条3項で政党を前提とした議院内閣制を採用している。最高裁判所も，「政党は議会制民主主義を支える不可欠の要素」であり，「国民の政治意思を形成する最も有力な媒体である」として，憲法が政党の存在を当然に前提していることを認めた（八幡製鉄事件―最大判昭45.6.24〔12〕)。

2）政党による議員の拘束

政党は，自身の活動の効率化をはかるため，所属議員を拘束する。政党の統制自体は，原則として自由委任の原理には反しない。問題となるのは，比例代表選挙で当選した議員が名簿登載政党から除名または脱退・移籍した場合，議員の地位を失わせることができるかという点である。現行の国会法109条の2には，比例代表選挙で当選した議員が名簿登載政党から他の名簿登載政党に移籍した場合に議員の地位を失う旨の規定が存在する（当選人については，公職選挙法99条の2第1・6項参照)。このような規定に対して，第1の見解は，伝統的な自由委任の原理を前提として，43条の国民代表たる議員の地位，さらには，21条の結社（政党所属）の自由を侵害するとする。第2の見解は，比例代表制により選出された議員が党籍を自由に変更することは，国民の意思の発現である選挙という過程を変質させることであるため，それを抑止するために容認しうるとする。

政党の党員の除名手続について，手続の民主性の要請をどこまで認めるかが問題となる。結社としての政党の意義を強調すれば，手続内容に国家権力が介入することが許されなくなる。これに対して，政党の議会制民主主義における重要性と，選挙における公的機能を強調するならば，除名手続の民主性も必然的となる。最高裁判所は，党員の除名処分について，「政党の結社としての自主性にかんがみると，政党の内部的自律権に関する行為は，……原則として自律的な解決に委ねるのを相当とする」と述べた（袴田事件―最大判昭63.12.20）。

3）政党への助成

政党助成法は政党の公的機能ゆえに，政党の政治活動に国庫補助を行うものである。現在，国民１人あたり250円の補助がなされている。他方で，政党助成法による国庫補助を受けるにもかかわらず，政党をはじめとする政治団体への企業献金を容認する政治資金規正法のあり方が問題となる。

２．国権の最高機関

日本国憲法41条は，「国会は，国権の最高機関」であると定める。「国権」とは国家の権力または統治権を指すが，「最高機関」の意味について，見解は三つに分かれる。「最高機関」とは，第１に伝統的な国家法人説に基づいて，法的に国家の活動を創設し，保持し，また終局的に決定する機関であるとする立場（統括機関説），第２に，国民の代表機関たる国会が，国家権力を分担・行使する国家権力のなかで比較的に最も高い地位を占め，国家の運営が，国会を中心にして行われることを政治的に意味するとする立場（政治的美称説），第３に，国会が広範に国政を総合的に調整するという機能をもつことを法的に意味し，その結果，いずれの国家機関に属するか明らかでない権限が国民の代表機関たる国会にあると推定されるという立場がある（総合調整機能説）。

第１の立場に対しては，①国家活動を創設したり終局的に決定するのは，日本国憲法の下では主権者たる国民でなければならないこと，②天皇主権の下で天皇の統治権の総攬を意味する「統括」は，国家に概念上必然的なものではないこと，③国会による他の機関の統括は，司法権の独立や権力分立制の原理と矛盾することが批判される。第２の立場に対しては，①国民代表の意味を政治的にしかとらえていないこと，②現代の行政国家現象の下では，特に国会による行政権の統制が必要であることを見過ごしていることが批判される。第3の立場に対しても，①権限推定が最高機関性から導き出されるものでないこと，②国政を総合的に調整するという機能が曖昧であることが批判される。

3．唯一の立法機関

国会は「国の唯一の立法機関」として立法権を独占する（41条）。

（1） 立法の意味

「立法」は，形式的意味の立法と実質的意味の立法に区別することができる。前者は，各種の国法のうち，「法律」とよばれるものを制定する作用をいう。後者は，一定の内容と性質をもつ成文の法規範（法規）を制定する作用をいう。実質的意味の立法の意味については三つの立場がある。第1の立場は，国民の権利を制限し，国民に義務を課す法規範を指すとする（侵害留保説）。第2の立場は，国民の権利を制限する法規範のみならず，国民に権利を付与し，義務を免除する法規範を含むとする（全部留保説）。第3の立場は，権利利益の付与や権利の制限といった内容とは別に，一般的・抽象的法規範を指すとする。

第1の立場によれば，利益を付与するものである栄典を，褒章条例（昭和30年政令7号）という政令の法形式で定めることも許されることになる。しかし，権利・利益を付与することを法律によらないで政令でなしうるということには，法治主義の原則に反するとの批判がある。第2の立場は，現代の行政国家現象に対して，行政権の活動を統制するという意義をもつ。この立場に対して，活動だけでなく，行政組織面での行政権の統制という視点も不可欠であることが指摘される。第3の立場に対しては，結局，実質的意味の立法が形式的意味の立法と重なり合うにすぎないとの批判がある。

法律の性質としての一般的・抽象的法規範性は，不特定多数の人を，あらゆる場合について規律するということを意味するため，これにより，法的な予見可能性が確保される。しかし，現代では，特定の具体的目的をもち，その内容が個別的で，規律の対象が特定化され，さらにその妥当期間を限定する，いわゆる「処分的法律」または「措置法」が制定されている。名城大学の内紛を解決するために1962年に制定された「学校法人紛争の調停等に関する法律」のような処分的法律に対しては，その行政処分としての性質ゆえに行政権を侵害すること，また，特定の者についてのみ及ぶということから不平等となることなどが批判される。

（2） 唯一の意味

「唯一」の立法機関ということは，立法が，すべて国会を通じて国会を中心に行われ（国会中心立法の原則），国会の議決だけで成立する（国会単独立法の原則）ことを意味する。前者により，明治憲法下の緊急勅令や独立命令のような制度は許されず，立法が国会に独占される。後者により，立法の手続は国会によってのみ行われ，国会以外の機関が参加することはない。

1）国会中心立法の原則

この原則との関係で，まず，立法の委任が許されるかが問題となる。憲法上，政令（73条6号）には，内閣が「この憲法及び法律の規定を実施するため」に定める執行命令と，「法律の委任がある場合」に定める委任命令とが存在する。委任命令は，国家の任務が飛躍的に増大・複雑化したことにともなって，現代では不可避なものとなっている。

次に，憲法上の例外として，各議院の規則（58条2項），最高裁判所の規則（77条1項）のほかに，地方公共団体の条例（94条）が含まれるかが問題となる。「国会」には地方議会を含まないとして，条例が憲法上の例外であるとする見解もあるが，通説は民主的に組織された地方議会による条例の制定が国会の法律制定と同じ性質の行為であるとして，条例を憲法上の例外とみる必要はないとする。

2）国会単独立法の原則

まず，内閣の法律案の提出権（内閣法5条）が問題となる。形式的に内閣に法律案の提出権を認めないとする考え方もあるが，法律の発案が議案提出権（72条）に含まれること，国務大臣の半数以上が国会議員であること，議院内閣制において国会と内閣の協働が要請されることなどから，通説は内閣の提出権を容認する。次に問題となるのは，法律に対する主任の国務大臣の署名と内閣総理大臣の連署（74条）である。署名や連署は，法律の執行責任を明確にするものであり，それらを欠いても法律の効力を左右するものではないため，国会単独立法の原則に反しない。第３に天皇による法律の公布（７条１号）も問題となるが，公布は法律の効力発生要件であって，その成立要件ではないので，国会単独立法の原則に反しない。なお，法律の制定にあたり国民投票制を導入することは，国民主権の権力的契機からは望ましいとしても，国民投票の効果を勧告的なものとするのでない限り，国会単独立法の原則に反する。なお，国会単独立法の原則の例外として憲法に明文があるのは，地方特別法に対する住民投票である（95条）。

（３） 国会の立法裁量

憲法41条により，法律を制定するかどうか，制定するとすればどのような内容とするか，さらにそれをいつ制定するかについて，国会は裁量権をもつ。この立法裁量の枠内にある限り，国会の判断に法的な問題を生じないが，枠を超えた場合には，法的な問題として裁判所の審査権の対象となる。

この枠の幅は，第一次的には憲法の文言による。たとえば，憲法44条は議員とその選挙人の資格を法律に明示的に委任し，同時に制定する内容について，但書で国会の判断に枠をはめている。これに対して，憲法25条のように「健康で文化的な最低限度の生活」といった不確定概念を用いている場合や，憲法が立法について何も述べていない場合には，国会の裁量が認められる。たとえば，憲法25条の生存権を具体化する法律を制定することが国会の義務であるとしても，どのような内容の法律を制定するかについては，国会にある程度の裁量が認められるのである。

2. 国会の組織と活動

１．二院制

（１） 類　型

二院制は，第１にイギリスのように，民主勢力の増大に対する保守的勢力の防塞であるためのもの，第２にアメリカやドイツのように，連邦を構成する各支分国の利益を連邦政府の政策に反映させるためのもの，第３に，日本国憲法のように，国民の中に存在する多元的な利益を国政に反映させるためのものに分けることができる。ただし，衆議院と参議院という二院制においても，政党化の波が衆議院だけでなく参議院にも押し寄せ，両者の間に差異はなくなってきている。かつてバジョットが述べたように，「もし，完全な下院があれば，上院はほとんど無価値となる」という参議院無用論も主張される。最高裁判所は，かつての参議院地方区に，事実上都道府県代表的な意義ないし機能を認め，比例代表制の導入以前の参議院全国区に，ある程度職能代表的色彩を認めた（最大判昭58.4.27）。しかし，参議院における投票価値の平等も尊重されなければならない。

（2） 両院の組織

1）議員定数

両院の議員定数は，法律に委任される（43条2項）。衆議院の議員定数は475人で，うち295人は小選挙区選出議員であり，180人は比例代表選出議員である。参議院の議員定数は242人で，うち96人は比例代表選出議員であり，146人は選挙区選出議員である（公選法4条）。なお，議員定数の削減が論じられている。

2）議員の資格

議員となるための積極的要件として，①日本国民であること，②衆議院議員は年齢満25歳以上であること，参議院議員は，年齢満30歳以上であることがあげられる。消極的要件として，①禁錮以上の刑に処せられその執行を終わるまでの者，②禁錮以上の刑に処せられその執行を受けることがなくなるまでの者，③公職にある間に犯した収賄罪により刑に処せられ，実刑期間経過後5年間を経過しない者または刑の執行猶予中の者，④公職にある間に犯した収賄罪により刑に処せられ，実刑期間経過後5年間を経過後，さらに5年間を経過しない者は被選挙権を有しない（公選法11条・11条の2）。（→第13章3.1）

3）任 期

衆議院議員の任期は4年であるが，解散の場合に任期満了前に終了する（45条）。参議院議員の任期は6年で，3年毎に半数改選となる（46条）。

4）委員会

近代議会制においては，議員は自由な討論により真理を発見するとされてきたが，現代における政党の発展をはじめとするさまざまな変容の中で，国民の多元的な利益を国会の意思の中に反映することが要求される。そのため，現実の活動においては，かつてのように本会議における読会制ではなく，常設の機関として国会法に明記されている常任委員会と，各院において特に必要があると認めた案件や常任委員会の所管に属しない特定案件を審査するために随時設置される特別委員会とからなる委員会が，中心的な役割を占める(国会法40条以下)。しかし，委員会制度にあっては，行政各部の官僚と委員会の主要構成員との間の癒着現象（いわゆる族議員）が指摘される。

なお，両議院に日本国憲法について広範かつ総合的に調査を行い，憲法改正原案，憲法改正の発議，または国民投票法案などを審査することを目的として，憲法審査会が設置されている（国会法102条の６)。また，特に参議院には，その特質を生かして国政の基本的事項に関し，長期的かつ総合的な調査を行うための調査会も設けられている（同54条の２)。

（３） 両院の関係

両議院の召集，開会・閉会は同時に行われる（同時活動の原則)。衆議院が解散されたときは，参議院も同時に閉会となる（54条２項)。この例外は，参議院の緊急集会である（54条２項但書)。また，各議院は独立して議事を行い，議決する。両議院の意思が一致したときにはじめて，国会の意思となる(独立活動の原則)。

両議院の意思が異なるときの調整の機関として，両院協議会がある（59条３項)。国会法は憲法改正原案（国会法86条の２)，法律案（同84条)，予算と条約の承認（同85条)，内閣総理大臣の指名（同86条）について両院協議会の開催を定める他に，国会の議決を要する案件で後議の議院が先議の議院の議決に同意しないとき，先議の議院は両院協議会を求めることができる（同87条)。両院協議会は各議院とも10人の協議委員からなる（同89条)。議事・議決の定足数は各議院の協議委員の３分の２以上の出席であり（同91条)，協議案を成案とするためには出席協議委員の３分の２以上の多数決を必要とする（同92条)。

（４） 衆議院の優越

二院制においては，両議院による慎重な審議が期待されるのと同時に，迅速な決定が要請される。日本国憲法は，前者のために両院の権限の対等性を，後者のために「衆議院の優越」を定める。後者につき，憲法は，まず，法律案につき両院の不一致の時の衆議院の出席議員の３分の２以上での再議決（59条２項・４項），そして，予算（60条２項），条約（61条）また内閣総理大臣の指名（67条２項）につき両院の不一致の時の衆議院の議決の優越を定め，次に，衆議院の予算先議権（60条１項）と衆議院の内閣不信任の議決権（69条）を定める。この衆議院の優越の根拠として，衆議院の短い任期と解散の制度により，衆議院がより国民に直結することがあげられる。また，憲法の定める場合以外に衆議院の優越を法律で定めることができるかについては，①両院の対等が憲法上の原則であり，法律でその他の衆議院の優越を定めることはできないという考え方，②国会の議決と両議院一致の議決とは意味が異なり，後者の場合だけ法律で衆議院の優越を定めることができるという考え方，③法律でその他の衆議院の優越を定めることも許されるという考え方などが対立する。実務では，国会法は会期の決定と延長についての衆議院の優越（国会法13条）を定めている。

２．議　員

（１）　議員の権能

議員の権能としては，表決権（51条）の他に，国会法の定める議案の発議権（国会法56条１項），動議提出権（同57条・57条の２・121条３項），質問権（同74条）などがある。

（２）　議員特権

全国民の代表としての議員には，不逮捕特権（50条），免責特権（51条），そして歳費の支払を受ける特権（49条）といった特権が付与されている。

１）不逮捕特権

不逮捕特権の趣旨は，行政権から議員の身体を保護することによって，全国民の代表としての議員が自由・独立に活動できることを保障することにある。議員は国会の会期中は逮捕されず，会期前に逮捕された議員はその議院の要求があれば会期中釈放しなければならない。その例外として，①院外における現行犯逮捕の場合と，②その院の許諾のある場合がある。前者は，犯罪事実が明白で，不当逮捕はありえないため認められる。後者の場合，逮捕に正当な理由がある限り，議院は許諾を与えなければならないだけでなく，許諾にあたって条件や期限を付することも許されない（造船疑獄事件—東京地決昭29.3.6)。この特権は国民代表たる議員に例外的に与えられるものだからである。なお，不逮捕特権には不起訴特権までは含まれない。

2）免責特権

免責特権は，全国民の代表としての議員に演説・討論・表決などその職務を十分に遂行できるよう，発言・表決の自由を保障することを目的とする。議員は院外での民事責任・刑事責任および懲戒責任を負わない。国会が違憲の法律を制定したこと，あるいは違憲の法律を改正しなかったことを理由として，全体としての議員（国会）に対して，権利を侵害された国民が国家賠償責任を問うことができるかについて，最高裁判所は，議員の立法過程での行動の責任が政治的なものなることを理由の一つとして憲法51条の免責特権をあげ，国会議員の立法行為は，例外的にしか国家賠償法１条１項の違法の評価を受けないとした（在宅投票制度廃止事件—最判昭60.11.21〔28〕）が，在外邦人選挙権訴訟（最大判平17.9.14〔46〕）で，立法不作為について国家賠償を認めた。また，最高裁判所は，議員の質疑が一市民の名誉毀損をもたらした場合，国の損害賠償責任を認めるためには，議員がその職務にかかわりなく違法・不当な目的で事実を摘示し，あるいは虚偽であることを知りながらあえてその事実を摘示するなど，議員に付与された権限に明らかに背いたと認められるような特別の事情を必要とするとした（最判平9.9.9)。なお，この場合，院内で責任を問われ，懲罰事犯となりうる（国会法119条)。また，免責特権は，有権者や政党が議員に対して政治責任を問うことまでを禁止しない。

免責特権は，地方議員には及ばない（最大判昭42.5.24)。国会議員である国務大臣が国務大臣として行った発言についても免責特権は及ばない。免責特権の対象は，議員が議院での職務行為としての演説・討論・表決などであり，職務行為といえない野次や暴力行為などは含まれない（第１次国会乱闘事件—東京地判昭37.1.22)。

3）歳費特権

歳費の支払いを受ける特権は，国民の意思を反映して職務を遂行する国民代表を，時間と暇のある有産者からだけではなく，広く国民の間から選出するために，財力のない者にも，生活のための報酬を保障するものである。議員は「一般職の国家公務員の最高額より少なくない額」を受ける（国会法35条）。議員歳費の引下げが議論されている。

（3） 議員の義務

議員は，憲法の尊重擁護義務（99条）を負う。また，議員は，憲法43条により，国民代表として，特定の利益を代弁することなく行動することが義務づけられる。このため，国会法124条の2以下で議員の政治倫理綱領や行為規範が設けられ，さらに，政治資金規正法で議員や公職の候補者の政治資金の授受についての制限が設けられている。

3．国会の活動

（1） 会 期

会期とは，国会が活動能力を有する一定の期間を指す。会期には，常会（52条），臨時会（53条），特別会（54条1項）がある。常会（通常国会）は，毎年1月中に召集されるのを常とし（国会法2条），会期の長さは150日である（同10条）。臨時会（臨時国会）は，①臨時の必要があるとき，②いずれかの議院の総議員の4分の1以上の要求があるとき，③衆議院議員の任期満了による総選挙または参議院議員の通常選挙が行われたときに，内閣の決定により召集される。特別会（特別国会）は，衆議院の解散による総選挙後，30日以内に召集される。会期の延長は，常会で1回，臨時会と特別会で2回まで認められる（同12条）。会期中に一時期活動を休止する国会の休会（同15条1項）と議院の休会（同15条4項）とがある。国会は会期の終了により閉会となる。

このような会期制をとる場合，国会は会期を単位として活動能力を有し，前の会期と後の会期の間に国会の意思の継続はないとする会期不継続の原則が生じる（国会法68条）。ただし，議院の付託により閉会中に委員会が審査した議案および懲罰事犯は，後会に継続する（同68条但書）。また，同一の会期中に，同じ議案は再び提出しえないとする一事不再議の原則がある。

国会の活動能力に期限をつけることは，もともと議会の議事の効率化をはかることや，議員が有権者と接触する機会を多くすること，国会の活動に対する政府の妨害を防止するといったことを目的とした。現代では，行政権を監督する必要性が増大したことに対応して，国会の活動を選挙から選挙までとする立法期のような制度を採用することが主張される。これに対しては，政党間の抗争がひどくなること，過度の立法を招くこと，行政能率を低下させることなどが副作用として指摘される。

（2） 緊急集会

衆議院が解散されると参議院は同時に閉会となる。その間に国会の議決につき緊急の必要がある場合，内閣の求めにより，参議院は国会の機能を代行する（54条2項但書)。「緊急の必要」として，自衛隊の防衛出動，災害緊急措置などがこれに当たるとされる。緊急集会においては，国会の権能のすべてを行うことが可能であるが，憲法改正の発議はなしえない。また，緊急集会にも，議員の不逮捕特権や免責特権は認められる。

緊急案件が終了するとともに，緊急集会は終了する。しかし，緊急集会での措置は臨時のものであって，次の国会開会後，10日以内に衆議院の同意を必要とする（54条3項)。同意が得られないときは，その措置は将来に向って効力を失う（54条3項)。

（3） 会議の原則

国会においては，できるだけ多くの議員の参加により，公開の議場で審議が行われる。その審議には，議事の慎重性・公正性・公開性と，会議の秩序の維持・能率の確保の二つを満たすことが要請される。

1）定足数

まず，議事・議決の定足数として，各議院の総議員の3分の1以上の出席が必要である（56条1項)。「総議員」は，定足数が一定することから法定議員数を指すとする見解（実務）と，議員として活動できない者を含めるべきではないとして，「総議員」とは現在議員数を指すとの見解が対立する。

2）表決方法

議決方法については，出席議員の過半数による多数決を原則とする。可否同数のときは，議長が決する（56条2項)。出席議員の数については，棄権者・無効投票者は議案に賛成の意思表示をしない点で消極的反対とみなすことができるとして，棄権・無効票を出席議員に算入するとの見解がある。これに対して，賛否いずれの意見をも表示しない者を，反対者と同様に扱うことは不合理であるため，棄権者・無効投票者は議決に加わらない者として扱うべきとの見解が対立する。先例は，棄権・無効票を出席議員に算入する（衆議院先例集47，参議院先例録51）。

過半数の議決という原則に対して，出席議員の３分の２以上の多数で決する場合として，①資格争訟の裁判で議員の議席を失わせる場合（55条），②秘密会の開会（57条１項），③議員の除名（58条２項但書），④法律案の衆議院における再可決（59条２項）があり，さらに総議員の３分の２以上の多数で決する場合として憲法改正の発議（96条）がある。委員会の議事については，定足数は委員の半数以上（国会法49条）で，出席議員の過半数で決せられる（同50条）。可否同数のときは，委員長が決する（同50条）。なお，議事手続の司法審査は，自律権の問題として司法権の限界となる（警察法改正無効事件―最大判昭37.3.7）。

議院で行われる選挙に過半数の議決を要するかについては争いがある。実務では，議長など１人を選ぶ場合には過半数を（衆議院規則８条１項），弾劾裁判所の裁判員およびその予備員を選ぶ選挙では比較多数による（同23条２項）。なお，議長が必要と認めたとき，または出席議員の５分の１が要求したときは，記名表決を行う（同152条）。

３）会議の公開

両議院の会議は，公開が原則である（57条１項）。近代においては，真理と正義の創造を正当化するために，議会の公開性が主張されてきた。これに対して，現代の議会の公開は，政党が国民の前で自己の政策を示し，選挙を通じて国民による正当化を求めるとともに，国民の知る権利を具体化するという機能をもつ。本条の「両議院の会議」は，委員会に期待される実質的審議に公開がなじまないという理由で，本会議だけを指すとする見解が通説である。これに対しては，今日の委員会中心主義において，あまりに近代議会制の伝統的観念に引きずられた解釈であり，また，委員会における意見の表明を，主権者たる国民が知ることは極めて重要であるとの批判がある。なお，会議の公開には，傍聴だけでなく，報道の自由と会議録の公開（57条２項）

も含まれる。

会議は例外的に，出席議員の3分の2以上の多数により，秘密会とすることができる（57条1項但書)。傍聴・報道の自由と会議録の公開を正当な理由なく制限することは，会議の公開原則に反するのみならず，国民の知る権利を侵害する。傍聴席には公衆席（紹介席・自由席）と新聞記者席が設けられている。議員の政治責任を明らかにするために，出席議員の5分の1以上の要求があれば，各議員の表決を会議録に記載しなければならない（57条3項)。

3. 国会と議院の権能

1．国会の権能

国会の権能としては，憲法上のものと，法律上のものがある。

（1） 憲法上の権能

1）法律の議決

法律案は両議院で可決したときに法律となる（59条1項)。法律案は議長に提出され，委員会の審議の後に本会議で議決される（国会法56条2項)。議員の発議には，衆議院では議員20人以上，参議院では議員10人以上の賛成を必要とする。予算を伴う法律案の場合，衆議院では議員50人以上，参議院では議員20人以上の賛成を必要とする（同56条1項)。

法律案について，衆議院が参議院の回付案に同意しなかったとき，または，参議院が衆議院の送付案を否決したとき，および衆議院の回付案に同意しなかったときは，衆議院は両院協議会を求めることができる（59条3項，国会法84条1項)。参議院は衆議院の回付案に同意しなかったときに限り，その旨の通知と共に両院協議会を求めることができるが，衆議院はこの請求を拒むことができる（国会法84条2項)。法律案を衆議院で可決したが，参議院でこれと異なった議決をした場合には，衆議院は出席議員の3分の2以上の多数でその法律案を再可決して，法律とすることができる（59条2項)。参議院が衆議院の可決した法律案を受け取った後，60日以内に議決しないときは，参議院が否決したとみなすことができる（59条4項)。

2）憲法改正の発議

憲法の改正案の原案の発議には，衆議院では議員100人以上，参議院では議員50人以上の賛成を必要とする（国会法68条の２）。国会は，各議院の総議員の３分の２以上の賛成で，憲法改正の発議（96条）を行う。なお，この手続には衆議院の優越はない。（→第20章**2．2．**（２））

３）予算の議決

憲法は財政について民主的統制を加えるために，国会に予算の議決権を与えた（60条・86条)。予算の議決には，両議院の一致を必要とする。予算の議決は衆議院の先議であり，衆議院が参議院の回付案に同意しなかったとき，または，参議院が衆議院の送付案を否決したときは，衆議院は両院協議会を求めなければならない（国会法85条)。法律案の場合と異なり，両院協議会の開催は必要である。両院協議会を開いても意見が一致しないとき，または，衆議院の議決後30日以内に参議院が議決をしないときは，衆議院の議決が国会の議決となる（60条２項)。

４）条約の承認

条約の締結は内閣の権限であるが（73条３号)，憲法はこれについて民主的統制を加えるために，国会に条約の承認権を与えた（61条)。衆議院先議の条約について，衆議院が参議院の回付案に同意しなかったとき，または，参議院が衆議院の送付案を否決したときは，衆議院は両院協議会を求めなければならない。また，参議院先議の条約について，参議院が衆議院の回付案に同意しなかったとき，または，衆議院が参議院の送付案を否決したときは，参議院は両院協議会を求めなければならない（国会法85条)。両院協議会は必要的である。両院協議会を開いても意見が一致しないとき，または，衆議院の議決後30日以内に参議院が議決をしないときは，衆議院の議決が国会の議決となる（60条２項・61条)。（→本章**2．1．**（３））

５）内閣総理大臣の指名

内閣総理大臣は形式的には天皇により任命されるが，実質的には国会が国会議員の中から指名の議決を行う（67条１項)。このことは議院内閣制のあらわれである。両議院の指名が一致しない場合，参議院は両院協議会を求めなければならない（国会法86条２項)。両院協議会を開いても意見が一致しないとき，または，衆議院の議決後10日以内に参議院が議決をしないときは，衆議院の議決が国会の議決となる（67条2項）。

6）弾劾裁判所の設置

裁判官は憲法上，職権の独立が保障されており（76条3項），その裏づけとして身分保障が定められている（78条）。その例外として，公の弾劾の制度があり，弾劾裁判所を設けることが国会の権限とされる（64条）。弾劾裁判所は国会の一機関ではなく，独立した憲法上の機関である。弾劾裁判所は両議院から選挙される各7人の裁判員で構成される（裁判官弾劾法16条1項）。裁判員は独立して職権を行い（同19条），国会閉会中も活動することができる（同4条）。

罷免の事由は，①職務上の義務に著しく違反し，または職務を甚だしく怠ったとき，②その他職務の内外を問わず，裁判官としての威信を著しく失う非行があったときの二つである（裁判官弾劾法2条）。誤審といった裁判内容は罷免事由とはならない。裁判の前提として，訴追手続がある。両議院から選挙された各10人の訴追委員で組織する訴追委員会（同5条）が，訴追請求があったとき，訴追，不訴追，訴追猶予の決定を行う（同11条・13条）。なお，訴追の請求は何人も行うことができる（同15条1項）。訴追委員会は必要に応じて調査を行う。

弾劾裁判の手続には，弁護人選任権，口頭弁論，対審・裁判宣告の公開，一事不再理など一般の裁判と同様な手続が用いられる。罷免を可とする裁判の宣告は判決の形式で行われ（裁判官弾劾裁判所規則123条1・2項），この宣告により裁判官はその職を失う（裁判官弾劾法37条）。なお，罷免された裁判官の請求により，資格回復の裁判が可能である（同38条）。

7）財政の統制権

国会の有する財政の民主的統制権として，予算の議決（60条・86条）の他に，財政の処理に対する議決（83条），国費支出・債務負担行為の議決（85条），予備費の議決（87条），皇室費用の議決（88条），決算の審査（90条）がある。（→第18章**3**,**4**,**5**,**6**）

8）その他

国会は，内閣総理大臣が内閣を代表して行う一般国務および外交関係についての報告を受ける権能（72条）と，国の財政状況について定期に，少なくとも毎年1回，内閣による報告を受ける権能（91条）を有する。これらは，国会に対する内閣の連帯責任のあらわれである。

（2） 法律上の権限

法律上の権限としては，たとえば中央選挙管理委員会委員の指名（公選法5条の2第2項），人事官の訴追（国家公務員法8条1項2号），緊急事態の布告の承認（警察法74条）などがある。

2．議院の権能

（1） 議院の自律権

各議院は，その組織，運営，その他議院の内部事項について，外部から干渉されることなく，自主的に決定し，みずから規律を維持することができる。このような議院の自律性が認められるのは，まず，国会が，国民の代表機関として，国民の意思を正しく形成・反映することを要求されるからである。議院の自律権には，自主組織権と自律的運営権がある。

1）役員の選任

議院の自主組織権として，議院は議院の運営上重要な地位にある役員を選任する（58条1項)。役員は，議長，副議長，仮議長，常任委員長，事務総長（国会法16条）である。議員でない事務総長が議院の役員であるかについて争いがあるが，通説は事務方の最高の地位にあり，議長の職務を代行することがあるので，これを認める。なお，選任にあたっては選挙を行う。

2）議員の資格争訟

議院の自主組織権のひとつとして，議員の資格に関する争訟の裁判（55条）がある。国民代表たる国会を構成する議院は正当に組織されている必要があるので，各議院は議員が被選挙権の有無，議席喪失条件など法定の資格要件を満たしているかを独自に判断することができる。資格争訟の裁判で議員の地位を失わせるためには，出席議員の3分の2以上の多数による議決を必要とする。資格争訟の裁判は裁判所では争えない。資格争訟の裁判と司法権との関係につき，そもそも資格争訟の裁判が司法権に含まれうるかについて批判がありうるが，通説は司法権の例外（裁判所法3条）ととらえる。

3）自律的議事手続

議院の自律的運営権としては，定足数や表決数を自律的に判断する権限（56条・57条）がある。問題となるのは，これらの判断を裁判所で争うことができるかということである。法令に対する実質的な違憲審査権を裁判所がもつ以上，定足数や表決数についての形式的審査権は当然に行使できるとの見解や，明白な手続違反については審査できるとの見解もあるが，議院の自律権ということから裁判所では争えないという見解が通説・判例である。最高裁判所は，「両院において議決を経たものとされ適法な手続によって公布されている」法律につき，「裁判所は両院の自主性を尊重すべく同法制定の議事手続に関する……事実を審査してその有効無効を判断すべきではない」としている（警察法改正無効事件―最大判昭37.3.7)。（→第16章**1**．**3**．(３)，第17章**3**．**1**）

４）議院規則の制定

議院の自律的運営権として，議院の内部事項を議院規則に委ねる（58条２項)。議院規則は，「会議その他の手続及び内部の規律」について定める。問題となるのは，第１に，議院規則の所管事項について法律でも定めることができるか，第２に，できるとすれば，法律と議院規則との効力関係をどのように解すべきかである。通説は，議院規則の所管事項についても，国会法のように法律で定めることが可能であり，競合するときは，両議院一致の議決を必要とする法律が優位するとする。これに対して，議院規則が議院の自律権のあらわれである限り，議院規則が排他的所管事項を有し，あるいは，競合しうるとしても，法律と議院規則は同位であるとする見解もみられる。また，「規則」に，両議院一致の決議で制定される両院協議会規程や常任委員会合同審査会規程が含まれるかについて争いがある。

５）議員の懲罰

議院の自律的運営権として，議員懲罰権（58条２項）がある。懲罰の種類としては，①公開議場における戒告，②公開議場における陳謝，③一定期間の登院停止，④除名である（国会法122条)。除名された議員は議員としての身分を失うが，次の選挙で当選した場合，議院はその議員を拒むことはできない（同123条)。議員の懲罰が違法に行われたかどうかを裁判所で争えるかについて，通説は議院の自律権から，裁判所の審査権を否定する。

6）その他の自律権

その他に，国会法は，議員の辞職の許可（同107条）などを定める。

（2） 国政調査権

両議院は，国会の権限を行使するために，国政調査を行う（62条）。調査権の主体は議院であるが，現実には委員会（国会法104条）を中心に行われる。

1）国政調査権の法的性質

国政調査権の法的性質についての見解は，大きく二つに分けることができる。第1の見解は，41条の国権の最高機関としての国会が，国権の発動または統括に任ずるための手段として国政調査権を有するとする（独立権能説）。これは，国会が国権の統括をなすための一方法であり，国政監督のための調査を行うことも可能とされる。第2の見解は，国政調査権は，国会が立法その他の権限を適切に行使できるよう，各議院に認められた補助的な機能にすぎないとする（補助権能説）。独立権能説と補助権能説とは，国政調査権の性質についての説明の点で異なるだけであり，国政調査権の範囲についてほとんど差異はない。最近では，国会の国民代表機関という性質から，国民に対する情報提供も重要であり，国民の「知る権利」（21条）に奉仕するための国政調査権という理解も主張される。

2）調査の方法

調査の方法として，証人としての出頭・証言と書類の提出を求めることが認められている（議院証言法1条）。証人がこれを正当な理由なく拒むときは，出席委員の3分の2以上の多数決により，告発され，刑罰に処せられる（同7条・8条）。証人は弁護士の中から補佐人を選任することができる（同1条の4）。なお，議院外への出頭も認められる（同1条の2）。

3）国政調査権の限界

各議院または委員会は，各議院の権能と合理的な関連性がある限り，行政権の作用や，裁判所の活動について国政調査権を行使できる。しかし，各機関に固有の権能については，三権分立の原理より調査できない。

まず，国政調査権の限界と関連するのが，司法権の独立である。司法権の独立は，公正な裁判の保障を目的とする。そのため，現に裁判所に係属している事件についての調査（並行調査）や，判決の確定した事件についての再審に類するような調査の合憲性が問題となる。前者について，確定判決の前後を基準として，確定判決前の調査は許されないとする立場と，係属中であっても裁判所とは異なる目的での調査，たとえば立法や行政監督のための調査を行うことは許されるとの立場（通説）がある。東京地方裁判所は「捜査機関の見解を表明した報告書ないし証言が委員会議事録等に公表されたからといって，直ちに裁判官に予断を抱かせる性質」をもつとはいえないとした（二重煙突事件—東京地判昭31.7.23）。後者の例として，裁判所の判決の事実認定と刑の量定を批判することが，国政調査権の発動として行われた浦和充子事件がある。このような調査は裁判官の裁判活動に直接影響を及ぼすものである限り許されない。裁判と関連する準司法的性格をもつ検察事務についても，司法権の独立との関係で考える必要がある。（→第16章**3．2**．(2) 2)）

次に，国家公務員法100条による公務員の「守秘義務」と国政調査権の関係が問題となる。本人または公務所が職務上の秘密であると申し立てたときは，当該公務所またはその監督庁の承認がなければ，証言・書類の提出を求めることができない（議院証言法５条１項）。当該公務所または監督庁が承認しない場合，その理由を疎明しなければならない（議院証言法５条２項）。その理由を議院などが受諾できないときは，内閣に証言などが「国家の重大な利益に悪影響を及ぼす」旨の声明を要求できる（議院証言法５条３項）。内閣の声明があれば，証人は証言や書類の提出は必要とならない。

最後に，国政調査権により国民の人権を侵害することも許されない。証人は自己またはその配偶者，特定の親族などが刑事訴追，有罪判決を受けるおそれのあるとき（議院証言法４条）をはじめ，内心の自由を侵害する思想調査とかプライバシー・名誉に関する調査には，正当の理由（同７条１項）があれば出頭，証言や書類の提出を拒否できる。

（3） その他の権能

各議院は，合議制をとる委員会などについて，民主的な運営を確保するために，委員などの任命の同意権を有する。たとえば，会計検査院の検査官，人事院の人事官，公正取引委員会の委員長・委員，また，日本銀行の総裁・副総裁・政策委員会審議委員について行われている。なお，これらに衆議院の優越はない。

第15章

内　　閣

1. 国家作用としての行政

1．「行政権」の意味

（1）　実質的意味での行政

日本国憲法は，明治憲法とは異なり内閣の章を設け，内閣を憲法上の制度とした。憲法65条は「行政権は，内閣に属する」とし，国家統治が国会・裁判所と内閣に区別されていることを確認している。65条の「行政権」とは日本国憲法の英語版ではExecutive Power（「執政権」）とされており，72条・73条で用いられる「行政」（Administrative）とは異なった内容を含んでいる。ここには「法律を執行する」だけでなく，法律から自由な国家政策に与る国家作用を含んでおり，これを実質的な意味での行政とし，これの担い手として内閣があることを明らかにしている。「行政国家」といわれるように，国家の果たすべき役割が大きくなった今日にあって，行政は立法や裁判と比べて相対的に広範な内容を包含し，そのかぎりで行政を定義付けることは困難を極めてきた。

1）消極説

行政を定義付けることの困難さから，権力分立を前提とし，「行政権とは，国家作用の全体から立法権と司法権を差し引いた残りの作用」とする，いわゆる「控除説」が通説としてある。この説が有力となったのは，①他の国家機関の内容が比較的明確になりうること，②君主権限からの独立が，立法から始まって次に司法権に及んだ歴史を説明できること，にあった。さらに，控除説の応用として，広義の行政権から政策決定の部分を除外し，民主的な統制に服する部分を狭義の行政権とし，これを他の立法権・司法権と区別する考え方もある。しかし，すでに記したように65条の行政権は本来的には広範な内容を予定しており，ここに狭義の行政権のみを想定することはできない。

2）積極説

行政を積極的に定義する努力は，近代における行政の積極的な役割に注目して以下のような各種の定義を試みている。①国家目的との関係で，「法のもとに法の規制を受けながら，現実に国家目的の積極的実現をめざして行われる，全体として統一性をもった継続的な形成的国家活動」（田中二郎）とするもの。②公共性に着目し，行政を「公共事務の管理・実施」とするもの。また，③行政の行為類型を分析しその範囲を確定し，さらにこの中で法律に拘束されるものと，法律から自由なものとを区分する考え方もある。しかし，この場合にあっても，一義的な行政の定義を放棄していることには変わりがない。ただし③の考え方を応用すれば，狭義の意味での行政が，一般的・抽象的な法の執行作用であることは確かである。

（2） 形式的意味での行政

65条の趣旨からして，一般に内閣の統轄下にある行政機関のあらゆる権限を総称して，「形式的意味での行政」とされる。すでに述べた実質的意味での行政だけでなく，憲法が認めたかぎりで，実質的な立法（たとえば，命令の制定）や司法（前審としての裁判）を行うことも認められている。73条はその具体的な例の現れである。

2．独立行政委員会の本質

65条の解釈から，内閣があらゆる行政権を行使しなければならないわけではない。内閣の下に，さらに行政各部が置かれ，内閣からのコントロールを受けることになる。内閣に指揮監督権が留保されている（72条後段）のは，広範な内閣の権限とその責任対応を意味している。

その性格からして本来的に独立を特性とする機関が，現憲法下でアメリカ法の影響によって設定されている。設立の目的は，行政の中立化・効率化を図ろうとしたことにある。それが「独立行政委員会」であり，行政権限を行使するだけでなく，準立法・準司法権限を有しており，行政の相対化を意図していた。独立行政委員会とは，各種の法律によって形成され，政治的・行政的中立作用または専門性をもつ行政事務を行う機関である。たとえば，人事院（国公法３条），公正取引委員会（独禁法27条），国家公安委員会（警察法４条），労働委員会（労組法19条）等がある。ここでの問題は，その特性としての独立性が，65条に違反しないかにある。

一般に，独立行政委員会の憲法違反を指摘する議論は少ない。その広範な行政権限を相対化するためには，内閣の指揮監督権をゆるやかに解することが現実に合っていることや，行政の中立・専門性を活かすためには，むしろその独立性が必要と解されるからである。そして，独立行政委員会が内閣および各大臣の「所轄」の下に置かれているかぎりで，それは，65条には抵触しないと思われる。人事院に関して，65条の文言が「すべて」行政権が内閣に属するとはなっていないことを根拠にして，これを合憲とした下級審の判断がある（福井地判昭27.9.6）。（司法権との関係→第16章**1**.**1**.（３），立法権との関係→第14章**1**.**3**.（２）１））

３．行政の情報公開

地方公共団体における情報公開に遅れて，国の「行政機関の保有する情報の公開に関する法律」（情報公開法）が，2001年に施行された。この法の立法目的に関して「知る権利」（→第８章**4**）の導入が主張されたが，１条の目的条項では「国民主権の理念」に留まることとなった。しかし，多量の情報を保持している行政各機関に対して，国民がその関心ある利益に関して情報の公開を請求できることになった意味は大きい。行政手続の透明化を図る「行政手続法」と一体となって，国民が広く行政に関わる余地が広がったことになる。

2.　内閣の権限

１．73条に列挙された行政

内閣の有する主要な権限のうち，重要なものが73条に列挙されている。これらは７条の天皇の国事行為と概ね重なるものであり，明治憲法では天皇の大権とされていたものである。7条との関係では73条が実質的根拠規定の一部となる。

（1） 法律の誠実な執行と国務の総理（1号）

法律の執行は行政の実質的な行為である。さらに誠実さが求められているのは，執行行為の判断にあたって，そのまま法令を遵守することが求められているのであり，司法府による違憲という判断がでるまでは，合憲の推定をもって行為しなければならない。後段の国務を総理するとは，法律を執行する機能だけでなく，さらに進んでこれを積極的に解し，内閣が国政全般に関して最終的な責任を負うということも意味し，41条との均衡を保つことと解される。

（2） 外交関係の処理（2号）

3号の条約の締結を除く広範な外交事例を扱うことであり，法律の執行というよりは，政策判断に委ねられた処理ということになる。国際慣行に依拠する部分でもある。

（3） 条約の締結（3号）

条約とはその名称にかかわりなく，国家間の合意内容を文書にしたものである。憲法では，その締結手続に関して立法機関を適宜関与させることによって，条約の国内法化を図ることにしている。3号但書にある事前ないしは事後による国会の承認はそのことを明らかにしている。内閣は条約の承認を国会に求めるが，その手続は60条2項を準用するとあるので，予算と同様に国会の承認について衆議院の優越が認められている（60条）。内閣は交渉から始まって，署名，批准，批准書の交換または寄託の手続において，政治的な責任をもってあたることになる。想定しうる困難な事例は，事後の国会の承認がえられなかった場合である。一般に国内法上は無効とされるが，国際法上は考え方が分かれている。国際法の安定性を考慮するならば，重大な事例を除いて有効なものと判断するのが妥当であろう。(→第20章**1．2．**(2)7))

（4） 官吏に関する事務の掌理（4号）

本号にある「官吏」とは公務員一般をさすのではなく，内閣の指揮監督下にある国の行政機関に属する者を意味する。地方公務員は除かれ，国家公務員法にある特別職のうち，もっぱら立法・司法にかかわる公務員（国会議員，国会職員，裁判官，裁判所職員）も除外される。

（5）予算の作成（5号）

条約と同様にして，予算の作成権と国会への提案権は内閣にある。(→第18章4.1参照)

（6） 政令の制定（6号）

一般に行政機関の制定する法形式は「命令」とされ，このなかで内閣の制定するものが「政令」とされる。行政機関を統轄するのが内閣であるから，内閣の制定する政令は他の命令に対しては上位規範の性格をもつことになる。なお，明治憲法において認められていた，法律に代わって発せられた「緊急勅令」(旧8条)，法律の存在とは関係なしに制定された「独立命令」(旧9条）は，現憲法では認める余地はない。命令として存立しうるのは法律を執行するための「執行命令」，あるいは法律に委任された事項を定める「委任命令」があるにすぎない。

命令には上記のような限定がなされている関係で，特に委任の形式や内容について，次のような限界が導かれてくる。第1に，委任は個別・具体的になされなければならず，白紙委任のような形式は認められない。第2に，特に命令に罰則を設ける場合には，31条が内容とする罪刑法定主義との関係で，具体的な委任が求められている（最大判昭27.12.24)。第3に，政令への委任をさらに命令に委任する，「再委任」が認められるかどうかが問題となる。判例は，再委任の範囲がごく限定されていれば問題がないとした（最大判昭33.7.9)。この委任関係は法律内容に適合している必要があり，たとえば，婚外子が認知を受けた場合に児童扶養手当を支給しないとした同施行令は，同法の「委任の範囲を逸脱した違法な規定として，無効」との判断がある(最判平14.2.22)。

（7） 恩赦の決定（7号）

恩赦法によって具体化されているが，その運用については抑制的になされなければならない。

2．憲法に規定されたその他の権限

（1） 天皇の国事行為との関係で生ずる権限

象徴天皇制を形作るために，内閣は天皇のすべての国事行為につき，助言と承認を与える権限を有している（3条)。この条項からして，天皇の国事行為の実質的決定権は内閣にあり，天皇の拒否権はなく，また，権限行使の最終責任は内閣が負うことになる。(→第4章**4．2，3**）

（2） 国会との関係で生ずる権限

内閣は，国会の臨時会の召集決定権（53条)，参議院の緊急集会の請求権(54条2項但書き)，国会への議案提出権（72条）がある。異論もあるが，72条の「議案」には，予算案や条約案も含まれ，さらに，法案も含まれていると解される。この権限は法律に明記されており（内閣法5条)，議院内閣制が採用されているかぎりで，当然の権限といえよう。実際に，内閣提出法案が成案となる割合は，議員提出法案よりもはるかに高い。

（3） 衆議院の解散権限

衆議院にのみ解散があり，その解散により4年の任期満了以前にその構成員は身分を失い，総選挙の効果が生ずる。憲法上で認められている手続では，衆議院が（野党提出の）内閣不信任案を可決するか，または逆に（与党提出の）信任決議案を否決した場合に内閣は解散を決することになる（69条)。

この69条で明記された場合以外に，内閣は任意に衆議院を解散できるかどうかについては学説上分かれており，また，この点は議院内閣制の本質理解との関係で議論されているところである。内閣以外に議会が自主解散できるとする考え方もあるが，この点は憲法の条文に明記されていないことであり，議員の身分を保障しなければならない趣旨からするならば，議会の解散を決定しうるのは内閣にかぎられると解すべきである。

内閣による解散が認められる根拠は以下のように分かれている。①解散が認められるのは69条の場合にかぎる（69条限定説)。②内閣の助言と承認を受けて，7条3号を根拠にして解散がなされる（7条説)。③権力分立ないし議院内閣制に根拠を求める（制度説)。④65条の行政の本質に根拠を求める(行政本質説)。②から④は衆議院の解散を非限定的なものとしている点で同様であるが，②がこれまでの解散の慣行となっている。しかし，必要な理由もなく解散が繰り返され，安定した議会の運営が阻害される恐れがあるところから，解散を限定する主張がなされるようになった。たとえば，解散の時期や事由を問題とする議論がそれである。憲法ではこの点も明瞭ではなく，一般には議院内閣制の本質からして無限定であると解されているが，最高裁判所はいわゆる統治行為の理論を用いて，解散権の所在に関する明確な判断を避けている（苫米地事件―最大判昭35.6.8）。

（4） 裁判所との関係で生ずる権限

内閣は，最高裁判所の長たる裁判官の指名権（6条2項），それ以外の最高裁判所裁判官の任命権（79条1項），下級裁判所裁判官の任命権（80条1項）を有する。

（5） 財政権限

予算作成権限とは別個に，内閣には財政上の権限として，予備費の支出（87条），決算の国会への提出（90条），財政状況の報告（91条）がある。

3. 議院内閣制

1．意 義

議院内閣制は，一般には，権力分立制との関係で，立法府（議会）と行政府（内閣）とを分立させながら，両者の政治的な一致（成立と存立関係）を制度化した構造として定義される。この制度は，歴史的には立憲君主制のなかで形成され，やがて君主権限を名目化することによって，行政府に対しても議会による実質的な統制を図ろうとしたものである。イギリスを淵源とし，今日では世界中の多くの憲法において採用されるようになった。その特徴は，内閣の成立に議会がかかわり，内閣の存立が国会の信任を必要とするだけでなく，議会と内閣は相互に独立しつつもその存立から権限行使にまでその関係は密接であり，アメリカに代表される大統領制と比べて安定的である。

2．議院内閣制の類型

議院内閣制は近代議会史のなかで徐々に形成されてきたものであり，その特質を何に求めるかによってさまざまなタイプに区分される。その最も典型的な形はイギリス型とフランス型に区分され，議会解散権の有無がこれを区分する基準とされた。イギリスにあっては議会（下院）に対する対抗手段として内閣が議会解散権を有し，両者の均衡関係が重要視されてきた（均衡本質型）。第３共和制下のフランスでは，内閣による議会解散権が制限され，内閣の議会に対する責任が重視されることになった（責任本質型）。

３．日本国憲法における議院内閣制

日本国憲法における議院内閣制の徴憑（ちょうひょう）は，以下の条文によって明らかである。それは，内閣の国会に対する連帯責任（66条３項），衆議院による内閣不信任決議（69条），国会による内閣総理大臣の指名（67条），国務大臣の過半数が国会に議席を有すること（68条），国務大臣の議会出席の権利と義務（63条），といった条文である。

この議院内閣制が均衡本質型なのか責任本質型なのかは争いのあるところであり，それは議会の解散権理解と関係して争われてきた。解散権が７条を根拠にして無制限に行使されてきたことに鑑みれば，均衡型の類型に属することになろう。さらに，均衡本質説からは，責任本質説のいう「責任」という形式が政治的に対応されるものに過ぎないことへの批判がなされる。他方で，責任本質説は内閣の議会への依存を強調する。しかし，両説は相互に排他的なものではなく，内閣と議会の相互の関係を別の視点から眺めた分析によるものなので，議院内閣制には「均衡と責任」の両要素が内在していると考えられる。

4.　内閣の組織

１．歴史的展開

明治維新以来，国家統治の構造は変化し続けてきた。明治憲法の成立をもって，極めて特殊な議院内閣制が成立したが，内閣は憲法上の機関とはされなかった。総理大臣は同輩中の首席の地位しかもたなかったのである。日本国憲法の成立によって内閣は初めて憲法上で認知されたことになる。内閣は，「その首長たる内閣総理大臣及びその他の国務大臣で」組織された合議体となった（66条１項）。内閣の構成員は内閣法に規定されるところであるが，行政の効率化と内閣機能および首相権限の強化を図った行政改革の結果，

1999年の改正によって，国務大臣の数は14人以内とされ，特に必要がある場合には17人以内とすることができるとされた（内閣法2条2項。現在では，復興大臣と東京オリンピック担当大臣の2人が追加されている［附則2項・3項］)。行政改革に伴い内閣府の設置および内閣官房の強化がなされ，さらに行政組織の大幅な改変を経て，11省に統廃合された（国家行政組織法の別表第1）。

2．内閣の構成

内閣総理大臣は，国会が指名し（67条1項），天皇が任命する（6条1項)。その他の国務大臣は内閣総理大臣が任命し（68条1項），天皇が認証する（7条5号)。なお，国務大臣の過半数は，国会議員でなければならない（68条1項)。また，憲法は，内閣総理大臣と国務大臣の要件として，「文民」であることを定めている。この「文民」(civilian)（66条2項）とは，職業軍人とは反対概念として使用されてきたが，日本国憲法では9条の平和主義との関係でこの文言の解釈は分かれている。憲法制定者の意図からして，文民とは旧憲法下で職業軍人であったものを排斥することにあったはずである。ところが自衛隊の存在を前提にして，この状況は変化した。自衛隊の違憲性からして自衛官の存在を9条との背理とすれば，憲法制定者の意図と同一になる。しかし，自衛隊の事実としての存在を認めることになれば，文民とは現職の自衛官ではないものという結論になる。

3．内閣総理大臣の地位と他の大臣との関係

内閣総理大臣は内閣の首長であり（66条1項)，他の国務大臣に優位し，内閣を統率する地位にあることを意味する。この優位性は内閣の内だけではなく，行政組織の全体に及び，さらに機能的には内閣の外にまでも及ぶことになる。したがって，内閣総理大臣は，内閣を任意に組織し維持する権限を有することになる。憲法は総理大臣が国務大臣を任命し（68条1項)，罷免する（同2項）と規定するだけであり，その具体化は時の総理大臣に委ねられることになる。

その他に総理大臣が各大臣に優位しているものとして，内閣を代表した国会への議案提出権（72条)，行政各部の指揮監督権（同条)，法律・政令への連

署権（74条），国務大臣の訴追同意権（75条）などがある。内閣法にある閣議の主宰権も（4条2項），内閣の一体性を示しながら，総理大臣のリーダーシップを保障したものである。総理大臣のこうした指揮監督権の範囲が争われたロッキード丸紅ルート事件の最高裁判所の判決によれば，総理大臣は「少なくとも，内閣の明示の意思に反しない限り，行政各部に対し，随時，その所掌事務について一定の方向で処理するよう指導，助言等の指示を与える権限を有する」とされている（最大判平7.2.22）。

4．国務大臣の地位

国務大臣は内閣を構成するだけでなく，主任の大臣として所轄の省庁の長としての地位を有し，主任の大臣として法律・政令への署名権を有する（74条）。ただし，所轄をもたない無任所大臣を設けることもできる（内閣法3条2項）。国務大臣の他の権限として，議院への出席・発言権がある（63条）。また，国務大臣は，総理大臣の同意がなければ訴追されない特権をもつ（75条）。

5．内閣の責任とその効果

内閣は，行政権の行使について，国会に対して連帯して責任を負う（66条3項）。明治憲法と異にし，内閣の連帯責任を明記したのは，議院内閣制を徹底したことによるものであるが，この責任とは政治的な責任を意味している。さらに，総理大臣および個々の国務大臣がその管轄事項に関して個人的な責任も負う場合がありうる。

内閣が一体であることの結果，内閣構成員全体が同時に辞職する場合があり，これを内閣の総辞職という。内閣は任意に総辞職することができるが，その他憲法で予定しているのは以下の場合である。それは，①衆議院で内閣不信任案が可決または信任案が否決された後，10日以内に衆議院が解散されなかった場合（69条），②内閣総理大臣が欠けた場合（70条），③衆議院議員総選挙後初めて国会が召集された場合（70条）である。

内閣の不存在は認められないので，総辞職後も新たな総理大臣が任命されるまで，内閣はその職務を行うことになっている（71条）。

第16章

裁　判　所

1. 司 法 権

1．意　義

（1）　日本国憲法における司法権

明治憲法では，統治権の総攬者たる天皇の下で，裁判所は「天皇ノ名ニ於テ」司法権を行使するものとされていた（57条）。また，司法権は，民事・刑事事件の裁判のみをさし，行政事件の裁判は行政権に属する行政裁判所の管轄であった（61条）。そして，特別の身分にある者の特別裁判所（たとえば，軍法会議）も存在した（60条）。さらには，裁判官には一定の身分保障はあった（58条2項）が，その任免は天皇の任免大権によった。

これに対して，日本国憲法は，「すべて司法権は，最高裁判所及び法律の定めるところにより設置する下級裁判所に属する」（76条1項）と規定する。この規定は，権力分立制の下で，最高裁判所を頂点とする裁判所が司法権行使の主体であることを明らかにしている。また，民事・刑事事件のみならず行政事件も裁判所の管轄とされ，特別裁判所は禁止された（76条2項前段）。さらに，裁判官の身分保障（78条）を定めるとともに，職権の独立（76条3項）も明文化された。

（2）　司法の一元化

英米法系では，行政事件の裁判が司法の範疇に入るのに対して，フランス，ドイツ法系では行政事件は伝統的に司法裁判所とは別系列の行政裁判所に属するとされていた。明治憲法の司法権はドイツ法の影響を強く受け，司法権とは，民事・刑事事件の裁判権をさし，行政事件の裁判は司法権に属さない行政裁判所の管轄であるとされていたが，日本国憲法では，アメリカ法の影響を受け，民事・刑事・行政の事件に関する裁判権を意味する。このようにすべての裁判権が司法裁判所によって独占されたこと（司法の一元化）は，特に明治憲法下の状況と比べて，国民の裁判を受ける権利および公正な裁判の実現にとって重要かつ積極的な意味がある。

（３） 特別裁判所・行政機関による終審裁判の禁止

憲法は司法権が司法裁判所に統一的に帰属するという原則を徹底し，すべての国民に裁判を受ける権利を等しく保障するために，特別裁判所（最高裁判所の系列に属さない，特殊の人または特殊の事件について終審として裁判を行う裁判所）を禁止する（76条２項前段)。家庭裁判所は，「特別裁判所」ではない（最大判昭31.5.30)。

また，76条２項後段は行政機関による終審裁判を禁止している。逆に言えば，行政機関も前審として判断を下すことができる。さらには，現代の積極国家においては，一定の事項についてその専門的・技術的な性質や速やかに事件を裁定する必要から行政機関が審判・審決・裁決を行うことも要請される。これら行政機関が前審としてなした審判の結果は，裁判所を拘束しない。しかし，前審としての行政機関の認定した事実が，実質的証拠により立証されるときには，裁判所の判断を拘束することがある（実質的証拠の原則)。実質的証拠により拘束されるか否か自体は裁判所が決定することができる故に，実質的証拠の原則は76条２項に違反しないとされている（東京高判昭28.8.29)。

２．司法権の意味（司法権の範囲）

「司法権」には，形式的意味と実質的意味がある。

実質的意味の司法権とは，具体的な現実的利害対立（紛争）を法規を適用して公権的に裁定し，これによって社会秩序の維持をはかることを目的とした国家作用を意味する。司法権の一般的な歴史的沿革に照らしても，また日本国憲法に強い影響を与えたアメリカ合衆国の司法観念に照らしても，事件性を司法権の中核として考えることができる。ここでいう事件性とは，紛争当事者間に法律関係に関する現実的・具体的な利害の対立が存在するということであり，そのような性質を備えない抽象的・一般的ないしは仮想的な紛争には司法権は及ばない。

憲法76条１項を受けて，裁判所法は，弾劾裁判（憲法64条・78条）や議員の資格争訟の裁判（憲法55条）のように憲法に特別の定のある場合を除いて，裁判所が「一切の法律上の争訟を裁判」するとしている（３条１項）。

最高裁判所は，教育勅語が憲法に違反しない旨の確認等を求める訴訟において，「法律上の争訟」を「当事者間の具体的な権利関係ないし法律関係の存否に関係する紛争であって，且つそれが法律の適用によって終局的に解決し得べきもの」とした上で，当該事件についてはその両者が欠けているとした（最判昭28.11.17，警察予備隊違憲訴訟―最大判昭和27.10.8参照〔Ⅰ〕）。さらに，最高裁判所は，村議会の予算の議決の無効確認を求める訴訟（最判昭和29.２.11）では前者の要件を欠き，技術士国家試験の合否の判定が争われた訴訟（最判昭41.2.8）では，後者の要件を欠くとして，それぞれ「法律上の争訟」に当たらないとしている。なお，資質・学力の有無の判断は法的判断可能性を欠き審査権は及ばないが，それ以外の「他事考慮」の存否・適否の判断については具体的に法令を適用して裁量権の逸脱・濫用を判断することができる（群馬大学医学部事件―東京高判平19.3.29参照）。

以上のように，「法律上の争訟」に当たるためには，①具体的事件性と②法的解決可能性という二つの要件が必要とされる。たしかに，このような要件を満たす場合に裁判所が判断しないときには，裁判を受ける権利（32条）の侵害となり，その意味でこれらの要件は憲法の司法の基本的要素ではあるが，司法権の任務（範囲）をこれに限定するのは妥当でない。すなわち，個別具体的な国家行為を媒介しない純然たる抽象的審査は憲法上認められないが，それ以外であれば，二つの要件に該当しない事項についても，たとえば客観訴訟のように，法律で司法権の任務（範囲）とすることは許容されていると考えてよい。

なお，最高裁判所およびその他の裁判所には，与えられた司法権をより有効に行使するため，あるいは司法権の独立を守るために，実質的意味の司法権以外の権限も与えられている。これを形式的意味の司法権という。形式的意味の司法権とは，裁判所に属する国家作用を指し，そこには実質的意味の立法（最高裁判所の規則制定権―77条）や実質的意味の行政（司法行政作用―

裁判所法80条および行政処分の執行停止―行政事件訴訟法25条2項）が含まれる。

3．限　界

「法律上の争訟」の二つの要件を具備し司法権の範囲に属するものであっても，他の理由から司法審査の対象とならないものがある。これらは一般に「司法権の限界」として説明されている（ただその中には，本来司法作用に属するといえるかどうか微妙なものもある）。各議院による議員の資格争訟の裁判（55条）や国会による裁判官の弾劾裁判（64条）のような憲法が明文で他の国家機関に委ねたもの，国際法上の制限の他，団体の内部事項，国会・内閣の自律的決定事項，立法機関・行政機関の裁量行為，統治行為などが，「司法権の限界」として司法審査の対象から除外される。

（1）　団体の内部事項

最高裁判所は，地方議会の議員の懲罰（村議会議員の出席停止）に関連して，自律的な法規範をもつ社会ないし団体では，当該規範の実現を内部規律の問題として自治的措置に任せ，司法裁判権の対象の外におくことを相当とするものがあるとして，地方議会の議員の懲罰のうち除名と出席停止をわけ，前者については裁判権は及ぶが後者には及ばないとした（最大判昭35.10.19）。また，大学における単位認定行為が問題となった富山大学事件でも，「一般市民社会の中にあってこれとは別個に自律的な法規範を有する特殊な部分社会における法律上の係争のごときは，それが一般市民法秩序と直接の関係を有しない内部的な問題にとどまる限り，その自主的，自律的な解決に委ねるのを適当とし，裁判所の司法審査の対象にはならない」（最判昭52.3.15）とする。

このような考えを「部分社会の法理」という。たしかに，裁判所は団体の内部事項については，その自律性を尊重するという原則の下で慎重に審査権を行使しているが，これらすべてを「部分社会の法理」という形で一律に処理しているわけではなく，むしろ，各団体の目的，性格，機能から個別具体的に審査権の範囲と限界が検討されている。

宗教団体内部の争いについては，憲法20条の信教の自由から導かれる「宗教上の結社の自由（宗教団体内部の自治）」，裁判所の宗教的中立性の観点か

ら，審査対象が限定される。(→第７章**2. 3**)

最高裁判所は，当初，住職たる地位など純然たる宗教上の地位自体の争いは法律上の争訟ではないが，それが他の具体的権利・法律関係をめぐる紛争につき請求（不動産等の引渡請求，代表役員の地位確認等請求）の当否を判定する前提問題となっている場合には，その判断の内容が宗教上の教義の解釈にわたる場合でないかぎり，宗教上の地位について原則として審査権を有するとしていた（銀閣寺事件―最判昭44.7.10，種徳寺事件―最判昭55.1.11，本門寺事件―最判昭55.4.10)。後に最高裁判所は，具体的な権利義務・法律関係に関する紛争であっても，宗教団体内部においてなされた処分の効力が請求の当否を決する前提問題となっており，信仰の内容に立ち入ることなくしてその効力の有無を判断することができず，しかも，その判断が当該訴訟にとって必要不可欠のものである場合には，その訴訟は，その実質において法令の適用による終局的解決に適しないものとして，「法律上の争訟」に当たらないとした（蓮華寺事件―最判平1.9.8，教覚寺事件―最判平4.1.23，日蓮院事件―最判平3.7.20，日蓮正宗管長事件―最判平5.9.7，大経寺事件―最判平14.2.22)。

また，板まんだら事件において最高裁判所は，寄付金返還請求の可否が教義をめぐる争いを前提とし，かつ信仰の対象の価値ないし宗教上の教義に関する判断が必要不可欠で，かつ，訴訟の争点及び当事者の主張立証もかかる判断に関するものがその核心となっている場合には「法律上の争訟」に当たらないとした（最判昭56.4.7)。

大学の場合は，憲法23条の学問の自由から導かれる大学の自治との関係で，審査権が限定される。最高裁判所は，富山大学事件において，国公立であると私立であるとを問わず大学では，一般市民法秩序と直接の関係を有する問題（専攻科修了の認定）は審査の対象となるが，直接関係のない内部問題（単位の授与）は審査の対象から除外されるとした。昭和女子大事件では，学生の退学処分が司法権の対象となることを前提に，学校側に広い裁量権を認めている（最判昭49.7.19)。(→第７章**3. 3.**(１))

政党内部の争いについては，議会制民主主義における政党の地位と結社の自由という観点から，審査権が限定される。政党が純粋に私的な団体である宗教団体とちがって公的存在であることに重点を置く立場からはある一定程度の積極的な審査が要請されるが，政党が私的結社であることに重点を置く立場からは消極的な審査のみが求められる。党の除名処分と家屋の明渡請求が争われた事件において，最高裁判所は，政党が党員に対してした処分が一般市民法秩序と直接の関係を有しない内部的な問題にとどまる限り，裁判所の審査権は及ばず，その処分が一般市民としての権利利益を侵害する場合であっても，右処分の当否は，当該政党の自律的に定めた規範に照らし，適正な手続に則ってされたか否かによって判断されるべきであるとした（最判昭63.12.20。なお，日本新党繰上補充事件―最判平7.5.25参照）。（→第14章**1．1．（3）2**））

労働組合の統制権について，最高裁判所は，憲法28条の趣旨に照らして他の組織団体とは区別された自律性をみとめ，統制権の行使が合理的範囲内である限りは裁判所の審査は及ばないとした上で，公職選挙における立候補の自由は，憲法（15条１項）の保障する極めて重要な権利であり，統制権の行使の必要性と立候補の自由の重要性を比較衡量すれば，勧告・説得を超える統制権の行使は，統制権の範囲を超えるとした（三井美唄炭鉱労組事件―最大判昭43.12.4）。（→第12章**5．3**）

（２） 裁量行為

立法機関や行政機関は，法の定める範囲においていかなる行為をなすかについて最終的な決定権を有するので，その範囲内の行為（裁量行為）に対しては審査権は及ばない。専門技術的な判断（専門技術的裁量）および総合的政治的な判断（政治裁量）の要請から行政機関には「行政裁量」が，立法機関には「立法裁量」が認められる。

いわゆる朝日訴訟において，最高裁判所は，憲法25条１項の「健康で文化的な」生活水準が，多数の不確定的要素を総合的に考慮して初めて国会が決定できる抽象的な相対概念であり，法律の規定を実現するための厚生大臣（当時）の判断も，合目的的な裁量（自由裁量）であり，政府の政治責任が問われるとしても，直ちに違法の問題を生ずることはないとした（最大判昭42.5.24〔8〕，さらに，郵便貯金目減り訴訟―最判昭57.7.15，マクリーン事件―最大判昭53.10.4〔23〕，よど号ハイジャック新聞記事抹消事件―最大判昭58.6.22参照）。サラリーマン税金訴訟では，最高裁判所は「国民の租税負担を定めるについて，財政・経済・社会政策等の国政全般からの総合的な政策判断を必要とするばかりでなく，課税要件等を定めるについて，極めて専門技術的な判断を必要とすることも明らかである。したがって，租税法の定立については，……立法府の政策的，技術的な判断にゆだねるほかはなく，裁判所は，基本的にはその裁量的判断を尊重せざるを得ないものというべきである」としている（最大判昭60.3.27，さらに，堀木訴訟―最大判昭57.7.7〔26〕，議員定数不均衡訴訟―最大判昭39.2.5・最大判昭51.4.14〔20〕参照)。

（3） 国会・内閣の自律的決定に属する事項（自律権）

議院役員選任権（58条1項)，議員の資格争訟の裁判権（55条)，議員逮捕許諾・釈放要求権（50条）などの「自主組織権」，また議院規則制定権（58条2項前段)，議員懲罰権（58条2項）などの「自律的運営権」のような国会の組織内部の自律的な決定事項や，閣議のような内閣の意思決定に関する事項については，自律的判断によって決定したものが最終決定となり，裁判所の判断は及ばないとみるべきである。(→第14章**3．2**.（1）3)，第17章**3．1**)

（4） 統治行為

統治行為とは，通常，国家統治の基本に関する高度に政治性のある国家行為であってその法的判断が可能であるにかかわらず裁判的審査の対象から除外される行為と定義される。統治行為は，公権力の発動に対する裁判的統制が高度に発達した国においてはじめて判例上みとめられるようになったものである。したがって，実定法上統治行為を裁判所の審査の対象外におく明文がないことを根拠に，統治行為を否定することはできない。

通説・判例は統治行為を承認するが，その根拠としては，自制説と内在的制約説がある。自制説は，統治行為にあたる国家行為が審査され違憲無効とされてもその執行が不可能か，あるいは可能としてもこれによって社会的混乱，対外的国家意思の分裂などの重大な障害が生じることを根拠とする。また，内在的制約説によれば，統治行為にあたるような国家行為は，憲法の民主制の原理からすれば，内閣または国会の権限に属し，国民の批判と監視の下に解決されるのが適当であり，これは司法の本質に内在するものとされる。しかし，最初から統治行為に当たる国家行為を一般的に画定するのではなく，権利救済の必要性とこの種の行為に対する違憲審査制度・手続からくる限界を個別具体的に検討することが必要である。つまり①直接には国民の，間接には政治部門の判断に委ねるのが妥当であり，②裁量論，政治部門の自律権等によっても説明がつかず，③情報収集能力や判断基準等からみて裁判所の判断能力に限界があり，また④様々の判決形式の応用によっても混乱等が回避できないような事項が統治行為ということになる。

最高裁判所は，砂川事件において，裁量論と統治行為論を併せた形で議論を展開した。それによれば，わが国の存立の基礎に極めて重大な関係をもつ高度の政治性を有する旧安保条約が違憲か否かの法的判断は，その条約を締結した内閣およびこれを承認した国会の高度の政治的ないし自由裁量的判断と表裏をなす点が少なくなく，「一見極めて明白に違憲無効であると認められない限りは，裁判所の司法審査権の範囲外のものであ」る（最大判昭34.12.16〔3〕)。また，苫米地事件では，衆議院の解散について内在的制約説による統治行為論を展開し，「かかる国家行為は裁判所の審査権の外にあり，……最終的には国民の政治判断に委ねられているものと解すべきである。この司法権に対する制約は，結局，三権分立の原理に由来し，当該国家行為の高度の政治性，裁判所の司法機関としての性格，裁判に必然的に随伴する手続上の制約等にかんがみ，……司法権の憲法上の本質に内在する制約と理解すべきである」とした（最大判昭35.6.8)。

2.　裁判所の組織と運営

司法権は，最高裁判所および下級裁判所が行使する。

1．最高裁判所

最高裁判所は，民事・刑事・行政事件の訴訟についての終審裁判所である（81条，裁判所法7条)。

（1）　最高裁判所裁判官

最高裁判所は，長たる裁判官（最高裁判所長官）と法律（裁判所法5条1項・3項）の定める14名の裁判官（最高裁判所判事）からなる（79条1項)。長官は，内閣の指名に基づき天皇が任命する（6条2項)。その他の裁判官は内閣が任命し（79条1項），天皇が認証する（7条5号）。定年は70歳（79条5項・裁判所法50条）で任期はない。

（2） 大法廷と小法廷

最高裁判所には，裁判官全員（15人）で構成され9人以上の裁判官の出席で審理・裁判をなしうる大法廷と，裁判官5人から構成され3人以上の出席で審理・裁判をなしうる小法廷がある。小法廷で意見が同数で対立したとき，および小法廷が大法廷で裁判することを相当と認めるとき（最高裁判所事務処理規則9条）には大法廷で審理される。そして，次の場合には大法廷に専属する。①当事者の主張に基づいて，法律・命令・規則または処分が憲法に適合するかしないかを判断するとき（意見が前に大法廷でした，その法律・命令・規則または処分が憲法に適合するとの裁判と同じであるときを除く），②上の場合を除いて（職権で），法律・命令・規則または処分が憲法に適合しないと認めるとき，③憲法その他の法令の解釈・適用について，意見が前に最高裁判所のした裁判に反するとき（裁判所法10条）。なお，裁判所における合議は過半数であるが，違憲判断を下す場合には8人以上の裁判官の意見の一致が必要とされる（最高裁判所事務処理規則12条）。

（3） 司法府の独立

最高裁判所には，①司法権の組織・運営（司法行政）に関する権限（裁判所法12条），②規則制定権（77条），③下級裁判所の裁判官の名簿作成権（80条1項），④下級裁判所の裁判官の「補職」（裁判所法47条），⑤裁判官以外の裁判所の職員の任免（同64条），⑥裁判所の経費についての予算作成の権限（同83条，財政法18条2項・19条・20条2項）など広範な権限が与えられている。これらはいずれも司法権の独立のための制度的要請である「司法府の独立」の具体的現れである。

（4） 規則制定権

最高裁判所は，①訴訟に関する手続，②弁護士に関する事項，③裁判所の内部規律に関する事項および④司法事務処理に関する事項について規則を規定することができる（77条1項，裁判所法12条・20条・29条・31条の5）。最高裁判所に規則制定権を与えた趣旨は，①権力分立からみて裁判所の自律性・独立性を確保すると同時に，②技術的合目的的な見地から，裁判の手続的，技術的，細目的な事項については裁判所自身の実際的知識と経験を尊重することにあるとされる。77条1項所定の事項については規則の専属事項であるとする説もあるが，通説・判例は，法律でも規則でも定めることができ，両者が競合する場合には法律が優位するとする（最判昭30.4.22，最大判昭33.7.10）。

2．下級裁判所

憲法は，下級裁判所の設置については，法律に委ねている（76条1項）。現在は，下級裁判所として簡易裁判所（裁判所法32条），家庭裁判所（同31条の2），地方裁判所（同23条）および高等裁判所（同15条）などがある。

下級裁判所の裁判官（高等裁判所長官，判事，判事補，簡易裁判所判事）は，最高裁判所の指名した者の名簿（名簿に登載されうる者については，裁判所法42条～45条）によって，内閣が任命（80条1項）する。任期は，10年であるが，再任されることができる（80条1項）。定年は，簡易裁判所の裁判官は70歳であるが，その他の裁判官は65歳である（80条1項但書，裁判所法50条）。

なお，下級裁判所の裁判官の指名過程の透明性を高め，かつそこに国民の意見を反映させるため，最高裁判所によって任命された委員で構成される下級裁判所裁判官指名諮問委員会が設置されている。

3. 司法権の独立

1．総　説

裁判の公正を確保し，これによって裁判に対する国民の信頼を維持するためには，司法権の独立は不可欠である。

明治憲法は，「裁判官ハ刑法ノ宣告又ハ懲戒ノ処分ニ由ルノ外其ノ職ヲ免セラルヽコトナシ」（58条2項）という形で，裁判官の身分保障を定めていたが，司法権の独立そのものの定めはなかった。裁判官の任免は，天皇の任免大権を根拠として，もっぱら政府が行うこととされていた。このような明治憲法時代の司法の独立の状況を如実に物語るのが大津（湖南）事件である。

日本国憲法は，裁判官が個々の具体的な訴訟事件の裁判を行うにあたって，他の国家機関や政治的・社会的勢力から何らの圧迫・干渉も受けてはならないという「裁判官の職権の独立」(76条3項) を中核に，これを確保するための裏付けとしての「裁判官の身分保障」(78条)，さらにはこれら個々の裁判官の独立を保障するものとして，裁判所の人事・予算その他の運営が，司法府自身によって自主的に行われるという「司法府の独立」(77条・78条・80条1項) を定めている。

2．裁判官の職権の独立

(1) 76条3項

「すべて裁判官は，その良心に従ひ独立してその職権を行ひ，この憲法及び法律にのみ拘束される」(76条3項)。本規定は，裁判官の職権の独立を保障するものであり，司法権の独立の根幹である。

裁判官が良心に従って職権を行使するとは，「裁判官が有形無形の外部の圧力乃至誘惑に屈しないで自己内心の良識と道徳観に従う」という意味であるが (最大判昭23.11.17)，ここでいう良心とは，裁判官個人の主観的良心 (裁判官の個人としての主観的な価値観や人生観，世界観) を指すのではなく，客観的良心 (裁判官としての良心＝裁判官の職業倫理) であるとされる。

本項の「法律」には，形式的意味の法律のみならず，「裁判所規則，政令，地方公共団体の条例その他適法に存在する一切の法」(東京高判昭27.1.14)，さらには，慣習法，条理といった不文法も含まれる。

(2) 職権の独立を脅かすもの

1) 内　閣

内閣は，最高裁判所の長たる裁判官の指名権，最高裁判所のその他の裁判官および下級裁判所裁判官の任命権などによって強い影響力を行使できる立場にあるだけに，裁判官の職権の独立については特に配慮しなければならない。(→第15章**2．2．(4)**)

2) 国　会

まず，国政調査権の範囲と限界という側面で問題となる。国政調査権を立法権その他の憲法上国会に与えられた権能と並ぶ独立の権能と解するにせよ，憲法上与えられた権限を適切にかつ効果的に行使するために与えられた補助的権能と解するにせよ，その範囲は国政全般にわたり，司法権の行使も対象となる。しかし，司法権の独立との関係でその行使の方法には限界がある。(→第14章**3**.**2**.(２)３))

一般的にいえば，社会通念上，裁判官がその良心にしたがって独立して裁判を行うことに対して，事実上重大な影響を及ぼす可能性のある調査は，76条３項に違反するものといえる。具体的には，現に裁判所に係属中の事件について調査すること（並行調査）は，裁判官の心証形成に影響を及ぼすおそれがあるために原則として許されない。ただ，行政監督または立法調査という裁判所とは別の目的でなされるものについては調査方法によっては許される場合もある（二重煙突事件―東京地判昭31.7.23)。また確定判決の調査といえども，裁判官に対し事実上の不当な影響を及ぼすことになるような調査は許されない。たとえば，参議院法務委員会が判決確定後ではあるが，地裁の判決について調査を行い事実認定と量刑が失当であるとしたが（浦和充子事件)，このような調査方法は裁判官の職権の独立からいって許されない。

また，裁判官の弾劾に関連して裁判官訴追委員会の活動が問題となった。たとえば，現に継続中の事件について裁判長の訴訟指揮を調査し担当判事を証人として喚問したこと（吹田黙禱事件)，あるいは，訴追請求のあった裁判官に対して特定の団体に加入しているかどうかにつき回答を求める照会状を出したことなどは，裁判官の職権の独立に重大な影響を与えるものと考えられる。

３）裁判所の系列・裁判所内部

上級裁判所も個々の裁判について，下級裁判所に対して何らかの命令・指示などを行うことは許されない。また，裁判所内部でも，個々の裁判官の職権の独立が守られなければならないことは当然である。上記の吹田黙禱事件では，最高裁判所は，訴追委員会の活動に対しては自粛するように要請しながら，同時に各裁判官宛てに「法廷の威信について」と題する通達を出し，その中で，裁判官の個々の訴訟指揮について「まことに遺憾」であると批判したことは，実際には裁判官の職権の独立に大きな影響をもつものである。また私信という形であれ裁判所の所長が裁判官に裁判について意見を述べたことも問題である（平賀書簡問題)。

3．裁判官の身分保障（78条）

以上のような裁判官の職権の独立にとって，裁判官の身分の安定は不可欠である。そこで憲法は，裁判官の身分保障を定め，恣意的罷免の可能性を排除する。

（1） 裁判官の罷免

裁判官は，職務執行不能の裁判および公の弾劾のほか罷免されない。内閣による罷免は許されない。

裁判官が，精神的能力の喪失，体の障害，失踪，行方不明等心身の故障によって裁判官としての職務を行い得ない場合でかつ回復の見込みがない場合には，当該裁判官の監督権を行使する裁判所の申立てに基づき，高等裁判所または最高裁判所（大法廷）によって行われる裁判（職務執行不能の裁判）によって決定される（78条，裁判所法48条，裁判官分限法1条参照）。

また，裁判官は，①職務上の義務に著しく違反しまたは職務を甚しく怠ったとき，②その他職務の内外を問わず裁判官としての威信を著しく失うべき非行があったとき，両議院の議員で組織する弾劾裁判所の裁判によって罷免される（裁判官弾劾法2条）。78条に「公の弾劾」とあり，またこの制度が15条1項の公務員の選定罷免権のあらわれであるから，究極においては国民が訴追権者であるが，技術的な観点・弾劾制度の濫用の恐れ等を考慮して，国民にかわり訴追を行う機関として，両議院の議員で組織される裁判官訴追委員会が，弾劾裁判所に対して，罷免すべき裁判官を訴追する（国会法125条・126条）。国民は，訴追委員会に対して，特定の裁判官を訴追すべきことを求めることができる（裁判官弾劾法15条1項）。

さらに，最高裁判所の裁判官は，任命後最初に行われる（任命後初めて公示される）衆議院議員総選挙の際に国民審査に付し，その後10年を経過した後の最初の総選挙の際さらに審査に付し，その後も同様となる（79条2項）。最高裁判所が裁判所系列の頂点に位置するという重要な地位から，最高裁判所の裁判官の任命において国民の審査に付すという形で国民の参加（民主的統制）を認めたものである。

最高裁判所裁判官国民審査法によれば，審査権者は衆議院議員の選挙権を有する者（4条）で，罷免を可とする投票の数が罷免を可としない投票の数より多い裁判官は，罷免を可とされたものとする（32条）。投票の方法は，罷免を可とする裁判官に「×」を記すことになっている。国民審査の法的性質について，通説・判例は，裁判官は任命によって完全に裁判官たる地位に就いており，国民審査は，任命の適否を事後的に審査することであり，一種のリコール制度であると解している（最大判昭27.2.20）。

（２） 裁判官に対する懲戒処分と報酬の保障

懲戒は司法府の自律に委ね，立法機関や行政機関が懲戒処分を行うことは禁止される。憲法が，「懲戒処分は，行政機関がこれを行ふことはできない」（78条）と特に明文で「行政機関」を指したのは，任命権に懲戒権が伴わないことを明らかにしたもので，立法機関によるものは当然に禁止される。

裁判官は，「職務上の義務に違反し，若しくは職務を怠り，又は品位を辱める行状があつたときは，……裁判によつて懲戒される」（裁判所法49条）。具体的な裁判手続は職務執行不能の裁判と同様である（裁判官分限法３条）。懲戒処分は，戒告および過料のみであり，その意に反する転官，転所，停職および減俸は認められない（同２条）。

裁判官としての在任中は，病気などの理由で長期にわたり職務をとることができない場合でも，「心身の故障のため職務を執ることができないと決定された場合」にいたらない場合には報酬を減らすことはできない（79条６項・80条２項）。

（３） 下級裁判所の裁判官の再任

下級裁判官の任期は10年であり，「再任されることができる」（80条１項）。下級裁判所の裁判官の再任制度は，下級裁判所の裁判官の地位を安定させ身分保障に役立つと同時にその独善化を防止するものである。10年という期間は，最高裁判所裁判官の国民審査との均衡を考慮したものと考えられる。裁判官は任命の日から10年経過すればその身分は消滅する。しかし10年の任期の定めはこの期間ごとに特段の事由のある不適格者を排除するために設けられたものであり，再任を希望する限り，原則として再任される。つまり，最高裁判所は原則として再任希望者を再任名簿に記載し，内閣はこれを任命しなければならないと考えられる。例外的に再任されない場合は，78条の罷免される場合に準ずるような合理的理由がある場合に限られ，再任を拒否する場合には，拒否理由が開示されなければならない。

なお，再任の際にも，下級裁判所裁判官指名諮問委員会によってその適否が審議・答申される。

4. 司法権の民主的統制

司法権の独立と表裏一体の関係にあるのが，司法権に対する民主的統制である。裁判官は，個々の裁判において国民から直接に影響を受けることなく独立して職権を行使しなければならないが，同時に司法権も主権者である国民の信託によるものであるため，司法権の行使は究極的には民主的基盤をもつことが必要である。憲法はこのための制度として，裁判の公開（82条），公の弾劾（64条・78条），最高裁判所裁判官の国民審査（79条２項）を定めている。

１．裁判の公開

（１） 意 義

憲法82条１項は，「裁判の対審及び判決は，公開法廷でこれを行ふ」と定める。「その趣旨は，裁判を一般に公開して裁判が公正に行われることを制度として保障し，ひいては裁判に対する国民の信頼を確保しようとすることにある」（レペタ事件―最大判平1.3.8）。「対審」とは，民事訴訟における「口頭弁論」，刑事訴訟における「公判手続」のように対立する当事者が裁判官の面前で，口頭で，互いにそれぞれの主張を述べることをいう。さらに，刑事裁判については37条１項が重ねて，被告人の権利として，「公開裁判を受ける権利」を保障している。

（２） 公開の対象

裁判所の行うすべての「裁判」が公開・対審の手続によって行われなければならないというわけではない。事件の内容や性格によっては公開や対審になじまないものもある。（→第10章**6．2．**（１））その典型とされるのが，民事上の生活関係について，一定の助成または監督による後見的作用を行う，いわゆる非訟事件である。その手続は，訴訟事件と違って当事者主義・口頭弁論主義をとらず，職権探知主義を原則とし，審理も非公開とされる（非訟事件手続法11条・13条，家事審判法７条）。

憲法82条は純然たる訴訟事件について公開・対審手続を要請する。これに対して，32条は，82条によって公開・対審という原則が保障される「純然たる訴訟事件」だけではなく，非訟手続による裁判のように，公開・対審以外の適正な手続の保障を伴った裁判を受ける権利を保障していると考えられる。

最高裁判所は，性質上純然たる訴訟事件（当事者の意思いかんに拘わらず，終局的に，事実を確定し当事者の主張する権利義務の存否を確定するような裁判）が公開の法廷における対審及び判決によってなされないとすれば，それは憲法82条に違反すると同時に32条が基本的人権として裁判請求権を認めた趣旨に反するとした上で，純然たる訴訟事件についてなされる調停にかわる裁判（強制調停）を違憲とした（最大判昭35.7.6）。この基本的立場は，家事審判法による夫婦同居審判（最大決昭40.6.30），婚姻費用分担の審判（最大決昭40.6.30），非訟事件手続法による過料の裁判（最大判昭41.12.27），そして裁判官の分限事件の裁判が非公開で行われた寺西判事補事件（最大決平10.12.1）においても継承されている。

（３）「公開」の意味

裁判の「公開」とは，一般の傍聴を許すことを意味する。なお，本条は，傍聴すること，そして傍聴人がメモを取ることを権利として保障したものではないが，憲法21条１項の表現の自由の派生原理として「情報等に接してこれを摂取する自由（情報収集権）」が導かれ，傍聴人が法廷においてメモを取ることは，尊重に値し，故なく妨げられてはならない（レペタ事件—最大判平1.3.8）。

また，裁判の公開は，裁判についての報道の自由も意味する。ただし，公判廷における取材の自由についてはさまざまな規制がある。（→第８章**3. 1**）

なお，裁判の公開原則の一内容として，憲法21条の知る権利と関連して訴訟記録を閲覧・複写する権利が主張されている。訴訟記録の閲覧を制限する刑事確定訴訟記録法４条２項の憲法適合性が争われた事件で，最高裁判所は憲法21条・82条の「各規定が刑事確定訴訟記録の閲覧を権利として要求できることまでを認めたものでない」とした（最決平2.2.16）。

(４)　対審の公開の制限

「裁判所が，裁判官の全員一致で，公の秩序又は善良の風俗を害する虞があると決した場合には」，対審は非公開とすることができる（82条２項）。しかし，判決および「政治犯罪，出版に関する犯罪又はこの憲法第３章で保障する国民の権利が問題となつてゐる事件の対審」は，つねに公開しなければならない（82条２項但書）。

２．陪審制・参審制・裁判員制度

一般の国民が，裁判の過程に参加し，裁判内容に国民の健全な社会常識がより反映されるようになることによって，国民の司法に対する理解と支持が深まり，司法はより強固な国民的基盤を得ることができるようになる。

このような国民の司法参加の制度として，英米法系の陪審制と大陸法系の参審制がある。わが国でも，陪審法によって，刑事事件において事実の有無を判断する陪審制（小陪審）が1928年から実施された。しかし，戦争の激化と陪審裁判を請求する例がほとんどなくなったことにより，1943年，法の執行が停止された。

参審制とは，一般市民である参審員が，職業裁判官とともに裁判にあたる制度である。陪審制においては，職業裁判官の役割と陪審員の役割は分離されているが，参審制においては，両者が一体になって裁判を行うものである。

2004年に「裁判員の参加する刑事裁判に関する法律」が成立し，2009年７月から参審制の一種である裁判員制度が実施されている。

これによれば，①選挙人名簿から無作為で選ばれた20歳以上の国民が事件ごとに裁判員の参加する合議体を構成する（参加は義務）。合議は原則として裁判官３人，裁判員６人で行われる。②裁判員は裁判官と対等の権限で，被告の有罪・無罪や刑期を決める。評決は過半数でかつ裁判官・裁判員各１人以上の賛成が必要である。③対象事件は，死刑や無期の懲役・禁固に当たる罪と，懲役１年以上の事件で故意の犯罪行為で被害者を死亡させた罪である。④裁判に参加した場合は評議・評決の内容などについて守秘義務を負う。

最高裁は，裁判員制度が裁判官の職権の独立などに反しないとしている（最大判平23.11.16）。（→第11章**3．1**）

第17章

違憲審査制

1. 違憲審査制の意味

すべての国家行為は憲法に適合していなければならない。ある国家行為が憲法に適合しているかどうかを審査する制度を違憲審査制という。これには，裁判所による制度と，裁判所以外の機関による制度とがある。裁判所以外の機関による場合，政治的な機関によることとなる。裁判所による制度の場合であっても，それはさらに，憲法問題だけを取り扱う憲法裁判所による制度（憲法裁判型）と，通常の裁判所による制度（付随的審査型・司法審査型）とがある。前者の例としては，ドイツの連邦憲法裁判所やオーストリアの憲法裁判所による憲法裁判制があげられよう。また，後者の例としては，アメリカ合衆国の付随的違憲審査制があげられよう。

1．憲法裁判型

憲法裁判型は，憲法問題だけを取り扱うために設けられた憲法裁判所が，具体的訴訟事件解決の前提としてではなく，主要問題として国家行為の憲法適合性について判断を下す制度である。そこでは，憲法秩序保障機能が制度目的とされている。そのため，法令の憲法適合性審査手続（抽象的規範統制，具体的規範統制）のほか，機関争訟手続，大統領訴追手続などもその権限とされている。

2．付随的審査型

これに対し，付随的審査型は，通常の裁判所が，刑事・民事・行政事件を裁判する際に適用する法令の憲法適合性について，事件解決のための前提問題として審査する制度である。このような付随的審査制度が認められるのは，何よりも，憲法で保障されている人権を保障するためである。

3．違憲審査制の機能

憲法裁判型においては憲法秩序保障機能が，付随的審査型においては人権保障機能が，それぞれ第1の目的とされている。しかし，これらの制度が，それぞれこれらの目的によってのみ特徴づけられるわけではない。憲法裁判型の代表とされるドイツの連邦憲法裁判所でも，基本権侵害に対する救済となる憲法異議を法律上の手続から憲法上のそれにしたことに，また全手続における憲法異議手続の占める割合の多さに典型的に現れているように，憲法裁判が基本権保障の機能を果たすようになってきている。他方，付随的審査型の母国であるアメリカ合衆国においても，原告適格などの要件を緩和し，より容易に憲法判断を受けられるようにすることにより，憲法秩序保障の機能が増大することにつながっている。このように，両類型において，その本来の機能を本質としつつも，その複合性が指摘されてきている。

2.　違憲審査制の本質

1．81条の解釈

憲法81条は，最高裁判所の違憲審査の権限を規定する。この違憲審査制が，憲法裁判型か，付随的審査型かについては見解が分かれていた。最高裁判所に，付随的な違憲審査権が認められる点については争いはないが，これ以外の憲法裁判所的な権限が認められるかどうかがかつて争われたのである。

通説の付随的審査制説は，最高裁判所には具体的な争訟事件に付随して，事件解決の前提として必要な限りにおいてのみ違憲審査を行う権限があるにすぎないとする。その根拠は，①81条の規定が司法の章にあり司法の観念は具体的な争訟事件の解決ということが要素となっている，②憲法裁判所的な権限を認めているならばその手続も憲法上規定されなければならないにもかかわらず規定されていない，③憲法制定の経緯からしてアメリカの制度にならったと考えられる，とされる。

憲法裁判所説は，司法裁判所としての付随的審査権のほかに，具体的争訟事件とは関係なく，法令などが憲法に適合しているか否かを決定する権限をも有するとする。その根拠は，①付随的審査権は裁判所が具体的争訟事件を解決する前提として81条によらなくとも法理上当然に認められる，②81条の「決定する」という文言は憲法裁判所的権限を与える意味である，とされる。

立法政策説は，法律で憲法裁判所としての権限やその手続を定めれば，最高裁判所に憲法裁判所としての機能を与えることもできる，とする。その根拠は，①81条が憲法裁判所としての権限を認めているわけでも，禁止しているわけでもない，②司法の観念は流動的で，抽象的審査権を含みえないわけではない，などである。

最高裁判所は，警察予備隊違憲訴訟において，「わが現行の制度の下においては，特定の者の具体的な法律関係につき紛争の存在する場合においてのみ裁判所にその判断を求めることができるのであり，裁判所がかような具体的事件を離れて抽象的に法律命令等の合憲性を判断する権限を有するとの見解には，憲法上及び法令上何等の根拠も存しない」と抽象的審査権を否定した（最大判昭27.10.8〔I〕)。もっとも，本判決は，「現行制度の下」，「法令上」といった限定を付けていることにより，立法政策説まで否定しているわけではないとする見解もある。

2．違憲審査を行う機関

最高裁判所に付随的審査権が存することに争いはない。しかし，付随的審査権を最高裁判所だけに認めているのか，下級裁判所にも認めているのか，81条の規定では必ずしも明確でない。学説は，付随的審査権が，最高裁判所だけでなく，下級裁判所にも当然に認められるという点でほぼ争いはない。その理由として，①具体的な争訟事件の解決の際に適用する法令の合憲性を審査するということであれば，司法権の行使に付随するものである，あるいは②「終審裁判所」ということは，前審の存在が予定されているなどがあげられる。ただ，違憲問題については，最高裁判所は終審裁判所であるから，下級裁判所の違憲判決に対しては，常に最高裁判所の判断を求める途が開かれていなければならない。最高裁判所も「裁判官が，具体的訴訟事件に法令を適用して裁判するにあたり，その法令が憲法に適合するか否かを判断することは，憲法によって裁判官に課せられた職務と職権であって，このことは最高裁判所の裁判官であると下級裁判所の裁判官であるとを問わない」として下級裁判所の裁判官にも付随的審査権を認めている（最大判昭25.2.1）。

なお，憲法裁判所説にたった場合，付随的審査権は下級裁判所をも含めすべての裁判所に認められるが，抽象的審査権は最高裁判所だけとされる。

3. 違憲審査の対象

1．形式審査と実質審査

明治憲法には違憲審査権に関する規定がなく，違憲審査権のうち，法令が適法な手続に基づき制定されたかどうかについて審査する形式的審査権は肯定されたが，内容が憲法に合致するかどうかについて審査する実質的審査権は否定されていた。日本国憲法の下では，形式的審査権も，実質的審査権も認められる。しかし，形式的審査については，議会の自律権との関係において，また実質的審査権についても，立法裁量や統治行為との関係において，限界の問題が生じる。（→第14章**3．2．**（１）３），第16章**1．3**）

2．法律，命令，規則，処分

憲法81条は，違憲審査の対象として，「法律，命令，規則又は処分」をあげている。ここにいう「法律」とは，形式的意味の法律であり，「命令」とは，政令，内閣府令，省令など行政機関の制定する規範をいい，「規則」とは，両議院の制定する議院規則，裁判所の制定する裁判所規則を意味する。会計検査院規則や人事院規則を「命令」に含めるか「規則」に含めるかという点で見解の相違はあるものの，これらも違憲審査の対象であるという点では一致している。「処分」とは，行政機関だけでなく，すべての国家機関がなす具体的，個別的行為をいう。「裁判」を「処分」に入れるかという点については，否定説も存在するものの，通説も，判例（最大判昭23.7.8）も含まれるとする。条例はあげられていないが，法律以下一切の国内法令が対象とされているので，これも対象に含まれることに争いはない。

3．条　約

憲法81条は，条約をあげていない。そこで，条約が違憲審査の対象に含まれるか否かについて見解は分かれている。もっとも，憲法と条約（国際法）は別の法体系であるとする二元論や条約が憲法より上位の法であるとする条約優位説の一元論に立てば，最初から条約に対する違憲審査の問題は生じない。したがって，条約が違憲審査の対象となりうるか否かは，憲法優位の一元論において生じる問題である。

否定説は，①81条が条約をあげていないこと，②98条１項も条約をあげず，むしろ２項で条約の遵守を規定していること，③条約が国家間の合意で，しかもその相手国が存在するという特殊性などを理由に，違憲審査の対象とならないとする。否定説にあっても，条約自体は審査の対象とならないが，条約を実施するための法令等はその対象となるとする立場や，実施法令の審査の前提問題としてならば条約の審査も認められるとする立場もある。

肯定説には，条約の審査対象性を全面的に肯定する立場もあれば，そうでないものもある。（全面）肯定説は，条約が，98条１項の「国務に関する行為」の中に含まれ，また81条に明示されていなくとも「規則又は処分」に含まれることを理由に，違憲審査の対象となるとする。肯定説にあっても，全面的に肯定するのではなく，条約内容，性質に着目し，特に民主制や人権を侵害するような内容をもつ条約は審査対象となるとする見解，公布されると直ちに国内法として効力をもつ条約（self-executing treaty）は審査対象となるとする見解などがある。

最高裁判所は，砂川事件において，「一見きわめて明白に違憲無効であると認められないかぎりは，裁判所の司法審査権の範囲外のものである」として，日米安全保障条約が違憲審査の対象とならないとした。しかし，一見きわめて明白に違憲無効であると認められる条約については，違憲審査の対象となる可能性を認めたと言えよう（最大判昭34.12.16〔3〕）。

4．立法の不作為

憲法の明文により，あるいは解釈により，立法者に立法義務が存するにもかかわらず，相当期間経過後も立法者が立法を行わなかった場合，立法者の不作為は違憲となる。このような立法の不作為を裁判所が審査しうるか否かが問題となる。裁判所による立法の不作為の審査が，立法権に対する侵害となり，権力分立制に違反するとして，これを否定する見解が存在する。

これに対し，訴訟における争い方によっては，違憲審査の対象となしうるという見解も存在する。その際，方法としては，まず，立法の不作為の違憲性確認自体を求める方法がある。この方法は，現行法上手続もなく，いかなる程度に至れば違憲な不作為となるのか基準も明白でない，という批判が存在する。次に，不備・不十分な法律に基づく措置の違憲性を争う方法がある。この方法も，そもそもそのような法律が存在しなければ，訴訟の俎上にのぼらない。さらに，国家賠償を求める訴えの中で不作為の違憲・違法性を争う方法がある。この方法では，国家賠償法を用いるため，公権力の行使であるか否か，故意・過失および違法の要件を充足しているか否かが問題となる。

国家賠償を求める訴えの中で不作為の違憲・違法性が争われた在宅投票制度廃止事件において，札幌高等裁判所は，立法の不作為の違憲性を認めたが，国家賠償法１条１項の故意・過失の不存在を理由として請求を棄却した（札幌高判昭53.5.24）。最高裁判所は「立法の内容が憲法の一義的な文言に違反しているにもかかわらず国会があえて当該立法を行なうというごとき，容易に想定し難いような例外的な場合でない限り」と，違法の要件を厳しくし，この方法による立法の不作為に対する違憲審査の可能性を狭くした（最判昭60.11.21〔28〕）。

なお，在外邦人選挙権訴訟事件においては，最高裁判所は本件の立法の不作為が国家賠償法１条１項の適用上「例外的」に違法に当たると判断している（最大判平17.9.14〔46〕）。（→第11章4. 4）

5. 国家の私法行為

公共目的のため土地を取得する際に，収用ではなく，任意買収の方法により行われると，この行為は，国家の行為であるにもかかわらず，私法行為となる。このような国家の私法行為は，処分の一つとして，他の国家行為と同様に直接違憲審査の対象とされるか，それとも私法行為であるから，私法の適用を通して間接的に審査されるにすぎないのかが問題となる。

最高裁判所は，百里基地訴訟において，「国が行政主体としてではなく私人と対等の立場に立って，私人との間で個々的に締結する私法上の契約は，当該契約がその成立の経緯及び内容において実質的にみて公権力の発動たる行為となんら変わりがないといえるような特段の事情のない限り，憲法９条の直接適用を受けず，私人間の利害関係の公平な調整を目的とする私法の適用を受けるにすぎない」として，若干の限定は加えたものの，国家の私法行為は間接的に違憲審査の対象となる立場に立っている(最判平1.6.20〔33〕)。

もっとも，人権規定の私人間効力の問題である直接・間接適用の議論を私法行為とはいえ国家の行為に持ち込むことが果して妥当であるかどうかという問題が残る。

4. 違憲審査の態様

１．総　説

違憲審査では，国会や，内閣といった他の国家機関の行った行為の憲法適合性を，裁判所が事後的に審査する。したがって，審査に際して，裁判所は，これらの機関の権限や立場を十分に尊重しなければならない。このことは，裁判所が審査権を行使する際に，その行使の方法に反映してくる。立法事実の検討，憲法判断の回避，違憲判断の回避，違憲審査基準などが，政治部門の判断の尊重，あるいは裁判所の判断の合理化・客観化といった点で，問題となる。

裁判所による政治部門の尊重という点で議論されるのが，司法消極主義と司法積極主義という問題である。違憲審査権の行使，あるいは違憲判断に際し，裁判所が政治部門の判断を尊重する態度を，司法消極主義といい，逆に裁判所が積極的にかかわり，判断することを，司法積極主義という。このような考え方は，そもそもアメリカ合衆国連邦最高裁判所の一連のニューディール立法に対する違憲審査の態度をめぐる議論において生み出された。そこでは，経済的自由を制約する立法を違憲とする判決が続いたため，裁判所の積極的な態度を批判する立場から司法消極主義が説かれた。しかし，精神的自由を制約する法律については，司法積極主義的な態度が要請されることもあり，司法積極主義を牽制するための司法消極主義という対抗関係的な把握はもはや常に妥当するわけではない。また，この概念は，憲法判断，違憲判断，あるいは判決の方法などさまざまな局面で，しかもその組み合わせの整理においても用いられるため，それぞれの局面での理解が必要となる。

2．立法事実論

法律の違憲審査では，具体的な事件だけでなく，法律の憲法適合性についての判断も行われる。そこで，裁判所は裁判に際し，当該事件についての個別的・具体的な事実（司法・裁判事実）だけでなく，当該法律の合理性を支える一般的な事実（立法事実）についても判断しなければならない。法律の違憲審査は，立法目的と，その目的を達成するための手段との双方にわたって審査されるので，この双方について，立法事実に照らし，相当といえるかどうかが判断される。裁判所は，司法事実については当事者の主張・立証に拘束されるが，立法事実については拘束されないため，職権による検討も可能である。判決の合理性を確保するためにも，立法事実の検討は必要とされる。もっとも，常に立法事実の検討が必要とされるのではなく，検閲のように，憲法が明示的に禁止しているような場合には，立法事実を審査するまでもない。

最高裁判所は，薬事法事件において，薬局開設の距離制限と過当競争およびそのことによる経営の不安定化，さらには不良薬品の提供の危険性との関係，あるいはこの危険性回避のための他の手段など，立法事実を詳細に検討した（最大判昭50.4.30〔18〕)。

3．憲法判断の回避

訴訟において法律の憲法適合性の問題が争点として提起されている場合，裁判所は，事件解決に必要でないならばこの問題に判断を下さなくともよいのか，それとも必ず判断を下さなければならないのかについて見解が分かれている。憲法判断先行説は，法律が合憲であることは法律を事件に適用するための理論的前提であり，合憲性に疑いのある法律については裁判所は常に憲法判断をする義務を負う，とする。この説に対しては，規範論理と訴訟手続とを区別することなく用いているとの批判が存在する。憲法判断回避説は，憲法判断をしなければ結論を出せない場合にだけ憲法判断が行われるのであって，そうでない場合には憲法問題には触れるべきでない，とする。この説に対しては，違憲審査において裁判所が果たす憲法保障機能の点で問題があるとの批判が存在する。そこで，憲法判断回避を原則としつつも，事件の重大性，違憲状態の程度，その及ぼす影響の範囲，問題とされる人権の性質などを総合的に判断した結果，憲法判断にふみきることもある，との見解も主張される。札幌地方裁判所は，恵庭事件において，自衛隊法121条の「その他防衛の用に供する物」を厳格に解し，防衛用器物損壊罪に問われていた被告人を無罪とすることにより，自衛隊法の合憲性に関する憲法判断を回避した（札幌地判昭42.3.29〔7〕。なお，長沼事件―札幌地判昭48.9.7参照）。

4．違憲判断の回避

複数の解釈を可能とする程度の広範性がある法令について，その法令の規定をそのまま解釈すると，違憲という結論に至る可能性のある場合，法令の規定の意味を憲法に適合するよう解釈する（限定を加える）ことにより，法令を違憲とすることを回避する解釈方法を，合憲限定解釈という。

合憲限定解釈は，一方で，法律を違憲としないことにより立法府を尊重し，他方で，諸般の事情から違憲判決を下しにくい法律あるいは違憲判決を下しても改廃される可能性の少ない法律にかかわる人の救済に役立つメリットがある。しかし，立法者の本来予定していた内容を越える過度の限定が，裁判所による新たな立法となりかねない，あるいは法律の意味を不明確にし，法の予見性を損いかねない，といった批判も存在する。

しかも，合憲限定解釈は，判決における解釈であるから，後の判決で覆されることもある。

合憲限定解釈には，①法律の規定の文言に明白に反するような解釈は許されない，②法律の目的を失わせるあるいはまったく別にしてしまうような解釈も許されない，③法律に欠缺のある場合これを解釈により補充することも許されない，といった限界もあげられる。

最高裁判所は，第三者所有物没収事件（最大判昭32.11.27），旧道路交通取

締法施行令事件（最大判昭37.5.2）において合憲限定解釈の方法を用いた。また公務員の労働基本権の制約に関し，全逓東京中郵事件（最大判昭41.10.26）や都教組事件（最大判昭44.4.2〔9〕）において合憲限定解釈を加えることにより法律は合憲としたが，他方で事件の被告人たちも刑事制裁から救済した。しかし，全農林警職法事件では，逆に，限定解釈が犯罪構成要件の保障機能を失わせることになるとして，合憲限定解釈を批判した（最大判昭48.4.25〔15〕）。（→第５章**4．2．**（２）２））その後，最高裁判所は，関税定率法21条１項３号の規定の明確性が問題となった税関検査事件（最大判昭59.12.12〔27〕）において，同法に言う「風俗を害すべき」をわいせつと限定解釈することの可否について，まず①保護されない表現のみが規制対象となり，②一般国民の理解において，その対象を知りうる，という限定解釈を加え，当該規定を合憲とした。また，広島市暴走族追放条例事件（最判平19.9.18）においては，「何人も」と規定する同条例の不明確性を，集団の服装，旗，言動などにより，一般国民の社会通念に照らし暴走族と同視できるものという限定解釈により，合憲とした。

５．違憲判断の方法

違憲判断の方法には，法令違憲，適用違憲などがある。法令違憲は，法令の規定自体を違憲とする。尊属殺重罰規定事件における刑法200条の違憲無効判決（最大判昭48.4.4〔14〕），衆議院議員定数不均衡訴訟における議員定数配分規定の違憲判決（最大判昭51.4.14〔20〕），薬事法事件における薬事法６条２項・４項の違憲無効判決（最大判昭50.4.30〔18〕），森林法事件における森林法186条の違憲無効判決（最大判昭62.4.22〔30〕），在外邦人選挙権訴訟事件における公職選挙法附則８項の違憲無効判決（最大判平17.9.14〔46〕）などが，法令違憲の例に当たる。なお，法令違憲については，法令の規定自体を無効としてしまうとかえって不合理な結果を招くことになることもある。そこで，分割可能な法令の規定については違憲な部分だけを排除することによって，法令を合憲的に解釈できることもある。このような法令違憲の方法は一部（部分）違憲無効判決と呼ばれている。このような一部違憲判決は，郵便法68条，73条の一部のみを法令違憲とした郵便法事件（最大判平成14.9.11〔43〕）ではじめて下され，国籍法３条１項の一部を違憲とした国籍法事件（最大判平成20.6.4〔51〕）もそうである。

適用違憲は，法令自体を違憲としないが，当該法令のある具体的事件への適用だけを違憲とする。この判決方法は，当該法令が別の事件の場合には合憲的に適用される可能性のあることを考慮して，違憲を当該事件への適用だけに限定する。しかし，適用違憲の方法に対しては，別の事件において，どのような適用の場合違憲となるか明確ではない，といった批判が存在する。このような方法の裁判例としては，第二次家永訴訟の東京地裁判決（東京地判昭45.7.17），猿払事件旭川地裁判決（旭川地判昭43.3.25）があげられよう。

６．違憲審査基準

（１） 基準論の意義

人権保障といえども絶対的でなく，なんらかの制約を必要とすることもある。憲法は，人権の制約に関して，単に公共の福祉をあげているにすぎない。しかし，公共の福祉という概念は，非常に抽象的である。また，人権にもさまざまな種類，性質のものがあり，他方，制約もその目的，その手段など検討しなければならない点が多々存在する。したがって，人権を制約する法律の違憲審査の際に，公共の福祉という基準だけで許される制約と，許されない制約とを区別することは困難であり，より具体的で，明確な基準が必要となる。このようなことから，比較衡量，二重の基準，事前抑制の禁止の基準，明白かつ現在の危険の基準，より制限的でない他の手段の選択の基準，明確性の基準，合理的関連性の基準，厳格な合理性の基準，明白性の基準など，さまざまな審査基準が考えられてきた。これらの基準は，人権に対する制約の憲法適合性を判断する上で，大いに役立ち，また，憲法訴訟論においても中心的地位を占めている。

（２） 基準論の問題性

これらの基準は，本来，裁判所が審査をするに際して用いるものであって，立法府や行政府が具体的な決定を行う場合になす憲法解釈の基準ではない。

また，これらの基準の多くは，学説上はよく取り上げられているが，実際の裁判においては用いられていないか，そのまま用いられているわけでもない。このことは，たとえば，二重の基準論に端的に現れている。すなわち，最高裁判所は，精神的自由を制約する法律と経済的自由のそれとでは異なった基準で審査しなければならないとする二重の基準を小売商業調整特別措置法事件（最大判昭47.11.22〔13〕）や薬事法事件（最大判昭50.4.30〔18〕）にみられるように，経済的自由の制約に対する審査の際には用いている。しかし，精神的自由の制約が問題となった事件においてはおおむね消極的で（なお，泉佐野市市民会館使用不許可事件—最判平7.3.7〔38〕参照)，むしろ，猿払事件(最大判昭49.11.6〔17〕）におけるように，制約立法の目的とその手段との間に合理的な関係があればよいとする合理的関連性の基準を用いている。さらに，精神的自由と経済的自由の峻別に対する疑念，経済的自由の制約理由の多様化に対して，これに明確に対応する基準が存在しないのではないかという疑念などから，二重の基準論そのものに対する批判，見直しもいわれている。(→第８章**1．2．**(１))

このように，違憲審査の基準は，有用性のあるものであるが，オールマイティではなく，その用いられる場，およびそれぞれの基準の限界性ということが指摘されている。(→第５章**5．2**，第８章**1．2**)

5.　違憲判決の効力

１．個別的効力と一般的効力

裁判所の違憲判決により違憲無効と判断された法律の効力について，見解が分かれている。違憲判決の効力について憲法は何も規定しておらず，もっぱら法律の規定するところに委ねられる，とする法律委任説も存在するが，主たる対立は，違憲審査制の性格とも結び付き，一般的効力説と，個別的効力説にある。

一般的効力説によれば，違憲無効とされた法律は，廃止手続がとられなくとも，一般的，客観的に無効となる。この説は，憲法98条１項の「その効力を有しない」を主たる根拠にする。しかし，一般的効力を認めることは，消極的立法となり，国会が唯一の立法機関であるとする41条に反する，といった批判が存在する。

個別的効力説は，違憲無効とされた法律も一般的に無効となるのではなく，当該事件に限り適用されないだけである，とする。この説は，わが国の違憲審査制が付随的審査制であるから，違憲審査も事件解決に必要な限度で行われ，違憲判決の効力も事件との関係を越えて及ぶことがないことにその根拠を求める。また，98条１項は，憲法に違反する法律の一般的な効力を規定するものであって，この規定から直ちに，違憲判決を受けた法律の効力を導き出せないとする。しかし，この説に対しては，法律が場合によって違憲無効とも有効ともなり，法的安定性・予見可能性を害し，平等原則にも反する，との批判も存在する。

なお，個別効力説に立ちつつも，最高裁判所の違憲無効判決については，国会は合理的期間内に法律を改廃するよう義務づけられ，内閣はこのような措置が行われるまで当該法律を執行する義務を免除される，とする見解も存在する。

２．違憲判断とその効力

違憲と判断された法律については，従来，違憲即（遡及的に）無効と考えられてきた。そこで，違憲という法的判断と無効というその効果を一体と考えることにより，たとえば，違憲無効判決により回復し難い混乱をもたらす可能性のある場合，あるいは無効とされた結果根拠規定が無くなってしまうことにより，問題ある現在の状態すら否定されてしまう場合などを回避するため違憲判決を控えるとすれば，その結果は，違憲な状態が存在するにもかかわらず，現状を追認してしまうことになる。このようなことは，人権保障の観点から問題となるだけでなく，憲法秩序の保障という点でも問題となる。これは，違憲と無効とを一体として捉えることの結果生じる問題である。そこで，問題となっている憲法違反を除去するにあたっては，たんにその根拠法律を無効とすることだけに限らず，むしろ，憲法違反の状況に応じて，さまざまな法的効果を結び付けることが考えられる。最高裁判所も，衆議院議員定数不均衡事件において，定数配分規定は法の下の平等に反し違憲であるが，「事情判決の法理」を用い，行われた選挙を無効とはしなかった（最大判昭51.4.14〔20〕）。また，違憲な法律の遡及効を制限した婚外子相続分違憲決定（最大決平25.9.4〔55〕）も存在する。最高裁判所は，違憲との法律判断と，(遡及的）無効との法的効果とを切り離す場合もあることを認めている。

6. 憲法判例

1．拘束力

裁判において，法解釈は判決理由の中で表示される。この法解釈が，後の法解釈に影響を与える。わが国では，アメリカ合衆国やイギリスのように，裁判所がある事柄について判決を下すと，その判断が先例となり，当該裁判所をも含め以後の裁判所の同種の事件についての裁判を法的に拘束するとする，「先例拘束性の原則」は存在しないとされている。しかし，制度上の制約から，最高裁判所の判例に反する判決を下すことは非常に困難であり，また，一般的，抽象的な法を，事件に即して解釈・具体化した判例は，法内容をより具体的に理解し，自己の権利利益について予測をする上で有用である。この点からも，最高裁判所の判例には，少なくとも事実上の拘束力が認められている。憲法判例においてもこの事情は異ならない。

2．変　更

判例に拘束力が認められると，そこには予見可能性を確保するため，その安定性が要請される。したがって，判例は，むやみに変更されてはならない。しかし，先例の絶対化，固定化がかえって不都合をもたらす場合もある。そこで，先例に誤りのある場合や先例が基礎とした社会的状況の変動により先例を維持しえないような場合には，判例の変更も許される。裁判所法10条も，大法廷によらなければならないという限定を加えているが，最高裁判所の判例の変更の可能性を予定している。これまで判例が変更された代表例として，刑法旧200条をめぐる事例，公務員の労働基本権の制限をめぐる事例などがある。もっとも，このような条件が存在しないにもかかわらず，たとえば，裁判官の交替だけに起因するような判例変更は許されない。

なお，憲法判例の変更による当事者の不利益に対する救済の問題も指摘されている。

第18章
財　　　政

1.　財政立憲主義

1．財政の意義

国が，その存立を維持し，その任務を果たすために必要な財力を調達し，管理し，使用する作用を財政という。財政の作用は，租税の賦課徴収のように，命令や強制を内容とする財政権力作用と，収入や支出をしたり，財産を管理したりする財政管理作用とに分けられる。こうした財政の作用は，国が健全に運営されるための基盤をなすものでもある。そして何よりも，租税の徴収や調達した財力の支出のありようは，国民の生活に深くかかわっている。

2．財政民主主義と財政立憲主義

それだから，財政こそ「人民の，人民による，人民のための財政」になっていなければならない（財政民主主義）。そのためには，まず何よりも，国民を代表する議会が，国の財政作用をしっかりとコントロールしている必要がある（財政立憲主義）。アメリカの本国イギリスからの独立の引き金となった「代表なければ課税なし」というスローガンがよく示しているように，マグナ・カルタ（1215年）以来の伝統を受けて，近代の立憲政治や議会制度もまた財政に対する監督機能と結びついて発達してきた。

3．財政立憲主義の内容

（1）　明治憲法と財政立憲主義

明治憲法でも，第６章「会計」で，欧米先進諸国にならって，租税法律主義，予算に対する議会の協賛，決算に対する議会の審査など，財政立憲主義の考え方を取り入れはした。だが，天皇主権下での「強い政府と弱い議会」を反映して，たとえば，議会で予算が成立しない場合には，政府は前年度の予算を施行したり，緊急事態にあっては，政府は勅令によって必要な財政処分を行ったりできるようになっていたし，議会の統制の及ばない費目もいろいろあり，総じて議会による財政統制は極めて不十分なものであった。

（2） 日本国憲法と財政立憲主義

日本国憲法は，第7章の「財政」の表題の下に，国の財政につき，まず83条で「国の財政を処理する権限は，国会の議決に基いて，これを行使しなければならない」と規定し，財政立憲主義（財政国会中心主義，財政議会主義とも言う）の原則を採用している。次いで，その具体化として，租税法律主義(84条)，国費の支出に対する国会の議決（85条)，予算・予備費・皇室経費・決算に対する国会の議決や統制（86条〜88条・90条)，および政府の国会への財政状況の報告義務（91条）などを規定し，財政立憲主義の徹底化を図っている。このうち，88条は，皇室財産の国有移管と，皇室費用の予算への計上・国会による議決とを規定し，明治憲法とは異なり，皇室財政に対しても国会中心主義を貫徹している。(→第4章**5**)

（3） 財政立憲主義と地方自治

憲法の採用する財政国会中心主義の原則は，国の財政にだけでなく，地方公共団体の財政にも及ぶが，国が法律によってできるのはあくまで，一般的・抽象的な基準設定であり，地方自治の本旨に反するような個別的・具体的な基準設定などはできない。地方公共団体の財政については，日本国憲法の第8章「地方自治」に基づき，地方自治法が地方議会による財政立憲主義原則を展開している。加えて，地方自治法では，違法・不当な公金支出などの是正を直接に住民が求めることのできる住民監査請求制度や住民訴訟制度が採用されており，国政レベルよりさらに財政民主主義が展開されている。

2. 租税法律主義

1．意　義

租税の賦課・徴収のように国民に負担を求める場合には，国民の同意を，とりわけ法律の根拠を必要とするとの原則を租税法律主義という。憲法84条は「あらたに租税を課し，又は現行の租税を変更するには，法律又は法律の定める条件によることを必要とする」と，この原則を規定している。憲法は，その30条で，この租税法律主義について，「国民の納税義務」との関連でも言及している。最高裁判所は，暦年半ばでの租税特別措置法改正につきその施行以前に遡って適用されるとした同法の附則規定が憲法84条・30条に反するか否かが争われた事案で，憲法84条について，「課税要件及び租税の賦課徴収の手続が法律で明確に定められるべきことを規定するものであるが，これにより課税関係における法的安定が保たれるべき趣旨を含むものと解するのが相当である」として，租税法規の事後的変更や適用によって納税者の租税法規上の地位が変更され，課税関係における法的安定に影響が及びうる場合には，財産権の内容の事後法による変更と同様にその憲法適合性が問題となりうるとの判断を示している（ただし，当該事案には不適用。最判平23.9.22，同平23.9.30）。

2．内　容

（1）　課税要件法定主義と課税要件明確主義

1）意　義

租税法律主義の主な内容としては，まず第1に，立法面での要請として，課税要件法定主義，課税要件明確主義などがあげられる。課税要件法定主義とは，納税義務者，課税物件，課税標準，税率などの課税要件，さらに租税の賦課・徴収の手続は法律で定められなければならないとする原則である。また課税要件明確主義とは，そうした課税要件や賦課・徴収の手続を法定する際には，誰にでもその内容が理解できるように，明確に定められていなければならないという原則である。最高裁判所も，後述の旭川市国民健康保険条例事件で，「憲法84条は，課税要件及び租税の賦課徴収の手続が法律で明確に定められるべきことを規定するものであり，直接的には，租税について法律による規律の在り方を定めるものであるが，同条は，国民に対して義務を課し又は権利を制限するには法律の根拠を要するという法原則を租税について厳格化した形で明文化したものというべきである」とする（最大判平18.

3.1〔47〕)。

2）課税要件法定主義と命令への委任

課税要件法定主義といっても，租税に関する事項の細目などについての定めを命令に委任することは許される。ただし，その委任は，個別的，具体的でなければならない。関税定率法が一定の物品について，政令で関税を決定できるとしている点につき，一般には憲法84条に違反しないと解されているが，これを違憲とする学説もある。

3）課税要件法定主義と通達課税

課税要件法定主義との関係で，通達による課税が問題となる。学説では，本来，通達とは，行政の統一のために，上級行政庁が下級行政庁に対してなす行政組織内での命令であって，国民を拘束する法規ではないので，実質上通達による新たな課税になる場合には，憲法84条違反になるとの見解も少なくない。ただし，旧物品税法の下で長い間非課税であったパチンコ球遊器を，通達で，課税物件である遊戯具にあたるとして新たに課税対象としたことが問題となった事件で，最高裁判所は，「通達の内容が正しい解釈に合致するものである以上，本件課税処分は法の根拠に基づく処分と解する」として合憲としている（パチンコ球遊器事件―最判昭33.3.28)。

（2） 税務行政の法律適合性

租税法律主義は，第2に，執行面では，税務行政の法律適合性を要請する。すなわち，税務行政庁は，法律の規定するところに従って，厳格に租税の賦課・徴収を行わなければならない。税務法規の解釈では，特に類推解釈や拡張解釈には注意が必要である。上述の最高裁判所の判決に対しては，この点からも学説からの批判がある。

（3） 租税法律主義の適用範囲

租税とは，固有の意味では，国が，その課税権に基づいて，その使用する経費にあてるために，国民から強制的に徴収する金銭給付をいい，特別の給付に対する反対給付という性質を持たない。そこで，租税とは異なって，各種の負担金，検定・免許手数料，国の独占事業の料金のような，特別の給付に対する反対給付という性質を持つものが，憲法84条の租税法律主義にいう「租税」に含まれるのかどうかが，それらについても「すべて法律又は国会の議決に基いて定めなければならない」とする財政法３条との関係で解釈上問題となる。多数説は，84条にいう租税に含まれるとする。最近では，それらは84条にいう租税には含まれず，財政法３条は，憲法83条の財政立憲主義の原則に基づいて政策的に制定されたものとする考えも有力になっている。後者の立場に立つ場合も，租税法律主義が骨抜きにならないように議会による民主的コントロールを追求していく必要があろう。

最高裁判所は，租税法律主義が直接に適用されるか否か判断が分かれていた「社会保険料」の事案（旭川市国民健康保険料条例事件）で，①国又は地方公共団体が，課税権に基づき，その経費に充てるための資金を調達する目的をもって，特別の給付に対する反対給付としてでなく，一定の要件に該当するすべての者に対して課する金銭給付は，その形式のいかんにかかわらず，憲法84条に規定する租税に当たる，とした上で，②これと異なり，たとえ市における国民健康保険事業に要する経費の約３分の２は公的資金によって賄われるものであっても，市町村が行う国民健康保険の保険料は，被保険者において保険給付を受け得ることに対する反対給付として徴収されるものだから，憲法84条の規定が直接に適用されることはないというべきだとした（なお，これに対して国民健康保険税は，目的税であって，反対給付として徴収されるものであるが，形式が税である以上は，憲法84条の規定が適用される，としている）。また，どのように規律されるべきかについては，③国，地方公共団体等が賦課徴収する租税以外の公課であっても，賦課徴収の強制の度合い等の点において租税に類似する性質を有するものについては，憲法84条の趣旨が及ぶと解すべきであるが，④租税以外の公課は，租税とその性質が共通する点や異なる点があり，また，賦課徴収の目的に応じて多種多様であるから，賦課要件が法律又は条例にどの程度明確に定められるべきかなどその規律の在り方については，当該公課の性質，賦課徴収の目的，その強制の度合い等を総合考慮して判断すべきもの，だとした上で，当該事案の保険条例については，憲法84条に反するものとは言えないとした（最大判平18.3.1〔47〕）。

（４） 租税法律主義の例外としての地方税（租税条例主義）

租税法律主義の例外をなすのは，地方税である。地方税法は，地方公共団体が地方税を徴収できる旨を定め（地方税法２条），徴収する地方税の名目，課税客体，課税標準，税率などについては，条例で定めねばならないとしている（同３条１項)。地方税法のこれらの規定は，単なる「法律による条例への委任」というのではなく，憲法92条の「地方自治の本旨」に基づいて，地方公共団体が持っている固有の課税権を具体化したものであり，それは地方自治レベルでの租税法律主義にあたる租税条例主義を採用したものといえる(→第19章**3**.**2**.(２)4)**c**)。したがって，地方税の賦課・徴収についても，課税要件条例主義，課税要件明確主義などが満たされていなければならない。自治体の定めた国民健康保険税条例で，上限内での課税総額の確定を課税権者に委ねた規定を，課税要件条例主義，課税要件明確主義に違反し，憲法92条・84条に違反し無効とした判例がある（秋田市国民健康保険税条例事件―仙台高秋田支判昭57.7.23)。

（５） 租税法律主義と法律の内容の適正

憲法31条のいわゆる適正手続の保障の考え方は，国民に負担を負わせることになる租税の賦課・徴収にも適用される。したがって，課税要件法定主義についても，その法律は内容も適正なものでなければならない。この点に関する判例としては，所得税法が夫婦の所得に関して分離課税主義をとるのは，夫の就労に対する妻の貢献を無視し，妻の尊厳や両性の平等を侵している民法の夫婦別産制（民法762条１項）に依拠するもので憲法に違反すると争われた事案につき，当該民法規定は違憲ではないから，所得税法もまた違憲ではないとしたものがある（最大判昭36.9.6)。また，最高裁判所は，所得税法の定める源泉徴収制度や給与所得控除額が低額すぎる点および課税最低限が低すぎることなどが争われた事案について，それらは憲法に違反しないとした(総評サラリーマン税金訴訟―最判平1.2.7)。同様に，地方税法の定める遊興飲食税の特別徴収制度には憲法違反はないとした判例もある（最大判昭37.2.21)。このような判例に対しては，租税が国民に直接負担を負わせるものであり，さらに種々の人権の享受・行使にかかわるものであるから，租税制度の内容の適正について一層慎重な吟味が必要だとの指摘が学説の中にみられる。

3. 国費支出および国の債務負担

憲法85条は,「国費を支出し,又は国が債務を負担するには,国会の議決に基くことを必要とする」と規定する。これは,財政立憲主義(財政国会中心主義)の原則を国の財政における支出面で具体化したものである。国費の支出に対する「国会の議決」は,予算の形式によってなされる(86条)。国の債務負担行為には,公債の発行,一時借入金をなすこと,土地建物の賃貸借契約を行うことなどが含まれる。国の債務負担に対する国会の議決の形式については,憲法上特に定められていない。財政法は,債務の性質・種類に応じて,法律によるものと予算の形式によるものとに分けている。

4. 予　　算

1. 総　説

予算とは,一会計年度において予定される国のすべての収入・支出の見積りを言う。したがって,予算は,国の活動の経済的基礎をなすものであるし,国民生活と深いかかわりを持つ。それで,近代国家では,予算制度を設けて,国の収入・支出を毎年予算という形式で議会の審議と議決を経なければならないものとしている。日本国憲法も86条で,国の予算について,「内閣は,毎会計年度の予算を作成し,国会に提出して,その審議を受け議決を経なければならない」と規定している。憲法は,予算の作成・提出権を内閣に専属させ(73条5号),国会での審議にあたっては,衆議院に先議権を与え,かつ議決をなすにあたっても衆議院の優越性を認める(60条)など,通常の法律案とは異なる取扱いをしている。このような憲法における予算と通常の法律との議決手続の違いは,両者の間で矛盾する議決を生む可能性をもっている。これに関連して,議員立法による予算の裏付けのない法律を防止するために国会法で一定の措置を講じている(国会法56条1項)。いずれにしても,国会には,そうした両者の不一致が生じないように配慮する義務がある。

財政法によれば,予算の内容としては,予算総則,歳入歳出予算,継続費,繰越明許費および国庫債務負担行為がある（財政法16条）。継続費や繰越明許費は，「各会計年度における経費は，その年度の歳入で支払うこと」という会計年度独立の原則（予算単年度主義，同12条）の例外をなすものである。

予算の種類としては，本予算，補正予算（追加予算・修正予算），暫定予算がある。予算が新年度の開始前に成立しない場合には，内閣は，一会計年度のうちの一定期間にかかわる暫定予算を国会に提出できる（財政法30条）。

2．法的性格

予算の法的性格をめぐっては，明治憲法下でも議論があった。その議論の影響もあって，日本国憲法についても，初期には，予算は単に国会が政府に対して1年間の財政計画を承認するに過ぎないとする学説もあった（予算承認説とか予算行政説とよばれる）。しかし，財政国会中心主義をとる日本国憲法の下では，予算は単なる歳入歳出についての「見積表」ではなく，政府の財政行為を規律する法規範である。イギリス，フランスなど欧米諸国では，予算を「法律」という国法形式で定める例が多い。日本国憲法の定める予算については，予算が政府を拘束するのみで一般国民を直接拘束しないこと，予算の効力は一会計年度に限られること，内容的に計算のみを扱っていること，上記のように通常の法律とは異なった取扱いがされていることなどから，「法律」とは異なる特殊の国法形式と解する予算法規範説（予算法形式説とか予算国法形式説ともいう）が多数説となっている。だが，財政国会中心主義原則の趣旨をより活かそうとする立場から，予算も「法律」の一種であり，憲法59条1項にいう「特別の定め」にあたる「法律」であるとする予算法律説（予算法律主義ともいう）も有力である。

3．修　正

予算の法的性格の理解と関連して，予算の議決権を有する国会が，内閣作成の予算原案に対してどの程度まで修正権を行使できるかが問題になる。①予算原案にあるものを廃除削減する減額修正に関しては，法律自らが予定している支出（法律費）や法律に基づいて国が負担する債務（義務費）に配慮する必要はあるが，原理的には限界はない。②予算原案に新たな「款」や

「項」を設けたり金額を増やしたりする増額修正については，学説が分かれる。予算承認説や予算法規範説に立てば，1977年2月23日の政府統一見解のような，国会の予算修正は，内閣の予算提案権を損なわない，すなわち予算原案との同一性を損なわない範囲内で可能とする限界説もありうる。だが，予算法律説に立てば当然の結論として，また予算法規範説に立つ場合でも，国会は予算原案を否決することも可能であることから考えても，国会の増額修正権に法的限界はなく，予算の議決について無制限の権限を有すると解することができる。憲法の採用する財政国会中心主義の理解としては，増額修正についても法的には無限界と解する説が有力である。

5. 予 備 費

不測の事態の発生によって，予算外支出や予算超過支出が必要となった場合には，補正予算を組んでそれに対処すべきだが，それもできない緊急の場合などに備えて，憲法は，「予見し難い予算の不足に充てるため，国会の議決に基いて予備費を設け，内閣の責任でこれを支出することができる」ものとしている（87条1項）。明治憲法では，予備費の設定は義務的なものであったが，日本国憲法では，予備費を計上しないことも可能であるし，内閣が提出した予算原案の中の予備費を全額削除することも可能である。

予備費は，その支出目的を特定することなく，歳入歳出予算の中に計上され，国会はそれを一括して議決することになる。その議決されたものは内閣の責任で支出されることになるが，その支出が適正かどうかをチェックする必要がある。そこで，憲法は「すべて予備費の支出については，内閣は，事後に国会の承諾を得なければならない」と規定した（87条2項）。この国会の事後承諾によって，内閣は予備費の支出についての政治責任を解除される。国会の承諾が得られない場合には内閣の政治責任の問題が発生するが，すでになされた支出の法的効果には影響はない。財政国会中心主義の趣旨からは，内閣による予備費の支出が，制度の趣旨・目的を逸脱しないように厳格になされることが肝要である。

6. 決　　算

決算とは，一会計年度における国の歳入歳出の実績を，予算と対比させて，計数表示で確定的に明らかにすることをいう。憲法は，国の財政執行に関して，「国の収入支出の決算は，すべて毎年会計検査院がこれを検査し，内閣は，次の年度に，その検査報告とともに，これを国会に提出しなければならない」と規定する（90条1項)。すなわち，憲法は，内閣の財政執行に対する国会による事後的コントロールとして，まず，内閣に対し独立の地位を有する会計検査院による決算審査制度を置き，この審査結果の報告をもとにして，国会が決算審査を行うこととした。

会計検査院による決算審査では，裁判官に準じる身分保障を与えられた会計検査官によって，国の収入支出のすべてにわたって，違法・不当な点が存在しないかがチェックされる。会計検査院の審査を受けて行われる国会での決算審査は，政治的側面からの内閣の責任を明らかにするものであって，法的な効果は伴わないと解されている。

決算についての国会での審査は，明治憲法下での慣行を受け継いで，内閣から両議院に同時に提出され，両議院ではそれぞれ別々に審査を行うことになっている。また，両議院で審査結果も一致する必要はないとして，両院交渉の議案としてではなく，報告案件として扱われている。学説上も，こうした慣行を支持するものが少なくない（議院議決説)。だが，財政国会中心主義をいっそう重視して，決算についても，通常の議案と同様に国会としての意思決定を行うべしとする見解（国会議決説）も有力である。

7. 財政状況の報告

憲法91条は，予算や決算を含めて，国の財政全般について，「内閣は，国会及び国民に対し，定期に，少くとも毎年一回，国の財政状況について報告しなければならない」として，財政状況の公開原則を採用した。明治憲法には，これに対応する規定はない。この趣旨は，国会の財政監督権を強化するとともに，国民に国政批判の資料を提供することにある。財政法46条１項は，「印刷物，講演その他適当な方法で国民に報告しなければならない」としている。

8.　公金の支出などの禁止

１．総　説

憲法89条は，「公金その他の公の財産は，宗教上の組織若しくは団体の使用，便益若しくは維持のため，又は公の支配に属しない慈善，教育若しくは博愛の事業に対し，これを支出し，又はその利用に供してはならない」と規定する。第７章「財政」のその他の条文が財政国会中心主義の個別・具体的な規定になっているのに対し，本条は，その財政国会中心主義の下での公金の支出のあり方に内容の面から枠をはめるものになっている。

また，第７章は全体として，国の財政について規定する形になっている中で，本条は，特に国の財政に限定する形になっていない。したがって，本条の規定する公金等の支出の禁止は，直接に，国と地方公共団体のそれを対象とすると解される。他の条文が規定するそれぞれの財政国会中心主義の内容は，第８章に規定する「地方自治の本旨」を媒介にして，地方自治における財政議会中心主義の内容をなすものと解される。

２．「宗教上の組織若しくは団体」への公金支出の禁止

憲法は，神権天皇制の下での戦前の自由抑制の歴史を反省して，政教分離原則を採用し，特に宗教と政治（国家）の癒着による，政治の恣意・横暴の防止と，信教の自由に関する個人・集団の自主性の喪失の防止を，国家の宗教的中立性の確保を徹底することによって図っている。憲法89条前段は，この原則を国家財政の側面から確認するものである。したがって，この規定を解釈するにあたっては，憲法が政教分離原則を採用した趣旨から考えて，国家の宗教的中立性の確保という立法趣旨が重視されなければならないであろう。（→第７章**2．4**）

本条前段にいう「宗教上の組織若しくは団体」の意義については，従来の

通説的見解は，それを「特定の信仰を有する者たちによる，当該宗教目的を達成するために制度化・組織化された団体」というように厳格に解していた（狭義説）が，最近の有力説は，政教分離原則の趣旨を重視し，広く，何らかの宗教上の事業ないし活動を目的とする団体と解している（広義説）。最高裁判所は，箕面忠魂碑・慰霊祭訴訟で，狭義説に立って，忠魂碑の所有者である遺族会はここにいう「宗教的活動をすることを本来の目的とする団体」としての「宗教上の組織若しくは団体」にはあたらないと判示している（最判平5.2.16）。その後，最高裁判所は，市がその所有する土地を神社施設の敷地として無償で使用させてきた行為を本条及び憲法20条１項の政教分離原則に違反するとしたいわゆる空知太神社事件でも同様の理解に立った上で，当該神社施設を管理する氏子集団は，「宗教的行事等を行うことを主たる目的としている宗教団体」であって，寄附を集めて当該神社の祭事を行っており，本条にいう「宗教上の組織若しくは団体」に当たるものと解されると判示している（最大判平22.1.20〔52〕）。

宗教法人に対する免税措置などが，本条前段で禁止される公金の支出に当たるのかどうかが問題になる。租税法上は，宗教法人は「公益法人」とされ，法人税や事業税は課されないことになっているが，学説上は合憲説と，本条前段の立法趣旨を厳格に解する立場からの違憲説とに分かれている。寺院等に無償で貸し付けてあった国有財産を戦後に寺院等に譲与ないし時価の半額で売却することを定めた法律の本条前段違反が問題になった事案で，最高裁判所は，新憲法に先立っての，沿革上の理由に基づく国有財産関係の整理は本条前段の趣旨に反しないとしている（最大判昭33.12.24）。

３．「公の支配」の意義と公費助成の合憲性

現行の私立学校法・私立学校振興助成法や社会福祉事業法・児童福祉法・社会教育法では，一定の国の監督権限を認めた上ではあるが，私立学校や保育所等への公費助成措置を具体化している。だが，憲法89条後段の規定する「公の支配」という文言の意義の解釈次第では，そのような公費助成が違憲と解される余地があり，学説上も争いがある。

従来の有力な学説は，89条後段の立法趣旨をもっぱら自主性の確保におき，

ここにいう「公の支配」とは「その事業の予算を定め，その執行を監督し，人事に関与するなど，その事業の根本的な方向に重大な影響を及ぼすことのできる権力を有すること」というように，その意義を厳格に解し，上記のような現行法の公費助成は違憲ないし違憲の疑いが強いとしていた（厳格説）。

これに対し，最近の多数説は，本条後段の立法趣旨を自主性の確保とともに，公費濫用防止に求め，本条後段の解釈にあたっては，教育の自由や教育を受ける権利にかかわる，憲法の他の条文（14条・23条・25条，とりわけ26条）と総合的に解釈する必要があるとの立場にたつ。すなわち，教育を受ける権利の等しき享受のためには，公費による条件整備のための援助が必要なのであるから，要は，その援助・助成が，公費の濫用にあたらず，自主性の確保を損なわなければ許されると考える。そこで，国や地方公共団体の一定の監督が及んでいれば，本条後段にいう「公の支配」にあたると解する（緩和説）。この説によれば，関連の現行法が，業務や会計の状況に関し報告させたり，質問検査を行ったりできる権限や予算変更を勧告する権限などを国や地方公共団体に付与しているのは，公の支配に属するものと言えるので，合憲とされる。

判例では，市が私大医学部付属病院誘致の目的で取得した用地を公費で造成し無償譲渡することが問題となった事案で，千葉地方裁判所は，緩和説にたち，憲法89条後段の立法趣旨を，私学の自主性・独立性の確保と，学問，思想・良心に対する国家の公正・中立性の確保に求めた上で，私学助成を合憲と解している（千葉地判昭61.5.28）。また，1960年代以降住民運動を背景にして設置されるようになった，無認可の幼児教育施設である幼児教室への町による土地・建物供与や補助金支出が問題になったいわゆる吉川町幼児教室事件で，一審の浦和地方裁判所および二審の東京高等裁判所はともに，幼児教室は，学校教育法に規定する幼稚園の事業とほぼ同様の事業を行っているので，憲法89条後段に定める教育の事業にあたるとした上で，緩和説に立って，本件での幼児教室の予算，人事に町が直接関与するものではないとしても，なお公の支配に属するものといえるので合憲であると判示している（浦和地判昭61.6.9，東京高判平2.1.29）。

第19章

地方自治

1. 総　　説

明治憲法下においても，地方自治の重要性は指摘されていた。しかし知事は中央政府の任命する官吏であり，市町村長は市町村会の選挙するところであった。また地方議会として市町村会および府県会が法律により設置されていたものの，その権限には制約が多く，議事機関としては極めて不十分なものであった。それは憲法に地方自治に関する規定がなかったことに大きな原因があった。そこで日本国憲法は第8章において地方自治に関する規定を定めた。

2. 地方自治の基本原則

1．地方自治の本旨

「地方公共団体の組織及び運営に関する事項は，地方自治の本旨に基いて，法律でこれを定める」(92条)。この規定は憲法93条以下の地方自治に関する諸規定の総則的規定である。地方自治に関する事項は，すべて「地方自治の本旨」に基づいて定められなければならない。「地方自治の本旨」とは日本国憲法の規範的要請としての「地方自治の理念」を意味する。これを理解するには,「団体自治」と「住民自治」の両原理が重要である。

（1）　団体自治

国家の中には，一定の地域を基礎とする団体が存在し，これが自己の意思と目的をもち，自己の機関によりその地域の公共事務を処理する。これを団体自治という。この原理はヨーロッパの大陸諸国を中心に発展した観念であり，自由主義思想を基礎にする。それらの国では，地方自治とは国から独立した団体の自治（すなわち団体自治）を意味した。日本国憲法は94条において地方公共団体の権能を定め，95条において地方自治特別法の住民投票について規定する。これらは「団体自治」の原理を前提とする。

（2） 住民自治

国から独立した団体はその行政をその団体の構成員である住民の意思により行う。これを住民自治という。この原理は英米を中心に発展した観念であり，それらの国では地方自治は民主主義の基礎であると理解され，歴史的にも民主主義と不可分一体の関係を有するものとして発展した。日本国憲法は93条において地方公共団体の機関について直接選挙を規定する。これは「住民自治」の原理を前提とする。

2．地方自治の保障

日本国憲法は，地方自治を制度的に保障する。地方自治の保障の規範的性格が「制度的保障」であることは，次のことを意味する。

地方自治の保障とは，伝統的に形成された客観的な制度としての地方自治を保障することである。保障の対象となるのは，既存の地方自治制度の総体ではなく，その核心的・本質的部分である。地方自治制度の核心的・本質的部分としては①地方公共団体の存在および都道府県・市町村という二段階構造，②住民自治の原則（地方自治法74条以下による直接請求制度などの核心的部分），③地方公共団体の諸権能（自治立法権，自治行政権，自治組織権，自治財政権）などが考えられる。地方自治制度の核心的・本質的部分については立法府といえどもこれを改廃することができない。

なお地方自治の淵源に関する論議において，地方自治体の自治権は国家から伝来したとする「伝来説」とその自治権は国家以前の自然法上の権利であるとする「固有権説」とが大きく対立する。この両説の折衷的な見解として「制度的保障説」が位置づけられる。

3．地方公共団体

一般に，「地方公共団体」とは，国の領土の一部をもって区域とし，その区域内の住民などに対して法の定める範囲内で支配権を有する公共団体をいう。地方自治法は，「普通地方公共団体」として都道府県・市町村の２種類を，「特別地方公共団体」として特別区・地方公共団体の組合・財産区・地方開発事業団の４種類を定める（地方自治法１条の３）。また地方自治法は市町村を「基礎的な地方公共団体」（同２条３項）と定める。

憲法に規定される「地方公共団体」とはこの６種類のうちのどれを意味するのか。一般に，憲法にいう「地方公共団体」とは全国を通じて存在する，一般的・基礎的・普遍的な地方公共団体であると解される。したがって明治憲法時代以来の沿革を有し，一定の共同体意識も形成されている都道府県・市町村こそが，憲法のいう「地方公共団体」である。それゆえ，都道府県を廃止して長が任命されるような「道州制」に替えることは許されないとする見解がこれまで強かった。しかし，広域自治体は必ずしも都道府県に限定されないとすれば，都道府県制を廃して広域自治体としての道州制を導入することも許されるとする見解が最近では有力である。知事ないし市町村長を任命制にすることは憲法93条に違反し，許されない。

これと比べ，「特別地方公共団体」は特定の政策的見地から設置されたものであり，普遍的性質をもつものではない。ちなみに東京都の特別区が憲法のいう「地方公共団体」に該当するのかについて学説上争いがあったが，最高裁判所は，特別区の区長選任に関する贈収賄事件において，憲法上の「地方公共団体」の要件として①住民が経済的文化的に密接な共同生活を営み，共同体意識をもっていること，②沿革的にも現実的にも相当程度の自主立法権・自主行政権・自主財政権などをもつ地域団体であることをあげて，特別区は憲法93条２項の「地方公共団体」ではないと判示した（最大判昭38.3.27）。ただし地方自治法が1974年に改正され，特別区の長は公選制に復している。

3.　地方公共団体の組織と権能

1．組　織

憲法93条は，地方公共団体の機関・組織について定め，合わせて住民自治の原理を定める。「住民」は，地方公共団体の最も重要な意思決定機関である。このほかに地方公共団体には議事機関として，住民により構成される議会および執行機関として，直接選挙される地方公共団体の長が存在する。

（1） 住 民

地方公共団体の最も基礎的な機関は，有権者団としての「住民」である。地方自治法は，「市町村の区域内に住所を有する者は，当該市町村及びこれを包括する都道府県の住民とする」（地方自治法10条１項）と定める。なお「住民」の概念に関しては，学説上争われるが，最高裁判所は，外国人の地方参政権に関連し，憲法93条の「住民」とは地方公共団体の区域内に住所を有する日本国民（国籍保持者）を意味するとしつつも，永住外国人などに地方参政権を法律により認めることは禁止されないと判示する（最判平7.2.28〔37〕）。

憲法は，「住民」の権利として，地方公共団体の長，その議会の議員および法律の定めるその他の吏員を住民が選挙すること，および地方自治特別法の制定に際し当該「住民」が同意すること（95条）などを定める。地方自治法は，個々の住民の権利を実現するため，直接民主主義の現れとして，条例の制定または改廃の請求（地方自治法74条以下），事務の監査請求（同75条），議会の解散および議員の解職請求（同76条以下），長の解職請求（同81条），主要公務員の解職請求（同86条）などを定める。さらに違法・不当な財務会計の是正を求める住民監査請求（同242条）や監査自体に不服がある場合または監査の結果不正・違法な行為があったとされたが必要な措置が講じられなかった場合における住民訴訟（同242条の２）の制度がある。なお自治体の債権放棄について議決の経緯や違法な支出の内容などを考慮し，不合理と認められる議決は違法・無効となるとの判例（最判平24.4.20）がある。

憲法93条にいう「その議会の議員」とは，都道府県および市町村議会のすべての議員である。地方公共団体の長とは，執行機関の中枢たる機関すなわち知事・市町村長である。さらに「法律の定めるその他の吏員」とは，その範囲が法律に委ねられており，現在では農業委員会委員がそれに該当する。かつて教育委員会委員も公選制によっていたが，現在は任命制に改められている。

（2） 地方議会

憲法93条1項は「地方公共団体には，法律の定めるところにより，その議事機関として議会を設置する」と定める。地方公共団体の議会（地方議会）には，都道府県議会と市町村議会がある。

地方議会は，当該地方公共団体の住民の代表機関であり，地方公共団体の主要な事項について団体の意思を決定する議決機関である。地方公共団体の最高機関ではない。地方議会と執行機関（地方公共団体の長）は独立・対等の関係にある。

憲法93条2項は「地方公共団体の……議会の議員……は，その地方公共団体の住民が，直接これを選挙する」と定めるが，住民の選挙によらない町村総会も認められる（地方自治法94条)。なお議員の任期は4年であり（同93条1項)，兼職および兼業が禁止されている（同92条・92条の2)。

地方議会の主な権能は，条例制定権（地方自治法96条)，予算議決権（同96条)，執行機関の事務に関する検査権（同98条)，意見表明権（同99条1項)，長に対する不信任決議権（同178条）などであり，さらに自律的権能として議会の開閉・会期に関する権能（同102条6項)，会議規則の制定権（同120条)，議員に対する懲罰権（同134条以下）などがある。なお地方議員の免責特権に関しては，最高裁判所は否定した（最大判昭42.5.24)。

（3） 地方公共団体の長

憲法93条2項は「地方公共団体の長……は，その地方公共団体の住民が，直接これを選挙する」と定める。地方公共団体の長とは，各都道府県の知事，市町村長である（地方自治法139条)。長の任期は，4年であり（同140条)，兼職および兼業が禁止されている（同141条・142条)。

地方公共団体の長の権限としては，主に，統轄・代表権（地方自治法147条)，事務の管理および執行権（同148条・149条)，規則制定権（同15条)，職員の指揮監督権（同154条)，職員の任免権（同162条・168条5項・171条2項・172条2項)，組織権（同155条・156条・158条）などがある。さらに長には，議会に対する権限として，拒否権（同176条・177条)，専決処分権（同179条)，議会の解散権（同178条）などがある。

なお，地方公共団体の自治事務を圧迫していると批判されてきた「機関委任事務」は，1999年の改正により廃止された。

2．権　能

憲法94条は「地方公共団体は，その財産を管理し，事務を処理し，及び行政を執行する権能を有し，法律の範囲内で条例を制定することができる」と定め，地方公共団体に広範な権能を認める。この規定は，憲法92条に定められた「地方自治の本旨」の構成要素である団体自治の原理を具体的に示すと同時に，地方公共団体が今や明治憲法下におけるような「半自治体」的性格のものではないことを示す。その権能には以下のものがある。

（1）　自治行政権

地方公共団体は「その財産を管理し，事務を処理し，及び行政を執行する権能」を有する。これは地方公共団体の自治行政権の内容を示すものである。「財産を管理」するとは，動産・不動産などの財産を取得・利用・保管・処分することをいう。「事務を処理」するとは，一般事務の処理・公益事業の経営など，主として非権力的な作用を意味し，「行政を執行」するとは警察権・課税権など，主として権力的作用を意味する。これらの権限は，それぞれが相まって地方公共団体の自治行政権の内容を包括的に示すものである。

地方自治法によると，地方公共団体の事務には，地方公共団体が法令の範囲内で自主的に責任をもって処理する事務で，法定受託事務以外のもの（自治事務）と，本来的には国や都道府県が行うものであるが，その適正な処理を特に確保するため法令によって各地方公共団体に処理が委任される事務（法定受託事務）がある（地方自治法2条2項）。

（2）　条例制定権

地方公共団体は「法律の範囲内で条例を制定することができる」。これは地方公共団体に自治立法権を認めたものである。この「条例」とは，地方公共団体が自治立法権に基づいて制定する法を総称する。地方議会の制定する「条例」に限られず，地方公共団体の長や教育委員会などの制定する「規則」も含まれる。

1）根　拠

地方公共団体の条例制定権は，直接憲法94条によって認められたものである。したがって，条例の制定には制定事項が地方公共団体の事務に属するものである限り，たとえ住民の基本権（人権）を制約するものであっても法律の授権・委任を必要とするものでない。この根拠については，憲法92条による見解や「固有権説」による見解もある。

2）範　囲

条例制定権の範囲は，当該地方公共団体が処理できる事務に限られる。条例の制定はその性質上，国土ないし国民全般に一律的に定められるべき事項には及ばない。条例の制定は自治事務の範囲に限定され，もっぱら国が規定すべき事項（たとえば外交，防衛，貨幣，度量衡など）には及ばない。

3）限　界

条例制定権は，「法律の範囲内で」行使される。なお地方自治法は「法令に違反しない限りにおいて……条例を制定することができる」（14条）と定める。したがって地方公共団体は現行法上，その処理できる事務について法律や命令の範囲内で条例を制定することができる。

条例による規制と法令による規制の関係については，学説において争いがある（法律先占論，明白性論など）。徳島市公安条例事件の最高裁判所の判決によると，条例が国の法令に違反するかどうかは，両者の対象事項と文言を対比するのみではなく，それぞれの趣旨・目的・内容および効果を比較し，両者の間に矛盾抵触があるのかにより判断しなければならない。たとえば，ある事項について国の法令が規制しない場合でも，それが当該事項についていかなる規制も行わない趣旨であるときは，これを規制する条例は認められない。また特定の事項について国の法令と条例が競合する場合でも，後者が前者とは別の目的により規律し，前者の目的と効果を阻害しないとき，あるいは両者が同一の目的を有しても，国の法令が全国一律に同一内容を規制する趣旨でなく，各地方公共団体が地方の実情に応じて別段の規制を行うことを容認する趣旨であると解されるときは，国の法令と条例との間には矛盾抵触はない（最大判昭50.9.10〔19〕）。また地方公共団体による普通河川の管理については，河川法が当該の規制以上を認めない趣旨であり，それ以上の規制をする条例は認められないとした判例がある（最判昭53.12.21）。

4）法律の留保

憲法が明文をもって法律により規制すべきであるとする事項について，条例制定権が及ぶのか。及ぶとすれば，その根拠と限界はどのようなものか。

ａ．罪刑法定主義と条例

憲法31条は「何人も，法律の定める手続によらなければ，その生命若しくは自由を奪はれ，又はその他の刑罰を科せられない」と定める。条例により罰則を科することが認められるか。これについては，一般に，条例は憲法に根拠を有すること，条例は地方議会で制定される民主的立法であるから法律に準じて考えることができること，さらに地方自治法14条３項が罰則に枠をはめていることなどを理由に肯定される。

ｂ．財産権と条例

憲法29条２項は「財産権の内容は，公共の福祉に適合するやうに，法律でこれを定める」と定める。条例により財産権を規制することが許されるか。これについては，一般に，憲法94条の規定する条例制定権には財産権を制約する権能も当然に含まれること，精神的自由が条例により規制されるのに，それ以上の制約が認められる経済的自由である財産権が規制されないのは適切でないこと，さらに条例が住民の代表機関である地方議会で制定されることなどを理由に肯定される。

奈良県ため池条例事件において，下級審は条例で財産権の内容に規制を加えることは憲法29条２項に違反すると判示した（大阪高判昭36.7.13）が，最高裁判所はこれを破棄し，災害を未然に防止するという社会生活上のやむを得ない必要からくる財産権行使の禁止は何人も受忍すべきもので，ため池の破損，決壊の原因となる堤とうの使用行為は憲法や民法の保障する財産権行使の埒外にあるから，条例による規制も憲法および法律に抵触しないと判示した（最大判昭38.6.26〔5〕）。

ｃ．租税法律主義と条例

憲法84条は「あらたに租税を課し，又は現行の租税を変更するには，法律又は法律の定める条件によることを必要とする」と定める。これは後述の自治財政権の問題でもあるが，条例により地方税を課することが許されるのか。これについて学説は肯定するが，その理由としては，84条の「法律」には条例も含まれること，同条の「租税」には地方税は含まれないこと，条例で地方税を定めることは租税法律主義の例外であること（これは，さらに，法律の委任を必要とする説と，固有の課税権があり委任は必要でないとする説とに分れる），さらに憲法94条自体が一定の課税権をすでに予定することなどがある。

5）効　力

条例の効力は，当該地方公共団体の地域的範囲を越えることができない。ただしその地域内においては住民のみならず単なる滞在者にもその効力が及ぶ。

（3）　自治財政権

自治財政権とは，地方公共団体がその自治権に基づいてその事務の処理に必要な財源を調達し，これを管理する権能をいう。自治財政権の内容は，財源を取得するために住民に命令・強制する作用（財政権力作用）と，財産を管理し会計を経理する作用（財産管理作用）に分けることができる。

地方公共団体の課税権の法的性格については学説上争いがある。ある学説は，地方公共団体は憲法上固有の課税権を有するものではなく，現行法上認められている課税権は，「法律の定める条件による」（84条）ものであるとし，また別の学説は，憲法92条が地方公共団体に自治権の内容として課税権を保障したものであり，地方公共団体は地方税の内容について原則として自主的決定権を有するとする。下級審の判例には，地方公共団体に認められる課税権は地方公共団体とされるもの一般に対し抽象的に認められた租税の賦課・徴収の権能であり，憲法は特定の地方公共団体に具体的な税目についての課税権を認めたものではないと判示したものがある（大牟田市電気ガス税事件－福岡地判昭55.6.5）。また条例による外形標準課税は法律（地方税法）の範囲内で行われるとした判例もある（東京都銀行税訴訟—東京高判平15.1.30）。

（4）　自治組織権

自治組織権とは，地方公共団体が自らの行政組織についてその自治権に基づいて自らの条例・規則などによって自主的に組織する権能をいう。憲法92条が「地方公共団体の組織……に関する事項は，……法律でこれを定める」としたのは，あくまで大綱的事項についての規定であると解される。地方公共団体に広範な自治組織権を認めることは，「地方自治の本旨」（92条）の要請するところである（地方自治法3条・8条・90条・91条・96条）。

第20章

憲 法 秩 序

1. 国法秩序の構造

1．総　説

国法体系においては，憲法を頂点とするヒエラルキーが存在する。そして，このヒエラルキーは偽ディオニュシオス・アレオパギデスの「天上位階論」と「教会位階論」に基づいている。そもそも，この位階の語源はhierarchiaで天使，および教会内の聖職者の階級を秩序付けるものであり，世俗の秩序とは無関係に語られていたのであるが，これが世俗化された近代国家の社会システムの説明に転用された。天使の位階は上位位階，中位位階および下位位階の三位階に分かれ，それぞれ上位天使には熾天使，智天使，座天使，中位天使には主天使，力天使，能天使および下位天使には権天使，大天使，天使に分かれる。ここで重要なのはこの思想が「超越的一者たる神が充溢する善性による被造物に発出して下降する秩序であり，一から多への展開過程である」とすることである。すなわち，ケルゼンのような法段階説を採った場合，法秩序の頂点には唯一の根本規範が存在し，それが下位の法規範を基礎付ける。反対に，ある法規範の根拠を問えば，それを根拠付けるより上位の法規範が存在し，それが最終的には一つに収斂する。これに対して，そのようなものは存在しないとすると，それに根拠付けられたピラミッド体系をした法秩序という釣鐘は支点を失い地上に落下してしまう。日本国の国法秩序もさまざまな法規範から構成され，これらの法規範は一つの纏まったヒエラルキーをもつ構造を形成している。最高規範が憲法であり，その下にピラミッド状に法律，命令，規則，条例などの国内法の諸形式が序列化され（98条1項），「憲法の最高法規性」と「憲法の授権規範性」を基礎付けている。

以上のように，国法秩序は憲法を頂点として構成されている。であれば，旧憲法とはまったく異なった原理に基づく新憲法が制定された場合，旧憲法の下に成り立っていた国法秩序は理論上，すべて無効となる「べき」であろうか。これに関して，最高裁は憲法98条の反面解釈として，憲法施行前に制定された法令は，その内容が憲法の条規に反しないかぎり効力を有すると判断している（最大判昭24.4.6，明治憲法制定以前の法令の効力については最大判昭36.7.19)。また，占領中という「例外状態」における広範な「授権法」であり，連合軍最高司令官の要求を実施するために日本政府に認められた命令制定権に基づく，いわゆるポツダム勅令——これらは公職追放令や物価統制令の基礎となった——は，憲法外において効力を有していたが，このうち占領状態の継続を前提としている規定は昭和27年の平和条約の発効後には効力を失い（最大判昭28.7.22)，そうでない規定は内容が憲法に違反していない場合，その効力は有効であるとされた（最大判昭36.12.20)。

2．国法の諸法源

（1） 法　源

国法秩序を構成する諸法の存在形式のことを「法源」といい，憲法，法律，命令，議院規則，最高裁判所規則，条例および条約などの「成文法」と慣習法，判例法および条理などの「不文法」に区別される。

（2） 成文法

憲法98条1項によれば，成文法の形式的効力について憲法が法律，命令，規則および条例に優先するが，同条2項には条約について国内法規範と条約の関係が規定されていない。

1）憲　法

憲法の制定権者は国民である。憲法とは，国家の構造と作用を規定する基本法であり，国法体系中，形式上「最高規範性」を持つ。

2）法　律

法律には議会手続を経て成立する法規範を「法律」という「形式的意味の法律」と，その一般的・抽象的規範性の本質をさす「実質的意味の法律」の二つ意味がある（二重法律概念)。法律で規定できる事項を法律事項といい，更に必ず法律で規定しなければならない必要的法律事項と，他の法形式によることも許されている任意的法律事項に分けられる。

まず，法律によることを憲法が明文で規定している事項が必要的法律事項である。また，憲法41条の趣旨から，一般的・抽象的な法規範，つまり実質的意味の法律，そしてその立法はこの法形式によって定められなければならない。これは，国民の「権利を制限し義務を課す規範」の場合に重要である。実質的意味の法律に関する事項を法律以外の法形式で定める場合には，法律の委任がなければならない。最高裁は，例えば「罰則を設けることは，特にその法律に具体的な委任がある場合を除き，……法律を以て規定すべき事項」である（最大判昭27.12.24）とする。もっとも，実質的意味の法律で憲法自らによって58条・77条などは，特に法律以外の形式で制定することが許されている。任意的法律事項は他の法形式で規定することもできるが，一旦法律で規定されると必要的法律事項となり，変更には法律の形式によらなければならない。

3）命　令

行政機関には立法作用が認められ，これによる法形式を命令（狭義）という。

4）議院規則

議院規則とは国会の両議院が，各々その議会その他の手続および内部の規律に関して定める法形式である。

5）最高裁判所規則

最高裁判所規則とは，最高裁判所が制定する法形式である。

6）条　例

条例とは，地方公共団体が自治権に基づいて法律の範囲内で制定する，自治法の形式である。

7）条　約

条約とは，国家あるいは一定の国際法主体を当事者として，その当事者間の書面の形式による合意であり，名称に限られず国家間の合意であれば協定・宣言・憲章などと呼ばれるものもそれに含まれる。

憲法98条２項の趣旨などを根拠として条約の形式的効力が法律に優位することは学説上争いがないが，憲法と条約の関係においては，条約が憲法に優位するとする条約優位説，憲法が条約に優位するとする憲法優位説，その折衷説として，憲法の基本原理は条約に優位するが，それ以外の憲法規定（憲法律）は条約の下位にあるとする同位説，さらに，例えば「世界人類が等しく遵守すべき普遍的原理」を内容とする法規などは，憲法がその基本原理を前提としているから，一定の条件付での憲法の優位を認める条件付き憲法優位説に大別される。ただし，同位説と条件付き憲法優位説には根本的な相違はない。

条約優位説の根拠としては，①日本国憲法は前文で国際協調主義，および9条で平和主義を謳っていること，②法令審査権に関する81条に条約が挙げられていないこと，③98条2項の誠実遵守が憲法制定権を含むすべての国家権力を拘束する趣旨であると解せられことなどがある。

これに対して，憲法優位説の根拠としては，①条約の締結権は憲法に根拠を有し，締結および国会による承認は憲法の枠内においてのみ許容されること，②98条2項の誠実遵守は憲法と条約の関係について，有効に成立した条約の国内法的効力を認め，その遵守を義務付けるにとどまること，③法令審査権に関する81条に条約が挙げられていないのは，条約が国家間の合意に基づくものであるために裁判所の判断に適さないことに配慮したと考えられること，④日本国憲法は憲法改正については厳重な手続を定めているにも拘らず，条約優位説を採ればその手続によらないで憲法改正が簡単になされてしまうことなどがある。

さらに，同位説の根拠としては，①憲法は基本的な部分と，それ以外の部分に分けられること，②序列構造をなしている憲法と条約を単純に同じレベルで論じるのは適当ではないこと，③国際協調主義を強調しても，国家の独立を前提とする限りその国の憲法の基本的部分は条約に優位すると考えるべきであることなどがある。

学説では憲法優位説が多数説であるが，実務では同位説も戦前から引き続いて有力である。砂川事件（最大判昭34.12.16〔3〕）で，最高裁は統治行為論によって判断を回避したが，条約が「一見きわめて明白に違憲無効であると認められない限りは」法令審査権が及ばないと判示しているので，一般には憲法優位説を前提としていると解されている（なお，国際法との関係は「条約法に関するウィーン条約」46条参照)。憲法優位説を採っても，国際法が当然に司法審査の対象となり，現実に無効とされうるかは別の問題である。

98条２項は，条約とそれ以外に「確立された国際法規」の遵守を規定している。この国際法規とは，ドイツ基本法25条の「国際法の一般的諸原則」のように，広く国際社会で拘束力のあると認められている国際規範をさすとされ，成文であっても不文であっても構わない。もっとも，何をもってこの「確立された国際法規」とするのかは問題である。

（２） 不文法

慣習法とは，制定行為を経ずに社会の中で慣行的に行われている法である。慣習法の成立の二要件は，①継続的反復，②法的確信の形成であり，原則として慣習法の効力は成文法を補完するものにとどまる（法の適用に関する通則法３条)。

判例法とは，判例として存在する法をいう。この判例とは，先例拘束性をもって判決を導くために意味のある理由，つまり判決中の法律などの合憲・違憲の結論それ自体でなく，その結論に至るうえで直接必要とされる憲法規範的理由付けであるratio decidendiの部分である。学説上，わが国では一般に成文法主義を採り，判例は一定の場合を除いて，事実上の拘束力しか持たないと解されてきたが，実務上，最高裁は自らの憲法判例に拘束されており，さらに下級審は最高裁の憲法判例に拘束されてきたと言われている。

条理とは，社会の一般的良識である。立法者が完全な予測に基づいて立法することは不可能であり，成文法には隙間できることは不可避である。これを補完するものとしてまず慣習法や判例法が，それでもなおこの隙間を十分に埋められない場合，その判断の基準として条理が必要とされる（明治８年太政官布告103号３条，スイス民法１条参照)。

2. 憲法秩序の変動

１．憲法保障

憲法は国家の最高法規であるが，政治社会は生き物と同様に不断の変化を免れえず，これに応じて憲法も生きた有機的組織として，その規範性を確保するための方法を講じる必要がある。このような状況に対してあらかじめ「憲法保障制度」を設ける必要がある。

憲法保障は「通常状態」と「例外状態」の二つに沿って，①通常の憲法生活において憲法を保障する平常的憲法保障と，②戦争，内乱，大規模な自然災害などのような例外状況において憲法を保障する非常的憲法保障に分かれる。①に属する日本国憲法の定める制度としては以下のものが挙げられる。すなわち，憲法に対する侵害行為を事前に防ぐ予防的機能を果たすもの，例えば憲法の最高規範性の宣言（98条），憲法改正の厳格な手続（96条），公務員の憲法尊重擁護義務（99条），権力分立制である。また，憲法に対する侵害が起こってしまった後，それを修正する事後的匡正的機能を果たすものとして法令審査権がある。②に属する保障としては，国家緊急権と抵抗権が挙げられる。日本国憲法が規定する制度では，参議院の緊急集会（54条）がこの国家緊急権に該当する。なお，法律レベルでも内乱罪（刑法77条），破壊活動防止法および無差別大量殺人団体規制法などがある。

2．憲法改正

（1） 意　味

まず，憲法は国家の基本法であり，容易に変更されるべきではない。しかし，社会および「憲法もまた有機的組織」としてその不断に変化し，その変化に対応しなければならない。このようなに憲法の安定性と憲法の発展の要請を調整するために憲法改正が認められているが，それについては厳格に定められた方法が採られている。一般に近代立憲主義憲法においては，憲法の改正に慎重を期すため議会の議決の特別多数を要求するなど手続に加重された要件を定めるが，改正によっても変更できない基本原理（価値）を定めることが多い。厳格な憲法改正は，予防的憲法保障として重要な意義を持つ。

なお，憲法の変動で改正と区別されるべきものとしては憲法の「廃棄」と「廃止」がある。憲法の廃棄とは，革命等によって旧憲法を排除する行為であり，憲法制定権力の変動を伴う。憲法の廃止とは，クーデターなどにより旧憲法を排除する行為であり，憲法制定権力は変動しないが基本理念が変更される。また，憲法の特定の条項についてだけ一時的に効力を失わせる憲法の「停止」や，特定の場合に憲法の条項を例外的に侵害する憲法の「破毀」も改正と区別され，さらに憲法の変遷もこの改正と区別されなければならない。

（2） 手 続

日本国憲法は，その改正について厳格な以下のような三段階の手続を規定している（96条）。

国会の発議は，各議院の総議員の3分の2以上の賛成によって行われる。この発議をするには国会で審議されることを前提としている。日本国憲法には，審議の元になる憲法改正の発議権や審議の方法，あるいは国民に対する提案について明記するところがなかったが，2007年に「日本国憲法の改正手続に関する法律」が制定されることで立法上の指針が示されることとなった。同法の制定に関連して改正された国会法68条の2によれば，憲法改正原案を発議するためには衆議院においては議員100人以上，参議院においては議員50人以上の賛成を要するものとされ，また同法102条の7によれば憲法審議会も改正原案を作成し，提出できるものとされ，いずれの場合にも「内容において関連する事項ごとに区分して行うもの」とされた。これを受けて，各議院の総議員の3分の2以上の賛成の決議があって，国会の発議・提案が成立することとなった。

憲法改正は，国会の議決を経た憲法改正案が国民によって承認されてはじめて成立するもので，その意味で国民主権の純粋な発現形態であり，ここに特に「特別な国民投票」とあるのはことの重大さに照らしてのことである。この「国民」の範囲はより多くの国民が投票に参加できる趣旨から，「日本国民で年齢満十八年以上の者」とされている（同法3条）。次に，承認の要件に関しての「過半数」については有効投票数の過半数説が採用された（同法123条）。

国民によって承認された憲法改正は，天皇が「国民の名で，この憲法と一体を成すものとして公布する」（96条2項）。

（3） 限 界

上述のように，日本国憲法では限界についての明文規定が置かれておらず理論上，このような限界が認められるか否かが問題となる。

憲法の価値序列や憲法制定権力を否定して，改正手続に則っていればどんな憲法改正も可能であるとする法実証主義的学説や，憲法制定権と憲法改正権を同視し，いずれも万能な主権の行為であることを根拠にして憲法改正を無限界とする学説も存在する。更に法は本来，人間の社会生活に奉仕する手段であり，加えてその社会は変転してやまないものであるから，法もそれにつれて変わるべきであり，憲法改正に限界を設けることは法の本質に反するとする学説も存在する。しかし今日では，憲法改正には法的な限界があると考える学説が通説である。限界説の論拠は，①憲法制定権力が憲法を制定し，この憲法によって憲法改正権が作られるのであるから，憲法改正権が自己の存立の前提たる憲法制定権力の所在の変更することは，いわば自殺行為であって理論的に許されない，②憲法制定権力をも拘束する自然法的な根本規範があり，憲法改正権もこれに拘束されているとするなどである。要するに，憲法改正は元の憲法の存続を前提として，憲法典自体に特に全部改正を認める規定がない限り，新憲法にとって替えるとか元の憲法典との同一性を失わせるようなものは法的改正として，改正の限界を越えて不可能である。

日本国憲法では，この改正しえない部分としてまず国民主権を定めた規定（前文・1条後段）が挙げられる。次に，基本的人権の原理も，この原理と国民主権が個人の尊厳という基本原理によって不可分の関係にあるから改正できないと考えられている。また，憲法改正規定のうち国民投票を定めた部分は，憲法制定権力が国民にあることを具体的に現わす規定であるから，やはり改正できないと解される。さらに，一般的に平和主義の原理も改正できないとされている。もっとも，戦力不保持についての9条2項については，平和主義の解釈により必ずしもその否定に繋がるものではないとして改正を可能とするのが多数説であるが，不可能とする学説も有力である。

（4） 憲法の変遷

憲法の変遷とは憲法改正手続を経ないで，つまり憲法の文言はそのままでありながら，憲法の意味内容が実質的に変化することをいう。もちろん，憲法の変遷についてはこの概念規定だけではなく，憲法の文言はそのままにその客観的意味が変化するとか，あるいは憲法の条規に違反・矛盾する憲法実例が長期にわたり繰り返され，国民一般の意識によって支えられるなどして憲法規範性を獲得し，当該憲法条項が改廃された結果になるとするものなどが挙げられている。もちろん，イェリネクが「事実は法を破壊し，法を創造する」と指摘したように，憲法に書かれた文言が社会の変化によって意味内容を変化させることはありえ，必要なことである。しかし，これは憲法解釈の枠の中の意味変化にすぎない。ここで問題なのは，解釈の枠を越えた意味の変化が「解釈」の名の下で行われること，つまり解釈の基準そのものが変化することである。このような問題が生じるのは外からの客観的事実認識レベルでの「社会学的意味の変遷」と枠内からの解釈学的レベルでの「法解釈学的意味の変遷」の区別が行われていないからである。いずれにせよ，この憲法の変遷は国家行為によって生じ，このような「違憲の」国家行為に対して憲法を改正したのと同じ法的効果を認めうるか否かが問題となる。

肯定説は慣習法の成立と同様に考えて，継続的反復と国民の法的確信を要件とし，憲法を改廃する効力を認める。この説の背後には，法学一般の議論として慣習法の成文法の改廃力が多数によって肯定されていることがある。極論として，憲法の変遷を国民の不断の憲法制定権力の行使という観点から肯定する学説もある。これに対して，否定説は違憲の国家行為はあくまで事実として行われているのであって，そのような憲法の変遷は法的性格を獲得しないとする。肯定説に対しては，①変遷が成立する時点の決定が困難であり，国民の意識が将来変わりうる，②単に違憲的国家行為が反復・継続されているにすぎないのに，これを正当化するために憲法の変遷が利用される危険性が指摘される（憲法９条など）。

３．公務員の憲法尊重擁護義務

憲法99条によって，天皇または摂政および国務大臣，国会議員，裁判官「その他の公務員」（国家および地方公務員）に対して憲法を尊重し擁護する義務が課されている。一般に，この義務は倫理的義務であるとされているが，一定の場合には法的義務と解される（例えば日本国憲法を暴力で破壊しようとしたり（国公法38条，地公法16条），憲法遵守の宣誓を拒否したり積極的に破壊する行為（国公法82条，地公法29条）などが公務員の欠格事由とされている）。

4．抵抗権と国家緊急権

すでに，中世や絶対王政期においても思想上「暴君放伐」が議論されていた。これは近代立憲主義に至って，国民の信託を受けている国家権力が国民に対して重大な侵害を行い，合法的な救済方法がもはやなくなったとき，国民が権利を守るために，政府を打倒することも可能な抵抗の権利と解されるようになった。したがって，抵抗権は近代立憲主義秩序を維持することを目的とする。アメリカ独立宣言やフランス人権宣言（2条）などでは抵抗権は明文で規定されているが，抵抗権について明文の規定をもたない日本国憲法の下で，抵抗権を認めることができるか否かが問題である。多数説は，現行憲法が近代立憲主義と自然権思想に基礎を置き，抵抗権は憲法に内在しているとする。ただし，抵抗権の無制限の行使は「社会契約」に基づく国家の解体に繋がるので，その行使の条件として①侵害の重大性，②不法の明白性，および③行使の補充性が挙げられる（オーリウによれば，請願権→社会権→抵抗権の行使の段階が示されている）。

国家緊急権とは戦争・内乱・大規模災害などの例外的な場合に，国家が自らを保持するために発動する権力であり，憲法秩序を一時的に停止して，平常時ならば違憲となる国家権力の行使が認められることをいう（カール・シュミット）。一時的にせよ，国家緊急権は憲法秩序を破る行為を国家に許すものであるから，それ自体が近代立憲主義秩序に対する危険を孕んでいるというパラドックスに直面する。なお，2001年の9.11の同時多発テロを契機に国家緊急権の必要性が強調されている傾向に留意すべきである。

明治憲法には戒厳大権（14条），非常大権（31条）などの国家緊急権に関する規定が置かれていたが，日本国憲法には明文の規定はなく，その行使が認められても，①一時的かつ必要最小限度の原則および②責任性の原則の条件が充足されなければならない。これに関連して，2003－04年の武力攻撃対処関連3法，有事関連7法および国民保護法に注意が必要である。当然のことながら，日本国憲法が明治憲法下における国家緊急権の濫用を反省して規定を置くことを避けたことから，行使否定説も有力である。

第21章

国際社会と人権の保障

1.　人権の国際的保障

1．形式的な「内外国人平等取扱主義」

憲法を中心とした構造をもつ国内社会に対して，国際社会には国家を包括的に規律する憲法や，国家に上位する統治機構は存在しない。そして，従来から国際社会については，主権国家の独立性を前提とした法実証（実定法）主義的観点から把握されてきた。

一般に，国内社会において，国家の構成要素としての国民の行為は憲法によって規律されている。したがって，国内法上は行為規範のうち裁判を通じてその利益を実現できるものが裁判規範として把握される。このように，形式的法源としての国内法規範は，基本的に行為規範と裁判規範の双方が一体となったものとして理解されている。これを「国内法の集権的性質」という。

一方，伝統的な実定国際法学において，国家主権は国際関係に関する対外的な独立権として理解されてきた。そのため，国際社会は国家間の意思が合致する限りにおいて成立する「合意社会」として把握され，それに対して，国内社会はより（平和裡に）安定した「必然社会」として把握されてきたのである。また，国家間を規律する規則としての国際法の形式（法源）については，裁判規範が必ずしも行為規範とはいえない。双方の要素を備えたものは文書の形式をもつ「条約」および不文の「慣習国際法」に限定される。ゆえに，国際社会においては国家の上に立つ統一的な立法，執行，司法機関が存在しないのである。これを「国際法の分権的性質」という。

国際社会から国家を把握する場合，国家を構成する要素としては，領域，永久的住民，政府，および外交能力（国際法を遵守する意思と能力）が挙げられる。特に，永久的住民としての国民は，主権国家の不可欠な構成要素である。これらの四つの要件がはじめて明示されたのが，国家の権利義務に関するアメリカ諸国間条約（モンテヴィデオ条約，1933年）である。そして人権の扱いについては，個別国家の意思を尊重して，いわば国内管轄事項とされてきた。

ただし，従来から外国人の取扱いに関する慣習国際法として，「どの国も反対しない最低限の保障」が国家には必要とされてきた。特に自国内の私人（国民）による国際法違反行為について，国家は当該行為の事前および事後に相当の注意（due diligence）義務を国際法上の義務として負っている，と理解されてきた。したがって，国内における外国人に対する法令も各国の人権保障の実情に配慮して国内標準主義を基調としつつ，形式上は「内外国人平等取扱主義」が貫かれてきたのである。

しかし，20世紀における国際関係の緊密化は国家間の主導権をめぐる競争の激化と深刻な不況を生み出し，結果として自由や共存を否定したファシズム思想の台頭を招いたために，世界規模の深刻な人権侵害を回避することができなかった。

2．実質的な「内外国人平等取扱主義」

20世紀における二つの世界大戦を経て，ようやく国際社会においても人間の尊厳の不可侵性が強く認識されるようになる。人権の国際的保護という観点からは，すでに第一次大戦後の諸条約の中にも「少数民族の保護」を目的としたものが存在する。また，国際連盟期（1920～1945年）においても，委任統治制度や国際労働基準の設置などのように，若干の個別的人権保障規定は設けられた。にもかかわらず，一般的な規定の定立までには至らなかった。

そして，第二次大戦中の惨禍への反省と戦後の国際社会構造の変化から，ようやく具体的な人権保障に対する国際社会全体の対処が不可欠と認識されるに至った。世界規模の戦争は，戦闘員および非戦闘員を問わず無差別な被害者を生じさせた。特に，最大の被害者は一般市民であった。このため，人類全体の幸福を尊重するという人道的な観点から，戦争行為が人間の尊厳を踏みにじる最大の手段であることが改めて認識されたのである。

国際的な人権の具体的内容については，1941年のルーズベルト米国大統領の「四つの自由」演説に現れていると指摘される。なぜならば，この演説で示された「自由」の概念は国際社会に普遍的な道徳律として，第二次大戦の枢軸国と戦う連合国の根拠とされたからである。これらの自由とは「言論と表現の自由」，「信仰の自由」，「欠乏からの自由」および「恐怖からの自由」といわれる。

したがって，大戦の反省に基づいて設立された国際連合の目的は，国際の平和と安全の維持に置かれた（国連憲章1条1項）が，その目的の達成と人権の保護は不可分の関係にあると規定されることとなった（同1条3項）。そして人権委員会（Commission of Human Rights）を設置し，国連は国際人権章典の制定に着手することになった。いわば，従来の個別国家を単位とした形式的な内外国人平等取扱主義の姿勢から，その枠組みを超えた国際社会による実質的な「人間平等取扱主義」への移行が急務とされたのである。

なお，日本は第二次世界大戦において，軍国主義を背景とした枢軸国のひとつとして把握されていた。このため国連憲章においても敵国としての位置づけがなされていたにすぎない（107条）。しかし，個人の尊厳を基調とした日本国憲法の下で復興を果たした結果，米ソの対話が再開されはじめた1956年に，80番目の加盟国として国連への加盟を許されるに至った。日本は国連への加盟を契機に，国際社会の一員として大きな一歩を踏み出すこととなったのである。

2.　国際人権保障規準と憲法

1．個人の尊厳に対する国際社会の努力

（1）　人権保障の普遍性と国際人権章典の作成

今日の国際社会では，1966年に国連総会で採択された国際人権規約が最も普遍的な国際人権保障規準として把握されている。しかし，国際人権章典への着手からこの規約が採択されるまでには20年の歳月が必要とされた。

すでに1945年のサンフランシスコ会議の段階において，独自の「権利章典」や「人間の基本的権利の宣言」が国連憲章に付託されるべきであるとす

る見解も示されていたが，直接的な国際人権章典の策定は国連人権委員会の手に委ねられた。なぜならば，後の安保理の常任理事国となる5大国は当時の段階でそれぞれの複雑な人権問題を抱えており，憲章の中に具体的な人権保障規定を認めることができなかったからである。なお，同委員会は後に改組の提言を受け，2006年にはこれに代わって「人権理事会」が国連総会の補助機関として設置されている。

当初，人権委員会は国際人権章典を単一の文書で著すことを予定していた。しかし，人権に対する各国のさまざまな認識の違いに留意せざるを得ず，第一段階としてまずは法的拘束力をもたない宣言を国際社会に表明することとしたのである。その結果，国連総会で採択されたのが世界人権宣言（1948年）である。

宣言の前文は，「人類社会の全構成員に固有な尊厳（the inherent dignity）と平等で譲ることのできない権利とを承認することは，世界における自由，正義および平和の基礎である」とし，人間の尊厳とその実現手段としての人権について述べている。そして，「加盟国は，国際連合と協力して，人権および基本的自由の普遍的な尊重および遵守の促進（universal respect for and observance of human rights and fundamental freedoms）を達成することを誓約」する旨を示している。

これを受けて1条では，「すべての人間は生まれながらにして自由であり，かつ，尊厳と権利とについて平等（free and equal in dignity and rights）である」と規定する。本宣言は基本的人権の基礎をなす自由権規定が中心ではあるが，部分的に社会権に関する規定を設けている点で，包括的な人権保障を明文化した初めての国際的な文書として評価される。例えば，22条では社会保障を受ける権利，23条以降では社会権保障に関する規定が設けられている。

世界人権宣言は，あくまでも国際社会に向けた道義的指針の表明であり，法的拘束力はない。また，当時日本は国連への加盟を許されていなかった。しかし，本宣言はすべての国連加盟国による国連総会での決議であり，圧倒的な賛成票で採択された。このことからも明らかなとおり，世界人権宣言はその後の国際人権保障に向けた道義的指針として，国際世論を形成することとなったのである。

（2） 国際人権規約の意義

つぎに，国連人権委員会は世界人権宣言を受けた実施措置を検討することになり，具体的な法的拘束力をもつ条約の定立作業に入った。この作業は各国間の人権保障水準の格差を背景として難航したが，20年近くの歳月を経て，国際人権規約として総会で採択されることとなった。

国際人権規約は，従来の形式的な内外国人平等取扱主義の考え方をさらに発展させている。すなわち，人権の問題をその前国家的性格から国際関心事項として捉え，人間平等主義に基づく人権を具体的に実現しようとするものであった。

規約の前文は，「人類社会の平等で奪い得ない権利（the equal and inalienable rights of all members of the human family）」が「人間の固有の尊厳に由来する（derive from the inherent dignity of the human person）ことを認める」と述べる。

また規約の内容は，基本的人権の根幹をなす自由権的基本権の保障規定（B規約）と，国家の積極的な関与を通じて確保される社会権的基本権の保障規定（A規約）とを骨子としている。当初はB規約を中心に立案が進められたが，欧州主導型の人権内容策定に対する開発途上国からの危惧を受けてA規約が独立し，1954年の段階に最終案として経済社会理事会から総会に提出された。

自由権規約と呼ばれる「市民的及び政治的権利に関する国際規約（B規約）」は，最も普遍的な自由権的基本権を保障したものである。したがって，本来その内容は各国の憲法などであらかじめ規定されるべきものとされる。これらのほとんどは，18世紀以降のさまざまな人権宣言に網羅されてきた内容を表している。したがって，B規約の内容は即時の実現が国家に義務づけられていると解されている。さらにB規約の特色として，加盟国の国内法制を通じてこれが受容され，個人の人権を直接的に保障するような自動執行性を備えている点が挙げられる。もっとも，この自動執行性は，後述する国際法と国内法の衝突の問題を生じさせる要因とも指摘されている。

また，B規約の内容の実現を図るために，28条以下では規約人権委員会（Human Rights Committee）を設置している。またその実施を確保するために，加盟国に対しては報告制度や国家通報制度などを定めている。これに対して「経済的，社会的及び文化的権利に関する国際規約（A規約）」は，社会権規約ともよばれ，社会的（福祉的）国家概念に基づいて国家の積極的関与によって個人の生存を確保しようとするものである。自由権規約とは異なり，A規約は締約国に対して社会権の即時の実現を義務づけてはいない。いわば国家の漸進的な実現を義務づけているにすぎないのである。A規約の実施状況報告については，独立の専門家委員会を設けず，16条以下の規定に基づいて，経済社会理事会の作業部会がこれを審査する。

なお，「B規約に関する選択議定書」は，同規約の規定に違反する人権の侵害があった場合に，人権委員会に対する被害者個人からの申立ての道を開いたものである。これを個人通報制度（individual communications）という。ただし，本議定書の受諾の可否は当該国の選択に任されている。その審査は規約人権委員会が行う。委員会の最終判断は，見解（views）という形で採択・公表されるが，これは法的拘束力をもつものではない。

また，日本は1978年にA・B両規約に署名し，1979年に国会の批准を経て規約の締約国となっている。しかし，B規約に関する選択議定書は，規約人権委員会からはその批准を勧告されているにもかかわらず，いまだに批准されていない。その最大の理由は，個人通報制度とのかかわりから最高裁判所が司法権の独立を侵されることを懸念しているためである，と指摘されている。

2．国際人権保障規準の国内受容

（1） 条約の国内法への受容と効力関係

国際人権規約は今日の国際社会において最も普遍的な国際人権保障規準である。にもかかわらず，締約国において本規約が直接的な人権保障の規準となっているとはいいがたい。これに対する主な実務上の理由としては，条約の国内受容をめぐる締約国の国内法制の問題が挙げられる。

一般に，条約を国内で実施する際の手続は，各国の憲法体制に委ねられている。およそこの手続は2種類に分けることができる。その一つは受容（Reception）体制であり，原則として条約を特別の立法行為を経ずに直ちに国内法として適用する。もう一つは変型（Transformation）体制であり，国内実施の際には新たに国内立法措置を必要とする。この場合，実際に実施されるのは新たな国内法であって，条約そのものではない。受容体制の国としては，フランス，アメリカ合衆国，日本などが挙げられる。変型体制の国としては，イギリス，カナダ，オーストラリアなどが挙げられる。

また，ドイツについては従来から議論が分かれてきた。もっとも，基本法25条によれば「国際法の一般原則」は連邦法の構成部分であり，それらは国内法律に優先して連邦の住民に直接的な権利と義務を生じさせる。一方，個々の条約法規自体においても，慣習法宣言的な条約は国際法の一般原則としての位置づけが可能である。したがって，条約の中でも国内法的効力を有するものも存在するのであって，この意味でドイツは必ずしも「変型」体制とは言えない。

また，憲法と条約との効力関係についても，各国の憲法体制によって異なっている。オランダやオーストリアは条約の優位性を明記している。しかし，多くの国についてはこれを明記せず，一般には国内法律と同等に扱おうとする傾向が指摘されている。日本については，憲法98条１項からも憲法の最高法規性は明らかである。しかし，２項においては「国際法規の誠実な遵守」が規定されており，また81条の違憲審査についてもこれが条約を対象とするかは明らかでない。さらに，条約の手続に関する慣習国際法を明文化したとされる，条約法に関するウィーン条約（1969年）27条も，「当事国は，条約の不履行を正当化する根拠として自国の国内法を援用することができない」としている。日本は1981年に本条約を締結している。したがって，実務上条約の締結者である政府の意思は尊重されており，必ずしも憲法は条約に優先するとはいえない。（→第20章**1**.**2**.（２）７））

ただし，砂川事件最高裁判所判決において，「一見明白に違憲無効であると認められる場合」は条約が違憲審査の対象となりうる旨が判示されている（最大判昭34.12.16〔3〕）。これは，条約法に関するウィーン条約46条の趣旨に通じる見解であるといえる。すなわち，「（条約の）違反が明白でありかつ基本的な重要性を有する国内法の規則に係るものである場合」，違憲条約の無効を訴える根拠となりうる。

（2） 外交的保護

さらに，一般に個人が自らの人権侵害を根拠として国際法上の保護を受けようとする場合，まずは国内法制度を通じた権利の救済が必要である。それでも十分な救済がなされない場合にのみ国際法上の保護を求めることができる。特に，滞在国で人権侵害を被った外国人が本国による国際法上の権利救済を受けるという場合は，これに該当する。これを外交的保護（diplomatic protection）という。外交的保護の発動の要件としては，国内的救済手続が尽くされたのみならず，本国の国籍が継続していることを原則として必要とする。

ただし，国内的救済（local remedies）の原則と国籍継続（continuous nationality）の原則を満たしていたとしても，あくまでも本国が当該個人を救済する根拠は，当該私人の人権侵害が国家利益の侵害として捉えられる場合に限られる。したがって，外交保護権は国家のもつ権利であって，個人のもつ権利ではない。

（3） 国際人権規約の受容と自動執行性

つぎに，国際人権規約の普遍性という観点からは，本条約が直接的に個人の人権救済の根拠となり得るかということが問題となる。これがいわゆる条約の自動執行性の問題である。一般に国内において変型措置をとらずに直接適用されうる条約を自動執行的条約（self-executing treaty）という。従来から，条約の自動執行性の有無は当事国の意思によって決められてきた。つまり，当該条約が直接適用可能であるか否かは締約国の国内法が決定する。すでに述べてきたとおり，人権の取扱いは本来個々の主権国家の管轄に委ねられてきた。したがって，国際人権規約といえども国家間の合意であるかぎりは，国内法制度上の手続を経ずに直接的に個人に権利義務を付与するとはいえない。しかし，その一方で個別国家によっては解決しえない深刻な人権問題も増加してきている。事実，国際人権規約については，自由権的基本権の前国家性に照らして，B規約の自動執行性が議論される場面が増えてきているのである。人間の尊厳の普遍性に照らせば，人権問題が国内管轄事項であることを理由に条約の適用を回避することにも問題が残る。

なお，日本において，自由権規定については学説上その自動執行性が一般に肯定されている。また，裁判所においても肯定的な判示がなされてきている。特に，指紋押捺拒否によって外国人登録法違反が問われた事件の控訴審は，はじめてB規約を直接的な裁判基準として捉えようとした点で重要であるとされる。裁判所は，自由権規約が内容に照らして原則的に自動執行的性格をもち，国内での直接適用が可能であるために，同規約に抵触する国内法はその効力を否定されることとなる，と明確に判示した（大阪高判平6.10.28)。

しかし，政府見解は一貫しておらず，近年でも自由権規約の自動執行性を否定した場合がある。たとえば，接見妨害に関する国家賠償請求事件において，国側は公正な裁判を受ける権利に関するB規約14条の自動執行性を否定し，自由権的基本権の具体的な範囲は法律で明確化されるべきものである，と主張している（福岡高判平6.2.21)。ただし，1993年の規約人権委員会への日本国政府報告に際して，政府は具体的な法律紛争を介したB規約の適用の可能性を示唆している。

3. 国際社会における個人の尊厳の今日的課題

1．国家への人道的介入

さらに，近年特に議論されてきたのが人道的観点に基づく主権国家への介入の問題である。たしかに，国連を通じて，人権問題は国際社会の人道的関心事項として把握されてきている。しかし，一方では国際社会による人権保障の試みが，新たな問題を提起してきていることも明らかになってきた。人道的介入（humanitarian intervention）とは，人権侵害を国際社会の共通利益の侵害として捉え，当該国家の主権を越えて被害者の救済を試みようとすることを意味する。これまでも，天災や戦災による被害国民や難民に対して物資面や医療面での援助を行うこと自体は，人道的支援として主に肯定的に理解されてきた。

しかし，冷戦終結後，1990年代以降の社会主義国家体制の崩壊は，民族の自決と独立をめぐる内戦を数多く引き起こしてきた。国連はこれらの問題に対して，人道的観点からの問題解決を図ろうとしたが，その多くは結果として武力による介入を伴わざるを得なかった。さらに，国連の承認に基づく介入に際しても，依然として国際的な政治力や経済力を背景とした強国主導の判断に従わざるをえなかった。この傾向に対して，被介入国の多くは国際社会による人道的介入をむしろ「干渉」であると捉え，国家主権の侵害を理由にその介入を拒みつづけてきたのである。国際法上の干渉とは，国家の自由な決定・処理に委ねられている事項に関して，他の国家が強制的な方法で関与し，自己の意思に従わせようとすることを意味する。その典型は武力を伴う行為である。今日，国連憲章2条4項に示されたとおり，一般に武力による威嚇または武力の行使は原則として禁止されている。国際社会の総意が結果的には強国の意思に代表されてしまう点で，国家への人道的介入が必ずしも本質的な人権問題の解決に至らない場合も少なくない。

2．人類の共通利益と国家主権

また，国内の人権問題に国際社会が介入できる根拠として挙げられるのが，人類の共通の利益（common interests of mankind）の侵害である。人間の尊厳がこの範疇に当てはまることには異論がない。特に前国家的な自由権的基本権の侵害は，人間の人格の自由を最も踏みにじるものである。しかし，人間の尊厳が至上の価値であることには一定の理解が得られるものの，人類の共通利益という概念自体の内容について，国際社会で一貫した共通認識が得られているとはいいがたい。この根本の理由には，国内社会と国際社会の構造上の相違が強く影響している。

国内社会において，基本的人権は国家の統治権にかかわる公法分野に属する。公法分野は一般に，基本法たる憲法に基づく統制的な法体系の中で発達してきた。憲法は，基本原理としての個人の尊厳を確保するために，国民の総意に基づいて制定される基本法である。そして，国民の総意とは，国家の共通利益を個人の尊厳として承認することにほかならない。この国民的な合意を前提として，憲法は国家の基本法としての正当性を付与されているのである。それゆえに，この共通利益の実現のために統治権行使のあり方が憲法典に定められ，これまで立法・行政・司法の各権力が抑制と均衡を保ちつづけてきた。つまり，国内社会における人権保障の前提として，国民全体による共通利益の認識と憲法に対する正当性の付与がなされているのである。

これに対して，従来の国際社会は，独立性を保った国家が個別に合意した範囲で成立してきたに過ぎない。伝統的な実定国際法学も主権国家の独立性を前提として発展してきた。たしかに，抽象的な「人間」の尊厳は国家に優先する普遍的な価値原理である。しかし，合意による国際社会を前提とするかぎり，具体的な「個人」の尊厳原理を国際社会の基本原理に据えて，個別の国際法規範を法段階的に把握することは困難である。現時点では，人権保障の対象としての個人とは主に国民を意味しており，国内公法による手続的保障の対象にとどまる。一方で，国際法による人権の手続的保障は未整備であり，具体的な存在であるべき個人は，依然として抽象的な存在としての「人間」の域を出ないのである。

したがって，今日多く主張される国際公益または人類の共通の利益という概念も，依然としてそこから演繹的な価値体系を構築するまでには至っていないと指摘される。また，人類の共通利益自体が広範で曖昧な性格を含んでいる。さらに一方では，「現在においても，なお，特別国際法に対応する少数の国家間の共通利益は存在」するため，これらの実現のためには「依然として，主権国家相互の双務的な関係を自律的に調整する従来の合意原則が適用されることになる」と指摘される。むしろこのような背景ゆえに，国家間関係は平等な法主体間の関係にとどまってきたのである。

さらに，国家間関係における政治的および経済的な格差は厳然として存在する。その限りでは，人権保障を国際法上の国家の基本的義務として，これを画一的な条約にまとめることは極めて困難である。したがって，今日における人権保障も基本的には各国憲法の中心課題であり，国家が国際法上負っている実定法上の義務というよりも，やや立法論的な要求であると指摘される。それゆえ，現状では自由権的基本権の保障は確立しているのに対して，社会権的基本権の実現は，国家の立法措置による「漸進的達成」を要求されるにとどまっているのである。

3．新たな国際的試みと日本の対応

しかし，人間が人格の担い手として尊重されるべきであるという歴史的な

結論自体は，国内社会と国際社会の共通の認識である。むしろ，個々の実現されるべき人権の性質に照らし，国際法秩序と国内法秩序の交錯する利害関係をいかに調整していくかが重要となろう。今日において，「人間の尊厳」は国内外の法体系を通じて適正に確保されるべき価値原理として徐々に捉えられてきており，国内社会及び国際社会のいずれの側からも，具体的な人権保障に向けた歩み寄りや進展を窺うことができる。とりわけ，戦後ヨーロッパにおける地域的国際人権保障の試みは重要である。1949年に設立されたヨーロッパ審議会（Council of Europe）と翌1950年のヨーロッパ人権条約を通じた国際人権保障の実践は，冷戦期の東西対立を超えた形で，具体的な「個人」の尊厳の確保に向けた貢献をしてきた。同人権条約は，世界人権宣言を受けた最初の国際人権条約であり，その後の国際人権規約の原型となった。国境を越えた地域的国際法実務と国内法実務の連携からは，人権の普遍的保障に向けた多くの示唆が得られよう。

これに対し，国際社会の平和と安全の維持にとって人権の保障は不可分の関係にあるにもかかわらず，国際人権保障分野における日本の貢献度は高くない。特に，人道的観点からの外国人の受け入れに関しては，従来から国際社会の批判を受けてきた。これが，難民および不法滞在者への対応問題である。（→第５章**2. 3**）戦後復興期から今日まで，日本は国内立法を通じて外国人の入国および在留に対して厳しい基準を設置してきた。だが，国内における不法滞在者は増加の傾向をたどり，その大部分は不法就労のまま低賃金の単純労働者として国内の基盤産業を支えつつある，といった状況すら指摘されている。他方，難民は本国からの切迫した迫害の危険に直面しているため，彼らの多くは不法入国者または不法滞在者とならざるを得ない状況に置かれてきた。これに際しても，日本は人道的配慮に基づく彼らの受け入れに極めて消極的であり，国内外からの強い批判を受けてきたのである。

難民の受け入れに対する日本の対応改善を強く促すこととなったのは，2002年５月に中国の瀋陽で発生した「日本総領事館における亡命者連行事件」である。国際法上における「在外公館の不可侵原則」を侵害して，中国の武装警察が総領事館内の北朝鮮亡命者を連行した同事件は，改めて日本における難民認定の問題を国際社会に露呈する結果となったのである。こうして，ようやく2004年には「出入国管理及び難民認定法（入管法)」の抜本的な改正が行われ，新たに難民審査参与員制度が導入されるに至った。難民審査参与員制度は，在留不認定と判断された外国人が，法務大臣に対して異議申立てをした際に機能する制度である。従来は，在留許可に関する客観的な認定基準が不明確であった点が，最大の問題であると指摘されてきた。これを受けた本制度は，人権に詳しい複数の第三者（難民審査参与員）の意見を参考にして，在留許可の認定に関してより客観的な判断を行おうとするものである。事実，同制度の導入をきっかけとして，徐々に難民の受け入れ件数は増加しつつある。ただし，従来から日本の難民行政の改善を求めてきた国連難民高等弁務官事務所（UNHCR）は，同入管法改正を重大な関心事項として捉え，すでに2004年５月16日付けの「見解」を示している。同見解によれば，同制度の導入によって難民庇護に関する「決定の質と迅速性の問題が改善される可能性があり，前向きな進歩といえる」。しかし，依然として本制度が法務省の管轄下にとどまっていることの問題性も指摘されているのである（第21パラグラフ)。ここには，法務大臣主体による裁決の客観性に対する，強い疑問が示されている。

また，不法滞在者への対応に関しては，入管法改正後においても不法就労者の生活実態を踏まえた一層の改善が必要である。同法改正後も不法滞在者による異議については，依然として「申出」という表現にとどまったままであり，在留許可に関する第三者の審査および意見陳述の関与は予定されていないのである（同法49条・50条)。その対応に際しては，彼らの「善良な市民としての生活基盤」に対する客観的な考慮も重要となろう（東京地判平15.９.19)。

これらに関連して，2003年に発効した「移住労働者の権利条約」についての日本の取組みの問題が指摘されよう。移住労働者権利条約の策定は，1970年代の国際社会における西側ヨーロッパ諸国の経済成長や中東のアラブ石油産出諸国に，大量の労働者が移動してきたことを直接の契機とする。同条約前文1段においては，同条約の背景に，世界人権宣言，国際人権規約，女性差別撤廃条約，および児童の権利条約があることを掲げる。同条約は，非適法な移住と雇用の状態にある労働者の保護を最重要目的とし，適法状態にある労働者を優先させつつも，非適法な労働者の移住と雇用の合法化を目指している。同条約について，日本は依然として批准をしていない。しかし，日本社会の基盤産業を支える単純労働者の不足は深刻であり，これを担ってきた不法就労の実態は長い間放置されてきたのである。依然として，日本と近隣アジア諸国との生活水準や賃金の格差は大きく，今後とも外国人労働者の超過滞在の傾向と不法就労者問題の増加は避けられないといえよう。日本は，国際人権規約（A・B規約，1979年），女性差別撤廃条約（1985年），および児童の権利条約（1994年）について，それぞれの締約国となっている。移住労働者権利条約制定過程における日本の積極的な姿勢や，移住労働者をめぐる日本の実情に照らすならば，同条約を批准する意義は大きく，また少なくとも不法滞在外国人労働者に対処する上で，同条約が強い道義的指針としての拘束性を有すると解すべきである。

今日，日本は国連の年度予算の約20％を拠出しており，経済面での人道的支援については従来から国際的に評価されてきた。他方，人道的介入に伴う国際協力に関しては必ずしも評価に結びついてこなかったとされる。ゆえに，92年の国連平和維持活動（PKO）協力法制定を契機として，日本の国際貢献のあり方は国際的な武力紛争を介した戦後復興協力へと強く傾いてきたといえる。しかし，周知のとおり，国際貢献とはかかる分野での貢献に限られるものではない。日本国憲法は，個人の尊厳の確立を究極の目的としている。過去の深い歴史的教訓に基づき，非武装中立という固有の平和観が原点となるからこそ，依然として専制と隷従および圧迫と偏狭の除去に努めなければならない国際社会において，この憲法は日本が「名誉ある地位を占める」ための指針となってきたのである。それゆえに，日本にふさわしい国際貢献のあり方を，まさに個人の尊厳の確保に向けた普遍的人権保障という観点から模索していく必要があるといえよう。

付　録

判例セレクト55

〔1〕 警察予備隊違憲訴訟

最（大）判昭和27.10.8民集6巻9号783頁

【事実の概要】 昭和25年，朝鮮戦争の勃発に伴い，「わが国の平和と秩序を維持し，公共の福祉を保障するに必要な限度内で，国家地方警察及び自治体警察を補う」目的で警察予備隊が設置された。この警察予備隊は，カービン銃，迫撃砲，対戦車砲などを備え，その実質は軍隊と呼ぶべきものであったため，当時の日本社会党を代表する原告は，警察予備隊に関する国の一切の行為は，憲法9条2項に違反し無効であるとの確認を求め，最高裁判所に直接出訴した。

【原告の主張】 警察予備隊は，その組織，兵器の性質および兵器の使用目的からみて，日本国憲法9条2項が保持を禁じている戦力に該当し，憲法に違反する。したがって，昭和26年4月1日以降になされた，警察予備隊の設置および維持に関する一切の行為は無効である。

日本国憲法81条は，最高裁判所に司法裁判所としての性格だけでなく，憲法裁判所としての性格をも付与しており，違憲問題，特に9条違反のような重大問題に対しては，最高裁判所は第1審にして終審の管轄権を有する。また，立法府における少数野党の代表的立場にある原告には，この訴訟を提起する当事者能力がある。

【判旨】 ①主文：本件訴えを却下する。訴訟費用は原告の負担とする。

②理由：⑴わが国の裁判所に現行制度上与えられているのは「司法権を行う権限」であり，「司法権が発動するためには具体的な争訟事件が提起されることを必要とする」。わが国の裁判所は「具体的な争訟事件が提起されていないのに将来を予想して憲法及びその他の法律命令等の解釈に対して存在する疑義論争に関し抽象的な判断を下すごとき権限」を行うことはできない。

⑵違憲審査権は，「司法権の範囲内において行使されるものであり，この点においては最高裁判所と下級裁判所の間に異なるところはない」。

⑶憲法81条は，「最高裁判所が憲法に関する事件について終審的性格を有することを規定したもの」であり，憲法81条から「最高裁判所が固有の権限として抽象的な意味の違憲審査権を有すること」，最高裁判所が「この種の事件について排他的すなわち第1審にして終審としての裁判権を有すること」を推論することはできない。

⑷現行制度の下においては，「特定の者の具体的な法律関係につき紛争の存する場合においてのみ裁判所にその判断を求めることができる」のであり，裁判所が「具体的事件を離れて抽象的に法律命令等の合憲性を判断する権限を有するとの見解には，憲法上及び法令上何らの根拠も存しない」。

⑸原告の請求は，「具体的な法律関係についての紛争に関するものでないことは明白」であり，本訴訟は不適法で，「最高裁判所のみならず如何なる下級裁判所も裁判権を有しない」。

〔森　保憲〕

〔2〕 チャタレイ事件

最（大）判昭和32．3．13刑集11巻3号997頁

【事件の概要】 被告人X，Yのうち，Xは出版社の社長であり，英国の作家D・H・ローレンスの小説『チャタレイ夫人の恋人』の邦訳を企画し，出版した者である。Yは，その訳者である。この訳書の一部が猥褻文書に該当するとして，X,Yらは，猥褻文書の頒布を規制する刑法175条に違反するとして起訴された。

第1審はXに対して，有罪，Yに対しては，無罪の判決を下した。これに対して検察官，被告人の両者が控訴し，第2審では，被告人X，Yともに有罪とされた。

【上告人の主張】 ①憲法21条の保障する表現の自由は，無制約のものであり，「公共の福祉」によっても制限できないものである。②仮に，制限される場合でも，制限の基準は，明白なものでなければならない。また，「公共の福祉」に反するか否かは，各人の自主的な判断に委ねられるべきである。

【判旨】 ①主文：本件上告を棄却する。

②理由：(1)刑法175条のいわゆる「猥褻文書」とは，その内容が徒に性欲を興奮又は刺戟せしめ，且つ，普通人の正常な性的羞恥心を害し，善良な性的道義観念に反する文書をいう。

(2)文書が「猥褻文書」に当たるかどうかの判断は，当該文書についてなされる事実認識の問題ではなく，法解釈の問題である。

(3)文書が「猥褻文書」に当たるかどうかは，一般社会において行われている良識，すなわち，社会通念に従って判断すべきである。

(4)社会通念は，個々人の認識の集合又はその平均値でなく，これを越えた集団意識であり，個々人がこれに反する認識をもつことによって否定されるものではない。そして，「かような社会通念が如何なるものであるかの判断は，現制度の下においては裁判官に委ねられている」。

(5)本件の『チャタレイ夫人の恋人』の訳書は，刑法175条のいわゆる「猥褻文書」に当たる。

(6)なお，「我々が普通に芸術的作品と認めるところのものであっても猥褻性を有する場合がある」。

(7)猥褻性の存否は，当該作品自体によって客観的に判断すべきものであって，作者の主観的意図によって影響されるものではない。

(8)憲法21条の保障する表現の自由といえども絶対無制限のものではなく，公共の福祉に反することは許されない。

〔古野豊秋〕

〔3〕 砂川事件

最（大）判昭和34.12.16刑集13巻13号3225頁

【事実の概要】 昭和32年，アメリカ合衆国空軍の使用する立川飛行場内民有地の測量に反対する集団の参加者である被告人らは，集団の一部の者によって破壊された同飛行場境界柵より，４～５メートルにわたって飛行場内に侵入したことにより，日米安全保障条約３条に基づく行政協定に伴う刑事特別法２条違犯で起訴された。

第１審の東京地方裁判所は，⑴わが国が要請し合衆国が承諾した結果である合衆国駐留軍は，憲法９条２項によって保持が禁じられている「戦力」にあたり，同項に違反する。⑵正当な理由なく立入禁止の場所等に侵入することを禁じる一般法である軽犯罪法１条32号よりも重い刑罰を定める刑事特別法２条は，刑の加重について何らの合理的理由がなく憲法31条に違反するとして，被告人らを無罪とした。

これに対して，検察官は，刑事訴訟法406条，刑事訴訟規則254条１項により，跳躍上告をした。

【上告人の主張】 ⑴憲法９条２項が保持を禁じている戦力は，「わが国がその主体となってこれに指揮権，管理権を行使し得る戦力」をさし，わが国が指揮管理しえない合衆国軍隊の駐留は，憲法９条２項に違反しない。⑵原判決は，条約に対する裁判所の違憲審査権が憲法上否定されているにもかかわらず，それに違反してなされた不当な判断である。

【判旨】 ①主文：原判決を破棄する。本件を東京地方裁判所に差し戻す。

②理由：⑴憲法９条によって，「わが国が主権国として持つ固有の自衛権は何ら否定されたものではなく，わが国の平和主義は決して無防備，無抵抗を定めたもの」ではない。同条は，「わが国がその平和と安全を維持するために他国に安全保障を求めることを，何ら禁じていない」。

⑵憲法９条が保持を禁じている戦力とは，「わが国がその主体となってこれに指揮権，管理権を行使しうる戦力」であり，「外国の軍隊は，たとえそれがわが国に駐留するとしても，ここにいう戦力には該当しない」。

⑶本件安全保障条約は，「主権国としてのわが国の存立の基礎に極めて重大な関係をもつ高度の政治性」を有し，その憲法適合性の判断は，「純司法的機能をその使命とする司法裁判所の審査には，原則としてなじまない性質のもの」であり，「一見極めて明白に違憲無効と認められない限りは，司法審査権の範囲外のもの」であって，「終局的には，主権を有する国民の政治的批判に委ねられるべき」である。

⑷合衆国軍隊の駐留は，「憲法９条，98条２項および前文の趣旨に適合こそすれ，これらの条章に反して違憲無効であることが一見極めて明白であるとは，到底認められない」。

⑸原判決が，刑事特別法２条を憲法31条違反としたことは，前提を欠き失当である。

【付記】 本判決には，田中（耕），島，藤田・入江，垂水，河村（大），石坂各裁判官の補足意見，小谷，奥野・高橋各裁判官の意見が付されている。

〔**森　保憲**〕

〔4〕 東京都公安条例事件

最（大）判昭和35．7．20刑集14巻9号1243頁

【事実の概要】 被告人Xらは，学生運動の活動家であり，①昭和33年9月15日の集団行進の際，東京都公安委員会の付した条件に反した行動をとった，②同年11月5日には，東京都公安委員会の許可を受けずに集団行進を指導したとして，東京都条例違反で起訴された。

第1審は，表現の自由が民主主義にとって極めて重要な人権であることを指摘し，その規制にあっては，真にやむを得ない場合に，合理的な明確な基準により，しかも必要最小限度においてなされなければならないとした。そして，本件条例においては，その規制対象が一般的であり，許可基準も不明確であり，しかも集団行進等についての許可または不許可の判断が示されないままで予定日を迎えた場合の救済措置が設けられていないことから，本条例を違憲として，被告人Xらを無罪とした。

【上告人の主張】 第1審の判決に対して，検察官は，その判断が憲法に違反し，または憲法の解釈に誤りがあるとして控訴した。控訴審の東京高等裁判所は，本件を自分で判断せず，刑事訴訟規則247条の規定により，最高裁判所に移送した。なお，この場合，控訴した検察官は，同規則249条により，手続上，上告人の立場として扱われる。

【判旨】 ①主文：原判決中，被告人らに関する部分を破棄する。本件を東京地方裁判所に差し戻す。

②理由：(1)本条例の規制の対象は，集団行動であり，「現在する多数人の集合体自体の力，つまり潜在する一種の物理的力によって支持されている」。この場合，平穏静粛な集団であっても，「時に昂奮，激昂の渦中に巻き込まれ，甚だしい場合には一瞬にして暴徒と化し，勢いの赴くところ実力によって法と秩序を蹂躙し，集団行動の指揮者はもちろん警察力を以てしても如何ともし得ないような事態に発展する危険が存在すること，群衆心理の法則と現実の経験に徴して明らかである」。

したがって，地方公共団体が，「法と秩序を維持するに必要かつ最小限度の措置を事前に講ずることは，けだし止むを得ない次第である」。

(2)どの程度の措置が必要かつ最小限度のものかについては，公安条例の定める「概念乃至用語のみによって判断すべきではない」。また，「条例の立法技術上のいくらかの欠陥」にも拘泥してはならず，「条例全体の精神を実質的かつ有機的に考察しなければならない」。

(3)集団行動に関し，本条例は文面上許可制を採用しているが，実質においては届出制と異ならない。

(4)集団行動に対して，「許否の決定が保留されたまま行動実施予定日が到来した場合の救済手段が定められていないことを理由としてただちに本条例を違憲，無効と認めることはできない」。

(5)原判決は，集団行動の行われる場所についての条例の制限の仕方が「道路その他の公共の場所」とか，「場所のいかんを問わず」とかのように，具体性を欠き不明確だと批判する。しかし「いやしくも集団行動を法的に規制する必要があるとするなら」，集団行動の行われる場所を包括的にかかげ，また場所のいかんを問わないとすることは，止むを得ない。

〔古野豊秋〕

〔5〕 奈良県ため池条例事件

最（大）判昭和38．6．26刑集17巻5号521頁

【事実の概要】 奈良県は，ため池を保全するための条例を制定し，堤とうに竹木や農作物を植えるなど，ため池の破損または決かいの原因となる行為を禁止した。被告人たちは，先祖代々，本件ため池の堤とうで茶などを耕作していたが，本条例施行後も耕作を続けたため，条例違反で起訴された。第1審では有罪とされたものの，第2審（大阪高裁）は，①財産権の制限は法律によらなければならず，条例で行うことはできない，②本条例の行う財産権の制限には補償が必要であるという理由で，本条例は憲法29条2項および3項に違反するとして，第1審判決を破棄し，被告人たちを無罪とした。

【上告人の主張】 検察官は，この判決に対して，①憲法29条2項の「法律」には条例も含まれると解すべきで，条例による財産権の規制も可能である，②本条例の課す義務はため池の所有権に当然内在する合理的制約であるから補償は不要である，と主張して上告した。

【判旨】 ①主文：原判決を破棄する。本件を大阪高等裁判所に差し戻す。

②理由：(1)本条例は，ため池の破損，決かい等による災害を防止するため，「立法者が科学的根拠に基づき，ため池の破損，決かいを招く原因となるものと判断した，ため池の堤とうに竹木若しくは農作物を植え，または建物その他の工作物（ため池の保全上必要な工作物を除く）を設置する行為を禁止する」。これにより，「ため池の堤とうを使用する財産上の権利を有する者は…その財産権の行使を殆んど全面的に禁止されることになるが，それは災害を未然に防止するという社会生活上の已むを得ない必要から来ることであって，ため池の堤とうを使用する権利を有する者は何人も，公共の福祉のため，当然これを受忍しなければならない責務を負うというべきである。すなわち，ため池の破損，決かいの原因となるため池の堤とうの使用行為は，憲法でも，民法でも適法な財産権の行使として保障されていないものであって，憲法，民法の保障する財産権の埒外にあるものというべく，従って，これらの行為を条例をもって禁止，処罰しても憲法および法律に抵触またはこれを逸脱するものとはいえないし，また右条項に規定するような事項を，既に規定していると認むべき法令は存在していないのであるから，これを条例で定めたからといって，違憲または違法の点は認められない」。

(2)本条例は「ため池の堤とうを使用する財産上の権利の行使を著しく制限するものではあるが，結局それは，災害を防止し公共の福祉を保持する上に社会生活上已むを得ないものであり，そのような制約は，ため池の堤とうを使用し得る財産権を有する者が当然受忍しなければならない責務というべきものであって，憲法29条3項の損失補償はこれを必要としないと解するのが相当である」。

【付記】 この判決には，3名の裁判官の補足意見と，3名の裁判官の反対意見がある。

〔工藤達朗〕

〔6〕「宴のあと」事件

東京地判昭和39．9．28下民集15巻9号2317頁

【事実の概要】 元外務大臣も務めた原告Xは，昭和34年，東京都知事選挙に立候補したが落選した。Xの妻は料亭の女将であり，夫の選挙にも尽力したが，選挙後離婚した。被告で小説家の三島由紀夫は，この事件からヒントを得て小説「宴のあと」を月刊誌中央公論に連載，発表した。この小説の内容は，二人の結びつきから離婚に至るまでを，当時の世間も周知の事実を交えながら，具体的な叙述を通じて描写するものであった。のちに中央公論社を通じて単行本として出版されることとなったため，Xがプライバシー侵害を理由に中止を求めたものの，話し合いはつかず，結局新潮社から出版される運びとなった。その際，新潮社はあえてモデル小説であることを再三にわたり広告して販売に及んだ。Xは三島由紀夫と新潮社を相手取り，謝罪広告と損害賠償を求めて訴えを提起した。

【原告の主張】 私生活をのぞき見し，もしくはのぞき見したかのような描写は，堪え難い苦痛であり，プライバシー権の侵害である。

【判旨】 ①主文：一部（損害賠償請求につき）認容，一部（謝罪広告請求につき）棄却。

②理由：⑴「近代法の根本理念の一つであり，また日本国憲法のよって立つところでもある個人の尊厳という思想は，相互の人格が尊重され，不当な干渉から自我が保護されることによってはじめて確実なものとなるのであって，そのためには，正当な理由がなく他人の私事を公開することが許されてはならない」。プライバシーの尊重は「もはや単に倫理的に要請されるにとどまらず，不法な侵害に対しては法的救済が与えられるまでに高められた人格的な利益」であり，「一つの権利と呼ぶことを妨げるものではない」。「いわゆるプライバシー権は私生活をみだりに公開されないという法的保障ないし権利として理解されるから，その侵害に対しては侵害行為の差止めや精神的苦痛に因る損害賠償請求権が認められる」。

⑵プライバシー権侵害の成立要件として，公開された内容が「(イ)私生活上の事実または私生活上の事実らしく受け取られるおそれのあることがらであること，(ロ)一般人の感受性を基準にして当該私人の立場に立った場合公開を欲しないであろうと認められることがらであること」，(ハ)「一般の人々に未だ知られていないことがらであることを必要とし，このような公開によって当該私人が実際に不快，不安の念を覚えたこと」，が必要である。ただし(ハ)に関しては，「公開されたところが当該私人の名誉，信用というような他の法益を侵害するものであることを要しない」。

⑶「いかに芸術的価値においてみるべきものがあるとしても，そのことが当然にプライバシー侵害の違法性を阻却するもの」ではない。「プライバシーの価値と芸術的価値の基準とは全く異質のものであり，法はそのいずれが優位に立つものとも決定できない」。

⑷「言論，表現などは他の法益すなわち名誉，信用などを侵害しないかぎりでその自由が保障されている」。「対象が公人，公職の候補者であっても，無差別，無制限に私生活を公開することが許されるわけではない」。

〔奥山亜喜子〕

〔7〕 恵庭事件

札幌地判昭和42.3.29下刑集9巻3号359頁

【事実の概要】 北海道恵庭町（現恵庭市）に住む酪農家である被告人ら2名は，近隣の陸上自衛隊演習所の演習爆音などによって乳牛への被害（狂奔による事故死，早流産，受胎率低下，乳量の減少）を受けていた。抗議の結果，補償については根拠規定がないことを理由に受け入れられなかったが，射撃については事前の連絡をするという紳士協定が昭和37年9月に成立した。しかし，同年12月11日，自衛隊が演習に関する同協定に反して砲撃演習を開始し，被告人らによる現場での抗議にもかかわらず，演習は続行された。このため，被告人らは着弾地点等の連絡用の電話通信線をペンチで切断した。この行為が，自衛隊法121条に定める「その他の防衛の用に供するものを損壊」したとして，被告人らは「防衛用器物損壊」の罪で起訴された。

【被告人の主張】 自衛隊法121条および自衛隊法全般，さらには自衛隊自体が憲法9条，前文等の諸条項や平和主義の理念に反する。

【判旨】 ①主文：被告人両名は無罪。

②理由：⑴罪刑法定主義において，「刑罰法規は，その構成要件の定め方において，できるかぎり抽象的・多義的な表現を避け，その解釈・運用にあたって，判断者の主観に左右されるおそれ（特に，濫用のおそれ）のすくない明確な表現で規定されなければならない」。自衛隊法121条においては，罰条に関する類推解釈の限界を示す趣旨で「武器，弾薬，航空機」という例示物件を挙げていると解される。したがって，「その他の防衛の用に供する物」という文言は「例示物件とのあいだで，法的に，ほとんどこれと同列に評価し得る程度の密接かつ高度な類似性の認められる物件を指称」するというべきである。本件の通信線と例示物件との間の類似性には「実質的な疑問をさしはさむ」理由が存在する。したがって，罪刑法定主義に照らして，当該通信線は「その他の防衛の用に供する物」には該当しないと解すべきである。

⑵なお，裁判所が一定の国家行為について違憲審査権を行使しうるのは，「具体的な法律上の争訟の裁判においてのみであるとともに，具体的争訟の裁判に必要な限度」に限られる。「本件のごとき刑事事件にそくしていうならば，当該事件の裁判の主文の判断に直接かつ絶対必要な場合にだけ，立法その他の国家行為の憲法適否に関する審査決定をなすべきことを意味する」。したがって，被告人の行為が同法121条の構成要件に該当しないとの結論に達した以上，もはや裁判所は，本件について弁護人より指摘された憲法問題につき，判断を行う必要がないのみならず，これを行うべきでもない。

〔福王　守〕

〔8〕 朝日訴訟

最（大）判昭和42．5．24民集21巻5号1043頁

【事実の概要】 朝日茂は，生活保護法に基づく生活扶助及び医療扶助を受けていた。実兄から毎月1,500円の仕送りを受けるようになったため，市社会福祉事務所長は，生活扶助を廃止し，600円を日用品費に充当させ，残額900円を医療費の一部自己負担額として負担させた。朝日茂は，このような保護変更決定に対し，知事に不服申立を行ったが，知事はこの申立を却下した。そこで，生活保護変更処分に関する裁決取消訴訟を提起した。

第1審の東京地方裁判所は，①生活保護法は憲法25条を具体化し，同法2条は保護請求権を付与している。②保護基準の認定は，同法3条，8条2項の規定を逸脱できない羈束行為である。③生活の最低限度としての「健康で文化的な生活水準」は特定の国の特定の時点においては客観的に確定できる。以上の点を，本件の具体的事情についてみれば，本件保護変更決定は違法であり，それを是認した裁決も違法として，原告の請求を認めた。

第2審の東京高等裁判所は，①，②については第1審とほぼ同様の見解であったが，③については，「健康で文化的な生活水準」は抽象的概念であり，その基準設定の具体的判断は厚生大臣の裁量に委ねられており，また専門技術的検討や国民の生活水準・国民感情等も考慮に入れることを必要とするとして，本件保護変更決定およびそれを是認した裁決を違法でないとした。この控訴審判決に対し朝日茂が上告したのが本件である。

【上告人の主張】 ①生活保護の基準設定に際し生活に関わりのない要素を考慮に入れた。②保護基準設定を羈束行為としながら具体的判断に厚生大臣の裁量の余地を認め，違法の問題が生じないとした。③生活扶助基準額の妥当性が疑わしい。④重傷で長期療養中の上告人の事情をふまえていない，等から本件生活保護基準は生活保護法，憲法25条に違反する。

【判旨】 主文：本件訴訟は，上告人の死亡により終了した。

理由：「生活保護法の規定に基づき要保護者または被保護者が国から生活保護を受けるのは，……法的権利であって，保護受給権とも称すべき……。しかし，この権利は……一身専属的な権利であって，他にこれを譲渡し得ないし，相続の対象ともなり得ない……」。「されば，本件訴訟は，上告人の死亡と同時に終了」する。

【付記】 判決は「なお，念のために」と生活扶助基準の適否を次のように判示した。

憲法25条1項は「すべての国民が健康で文化的な最低限度の生活を営み得るよう国政を運営すべきことを国の責務として宣言したにとどまり，直接個々の国民に対して具体的権利を付与したものではない」。具体的権利としては「生活保護法によって，はじめて与えられている」。この「権利は，厚生大臣が最低限度の生活水準を維持するにたりると認めて設定した保護基準による保護を受け得ることにある」。「健康で文化的な最低限度の生活なるものは，抽象的な相対的概念であり，その具体的内容は，……多数の不確定要素を綜合考量してはじめて決定できるものである」。したがって，その「認定判断は，いちおう，厚生大臣の合目的的な裁量に委されており」，「現実の生活条件を無視して著しく低い基準を設定する等……法律により与えられた裁量権の限界をこえた」場合または裁量権を濫用した場合のほかは司法審査の対象とならない。本件のような場合，「確定した事実関係の下においては，……厚生大臣の認定判断は，与えられた裁量権をこえまたは裁量権を濫用した違法があるものとはとうてい判断することができない」。

〔**光田督良**〕

〔9〕 都教組事件

最（大）判昭和44．4．2刑集23巻5号305頁

【事実の概要】 東京都教職員組合（都教組）の役員たる被告人らは，昭和33年，教職員の勤務評定反対行動のため，組合員に対し一斉有給休暇を指令し，組合の反対集会に参加させた。この集会は地公法37条1項で禁止される争議行為にあたり，被告人らによる指令は地公法61条4号にいう違法な争議行為のあおり罪にあたるとされて起訴された。

第1審の東京地方裁判所は，被告人らの行為は，争議行為に通常随伴して行われる方法による行為であり，地方公務員法61条4号の予定する違法性の強い方法によるあおり（煽動）には該当しないとして，被告人らを無罪とした。

第2審の東京高等裁判所は，地方公務員法61条4号の予定する違法行為の遂行をあおる行為（せん動）とは，必ずしも，被せん動者の感情に訴える方法により，その興奮，高揚を惹起させるような激越な言動等を必要とするものではないとして，被告人らを有罪とした。

【上告人の主張】 第2審の判決に対して，被告人らは，地方公務員の争議行為を禁止する地公法37条は憲法28条に違反すること，地公法61条4号の定める争議行為のあおり行為に対する刑事罰は憲法28条，18条，31条に違反すること等を主張して上告した。

【判旨】 ①主文：原判決を破棄する。被告人らはいずれも無罪。

②理由：⑴地公法37条，同61条4号の規定が，「文字どおりに，すべての地方公務員の一切の争議行為を禁止し，これらの争議行為の遂行を共謀し，そそのかし，あおる等の行為（以下，あおり行為等という。）をすべて処罰する趣旨と解すべきものとすれば，それは，前叙の公務員の労働基本権を保障した憲法の趣旨に反し，必要やむをえない限度をこえて争議行為を禁止し，かつ，必要最小限度にとどめなければならないとの要請を無視し，その限度をこえて刑罰の対象としているものとして，これらの規定は，いずれも，違憲の疑を免れない」。「しかし，法律の規定は，可能なかぎり，憲法の精神にそくし，これと調和しうるよう，合理的に解釈されるべきものであって，この見地からすれば，これらの規定の表現にのみ拘泥して，直ちに違憲と断定する見解は採ることができない。すなわち，地公法は地方公務員の争議行為を一般的に禁止し，かつ，あおり行為等を一律的に処罰すべきものと定めているのであるが，これらの規定についても，その元来の狙いを洞察し労働基本権を尊重し保障している憲法の趣旨と調和しうるように解釈するときは，これらの規定の表現にかかわらず，禁止されるべき争議行為の種類や態様についても，さらにまた，処罰の対象とされるべきあおり行為等の態様や範囲についても，おのずから合理的な限界の存することが承認される」。

⑵禁止される争議行為は違法性の強いものに限定され，かつまた，刑事罰の対象となるあおり行為も違法性の強いものに限定される。被告人らのなしたような争議行為に通常随伴してなされる行為は処罰の対象とされるべきでない。

【付記】 5人の裁判官による反対意見あり。

〔嶋崎健太郎〕

〔10〕 博多駅テレビフィルム提出命令事件

最（大）決昭和44.11.26刑集23巻11号1490頁

【事実の概要】 1968年1月，米原子力空母エンタープライズ佐世保寄港反対運動の学生300人が博多駅で機動隊と衝突した（博多駅事件）。その際，警備の機動隊が学生を逮捕したが，そのときの暴行は特別公務員暴行陵虐罪，公務員職権濫用罪にあたるとして福岡地方裁判所に付審判の請求（刑事訴訟法262条）が行われた。福岡地方裁判所はその審理の過程で，NHKと民放三社に対して，刑事訴訟法99条に基づいて博多駅事件を取材したニュースフイルムの提出を命じた。この提出命令に対して，テレビ4社は，提出命令は取材の自由を保障する憲法21条に違反するとして福岡高等裁判所に抗告したが，提出命令は憲法に違反しないとして棄却されたため，特別抗告した。

【特別抗告人の主張】 報道機関の報道の自由は，表現の自由の枢要な地位を占め，取材の自由もまたその報道の自由に不可欠のものとして，憲法21条によって保障される。取材の自由の前提には，報道機関が，取材した結果を報道以外の目的に供さないことおよびこれに対する国民の信頼がある。取材フィルムが刑事裁判の証拠として使用されれば，国民の報道機関に対する信頼は失われ，そのため報道する自由は妨げられ，ひいては，表現の自由と表裏一体をなす国民の「知る権利」に不当な影響をもたらす。したがって，本件提出命令は，表現の自由を保障した憲法21条に違反する。

【判旨】 ①主文：抗告を棄却する。

②理由：(1)「報道機関の報道は，民主主義社会において，国民が国政に関与するにつき，重要な判断の資料を提供し，国民の『知る権利』に奉仕するものである。したがって，思想の表明の自由とならんで，事実の報道の自由は，表現の自由を規定した憲法21条の保障のもとにあることはいうまでもない。また，このような報道機関の報道が正しい内容をもつためには，報道の自由とともに，報道のための取材の自由も，憲法21条の精神に照らし，十分尊重に値いするものといわなければならない」。

(2)しかし，公正な刑事裁判の実現という憲法上の要請から，報道機関の取材活動によって得られたものが，証拠として必要と認められるような場合には，取材の自由がある程度の制約を蒙ることとなってもやむを得ない。

(3)しかし，この場合でも，「一面において，審判の対象とされている犯罪の性質，態様，軽重および取材したものの証拠としての価値，ひいては，公正な刑事裁判を実現するにあたっての必要性の有無を考慮するとともに，他面において取材したものを証拠として提出させられることによって報道機関の取材の自由が妨げられる程度およびこれが報道の自由に及ぼす影響の度合その他諸般の事情を比較衡量して決せられるべきであり，これを刑事裁判の証拠として使用することがやむを得ないと認められる場合においても，それによって受ける報道機関の不利益が必要な限度をこえないように配慮されなければならない」。

(4)本件フィルムは証拠上きわめて重要な価値を有し被疑者らの罪責の有無を判定するうえに，ほとんど必須のものである。他方，本件フィルムが証拠として使用されることによって報道機関が蒙る不利益は，将来の取材の自由が妨げられるおそれがあるというにとどまる。

〔畑尻　剛〕

〔11〕 京都府学連事件

最（大）判昭和44.12.24刑集23巻12号1625頁

【事実の概要】 京都府学生自治会連合主催の大学管理制度改悪反対を主張する集団行進集団示威運動において，被告人Xの属する学生集団はその先頭集団となり，Xはその列外最先頭に立って行進していた。しかし，右集団の行進は京都府公安委員会が付した許可条件や，京都府中立売警察署長が道路交通法77条に基づいて付した許可条件に外形的に違反する状況であった。そこで，許可条件違反等の違法状況の視察，採証の職務に従事していた私服のY巡査は，この状況を現認して，許可条件違反の事実があると判断し，違法な行進の状態および違反者を確認するため，木屋町通の東側歩道上からXの属する集団の先頭部分の行進状況を撮影した。Xはこれに対して，「どこのカメラマンか」と抗議したが，Yがことさらに無視したので憤慨し，Yの下顎部を持っていた旗竿で一突きし，1週間の傷害を負わせた。Xはこれにより，公務執行妨害罪（刑法95条1項）などで起訴された。Xは1審，2審ともに有罪判決を受けたので，これに対して上告した。

【上告人の主張】 本件警察官の写真撮影行為は，憲法13条のプライバシーの権利の一つとしての承諾なしに自己の写真を撮影されない権利を侵害するので，その行為は適法な職務執行行為とはいえない。

【判旨】 ①主文：本件上告を棄却する。

②理由：⑴「憲法13条は，国民の私生活上の自由が，警察権等の国家権力の行使に対しても保護されるべきことを規定しているものということができる。そして，個人の私生活上の自由の一つとして，何人も，その承諾なしに，みだりにその容ぼう・姿態（以下「容ぼう等」という。）を撮影されない自由を有するものというべきである。これを肖像権と称するかどうかは別として，少なくとも，警察官が，正当な理由もないのに，個人の容ぼう等を撮影することは，憲法13条の趣旨に反し，許されない」。しかしながら，個人の有するこのような自由も，国家権力の行使から無制限に保護されるわけでない。「警察官が犯罪捜査の必要上写真を撮影する際，その対象の中に犯人のみならず第三者である個人の容ぼう等が含まれても，これが許容される場合がありうる」。

⑵「その許容される限度について考察すると，身体の拘束を受けている被疑者の写真撮影を規定した刑訴法218条2項のような場合のほか，次のような場合には，撮影される本人の同意がなく，また裁判官の令状がなくても，警察官による個人の容ぼう等の撮影が許容されるものと解すべきである。すなわち，現に犯罪が行われもしくは行われたのち間がないと認められる場合であって，しかも証拠保全の必要性および緊急性があり，かつその撮影が一般的に許容される限度をこえない相当な方法をもって行われるときである」。

⑶「Yの右写真撮影は，現に犯罪が行われていると認められる場合になされたものであって，しかも多数の者が参加し刻々と状況が変化する集団行動の性質からいって，証拠保全の必要性および緊急性が認められ，その方法も一般的に許容される限度をこえない相当なものであったと認められるから，たとえそれが被告人ら集団行進者の同意もなく，その意思に反して行われたとしても，適法な職務執行行為であったといわなければならない」。

〔山本悦夫〕

〔12〕 八幡製鉄事件

最（大）判昭和45．6.24民集24巻6号625頁

【事実の概要】 八幡製鉄株式会社（現新日本製鉄）の代表取締役2名は，会社名で自由民主党に350万円を政治資金として寄附した。同社の株主である原告（被控訴人，上告人）は，この寄附が定款の目的外の行為であるとして，代表取締役に対し，会社に代位して損害賠償を求めて訴えを提起した。

第1審の東京地方裁判所は，営利を目的とする会社では，災害救援のような場合を別として，一般に寄附は定款の目的外の行為にあたるとして，原告の訴えを認めた。第2審の東京高等裁判所は，会社は社会の構成単位でもあり，社会に対して有用な行為は定款の事業目的にかかわらず当然に目的の範囲に属するとしたうえで，代表民主制のもとで公共の利益に奉仕する政党に対する政治資金の寄附は，株主の利害との権衡上の考慮に基づく合理的限度を超えない限り許されるとして，控訴人である代表取締役の主張を認めた。

【上告人の主張】 本件の寄附は会社の定款に定められた目的の範囲外の行為であるから，会社は，このような寄附をする権利能力を有しない。

【判旨】 ①主文：本件上告を棄却する。

②理由：(1)会社も自然人と同様の社会的実在であるから，それに応じた社会的作用の負担は，定款の目的と関わりないものであっても，社会通念上期待ないし要請されるものである限り当然なしうる。災害救援などの他，議会制民主主義の不可欠の要素である政党に対して寄附をすることは，社会的実在たる会社に当然の行為として期待される。

(2)憲法上の選挙権その他のいわゆる参政権は，自然人たる国民にのみ認められたものである。しかし，納税の義務を負う会社が自然人と同様に「納税者たる立場において，国や地方公共団体の施策に対し，意見の表明その他の行動に出たとしても，これを禁圧すべき理由はない」。

(3)「憲法第三章に定める国民の権利および義務の各条項は，性質上可能なかぎり，内国の法人にも適用されるものと解すべきであるから，会社は，自然人たる国民と同様，国や政党の特定の政策を支持，推進しまたは反対するなどの政治的行為をなす自由を有するのである。政治資金の寄附もまさにその自由の一環であり，会社によってそれがなされた場合，政治の動向に影響を与えることがあったとしても，これを自然人たる国民による寄附と別異に扱うべき憲法上の要請があるものではない」。

(4)「政党への寄附は，事の性質上，国民個々の選挙権その他の参政権の行使そのものに直接影響を及ぼすものではない」。憲法上は，公共の福祉に反しないかぎり，会社といえども政治資金の寄附の自由を有するといわざるを得ず，これをもって国民の参政権を侵害するということはできない。

【付記】 なお，松田裁判官（入江，長部，岩田裁判官同調），大隅裁判官の意見がある。いずれも会社がなしうる目的外の行為の範囲について，一定の限定を加えようとする趣旨である。

〔川又伸彦〕

〔13〕 小売商業調整特別措置法事件

最（大）判昭和47.11.22刑集26巻9号586頁

【事実の概要】 小売商業調整特別措置法は，一定規模以上の小売市場の開設には都道府県知事の許可を必要とすると定めていたが，被告人は無許可で小売市場を建設し，小売商に店舗を貸し付けたので，同法違反で起訴された。第1，2審とも有罪。

【上告人の主張】 そこで被告人は，同法の規制は，自由競争を基調とする現在の日本の経済体制に背反し，あるいは明らかにその限界を逸脱して既存業者の独占的利潤追求に奉仕するもので，職業選択，営業の自由を不当に侵害し，憲法22条1項に違反すると主張して上告した。

【判旨】 ①主文：本件各上告を棄却する。

②理由：(1)「憲法22条1項は，国民の基本的人権の一つとして，職業選択の自由を保障しており，そこで職業選択の自由を保障するというなかには，広く一般に，いわゆる営業の自由を保障する趣旨を包含しているものと解すべきであり，ひいては，憲法が，個人の自由な経済活動を基調とする経済体制を一応予定しているものということができる」。

(2)個人の経済活動に対して消極目的の規制が許されることはいうまでもない。「のみならず，憲法の他の条項をあわせ考察すると，憲法は，全体として，福祉国家的理想のもとに，社会経済の均衡のとれた調和的発展を企図しており，その見地から，すべての国民にいわゆる生存権を保障し，その一環として，国民の勤労権を保障する等，経済的劣位に立つ者に対する適切な保護政策を要請していることは明らかである。このような点を総合的に考察すると，憲法は，国の責務として積極的な社会経済政策の実施を予定しているものということができ，個人の経済活動の自由に関する限り，個人の精神的自由等に関する場合と異なって，右社会経済政策の実施の一手段として，これに一定の合理的規制措置を講ずることは，もともと，憲法が予定し，かつ，許容するところと解するのが相当であり，国は，積極的に，国民経済の健全な発達と国民生活の安定を期し，もって社会経済全体の均衡のとれた調和的発展を図るために，立法により，個人の経済活動に対し，一定の規制措置を講ずることも，それが右目的達成のために必要かつ合理的な範囲にとどまる限り，許されるべきであって，決して，憲法の禁ずるところではないと解すべきである」。

(3)「個人の経済活動に対する法的規制措置については，立法府の政策的技術的な裁量に委ねるほかはなく，裁判所は，立法府の右裁量的判断を尊重するのを建前とし，ただ，立法府がその裁量権を逸脱し，当該法的規制措置が著しく不合理であることの明白である場合に限って，これを違憲として，その効力を否定することができるものと解するのが相当である」。

(4)小売市場の許可制は，過当競争による共倒れから小売商を保護するための措置であり，一般消費者の利益を犠牲にして小売商に独占的利益を付与するためのものではない。これは，社会経済の調和的発展のため中小企業保護政策の一方策としてとられた措置で，目的において一応の合理性があり，規制の手段・態様においても著しく不合理であることが明白であるとは認められない。

〔工藤達朗〕

〔14〕 尊属殺重罰規定事件

最（大）判昭和48．4．4刑集27巻3号265頁

【事実の概要】 上告人の女性Xは，14歳の頃実父Yに無理に姦淫されて以来，Yと夫婦同様の生活を強いられ，5人の子を出産した。Xは29歳となったとき，職場の同僚と結婚を考えるようになり，Yにうち明けた。これに対して，Yは激怒し，脅迫虐待を加えた。心身共に疲労した状態となったXは，泥酔したYとの口論のあげく，ついにYを絞殺した。第1審は当時の刑法200条の専属殺重罰規定が憲法14条1項に違反するとして，刑法199条を適用し，その上で過剰防衛により刑を免除した。第2審は，刑法200条を合憲とする最高裁判所の先例に従って，刑法200条を適用して，心神耗弱を理由とする法律上の減軽と酌量減軽という，法律上許される最大限の減軽を行って懲役3年6月の実刑を言渡した。

【上告人の主張】 刑法200条は，憲法14条1項の法の下の平等に違反する。

【判旨】 ①主文：原判決を破棄する。被告人を懲役2年6月，執行猶予3年に処する。

②理由：⑴「憲法14条1項は，国民に対し法の下の平等を保障した規定であって，同項後段列挙の事項は例示的なものであること，およびこの平等の要請は，事柄の性質に即応した合理的な根拠に基づくものでないかぎり，差別的な取扱いをすることを禁止する趣旨と解すべき」である。刑法200条の合憲性は，同条による差別的取扱いが合理的な根拠に基づくものであるかどうかによって決せられる。

⑵「刑法200条の立法目的は，尊属を卑属またはその配偶者が殺害することをもって一般に高度の社会的道義的非難に値するものとし，かかる所為を通常の殺人の場合より厳重に処罰し，もって特に強くこれを禁圧しようとするにある」。「尊属に対する尊重報恩は，社会生活上の基本的道義というべく，このような自然的情愛ないし普遍的倫理の維持は，刑法上の保護に値する」。尊属の殺害を「法律上，刑の加重要件とする規定を設けても，かかる差別的取扱いをもってただちに合理的な根拠を欠くものと断ずることはでき」ない。

⑶しかし，「加重の程度が極端であって，前示のごとき立法目的達成の手段として甚だしく均衡を失し，これを正当化しうべき根拠を見出しえないときは，その差別は著しく不合理なものといわなければならず，かかる規定は憲法14条1項に違反して無効である」。この点から刑法200条をみると，「尊属殺の法定刑は，それが死刑または無期懲役刑に限られている点においてあまりにも厳しいものというべく，上記のごとき立法目的，すなわち，尊属に対する敬愛や報恩という自然的情愛ないし普遍的倫理の維持尊重の観点のみをもってしては，これにつき十分納得すべき説明がつきかねるところであり，合理的根拠に基づく差別的取扱いとして正当化することはとうていできない」。

【付記】 裁判官田中二郎の意見：「刑法200条の尊属殺人に関する規定が設けられるに至った思想的背景には，封建時代の尊属殺人重罰の思想があるものと解されるのみならず，……わが国において旧憲法時代に特に重視されたいわゆる『家族制度』との深い関連をもっている」。親孝行は，「個人の自覚に基づき自発的に遵守されるべき道徳であって，決して，法律をもって強制されたり，特に厳しい刑罰を科することによって遵守させようとしたりすべきものではない」。

〔山本悦夫〕

〔15〕 全農林警職法事件

最（大）判昭和48. 4.25刑集27巻 4 号547頁

【事実の概要】 全農林労働組合の役員たる被告人らは，昭和33年，警察官職務執行法の改正反対行動のため，組合員に対して勤務時間内の職場大会参加を呼びかけた。この行為が国家公務員の争議行為を禁止する国公法98条 5 項（改正前）に違反するとして，違法な争議行為のあおり等を処罰する同110条 1 項17号により起訴された。

第 1 審の東京地方裁判所は，国公法の規定自体は合憲であるが，被告人らの行為は，高度の違法性を帯びていないので，刑事制裁の対象たるあおり行為には該当しないとして，被告人らを無罪とした。第 2 審の東京高等裁判所は，刑事制裁の対象となるあおり行為を限定せず，また，本件反対行動は，政治的目的を有するいわゆる「政治スト」の範疇に属するとして，被告人らを有罪とした。

【上告人の主張】 第 2 審の判決に対して，被告人らは，国公法の諸規定は憲法28条に違反し，また被告人らの行為に同諸規定を適用することも違憲であると主張して上告した。

【判旨】 ①主文：本件各上告を棄却する。

②理由：⑴「憲法28条の労働基本権の保障は公務員に対しても及ぶ」。しかし，公務員の労働基本権は，勤労者を含めた「国民全体の共同利益の見地からする制約を免れない」。

⑵公務員の争議行為の禁止が憲法28条に違反しない具体的な理由は，以下の点にある。㋐公務員が争議行為を行うことは，国民全体の共同利益に重大な影響を及ぼすおそれがある。㋑その勤務条件は，国民の代表者により構成される国会の制定した法律・予算によって定められるので，公務員が政府に対し争議行為を行うことは的はずれであり，また憲法の基本原則である議会制民主主義（憲法41条・83条等）に反する。㋒私企業とは異なり，公務員の場合は，使用者によるロックアウトや市場の抑止力という争議行為に対する歯止めが欠如している。㋓労働基本権制限に見合う代償措置として，人事院勧告などの制度が設けられている。

⑶公務員の争議行為のうち，国公法により違法とされるものとされないものとを区別し，違法とされる争議行為についても違法性の強いものと弱いものとを区別したうえ，刑事制裁を科されるのは違法性の強い争議行為に限定し，あるいは，あおり行為等につき，争議行為の企画，共謀，説得，慫慂（しょうよう），指令等を争議行為に通常随伴するものとして争議行為自体と同一視し，これを刑事制裁の対象から除く限定解釈は，「かえって犯罪構成要件の保障的機能を失わせることとなり，その明確性を要請する憲法31条に違反する疑いすら存する」。

【付記】 反対意見あり。

〔嶋崎健太郎〕

〔16〕 三菱樹脂事件

最（大）判昭和48.12.12民集27巻11号1536頁

【事実の概要】 昭和38年3月東北大学を卒業すると同時に三菱樹脂㈱に管理職要員として3ヵ月の試用期間を設けて採用された原告は，6月に本採用を拒否されたが，地位保全の仮処分を東京地裁に申請し，認容の判決をえた。同時に，原告は本件採用拒否は解雇権の濫用であると主張し本訴を提起した。

第1審は，入社試験の面接において，原告が大学に在学中生協理事になったことについて説明不足のきらいがあり，また昭和35，6年に学生運動に参加した回答を避けたけれども，悪意を読み取るのは余りにも酷で，会社側の下した管理職要員として不適格との判定は主観の域を出ないものであり，ゆえに本採用拒否は解雇権の濫用にあたると判示した。

第2審は，次のように判示した。①思想・信条の自由は，憲法19条の保障するところでもあり，企業が労働者を雇用するなど優越した地位にある場合，その意に反してみだりに侵されない。②信条により差別されないことは憲法14条，労基法3条に定められているところであり，通常の商事会社では，新聞社・学校など政治的・思想的傾向にあるものと異なり，特定の思想・信条を有する者を雇用しても直ちに事業の遂行に支障をきたすとは考えられない。③入社試験の際，応募者に政治的思想・信条に関係ある事項を申告させることは公序良俗に反し許されず，申告を求めることは違法であり，解雇と同一の作用を営む本件解約は労基法3条に違反し無効である。これに対し，三菱樹脂㈱側が上告した。

【上告人の主張】 ①憲法19条，14条の規定は，国家対個人の関係において個人の自由または平等を保障したものであって，私人間の関係を直接規律するものではない。

②上告人と被上告人との間には正式の雇用関係の締結がなく，本採用の拒否は労基法3条に違反するものではない。

【判旨】 ①主文：原判決を破棄する。本件を東京高等裁判所に差し戻す。

②理由：⑴憲法19条・14条は，憲法第3章のその他の自由権的基本権の保障規定と同じく，国または公共団体の統治行動に対して個人の基本的な自由と平等を保障する目的に出たもので，もっぱら国または公共団体と個人との関係を規律するものであり，私人相互間の関係を直接規律することを予定するものではない。人権規定は私人間に直接適用ないし類推適用されない。

⑵私人関係において個人の基本的な自由や平等が侵害される場合，立法措置により，あるいは私的自治に対する一般的制限的規定である民法1条，90条や不法行為に関する諸規定等の適切な運用により，一面で私的自治の原則を尊重しながら，他面で社会的許容性の限度を超える侵害に対し基本的な自由や平等の利益を保護し，その間の適切な調整を図る方途も存する。

⑶憲法は思想・信条の自由や平等を保障すると同時に，22条・29条において財産権の行使，営業その他の経済的自由をも基本的人権として保障する。企業は経済活動の一環として契約の自由を有し，いかなる者をいかなる条件で雇い入れるか，原則として自由である。

⑷いったん労働者を雇い入れた場合に当該労働者を解雇するには，雇い入れの場合のように広い範囲の自由を有しない。留保解約権の行使には，客観的に相当な理由が必要である。

〔斎藤　孝〕

〔17〕 猿払事件

最（大）判昭和49.11.6刑集28巻9号393頁

【事実の概要】 北海道宗谷郡猿払村の郵便局に勤務する郵政事務官で，同地区労働組合協議会事務局長であった被告人は，昭和42年の衆議院議員選挙に際し，同協議会の決定に従い，日本社会党を支持する目的をもって，同党公認候補者の選挙用ポスター6枚を公営掲示場に掲示し，さらに同ポスター合計約184枚の掲示を他人に依頼し配布した。そしてこの行為が国公法102条および人事院規則14-7（5項3号・6項13号）に違反するとして起訴された。簡易裁判所は被告人に対して国公法110条1項19号の罰則を適用し，罰金5,000円の略式命令を言渡した。これに対し被告人は同命令が憲法違反であると主張し，正式裁判に持ち込んだ。

第1審は，国公法110条1項19号が，本件の行為に適用される限度において，合理的な必要最小限の域を超え，憲法21条・31条に違反するとして，被告人を無罪とした。

第2審も，検察官の控訴を却け，第1審の判断を支持したので，検察側が上告した。

【上告人の主張】 第1審判決および原判決の判断には，憲法21条・31条の解釈の誤りがある。

【判旨】 ①主文：原判決および第1審判決を破棄する。

②理由：⑴公務員の政治的中立性を損なうおそれのある公務員の政治的行為を禁止することは，合理的で必要やむをえない限度にとどまるものである限り，憲法上許容される。

⑵合理的で必要やむをえない限度にとどまるか否かは，禁止の目的，目的と禁止される政治的行為との関連性，利益の均衡の3点から検討することを要する。㈠禁止の目的は，行政の中立的運営とこれに対する国民の信頼の確保にあり，正当である。㈡目的と禁止される政治的行為との間に合理的な関連性がある。㈢政治的行為を禁止することにより得られる利益は，禁止することによって失われる利益に比して，重要であると認められる。

⑶国公法102条1項および規則5項3号，6項13号は，憲法21条に違反しない。

⑷なお，公務員の職種，勤務時間の内外，国の施設の利用の有無，職務利用の有無等は，公務員の政治的行為の禁止の合憲性を判断する上において重要な意味をもたない。

⑸公務員の政治的行為の禁止は，国民の重要な共同利益をまもるためのものである。禁止違反に対し刑罰をもって臨むか否かは，立法政策の問題である。国公法の定める罰則は，不合理とはいえず，憲法31条および憲法21条に違反しない。

⑹政治的行為の定めを人事院規則に委任する国公法102条1項は，憲法の許容する委任の限度を超えていない。

【付記】 以上の多数意見に対しては，4人の裁判官の反対意見がある。

〔斎藤　孝〕

〔18〕 薬事法事件

最（大）判昭和50．4．30民集29巻4号572頁

【事実の概要】 薬事法は，薬局の設置場所が適正を欠く場合には開設を認めず，その場合の配置基準は条例で定めるものとした。原告は，既設薬局から100mの距離があることを基準とする広島県条例により，開設許可申請を不許可とされたので，不許可処分の取消訴訟を提起した。第1審は，憲法問題と関係なく，許可基準は申請時によるべきものとして，原告の訴えを認めた。第2審は，薬局は多分に公共性を有する施設で，開設を業者の自由に任せると，薬局の偏在・濫立により，過当競争—経営不安定—品質低下という事態が生じるおそれがあるとして，この規制を合憲とした。

【上告人の主張】 これに対して，上告人は，①第2審の判断は一般経験則や公知の事実によらない想像的なもので因果関係を論証していない，②薬局と公衆浴場とでは事情が異なる旨を主張した。

【判旨】 ①主文：原判決を破棄する。被上告人の控訴を棄却する。

②理由：(1)「職業は，人が自己の生計を維持するためにする継続的活動であるとともに，分業社会においては，これを通じて社会の存続と発展に寄与する社会的機能分担の活動たる性質を有し，各人が自己のもつ個性を全うすべき場として，個人の人格的価値とも不可分の関連を有するものである」。「職業は，ひとりその選択，すなわち職業の開始，継続，廃止において自由であるばかりでなく，選択した職業の遂行自体，すなわちその職業活動の内容，態様においても，原則として自由であることが要請される」。したがって，憲法22条1項は，「狭義における職業選択の自由のみならず，職業活動の自由の保障をも包含しているものと解すべきである」。

(2)「一般に許可制は，単なる職業活動の内容及び態様に対する規制を超えて，狭義における職業の選択の自由そのものに制約を課するもので，職業の自由に対する強力な制限であるから，その合憲性を肯定しうるためには，原則として，重要な公共の利益のために必要かつ合理的な措置であることを要し，また，それが社会政策ないしは経済政策上の積極的な目的のための措置ではなく，自由な職業活動が社会公共に対してもたらす弊害を防止するための消極的，警察的措置である場合には，許可制に比べて職業の自由に対するよりゆるやかな制限である職業活動の内容及び態様に対する規制によっては右の目的を十分に達成することができないと認められることを要するもの，というべきである」。

(3)薬事法の「適正配置規制は，主として国民の生命及び健康に対する危険の防止という消極的，警察的目的のための規制であり，……小企業の多い薬局等の経営の保護というような社会政策的ないしは経済政策的目的は」意図するところではない。この点において，小売商業調整特別措置法の規制とは趣を異にし，したがって，その判決の法理も，必ずしも本件の場合に適切ではない。

(4)薬事法の規制は，「被上告人の指摘する薬局等の偏在—競争激化——部薬局等の経営の不安定—不良医薬品の供給の危険又は医薬品乱用の助長の弊害という事由」によってもその必要性と合理性を肯定することはできないから，憲法22条1項に違反し，無効である。

〔工藤達朗〕

〔19〕 徳島市公安条例事件

最（大）判昭和50．9．10刑集29巻8号489頁

【事実の概要】 被告人Xは，徳島市内での集団示威行進の指導にあたり，自ら蛇行進をしたり，集団行進者に蛇行進をさせるように刺激を与え，もって集団行進者が交通秩序の維持に反する行為をするようにせん動したとして，徳島市の「集団行進及び集団示威運動に関する条例」3条3号違反の理由で起訴された。

第1審は，本条例3条3号の「交通秩序を維持すること」の内容が犯罪構成要件の内容として合理的解釈によって確定できる程度の明確性を欠き，憲法31条の趣旨に反するとして，被告人に無罪の判決を下した。

第2審は，第1審の判決を支持し，検察官の控訴を棄却した。そこで検察官が上告した。

【上告人の主張】 原判決は，憲法31条の解釈適用を誤っている。

【判旨】 ①主文：原判決及び第1審判決を破棄する。被告人を罰金1万円に処する。

②理由：⑴本条例3条3号の「交通秩序を維持すること」という規定は，その文言だけからすれば，「単に抽象的に交通秩序を維持すべきことを命じているだけで，いかなる作為，不作為を命じているのかその義務内容が具体的に明らかにされていない」。このようなことは，「立法措置として著しく妥当を欠くものがある」。

⑵しかし，一般に「法規は，規定の文言の表現力に限界があるばかりでなく，その性質上多かれ少なかれ抽象性を有し，刑罰法規もその例外をなすものではない」。

⑶「ある刑罰法規があいまい不明確の故に憲法31条に違反するものと認めるべきものかどうかは，通常の判断能力を有する一般人の理解において，具体的場合に当該行為がその適用を受けるものかどうかの判断を可能ならしめるような基準が読みとれるかどうかによってこれを決定すべきである」。

⑷本条例3条3号の「交通秩序を維持すること」とは，「道路における集団行進等が一般的に秩序正しく平穏に行われる場合にこれに随伴する交通秩序阻害の程度を越えた，殊更な交通秩序の阻害をもたらすような行為を避止すべきこと」と解される。

⑸本条例3条3号の規定は，「確かにその文言が抽象的であるとのそしりを免れないとはいえ，集団行進等における道路交通の秩序遵守についての基準を読みとることが可能であり，犯罪構成要件の内容をなすものとして明確性を欠き憲法31条に違反するものとはいえない」。

〔古野豊秋〕

〔20〕 衆議院議員定数不均衡訴訟

最（大）判昭和51. 4.14民集30巻3号223頁

【事実の概要】 原告Xは，昭和47年12月に実施された衆議院議員総選挙の千葉第1区の選挙人である。Xは，公職選挙法204条に基づき，この総選挙が無効であるとして千葉県選挙管理委員会Yを相手に東京高等裁判所に提訴した。その理由は，本件総選挙の議員定数を定めた公職選挙法別表等の規定は，投票価値の差別をしている。それは，国民の住所（選挙区）による不平等の取扱いであり，憲法14条に反するということにある。

東京高等裁判所は，投票価値の差は未だ容認できない程度にはいたっていないとして，Xの請求を棄却した。そのため，Xが上告した。

【上告人の主張】 ①衆議院議員総選挙における投票価値の差が最大4.99対1のような公職選挙法別表等の定めは，国民の住所（選挙区）による不平等な取扱いであり，憲法14条1項に反する。②本件選挙は，無効とされるべきである

【判旨】 ①主文：原判決を次のとおり変更する。上告人の請求を棄却する。ただし，昭和47年12月10日に行われた衆議院議員選挙の千葉県第1区における選挙は違法である。

②理由：⑴憲法15条1項等の規定は，単に選挙人資格の差別を禁止するだけではなく，「選挙権の内容，すなわち各選挙人の投票の価値の平等もまた」要求すると解するのが相当である。

⑵国会によって「具体的に決定された選挙区割と議員定数の配分の下における選挙人の投票価値の不平等が，国会において通常考慮しうる諸般の要素をしんしゃくしてもなお，一般的に合理性を有するものとはとうてい考えられない程度に達しているときは，もはや国会の合理的裁量の限界を越えているものと推定され」，「このような不平等を正当化すべき特段の理由が示されない限り，憲法違反と判断するほかない」。

⑶本件衆議院議員総選挙当時，投票価値の開きは，約5対1の割合に達していた。このような投票価値の開きをもった議員定数配分規定は，「憲法の要求するところに合致しない状態になっていたにもかかわらず，憲法上要求される合理的期間内における是正がなされなかった」。それゆえ，「本件議員定数配分規定は，本件選挙当時，憲法の選挙権の平等の要求に違反し」，違憲である。

⑷本件選挙について，「これを無効とする判決をしても，これによって直ちに違憲状態が是正されるわけではなく，かえって憲法の所期するところに必ずしも適合しない結果を生む」。そこで，行政事件訴訟法31条1項前段の法理（事情判決）にしたがい，本件選挙は，違法ではあるが，無効としないことが相当である。

〔古野豊秋〕

〔21〕 旭川学テ事件

最（大）判昭和51．5．21刑集30巻5号615頁

【事実の概要】 昭和36年10月26日に旭川市立永山中学校において実施予定であった全国中学校一斉学力調査を阻止する目的で，被告人らは他の数十名の説得員と共に同校に赴き，校長の制止にもかかわらず，校舎内に侵入し，学力調査を開始するや，学力調査立会人に共同して暴行，脅迫を加えて，その公務の執行を妨害し，学力調査補助者にも暴行を加え，校長に対しても共同して暴行，脅迫を加えて，その公務の執行を妨害した。そこで，被告人らは，これらの事実につき建造物侵入罪，公務執行妨害罪および暴行罪に該当するとして起訴された。第1審は，学力調査は違法であり，しかもその違法がはなはだ重大であるとして，共同暴行罪の成立のみを認めた。第2審は，第1審判決を支持した。

【上告人の主張】 第1審判決及び原判決は，本件学力調査の適法性に関する法令の解釈適用を誤ったものである。

【判旨】 ①主文：第1審判決中の被告人3名に関する部分を破棄し，執行猶予付きの懲役刑とする（一部破棄自判）。また，被告人1名の上告を棄却する（一部棄却）。

②理由：⑴地方教育行政の組織及び運営に関する法律54条2項は，文部大臣に，全国中学一斉学力調査のような調査の実施を教育委員会に要求する権限を与えるものではないが，これに応じて教育委員会がした実施行為は，そのために手続上違法となるものではない。

⑵子どもの教育の内容を決定する権能の帰属については国家か国民かという対立する見解があるが，それらは「いずれも極端かつ一方的であり，そのいずれをも全面的に採用することはできない」。憲法上，親は一定の範囲においてその子女の教育の自由を持ち，私学教育の自由および教師の教授の自由も限られた範囲において認められるが，他方，国は，子ども自身の利益の擁護のため，または子どもの成長に対する社会公共の利益と関心にこたえるため，必要かつ相当と認められる範囲において，子どもの教育内容を決定する権能を有する。

⑶憲法26条には，「国民各自が，一個の人間として，また，一市民として成長，発達し，自分の人格を完成，実現するために必要な学習をする固有の権利を有すること，特に，自ら学習することのできない子どもは，その学習要求を充足するための教育を自己に施すことを大人一般に対して要求する権利を有するとの観念が存在していると考えられる」。

⑷「普通教育の場においても，例えば，教師が公権力によって特定の意見のみを教授することを強制されないという意味において，また，子どもの教育が教師と子どもとの間の直接の人格的接触を通じ，その個性に応じて行われなければならないという本質的要請に照らし，教授の具体的内容及び方法につきある程度自由な裁量が認められなければならないという意味においては，一定の範囲における教授の自由が保障されるべきことを肯定できないではない」。しかし，普通教育においては児童生徒に（教育内容の批判）能力がなく，教師が強い影響力，支配力を有することを考え，また子どもの側に学校や教師を選択する余地が乏しく，教育の機会均等を図る上からも全国的に一定の水準を確保すべき強い要請があること等から普通教育における教師に完全な教授の自由を認めることはとうてい許されない。

〔有澤知子〕

〔22〕 津地鎮祭事件

最（大）判昭和52. 7.13民集31巻4号533頁

【事実の概要】 昭和40年1月14日，津市体育館の起工式が，津市の主催により，宗教法人大市神社の宮司ら神職主宰の下に神式に則り挙行され，上告人（同市市長）がその挙式費用7663円を市の公金から支出したことにつき，その適法性が争われた。第1審は，本件起工式は，古来地鎮祭の名の下に行われてきた儀式と同様のものであり，外見上神道の宗教的行事に属することは否定し得ないが，その実態を見れば習俗的行事であり，それに対する公金支出は違法ではないと判示した。第2審は，本件起工式は，単なる社会的儀礼ないし習俗的行事とみることはできず，神社神道固有の宗教儀式というべきところ，憲法は，完全な政教分離原則を採用して国家と宗教との明確な分離を意図し，国家の非宗教性を宣明したものであるから，憲法20条3項の禁止する宗教的活動とは，およそ宗教的信仰の表現である一切の行為を網羅するものと解すべきであり，本件起工式は，宗教的活動に該当し許されず，その公金支出も違法なものであると判示した。

【上告人の主張】 原判決には憲法89条と地方自治法242条の2第1項4号の解釈につき，明白な誤謬があり，かつ明らかな審理不尽，理由不備の違法がある。

【判旨】 ①主文：原判決中上告人敗訴部分を破棄する。前項の部分につき，被上告人の控訴を棄却する。

②理由：⑴「政教分離規定は，いわゆる制度的保障の規定であって，信教の自由そのものを直接保障するものでなく，国家と宗教との分離を制度として保障することにより，間接的に信教の自由の保障を確保しようとするものである」。

⑵「国家と宗教との完全な分離を実現することは実際上不可能に近いものといわなければならない。更にまた，政教分離原則を完全に貫こうとすれば，かえって社会生活の各方面に不合理な事態を生ずることを免れない」。政教分離原則は，「国家が宗教とのかかわり合いをもつことを全く許さないとするものではなく，宗教とのかかわり合いをもたらす行為の目的及び効果にかんがみ，そのかかわり合いが右の諸条件に照らし相当とされる限度を超えるものと認められる場合にこれを許さないとするものであると解すべきである」。

⑶憲法20条3項により禁止される宗教活動とは，「およそ国及びその機関の活動で宗教とのかかわり合いをもつすべての行為を指すものではなく，そのかかわり合いが右にいう相当とされる限度を超えるものに限られるというべきであって，当該行為の目的が宗教的意義をもち，その効果が宗教に対する援助，助長，促進又は圧迫，干渉等になるような行為をいうものと解すべきである」。ある行為が宗教的活動に該当するかどうかを検討するにあたっては，諸般の事情を考慮し，社会通念にしたがって客観的に判断しなければならない。

⑷本件起工式は，宗教とかかわり合いをもつものであることを否定しえないが，その目的は建築着工に際し土地の平安堅固，工事の無事安全を願い，社会の一般的慣習に従った儀礼を行うというもっぱら世俗的なものと認められ，その効果は神道を援助，助長，促進し，または他の宗教に圧迫，干渉を加えたものとは認められないのであるから，憲法20条3項により禁止される宗教的活動には当たらないと解するのが相当である。費用の支出も特定の宗教団体に対する財政援助的な支出とは言えず，憲法89条，地方自治法2条15項，138条の2にも違反するものではない。

〔有澤知子〕

〔23〕 マクリーン事件

最（大）判昭和53.10.4民集32巻7号1223頁

【事実の概要】 アメリカ合衆国国籍のマクリーン（原告，被控訴人，上告人）は，1年の在留期間中に，ベトナム反戦や日米安保条約反対のデモ行進や政治集会などに参加した。原告の在留期間延長の申請に対し，法務大臣は120日間の更新を許可したがそれ以上の更新は不許可とした。そこで，原告は不許可処分の取消等を求めて訴えを提起した。

第1審の東京地方裁判所は，法務大臣の広範な裁量権を認めたが，この裁量権も憲法その他の法令上一定の制約を受けるとし，本件処分を裁量の範囲を逸脱した違法な処分として取り消した。第2審の東京高等裁判所は，法務大臣は自由な裁量を有し，在留期間中の憲法上許容される政治活動を望ましくないと判断して更新を拒否することも許されるとして，被控訴人の請求を棄却した。

【上告人の主張】 在留期間更新の申請を判断するにあたって，在留期間中の政治活動を消極的な判断材料とすることは，結局，外国人の憲法上許容された政治活動の自由を制限するものであり，裁量の範囲を逸脱している。

【判旨】 ①主文：本件上告を棄却する。

②理由：⑴憲法22条1項は，日本国内における居住・移転の自由を保障する旨を規定するにとどまり，外国人がわが国に入国することについてはなんら規定していない。外国人は，憲法上，わが国に入国する自由を保障されているものでないことはもちろん，在留の権利ないし引き続き在留することを要求しうる権利を保障されているものでもない。

⑵裁判所は，出入国管理令に基づく法務大臣の判断については「その判断の基礎とされた重要な事実に誤認があること等により右判断が全く事実の基礎を欠くかどうか，又は事実に対する評価が明白に合理性を欠くこと等により右判断が社会通念に照らし著しく妥当性を欠くことが明らかであるかどうかについて審理し，それが認められる場合に限り」判断を違法であるとすることができる。

⑶「憲法第三章の諸規定による基本的人権の保障は，権利の性質上日本国民のみをその対象としていると解されるものを除き，わが国に在留する外国人に対しても等しく及ぶものと解すべきであり，政治活動の自由についても，わが国の政治的意思決定又はその実施に影響を及ぼす活動等外国人の地位にかんがみこれを認めることが相当でないと解されるものを除き，その保障が及ぶものと解するのが，相当である」。

⑷しかし，「前述のように，外国人の在留の許否は国の裁量にゆだねられ，わが国に在留する外国人は，……ただ，出入国管理令上法務大臣がその裁量により更新を適当と認めるに足りる相当の理由があると判断する場合に限り在留期間の更新を受けることができる地位を与えられているにすぎないものであり，したがって，外国人に対する憲法の基本的人権の保障は，右のような外国人在留制度のわく内で与えられているにすぎないものと解するのが相当であって，……在留期間中の憲法の基本的人権の保障を受ける行為を在留期間の更新の際に消極的な事情としてしんしゃくされないことまでの保障が与えられているものと解することはできない」。

〔川又伸彦〕

〔24〕 前科照会事件

最判昭和56．4.14民集35巻3号620頁

【事実の概要】 XはY自動車教習所の技能指導員を務めていたが，諸般の事情によって解雇されることになり，その地位保全の仮処分申請を行った。これに対して，Yは弁護士Zに依頼してXの解雇が不当なものではないことを調査させた。Zは弁護士法23条の2に基づいて所属京都弁護士会を介して伏見区役所に「中労委，京都地裁に提出するため」Xの前科および犯罪歴について照会した。同区役所はこれを中京区に回付し，その結果，同所から弁護士会にXの前科がある旨の回答があった。このために，XはYによって経歴詐称を理由に予備的解雇通知を通告された。そこでXは，プライバシーの侵害，それに伴う精神的苦痛を理由に京都市に対し損害賠償を求めた。

第1審は弁護士会からの法律に基づく照会に公務所が回答する義務があるとしてXの請求を棄却した。

第2審は前科や犯罪経歴の公表は慎重であらなければならないとして，Xの請求の一部分を認めた。

【上告人の主張】 ①弁護士会の照会権がもつ高度の公共性は区長の有する守秘義務に優越する。②回答したこととそれによって発生したXの損害との間に因果関係が中断されている。

【判旨】 ①主文：本件上告を棄却する。

②理由：(1)「前科及び犯罪経歴（以下『前科等』という。）は人の名誉，信用に直接にかかわる事項であり，前科等のある者もこれをみだりに公開されないという法律上の保護に値する利益を有する」。

(2)京都弁護士会を介したとしても，「漫然と弁護士会の照会に応じ，犯罪の種類，軽重を問わず，前科等のすべてを報告することは，公務権力の違法な行使にあたると解するのが相当である」。

【付記】 伊藤正己補足意見：「前科等は，個人のプライバシーのうちで最も他人に知られたくないものの一つであり……それを公開する必要の生じることもありうるが，公開で許されるためには，裁判のために必須のものであり，他に代わるべき立証手段がないときなどのように，プライバシーに優越する利益が存在するのでなければならず，その場合でも必要最小限の範囲に限って公開しうるにとどまる」。

〔中野雅紀〕

〔25〕 大阪空港公害訴訟

最（大）判昭和56.12.16民集35巻10号1369頁

【事実の概要】 大阪空港離着陸コースのほぼ真下に居住する原告らは，航空機が発する騒音等による空港公害による被害を受けていた。そこで，原告らは，空港の設置・管理権者である国に対し，人格権・環境権を根拠に，①午後9時以降翌朝7時までの航空機の発着禁止等の差止請求，および②過去と③将来にわたる損害賠償請求の訴えを提起した。

第1審の大阪地方裁判所は，①人格権に基づき午後10時から翌朝7時までの差止請求を認容し，②過去の損害賠償についても，国家賠償法に基づき，4ランクに分けて認めたが，③将来についての請求は却けた。

第2審の大阪高等裁判所は，原告の主張をほぼ全面的に認容した。控訴審判決に対し国が上告したのが本件である。

【上告人の主張】 ①人格権・環境権に基づく妨害排除・妨害予防の民事上の請求権として空港を航空機の発着に使用させることの差止請求は，その実質において，公権力の行使に関する不服を内容とし，民事裁判事項に属さない。②国家賠償法2条1項にいう営造物の設置・管理の瑕疵とは当該営造物自体について存する物的な欠陥を言うものと解すべきである。(3)将来における慰謝料請求権発生の根拠たるべき事実関係は変動が予想されるにもかかわらず，現時点において確定しうるものとした点が誤りである。

【判旨】 ①主文：(1)原判決の空港の供用の差止請求に関する部分を破棄し，被上告人の差止請求にかかる訴えを却下する。(2)上告人のその余の上告を棄却する。(3)原判決の昭和50年6月1日以降に生ずべき損害の賠償請求を認容した部分を破棄し，このような請求にかかる被上告人の訴えを却下する。

②理由：(1)「営造物の管理権の本体をなすものは，……非権力的な行為であって，同種の私的施設の所有権に基づく管理権能と本質的に異なるところはない」。しかしながら，「空港の管理といっても，その内容には種々のものがあり，その法的性質が一律一様であると速断することはできない」。「空港管理権と航空行政権とが同一機関に帰属せしめられている場合に両者がどのような位置，関係において行使され，実現されるのかは，法令の規定上必ずしも明らかではない」。「空港の離着陸のためにする供用は運輸大臣の有する空港管理権と航空行政権という二種の権限の，総合的判断に基づいた不可分一体的な行為の結果であるとみるべきである」。したがって，「民事訴訟の手続により一定時間帯につき空港を航空機の離着陸に使用させることの差止めを求める請求にかかる部分は，不適法」である。

(2)「国家賠償法2条1項の営造物の設置・管理の瑕疵とは，営造物が有すべき安全性を欠いている状態をいうのであるが」，それは，営造物自体の物理的不備のみならず，利用関係における危険性のある場合，また利用者以外の第三者に対する危害をも含むと解すべきである。「空港に離着陸する航空機の騒音等による周辺住民の被害の発生を右空港の設置，管理の瑕疵に含ましめたこと自体に所論の違法があるものということはできない」。

(3)同一態様の行為が将来も継続される場合であっても，それが現在と同じ不法行為を構成するか否か及び賠償すべき損害の範囲いかん等について，今後の事実関係の展開の法的評価に左右されるなどの点から，あらかじめ一義的に明確に認定することはできない。

〔光田督良〕

〔26〕 堀木訴訟

最（大）判昭和57．7．7 民集36巻 7 号1235頁

【事実の概要】 Xは，視力障害により障害福祉年金を受領していたが，児童扶養手当法に基づく児童扶養手当の受給資格の認定を請求した。この請求に対し，兵庫県知事Yは，(改正前の）児童扶養手当法 4 条 3 項 3 号の併給禁止に該当するとして請求を却下し，その異議申立も棄却した。そこで，この却下処分の取消等を求め訴訟を提起した。

第 1 審の神戸地方裁判所は，併給禁止条項は何ら合理的な理由がないにも拘わらず，障害年金受給者に児童扶養手当の受給を制限している点で，憲法14条 1 項に違反し，本件却下処分は違法であり，取消すと判示した。

第 2 審の大阪高等裁判所は，併給禁止条項は憲法25条 1 項と関係がない。また，併給禁止条項を設けた立法府の裁量には濫用・逸脱が認められず，憲法25条 2 項にも違反しない。また，併給禁止は，合理性を欠く取り扱いともいえず，憲法14条 1 項に違反しないとして，原判決を取消し，請求を棄却した。この控訴審判決に対し上告したのが本件である。

【上告人の主張】 児童扶養手当が健常な母子には支給され，障害母子には支給されないということが，不合理な差別である。①併給禁止条項が，憲法25条に違反しないとした控訴審判決の解釈は誤りである。②障害福祉年金と児童扶養手当との併給禁止は，憲法14条 1 項および個人の尊厳，幸福追求の権利に発する生存権に対する侵害である。

【判旨】 ①主文：本件上告を棄却する。

②理由：⑴憲法25条 1 項は，「国が個々の国民に対して具体的・現実的に……義務を有することを規定したものではなく，同条 2 項によって国の責務であるとされている社会的立法及び社会的施設の創造拡充により個々の国民の具体的・現実的な生活権が設定充実されてゆくものであると解すべきことは，すでに当裁判所の判例とするところである」。「右規定にいう『健康で文化的な最低限度の生活』なるものは，きわめて抽象的・相対的な概念であって，その具体的内容は，その時々における文化の発達の程度，経済的・社会的条件，一般的な国民生活の状況等との相関関係において判断決定されるべきものである」。したがって，「憲法25条の規定の趣旨にこたえて具体的にどのような立法措置を講ずるかの選択は，立法府の広い裁量にゆだねられており，それが著しく合理性を欠き明らかに裁量の逸脱・濫用と見ざるをえないような場合を除き，裁判所が審査判断するのに適しない事柄である」。「児童扶養手当は，もともと国民年金法61条所定の母子福祉年金を補完する制度として設けられたと見るのを相当とする」ので，児童手当法所定の児童手当とはその性格を異にし，「障害福祉年金と基本的に同一の性格を有する」。「社会保障法制上，同一人に同一の性格を有する二以上の公的年金が支給されることとなるべき，いわゆる複数事故において，……事故が二以上重なったからといって稼得能力の喪失または低下の程度が必ずしも事故の数に比例して増加するといえないことは明らかである」。このような場合に，併給禁止を行うかどうかは，「立法府の裁量の範囲に属する事柄と見るべきである」。

⑵併給禁止は，「身体障害者，母子に対する諸施策及び生活保護制度の存在などに照らして……合理的理由のない不当なものであるとはいえない」。また，同条項が，「児童の個人としての尊厳を害し，憲法13条に違反する恣意的かつ不合理な立法であるとはいえない」。

〔光田督良〕

〔27〕 税関検査事件

最（大）判昭和59.12.12民集38巻12号1308頁

【事実の概要】 Xは，外国の商社から8ミリフィルム・書籍などを郵便で輸入しようとしたが，札幌税関支署長Y_1から，これらの物件が関税定率法21条1項3号（「公安又は風俗を害すべき書籍，図画，彫刻物その他の物品」）に該当するとの通知を受けた。Xは税関長Y_2に対して異議を申し立てたが棄却されたので，書籍等の表現物についての税関検査が憲法21条2項の禁止する「検閲」であるとして，本件通知と異議棄却決定の取消しを求めて札幌地方裁判所に提訴した。第1審の札幌地方裁判所は，当該通知は検閲にあたるとした上で，明白かつ差し迫った危険が存する場合には例外的に検閲が許されるが，本件はこれに該当しないとして，本件通知を取り消した。これに対して，第2審の札幌高等裁判所は，憲法はおよそ形式上検閲とみられる制度をすべて絶対的に禁止したものではなく，税関検査は憲法の禁止する検閲にはあたらないとして請求を棄却した。

【上告人の主張】 ①3号物件に関する税関検査による輸入規制は，憲法の絶対的に禁止する検閲に当たり，国民の知る自由を事前に規制するものであるから，憲法21条2項前段又は1項の規定に違反する。また，②第3号の「公安又は風俗を害すべき」との文言は著しく不明確であり，憲法21条1項，29条及び31条に違反する。

【判旨】 ①主文：本件上告を棄却する。

②理由：⑴憲法21条2項の検閲の禁止は，検閲がその性質上表現の自由に対する最も厳しい制約となるが故に絶対的禁止と解される。同項の「検閲とは，行政権が主体となって，思想内容等の表現物を対象とし，その全部又は一部の発表の禁止を目的として，対象とされる一定の表現物につき網羅的一般的に，発表前にその内容を審査した上，不適当と認めるものの発表を禁止することを，その特質として備えるものを指すと解すべきである。」

⑵税関検査が表現の事前規制たる側面を有することを否定することはできない。しかし，輸入が禁止される表現物は，国外においては発表済みのものであって，その輸入を禁止したからといって，「事前に発表そのものを一切禁止するというものではない」。また，当該表現物は，輸入が禁止されるだけで，税関により没収，廃棄されるわけではないから，発表の機会が全面的に奪われてしまうわけでもない。税関検査は，関税徴収手続の一環として，広く輸入される貨物および輸入される物の全般を対象とし，3号物件についても，「思想内容等それ自体を網羅的に審査し規制することを目的とするものではない」。税関検査は行政権によって行われるが，その主体となる税関は，思想内容等を規制することを使命とする機関ではない。

以上の諸点を総合して考察すると，3号物件に関する税関検査は，憲法21条2項の「検閲」に当たらない。

⑶「風俗を害すべき書籍，図画」は必ずしも明確ではないが，これを合理的に解釈すれば，規定により輸入禁止の対象とされるのは猥褻な書籍，図画等に限られるものと限定的に解釈することが可能であり，何ら明確性に欠けるものではなく，憲法21条1項の規定に反しない。

〔畑尻　剛〕

〔28〕 在宅投票制度廃止事件

最判昭和60.11.21民集39巻7号1512頁

【事実の概要】 身体に障害をもつ本件原告Xは，在宅投票制度の廃止に関して，国家賠償法に基づき，国Yを相手に損害賠償の請求の訴えを提起した。その理由は，①在宅投票制度を定めていた公職選挙法の改正は，主権者としての選挙権行使の機会を奪い，投票に関して身体障害等の理由による不合理な差別をなし，憲法15条1項，3項，14条1項等に違反する。②このような法改正を行い，その後この制度の復活の立法を行わないことによる違憲状態は，国会議員の故意もしくは重大な過失によるというものである。

第1審は，国会の立法行為および不作為により原告に生じた損害の賠償について，国家賠償法1条1項を適用し，Xの請求の一部を認めた。

第2審は，在宅投票制度の廃止および復活についての不作為が憲法に反することを認めた。しかし，そのような立法の作為および不作為について国会議員の故意または過失はなかったとして，国家賠償法によるXの損害賠償の請求は認めなかった。そのため，Xが上告した。

【上告人の主張】 ①在宅投票制度の廃止および復活についての不作為は，国会議員による違法な公権力の行使にあたる。②これによって生じた精神的損害は，国家賠償法1条1項に基づき，被上告人が賠償すべきである。

【判旨】 ①主文：本件上告を棄却する。

②理由：⑴国会議員の立法行為が国家賠償法1条1項の適用上違法となるかどうかは，国会議員の立法過程における行動が職務上の法的義務に違背したかどうかの問題であり，当該立法の内容の違憲性の問題とは区別されるべきである。

⑵「国会議員は，立法に関しては，原則として，国民に対する関係で政治的責任を負うにとどまり，個別の国民の権利に対応した関係での法的義務を負うものではない」。「国会議員の立法行為は，立法の内容が憲法の一義的な内容に違反しているにもかかわらず国会があえて当該立法を行うというごとき，……例外的な場合でない限り，国家賠償法1条1項の規定の適用上，違法の評価を受けない」。

⑶憲法には在宅投票制度の設置を積極的に命ずる明文の規定は存在しない。かえって，憲法47条は，「投票の方法その他選挙に関する事項の具体的決定を原則として……国会の裁量的権限に任せる趣旨である」。

⑷そうすると，「在宅投票制度を廃止しその後……これを復活しなかった本件立法行為につき，これが前示の例外的場合に当たると解すべき余地はなく，結局，本件立法行為は国家賠償法1条1項の適用上違法の評価を受けるものではない」。

〔古野豊秋〕

〔29〕 北方ジャーナル事件

最（大）判昭和61．6．11民集40巻4号872頁

【事実の概要】 Yは，かつて旭川市長の地位にあり，1975年4月の北海道知事選挙に立候補したが，さらに79年4月施行予定の同選挙にも立候補する予定であった。ところが，1979年2月末に発売予定であったX発行の雑誌『北方ジャーナル4月号』に，「ある権力主義者の誘惑」と題するYを批判する内容の記事が掲載される運びとなった。諸般の事情から同記事の趣旨を知ったYは，同誌によって自らの名誉が毀損されることを理由に，同誌の執行官保管，その販売・頒布などの出版活動の禁止を求める仮処分申請を札幌地裁に行った。札幌地裁が右申請を相当と認める仮処分決定を行ったため，XはYおよび国を相手に損害賠償請求の訴えを提起した。第1審および第2審ともXの主張を認めなかった。

【上告人の主張】 ①本件仮処分は憲法21条の定める，表現の自由の保障および検閲の禁止に違反する。②これに係る損害賠償を国および申請人Yに求める。

【判旨】 ①主文：上告棄却。

②理由：⑴憲法21条に定める「検閲」とは，行政権が主体となって思想内容などの表現物を対象とし，その全部又は一部の発表の禁止を目的として，対象とされる一定の表現物につき網羅的一般的に，発表前にその内容を審査した上，不適当と認めるものの発表を禁止することを，その特質とするものである。この点で，「仮処分」による事前差し止めは，司法裁判所が当事者の申請に基づいて私法上の被保全権利の存否，保全の必要性の有無を審理判断して発するものであるから，検閲にはあたらない。

⑵名誉を違法に侵害される者は，「人格権」としての名誉権に基づき，侵害行為の排除又は差し止めを求めることが許される。しかし，表現行為による名誉侵害の場合は，名誉の保護（憲法13条）と表現の自由の保障（同21条）との調整が必要であり，その規制については憲法上慎重な考慮が必要である。特に，「事前抑制」は広範にわたりやすく，濫用のおそれがある上，抑止効果が事後制裁に比べて大きいことから，厳格かつ明確な要件の下においてのみ許容されるべきである。とりわけ，公務員又は公職選挙の立候補者に関する言論などの場合には，原則として事前差止は許されるべきではない。

⑶しかし，「その表現内容が真実ではなく，又はそれがもっぱら公益を図る目的でないことが明白であって，かつ被害者が重大にして著しく回復困難な損害を被る恐れがあるときに限っては，例外的に事前差止が許される」。

〔福王　守〕

〔30〕 森林法事件

最（大）判昭和62．4．22民集41巻３号408頁

【事実の概要】 旧森林法186条は，「森林の共有者は，民法第256条第１項の規定にかかわらず，その共有に係る森林の分割を請求することができない。ただし，各共有者の持分の価額に従いその過半数をもって分割の請求をすることを妨げない」と規定し，共有林の分割請求に制限を加えていた。本件では，父親から本件山林につき持分の２分の１ずつの生前贈与をうけた共有者である兄弟のうち，弟が原告となり兄に対して上記山林の分割を求めた。しかし，上述の森林法の規定により共有林の分割請求は大幅な制約を課せられ，原告の分割請求が妨げられることとなった。１審判決および２審判決とも原告が敗訴した。

【上告人の主張】 分割請求を過度に制約している森林法186条を合憲とした原判決には，憲法29条の解釈適用を誤まった違法がある。

【判旨】 ①主文：原判決中上告人敗訴の部分を破棄する。右部分につき本件を東京高等裁判所に差し戻す。

②理由：⑴「財産権は，それ自体に内在する制約があるほか，……立法府が社会全体の利益を図るために加える規制により制約を受けるものであるが，この規制は，財産権の種類，性質等が多種多様であり，また，財産権に対して規制を要求する社会的理由ないし目的も，社会公共の便宜の促進，経済的弱者の保護等の社会政策及び経済政策上の積極的なものから，社会生活における安全の保障や秩序の維持等の消極的なものに至るまで多岐にわたるため，種々様々でありうる」。

⑵「裁判所としては，……規制目的が前示のような社会的理由ないし目的に出たとはいえないものとして公共の福祉に合致しえないことが明らかであるか，又は規制目的が公共の福祉に合致するものであっても規制手段が右目的を達成するための手段として必要性若しくは合理性に欠けていることが明らかであって，そのため立法府の判断が合理的裁量の範囲を超えるものとなる場合に限り，……その効力を否定することができる」。

⑶森林法186条の規定は，「森林の細分化を防止することによって森林経営の安定を図り，ひいては森林の保続培養と森林の生産力の増進を図り，もって国民経済の発展に資する」ことを目的とし，この目的は，「公共の福祉に合致しないことが明らかであるとはいえない」。

⑷しかし，同法186条による分割請求権の制限は，同条の「立法目的との関係において，合理性と必要性のいずれをも肯定することのできないことが明らかであって，……同条は，憲法29条２項に違反し，無効というべきである」。

〔**中野雅紀**〕

〔31〕 サンケイ新聞意見広告事件

最判昭和62.4.24民集41巻3号490頁

【事実の概要】 X政党がある新聞紙上に，Y政党の綱領と政策との矛盾を批判する意見広告を掲載した。Y政党は，本件広告が誹謗・中傷であり，名誉を毀損されたとして，損害回復の手段として反論文掲載を求める仮処分を申請した。この申請が却下されたため，Y政党は新聞社を相手取って，①言論の自由（憲法21条），②人格権と条理，③名誉毀損に対する原状回復（民法723条）などを根拠に，広告と同一スペースの反論文の無料掲載を求める訴訟を提起した。だが，第1審および第2審判決とも，請求を棄却した。

【上告人の主張】 表現の自由と民法723条により，原判決は破棄さるべきである。

【判旨】 ①主文：本件上告を棄却する。

②理由：⑴憲法21条等の自由権的基本権保障規定は，国または地方公共団体の統治行動に対して基本的な個人の自由と平等を保障することを目的としたものであり，私人相互の関係については，適用ないし類推適用されない。したがって，私人間において，当事者の一方が情報の収集，管理，処理につき強い影響力をもつ日刊新聞紙を全国的に発行・発売する者である場合であっても，憲法21条の規定から直接に，反論文掲載の請求権が他方当事者に生ずるものではない。

⑵反論権の制度は，民主主義社会において極めて重要な意味をもつ新聞等の表現の自由に対し，重大な影響を及ぼす。たとえ日刊全国紙による情報の提供が一般国民に強い影響力をもち，その記事が特定の者の名誉ないしプライバシーに重大な影響を及ぼすことがあるとしても，不法行為が成立する場合にその者の保護を図ることは別論として，具体的な成文法がないのに，反論権を認めるに等しい反論文掲載請求権を認めることはできない。

⑶言論，出版等の表現行為により名誉が侵害された場合には，人格権としての個人の名誉の保護（憲法13条）と表現の自由の保障（同21条）とが衝突し，その調整を要することとなる。民主制国家にあっては，公共的事項に関する表現の自由が特に重要な憲法上の権利として尊重されなければならないことに鑑みると，表現行為が公共の利害に関する事実にかかり，その目的が専ら公益を図るものである場合には，当該事実が真実であることの証明があれば不法行為は成立せず，また，真実であることの証明がなくても，行為者がそれを真実と信じたことについて相当の理由があるときは，右行為には故意又は過失がないと解すべく，これによって個人の名誉の保護と表現の自由の保障との調和が図られる。

⑷政党は，それぞれの党綱領に基づき，言論をもって自党の主義主張を国民に訴えかけ，支持者の獲得に努めて，これを国または地方の政治に反映させようとするものであり，そのためには互いに他党を批判しあうことも当然である。政党間の批判・論評は，公共性の極めて強い事項に当たり，表現の自由の濫用にわたると認められる事情のない限り，専ら公益を図る目的に出たものというべきである。

⑸本件広告は，政党間の批判・論評として，読者である一般国民に訴えかけ，その判断をまつ性格を有するものであって，公共の利害に関する事実にかかり，その目的が専ら公益を図るものである場合に当たる。本件広告によって政党としての上告人の名誉が毀損され，不法行為が成立するものではない。

〔飯田　稔〕

〔32〕 殉職自衛官合祀事件

最（大）判昭和63.6.1民集42巻5号277頁

【事実の概要】 Xは，殉職死した夫をキリスト教によって追慕していた。しかし，他の殉職者の遺族の希望を受けて，社団法人隊友会山口支部Y_1は，自衛隊山口地方連絡部（地連）職員と共同で，亡夫を山口県護国神社に合祀するよう申請し，亡夫は，合祀されることになった。このことによりXは，信仰生活における心の静謐を害されたとして，Y_1および国Y_2に対して慰謝料の請求を行った。

第1審は，次の理由により国および隊友会に対するXの損害賠償の請求を認めた。①合祀は，県隊友会の発意により，その費用によってなされた。②Xは本件合祀により，宗教上の人格権を侵害された。③本合祀申請は宗教的な意義を有しており，同神社の宗教を助長，促進するものであるから，憲法20条3項の宗教的活動にあたる。

第2審は，国に対する請求のみを認容した。この判決に対して国側が上告した。

【上告人の主張】 原判決は，①法的保護に値しない利益を被侵害利益とした。②本件合祀申請行為をもって権利侵害行為（違法な行為）とした誤りがある。つまり，信教の自由を根拠として，「静謐な宗教的環境のもとで」亡夫と生活する宗教的人格権なるものは認められず，地連職員の行為は「宗教的な活動」に当たるものではない。

【判旨】 ①主文：原判決を破棄し，第1審判決を取り消す。被上告人の請求を棄却する。

②理由：(1)事実からして，地連ないしその職員が直接県護国神社に対し合祀を働きかけたわけではない。合祀は県隊友会の単独行為である。

(2)20条3項の活動はいわゆる目的効果基準によって判断され，本件における地連と県隊友会の行為には，その宗教的なかかわり合いは間接的であり，その意図，目的からして「宗教的な意識も希薄であった」。「その行為の態様からして，国又はその機関として特定の宗教への関心を呼び起こし，あるいはこれを援助，助長，促進し，又は他の宗教に圧迫，干渉を加えるような効果をもつものと一般人から評価される行為とは認め難い」。

(3)私人相互間で憲法20条1項および2項に保障された侵害があり，その侵害の程度が社会的に許容できる範囲を超えた場合には，不法行為の規定によって法的な保護が与えられる。「しかし，人が自己の信仰生活の静謐を他者の宗教上の行為によって害されたとし，そのことによって不快の感情を持ち，そのようなことがないことを望むことがあるのは，その心情として当然であるとしても，かかる宗教上の感情を被侵害利益として，直ちに損害賠償を請求し，又は差止めを請求するなどの法的救済を求めることができるとするならば，かえって相手方の信教の自由を妨げる結果となる」。

(4)県護国神社が行った合祀は，「まさしく信教の自由により保障されているところとして同神社が自由になし得るところであり，それ自体は何人の法的利益をも侵害するものではない」。

【付記】 なお，補足意見（7名）と反対意見（伊藤正己）がある。反対意見によれば，争点を不法行為の有無とし，精神的な自由権にあっては少数者の保護の視点が重要であるとし，本件には宗教上の心の静謐への侵害があったとしている。また，地連職員の係わりを認め，これが憲法20条3項の宗教行為であったとしている。

〔石村　修〕

〔33〕 百里基地訴訟

最判平成1.6.20民集43巻6号385頁

【事実の概要】 昭和33年，茨城県小川町の自衛隊百里基地用地をめぐり，土地所有者である原告Xは，いったん被告Yとの間で土地売買契約を締結し，所有権移転登記を完了したが，売買代金の不払いを理由にYとの契約を解除，あらためて国との間で当該土地の売買契約を締結し，Y名義の登記の抹消を求めて出訴した。これに対し，Yは，自衛隊が憲法9条違反であることを理由にXと国との契約は民法90条に反し無効であると主張，所有権の確認等を求めて反訴した。

第1審の東京地方裁判所は，統治行為論により，自衛隊が憲法に違反するか否かの判断は司法審査権の範囲外である，としてYの請求を棄却，第2審の東京高等裁判所も憲法9条に関する判断を回避してYの請求を退けたため，Yが上告した。

【上告人の主張】 (1)憲法98条の「国務に関する行為」は，私法行為，事実行為を含めすべての国家の行為を指すものであり，公権力の行使に限定するべきものではない。(2)航空自衛隊は，憲法9条2項によって保持を禁止されている空軍であり，航空自衛隊の基地設置のための土地取得行為は，憲法違反の「国務に関する行為」であり，無効である。(3)平和的生存権，憲法9条は，私法関係にも直接適用される。(4)直接適用されないとしても，憲法9条違反，平和的生存権侵害の私法行為は，公序良俗に反し無効である。

【判旨】 ①主文：本件各上告を棄却する。

②理由：(1)憲法98条1項にいう「国務に関するその他の行為」とは，同条項に列挙された法律，命令，詔勅と同一の性質を有する国の行為，言い換えれば，公権力を行使して法規範を定立する国の行為を意味し，国の行為であっても，私人と対等の立場で行う国の行為は，法規範の定立を伴わないから憲法98条1項にいう「国務に関するその他の行為」に該当しない。

(2)本件売買契約の私法上の効力の有無を判断するについては，防衛庁設置法およびその関連法令について違憲審査をすることを要するものではない。

(3)平和は，理念ないし目的としての抽象的概念であって，それ自体が独立して，私法上の行為の効力の判断基準になるものとはいえない。憲法9条は，その性格上，私法行為の効力を直接規律することを目的とした規定ではなく，人権規定と同様，私法上の行為に対しては直接適用されるものではない。

(4)憲法9条は，憲法より下位の法形式によるすべての法規の解釈の指導原理とはなるが，私法上の行為の効力を直接規律することを目的とした規定ではないから，本件売買契約が公序良俗違反として無効か否かは，自衛隊の基地建設という目的ないし動機が直接憲法9条の趣旨に適合するか否かではなく，基地建設を目的として締結された契約を全体的に観察して私法的な価値秩序の下においてその効力を否定すべき反社会性を有するか否かで判断すべきである。

【付記】 本判決には伊藤正己裁判官の補足意見が付されている。

〔森　保憲〕

〔34〕 予防接種禍訴訟

最判平成3.4.19民集45巻4号367頁

【事実の概要】 原告らは，旧予防接種法に基づく痘そうの予防接種によって，後遺障害を残すに至った。そこで原告らは，国および小樽市に対して国家賠償法に基づき損害賠償を請求した。第1審の札幌地方裁判所は，接種にあたった公務員が予防接種実施における問診義務違反により原告らの不適応状態を看過した過失を認めて，請求を認容した。これに対して第2審の札幌高等裁判所は，公務員の過失を否定して請求を退けた。

【上告人の主張】 上告人らの後遺障害は，予防接種実施において十分な問診をしなかった過失によって生じたものであり，国および小樽市は賠償責任を負う。

【判旨】 ①主文：原判決を破棄する。本件を札幌高等裁判所に差し戻す。

②理由：(1)予防接種によって重篤な後遺障害が発生する原因としては，被接種者が，予防接種実施規則の定める禁忌者に該当していたこと，あるいは被接種者が後遺障害を発生しやすい個人的素因を有していたことが考えられる。

(2)この「禁忌者として掲げられた事由は一般通常人がなり得る病的状態，比較的多く見られる疾患又はアレルギー体質等であり，ある個人が禁忌者に該当する可能性は右の個人的素因を有する可能性よりもはるかに大きいものというべきであるから，予防接種によって右後遺障害が発生した場合には，当該被接種者が禁忌者に該当していたことによって右後遺障害が発生した高度の蓋然性があると考えられる。

(3)したがって，予防接種によって右後遺障害が発生した場合には，禁忌者を識別するために必要とされる予診が尽くされたが禁忌者に該当すると認められる事由を発見することができなかったこと，被接種者が右個人的素因を有していたこと等の特段の事情が認められない限り，被接種者は禁忌者に該当していたと推定するのが相当である」。

(4)原審は予防接種に際して必要な予診がなされたかを審理せず，また上告人らが上記の個人的素因を有していたと認定するものでもない。原審は，これらの審理をせずに，本件接種当時の上告人が予防接種に適した状態にあったとして，接種実施者の過失に関する上告人らの主張を直ちに排斥している点で，審理不尽の違法がある。

(5)そこで，原判決を破棄し，予防接種を実施した医師が禁忌者を識別するために必要とされる予診を尽くしたかどうか等を更に審理させる必要があるので，本件を原審に差し戻す。

〔川又伸彦〕

〔35〕 大阪府知事交際費事件

最判平成6.1.27民集48巻1号53頁

【事実の概要】 大阪府公文書公開条例7条1項に基づき，住民らが，大阪府知事の交際費に関する公文書の公開を請求した。これに対し，府知事は一部文書を公開したものの，請求書，領収書等の交際費の執行の内容を明らかにした文書につき，同条例8条1号，4号，5号，9条1号の定める非公開事由に該当するとして，非公開決定を下した。異議申立ても棄却されたため，住民らは，本件処分の違法を主張して取消訴訟を提起した。

第1審の大阪地方裁判所は，適用除外事項の判断に厳格な基準を適用して本件処分を取り消した。第2審の大阪高等裁判所も，非公開事由の存在は実施機関が主張，立証すべきであると判示して，控訴を棄却した。これに対して，府知事側が上告した。

【上告人の主張】 本件条例は合憲であり，本件処分も合法である。

【判旨】 ①主文：原判決を破棄する。本件を大阪高等裁判所に差し戻す。

②理由：⑴知事の交際費は，都道府県における行政の円滑な運営を図るため，対外的な交際事務を行うのに要する経費である。このような知事の交際事務に関する情報を記録した文書を公開しないことができるか否かは，これらの情報を公にすることにより，当該もしくは同種の交際事務の目的が達成できなくなるおそれがあるか否か，または当該もしくは同種の交際事務を公正かつ適正に行うことに著しい支障を及ぼすおそれがあるか否かによって決定される。

⑵知事の交際事務は，相手方との間の信頼関係ないし友好関係の維持増進を目的として行われる。そして，相手方の氏名等の公表，披露が当然予定されているような場合等は別として，相手方を識別し得る文書の公開によって相手方の氏名等が明らかにされるならば，交際の相手方との間の信頼関係あるいは友好関係を損なうおそれがあり，交際それ自体の目的に反し，ひいては交際事務の目的が達成できなくなるおそれがある。さらに，交際の相手方や内容等が逐一公開されると，交際費支出の差し控えや画一化など，知事の交際事務を適切に行うことに著しい支障を及ぼすおそれがある。

したがって，本件文書のうち交際の相手方が識別され得るものは，相手方の氏名等が外部に公表，披露されることがもともと予定されているものなど，相手方の氏名等を公表することによって前記のおそれがあるとは認められないようなものを除き，本件条例8条4号または5号により，公開しないことができる文書に該当する。

⑶本件条例9条1号は，私事に関する情報のうち性質上公開に親しまないような個人情報が記録されている文書を公開してはならないとしているが，知事の交際の相手方となった私人としては，その具体的な費用，金額等までは一般に他人に知られたくないと望むものであり，そのことは正当である。そうすると，このような交際に関する情報は，その交際の性質，内容等からして交際内容等が一般に公表，披露されることがもともと予定されているものを除いては，本件条例9条1号に該当するというべきである。したがって，本件文書のうち私人である相手方に係るものは，相手方が識別できるようなものであれば，原則として，同号により公開してはならない文書に該当する。

〔飯田　稔〕

〔36〕「逆転」事件

最判平成 6. 2. 8 民集48巻 2 号149頁

【事実の概要】 Xは，1964年に米国統治下の沖縄県で傷害事件を起こして起訴され，陪審評決の結果，実刑判決を受けた。その後服役し，仮出獄の後に上京し，前科を公私にわたって一切秘匿して生活していた。一方，裁判の陪審員のひとりであったYは，その体験に基づいて『逆転』というノンフィクション作品を刊行したが，これが高い評価を得たため，テレビドラマ化されるこことなった。本件著作の存在と自らの実名が使用されていることを知ったXは，同作品を通じて前科が広く知られることになるのを恐れ，当該テレビ局に実名を使用しないように申し入れるなど，多大な精神的苦痛を被った。そのため，Yに対して300万円の慰謝料を請求した。東京地方裁判所はXの主張を認め，慰謝料の支払いを命じた。これを不服としてYは東京高等裁判所に控訴したが，受け入れられなかった。

【上告人の主張】 原判決は憲法21条の表現の自由を不当に制限的に解釈している。

【判旨】 ①主文：本件上告を棄却する。

②理由：⑴「ある者が刑事事件につき被疑者とされ，さらには被告人として公訴を提起されて判決を受け，とりわけ有罪判決を受け，服役したという事実は，その者の名誉あるいは信用に直接に関わる事項であるから，その者は，みだりに右の前科等にかかわる事実を公表されないことにつき，法的保護に値する利益を有するものというべきである」。

⑵「前科などにかかわる事実ついては，これを公表されない利益が法的保護に値する場合があると同時に，その公表が許されるべき場合もある」。よって「ある者の前科などにかかわる事実を実名を使用して著作物で公表したことが不法行為を構成するか否かは，その者のその後の生活状況のみならず，事件それ自体の歴史的又は社会的な意義，その当事者の重要性，その者の社会的活動及びその影響力について，その著作物の目的，性格に照らした実名使用の意義及び必要性をも併せて判断すべきもので，その結果，前科等にかかわる事実を公表されない法的利益が優越するとされる場合には，その公表によって被った精神的苦痛の賠償を求めることができるものといわなければならない」。

⑶「表現の自由は，十分に尊重されなければならないものではあるが，常に他の基本的人権に優越するものではなく」，前科などにかかわる事実を公表することが憲法の保障する表現の自由の範囲を逸脱し，不法行為責任を追求される場合も存在する。

⑷本件事件および本件裁判から本件著作が刊行されるまでに12年余りの歳月を経過しているが，その間，Xが社会復帰に努め，新たな生活環境を形成していた事実に照らせば，Xは，その前科にかかわる事実を公表されないことにつき，法的保護に値する利益を有していたことは明らかである。

⑸したがって，本件著作において，YがXの実名を使用して前科にかかわる事実を公表したことを正当とするまでの理由はない。Yは，その不法行為責任を免れないというべきである。

〔福王　守〕

〔37〕 定住外国人参政権訴訟

最判平成7.2.28民集49巻2号639頁

【事実の概要】 日本で生まれ，日本社会に生活基盤を置いてきた永住資格者の在日外国人Xらは，公職選挙法24条に基づいて自分たちも地方公共団体における選挙権を有しているはずだとして，選挙管理委員会に対して選挙人名簿に登録を求める異議の申立てを行った。これに対して，選挙管理委員会が異議の申立てを却下したので，同法25条1項に基づいてXらはその却下決定の取消しを求める訴訟を提起した。しかし大阪地方裁判所はXらの請求を認めなかったので，同法25条3項に基づき最高裁に上告した。

【上告人の主張】 ①憲法15条は公務員の選定罷免権を国民固有の権利として保障しているが，そこにいう「国民」には，日本国内における定住外国人が含まれる。②憲法93条2項は地方公共団体の住民が直接，地方公共団体の長，議会の議員等を選挙すると規定しているが，そこでいう「住民」は居住者を意味する。③「住民」から定住外国人を排除する地方自治法11条・18条，公職選挙法9条2項は，憲法14条・15条・92条・93条に違反する。

【判旨】 ①主文：本件上告を棄却する。

②理由：⑴憲法15条1項の規定する公務員の選定罷免権は，権利の性質上日本国民のみが有する権利であり，外国人はこの権利を保障されない。

⑵「憲法93条2項にいう『住民』とは，地方公共団体の区域内に住所を有する日本国民を意味するものと解するのが相当であり，右規定は，我が国の在留する外国人に対して，地方公共団体の長，その議会の議員等の選挙の権利を保障したものということはできない」。

⑶「憲法第8章の地方自治に関する規定は，民主主義社会における地方自治の重要性に鑑み，住民の日常生活に密接な関連を有する公共的事務は，その地方の住民の意思に基づきその区域の地方公共団体が処理をするという政治形態を憲法上の制度として保障しようとする趣旨に出たものと解される」。

⑷したがって，「我が国に在留する外国人のうちでも永住者等であってその居住する区域の地方公共団体と特段に緊密な関係を持つに至ったと認められるものについて，その意思を日常生活に密接な関連を有する地方公共団体の公共的事務の処理に反映させるべく，法律をもって，地方公共団体の長，その議会の議員等に対する選挙権を付与する措置を講ずることは，憲法上禁止されているものではない」。

〔中野雅紀〕

〔38〕 泉佐野市市民会館使用不許可事件

最判平成7.3.7民集49巻3号687頁

【事実の概要】 ある団体Xが政治集会を開催するために市民会館の使用許可を申請したところ，市Yは，集会の実質的主催者は過激派で，会館を使用させると周辺住民の平穏な生活が脅かされるおそれがあること，また対立する他の過激派による介入も懸念されることなどから，市民会館条例の定める会館を使用してはならない事由（「公の秩序をみだすおそれがある場合」（7条1号），「その他会館の管理上支障があると認められる場合」（同3号））に該当するとして，不許可処分を下した。XがYを相手取って国家賠償請求訴訟を提起したが，第1審および第2審とも，本件不許可処分は適法だとして請求を棄却した。

【上告人の主張】 ①本件条例7条1号，3号は憲法21条1項に違反する。②本件不許可処分は憲法21条1項，2項および地方自治法244条に違反する。

【判旨】 ①主文：本件上告を棄却する。

②理由：⑴地方公共団体の公の施設として，集会の用に供する施設が設けられている場合，住民はその利用を原則的に認められるのであって，管理者が正当な理由なく利用を拒否するときは，憲法の保障する集会の自由の不当な制限となる。したがって，本件条例7条1号および3号の解釈適用に当たっては，本件会館の使用を拒否することによって集会の自由を実質的に否定することにならないかを検討すべきである。

⑵集会の用に供される公共施設の管理者は，利用の希望が競合する場合のほか，施設をその集会のために利用させることによって，他の基本的人権が侵害され，公共の福祉が損なわれる危険がある場合に限り利用を制限することができる。右制限が必要かつ合理的なものとして肯認されるか否かは，基本的人権としての集会の自由の重要性と，当該集会が開かれることによって侵害されることのある他の基本的人権の内容や侵害の発生の危険性の程度等を較量して決せられるべきものである。

本件条例7条による本件会館の使用規制は，このような較量によって必要かつ合理的なものとして肯認される限りは，集会の自由を不当に侵害するものではなく，また，検閲にも当たらず，憲法21条に違反しない。そして，この較量に当たっては，集会の自由の制約は精神的自由を制約するものであるから，経済的自由の制約における以上に厳格な基準の下になされなければならない。

⑶本件条例中の使用不許可事由である「公の秩序をみだすおそれがある場合」とは，当該施設における集会の自由を保障する重要性よりも，集会の開催によって人の生命身体等が侵害され公共の安全が損なわれる危険を回避・防止する必要性が優越する場合をいい，その危険性の程度としては，明らかに差し迫った危険の発生が具体的に予見されることが必要であると解するならば，当該規定は憲法21条に違反せず，地方自治法244条にも違背しない。また，右理由で本件条例7条1号に該当する事由があるとされる場合には，当然に同3号の「その他会館の管理上支障があると認められる場合」にも該当する。

⑷本件集会は，会館職員や付近住民等の生命，身体または財産の侵害を具体的に明らかに予見させるものであり，本件不許可処分に違憲・違法はない。

〔飯田　稔〕

〔39〕 婚外子の法定相続分差別規定違憲訴訟(1)

最（大）決平成7.7.5民集49巻7号1789頁

【事実の概要】 祖母の死亡により，すでに亡くなった父（婚外子）を代襲して相続人となったXは，家庭裁判所に遺産分割の審判を申し立てた。その際，Xは，婚外子（非嫡出子）に婚内子（嫡出子）の2分の1の法定相続分しか認めない民法900条4号但書が，憲法14条1項の法の下の平等に違反し無効であるとして，婚内子と均等な相続を要求した。

これに対し，静岡家裁熱海出張所は，Xの主張を受け入れることなく，法定相続分の割合に関しては，立法政策の問題であり，民法の当該規定は合憲であるとして，これに基づき遺産分割の審判をした。そこで，Xは，民法の当該規定について憲法14条1項違反のほかに，13条（家族形成に関する自己決定権）違反，女性差別撤廃条約16条1項d違反などを主張し，東京高裁に即時抗告したが，抗告審でもこの主張は斥けられ，抗告棄却の決定が下された。

この決定を不服としてXは，最高裁に特別抗告した。

【抗告人の主張】 民法900条4号但書は，憲法14条1項の法の下の平等に違反し無効である

【判旨】 ①主文：本件を抗告，棄却する

②理由：⑴憲法14条1項は，「合理的理由のない差別を禁止する趣旨のものであって」，「種々の事実関係上の差異を理由」とする法的区別は，「合理性を有する限り，何ら右規定に違反するものではない」。

⑵「相続制度をどのように定めるかは，立法府の合理的な裁量判断にゆだねられている」。「本件規定を含む法定相続分の定めは」，「遺言による相続分の指定等がない場合などにおいて補充的に機能する規定であることをも考慮すれば」，「本件規定における嫡出子と非嫡出子の法定相続分の区別は，その立法理由に合理的な根拠があり」，この立法理由との関連で「著しく不合理なものでなく，いまだ立法府に与えられた合理的な裁量判断の限界を超えていないと認められる限り，合理的理由のない差別とはいえず，これを憲法14条1項に反するものということはできない」。

⑶「本件規定の立法理由は，法律上の配偶者との間に出生した嫡出子の立場を尊重するとともに」，他方，「非嫡出子に嫡出子の二分の一の法定相続分を認めることにより，非嫡出子を保護しようとしたものであり，法律婚の尊重と非嫡出子の保護の調整を図ったもの」である。

⑷「現行民法は法律婚主義を採用して」おり，上のような立法理由にも「合理的な根拠があるというべきであり」，本件規定の定める相続分が，立法理由との関係において「著しく不合理であり，立法府に与えられた合理的な裁量判断の限界を超えたものということはでき」ず，本件規定は「憲法14条1項に反するものとはいえない」。

〔奥山亜喜子〕

〔40〕 神戸高専事件

最判平成８.３.８民集50巻３号469頁

【事実の概要】 Xは平成２年に神戸市立工業高等専門学校Yに入学したが，１学年目の必修科目である体育の授業で課せられた剣道実技を，その信仰する宗教（「エホバの証人」）の絶対平和主義の教えに従って意図的に受けなかった。そのためXは２年連続で原級留置となり，そして，このことが内規の退学事由に該当するとして退学処分を受けた。これに対してXは，Yが代替授業を用意せず，その結果，体育の単位を認定せずに本件処分をなし，Xの信教の自由や教育を受ける権利を侵害したとして退学処分の取消しを求める訴えを提起した。

第１審は，剣道を宗教とは関係のない健全なスポーツであり，それを必修科目とした措置には，何ら裁量権を逸脱したものではないとして，請求を棄却した。

第２審は，比較考量の手法をとり剣道実技が「なによりも代え難い必要不可欠なもの」とはいえないとして，第１審判決を取り消した。この判決に対しYが上告した。

【上告人の主張】 ①Xは自由な意思で当校に入学した。②上告人YにはXの信教の自由を制限する意図はなく，また，③代替措置についての不作為と本件各処分には，法的に意味のある相当因果関係は存しない。Xが体育の単位を不認定されたのは，体育の総合評定の点数が合格点に達しなかっただけである。代替措置をとるか否かは，公の施設の管理者である上告人の裁量にある。④仮に代替措置をとれば，宗教に対する便宜供与となり，政教分離原則に反することになる。

【判旨】 ①主文：本件上告を棄却する。

②理由：⑴高専の校長は学生に対して教育的な裁量権を有しているが，「校長の裁量権の行使としての処分が，全く事実の基礎を欠くか又は社会観念上著しく妥当を欠き，裁量権の範囲を超え又は裁量権を濫用してされたと認められる場合に限り，違法であると判断すべきものである」。「本件各処分は，社会観念上著しく妥当を欠き，裁量権の範囲を超えた違法なものといわざるを得ない」。

⑵Xが剣道実技への参加を拒否するのは，その「信仰の核心部分と密接に関連する真しなもの」であり，他の体育種目の履修を拒否していないことでそのことは実証される。本件各処分はその内容において信教の自由を直接的に制約することにはならないが，しかし，Xがそれらの処分による「重大な不利益を避けるために剣道実技の履修という自己の信仰上の教義に反する行動を余儀なくさせられるという性質を有する」。

⑶本件各処分が高専によってなされる以前に，「何らかの代替措置を採ることの是非，その方法，態様等について十分に考慮するべきであった」が，本件にあってはそれが十分になされたとはいえない。

⑷代替措置を講じたとしても，「目的において宗教的意義を有し，特定の宗教を援助，助長，促進する効果」を有することにはならないので，憲法20条３項に違反することにはならない。

〔石村　修〕

〔41〕 愛媛玉串料訴訟

最（大）判平成9.4.2民集51巻4号1673頁

【事実の概要】 愛媛県は，昭和56年から61年にかけて，宗教法人靖國神社が挙行した例大祭に際し，玉串料として9回にわたり各5,000円（合計4万5,000円）を支払い，同みたま祭には献灯料として4回にわたり各7,000円または8,000円（合計3万1,000円）を支払った。さらに，慰霊大祭には供物料として9回にわたり各1万円（合計9万円）を，それぞれ県の公金から支出して奉納した。同県の住民であるXらは，これが憲法20条3項，89条等に違反する違法な財務会計上の行為に当たるとして，知事およびその委任を受けた職員に対して，地方自治法242条の2第1項4号（平成14年に改正）に基づき，県に代位して当該支出額相当の損害の賠償を求めた。

第1審は，目的・効果基準を用いて本件の玉串料等の支出を判断し，それが相当とされる限度を超えるものであるとして，憲法20条3項の禁止する宗教活動に当たり，違法なものとした。

第2審は，本件の支出は小額で社会的儀礼に留まっており，その目的・効果から判断して，憲法の各条項に違反するものではないとした。そこで，Xらは最高裁に上告した。

【上告人の主張】 ①原判決は憲法解釈を誤り，それは政教分離規定および目的効果基準の意義を正解せず，これを曲解した。②原判決には理解不可能な理由不備および理由齟齬がある。③判決に影響を及ぼすことが明らかな法令違背がある。

【判旨】 ①主文：原判決中第1項を破棄し，被上告人の控訴を棄却する。上告人のその余の上告を棄却する。

②理由：⑴「憲法は，政教分離規定を設けるに当たり，国家と宗教との完全な分離を理想とし，国家の非宗教性ないし宗教的中立性を確保しようとした」。「しかし，現実の国家制度として，国家と宗教との完全な分離を実現することは，実際上不可能に近い」。つまり，国家は実際上宗教とある程度のかかわり合いをもたざるをえない。

⑵そして，政教分離に反する国家と宗教とのかかわり合いを判断する基準として，いわゆる目的効果基準が採用された。

⑶例大祭および慰霊大祭は，「神道の祭式にのっとって行われる儀式を中心とする祭祀であり」，他方でみたま祭は，「同様の儀式を行う祭祀であり，靖國神社の祭祀中最も盛大な規模で行なわれるもの」であり，玉串料および供物料，そして献灯料のそれぞれは宗教的な意義を有している。これの支払いが社会的な儀礼とはいえず，「県が特定の宗教団体の挙行する重要な宗教上の祭祀にかかわり合いを持ったということが明らかである」。

⑷結論として，「県が本件玉串料等を靖國神社又は護國神社に奉納したことは，その目的が宗教的意義を持つことを免れず，その効果が特定の宗教に対する援助，助長，促進になると認めるべきであり，これによってもたらされる県と靖國神社等とのかかわり合いが我が国の社会的・文化的諸条件に照らし相当とされる限度を超えるものであって，憲法20条3項の禁止する宗教的活動に当たると解するのが相当である」。

⑸委任を受けた県の職員が公金を処理したが，重大な過失があったわけではない。

【付記】 なお，5人の補足意見ないし意見と2人の反対意見（三好達・可部恒夫）がある。

〔石村　修〕

〔42〕 輸血拒否訴訟

最判平成12．2.29民集54巻2号582頁

【事実の概要】 「エホバの証人」の信者で，宗教上の信念から，いかなる場合にも輸血を受けることは拒否していた女性患者Xの夫Y_1と長男Y_2はXの意思を尊重していた。上告人Z_1（国）が設置・運営している病院は，外科手術を受ける患者が「エホバの証人」の信者である場合，できる限り輸血をしないことにするが，輸血以外には救命手段がない事態に至ったときは，患者およびその家族の諾否にかかわらず輸血する，という方針を採用していた。これまで輸血なしで手術した経験のある医師のいるその病院でXの診察を行ったところ，がんが転移していなければ輸血をしないで手術することが可能であるといわれたので，Xは入院した。入院にあたり，輸血を受けられないこと，輸血をしなかったために生じた損傷に関して医師および病院職員等の責任を問わない旨の免責証書を病院に提出した。しかし，Xの病状の悪化に伴う腫瘍摘出手術の際に，担当医師Z_2らは輸血をしない限りXを救うことができない可能性が高いと判断して輸血をした。退院後Xは死亡し，相続人であるY_1とY_2は，意に反した輸血が行われたとして，担当医師Z_2らと使用者としてのZ_1に対して損害賠償請求を行った。第1審はY_1とY_2の訴えを却下したが，第2審は無輸血について患者に説明義務があるとし，意に反する輸血を実施したことの精神的苦痛に対する慰謝料として50万円の損害賠償を認めた。これに対して，Z_1らが上告した。

【上告人の主張】 Z_1とZ_2らに不法行為責任はない。

【判旨】 ①主文：本件上告を棄却する。

②理由：(1)担当医師が，患者のために医療水準に従った相当な手術をしようとすることは，人の生命および健康を管理すべき業務に従事する者として当然のことである。しかし，「患者が，輸血を受けることは自己の宗教上の信念に反するとして，輸血を伴う医療行為を拒否するとの明確な意思を有している場合，このような意思決定をする権利は，人格権の一内容として尊重されなければならない」。

(2)医師らは，手術の際に輸血以外には救命手段がない事態が生ずる可能性を否定し難いと判断した場合には，患者に対し，病院としてはそのような事態に至ったときには輸血するとの方針を採っていることを説明して，本件手術を受けるか否かを患者自身の意思決定にゆだねるべきである。

(3)本件において，担当医師Z_2らは手術までの間に，手術の際に輸血を必要とする事態が生ずる可能性があることを認識したにもかかわらず，女性患者Xに対して病院の右方針を説明せず，輸血する可能性があることを告げないまま本件手術を施行し，右方針に従って輸血をしたのである。このことにより，Xが「輸血を伴う可能性のあった本件手術を受けるか否かについて意思決定をする権利を奪ったものといわざるを得ず，この点において同人の人格権を侵害したものとして，同人がこれによって被った精神的苦痛を慰謝すべき責任を負うものというべきである」。したがって，上告人らは不法行為に基づく損害賠償責任を負う。

〔山本悦夫〕

〔43〕 郵便法事件

最（大）判平成14. 9.11民集56巻7号1439頁

【事実の概要】 原告Xによる債務者の預金と給与の差押さえの申立てについて，これを認めた裁判所は，債権差押命令を内容物とする特別送達郵便物（書留郵便物）を銀行と債務者の勤務先に送った。しかし，郵便局員Yの過失により，本来送達されるべき時に差押命令が送達されず，その間に債務者が預金を引き出してしまった。そこで，原告は，これによる損害の賠償を国家賠償法1条1項に基づいて国に請求した。

第1審は，書留郵便物について不法行為に基づく国の損害賠償責任を免除し，又は制限している郵便法68条および73条の規定は，合理性があり，憲法17条に違反しないとした。第2審も第1審と同様の判断をしたため，Xが最高裁判所に上告した。

【上告人の主張】 ①郵便法68条，73条は，憲法17条に違反する。

②郵便法68条，73条のうち，郵便業務従事者の故意又は重大な過失によって損害が生じた場合にも国の損害賠償責任を否定している部分は，憲法17条に違反する。

【判旨】 ①主文：原判決を破棄する。本件を大阪高等裁判所に差し戻す。

②理由：(1)郵便法の目的は，「郵便の役務をなるべく安い料金で，あまねく，公平に提供することによって，公共の福祉を増進すること」（1条）である。

(2)この目的を達するため，書留郵便についても，「郵便業務従事者の軽過失による不法行為に基づき損害が生じたにとどまる場合には，法68条，73条に基づき国の損害賠償責任を免除し，又は制限することは，やむを得ないものであり，憲法17条に違反するものではない」。

(3)しかし，「郵便業務従事者の故意又は重大な過失による不法行為についてまで免責又は責任制限を認める規定に合理性があるとは認めがたい」。

(4)すなわち，「法68条，73条の規定のうち，書留郵便物について，郵便業務従事者の故意又は重大な過失によって損害が生じた場合に，不法行為に基づく国の損害賠償責任を免除し，又は制限している部分は，……憲法17条に違反し，無効である」。

(5)書留郵便物のなかで，特に特別送達郵便物については，その特殊性からいって，郵便業務従事者の軽過失による不法行為から生じた損害の賠償責任を肯定しても，法1条の目的の達成は害されるものではない。

(6)したがって，「法68条，73条の規定のうち，特別送達郵便物について，郵便業務従事者の軽過失による不法行為に基づき損害が生じた場合に，国家賠法に基づく国の損害賠償責任を免除し，又は制限している部分は，憲法17条に違反し，無効である」。

〔古野豊秋〕

〔44〕 外国人の公務就任権事件

最（大）判平17．1．26民集59巻1号128頁

【事実の概要】 原告Xは，特別永住者であるが，昭和63年4月に被告Y（東京都）の保健婦として採用された者である。Xは平成6年度および同7年度に東京都人事委員会の実施した管理職選考試験を受験しようとしたが，日本の国籍を有しないことを理由に受験が認められなかったため，この試験の受験資格の確認を求める訴えと，国家賠償法1条1項に基づき，Yに対し，慰謝料の支払いを求める訴えを提起した。第1審は，Xの管理職選考試験受験資格の確認を求める訴えを却下し，Xの慰謝料支払い請求を棄却した。第2審は，Xの受験資格確認の訴えを却下したが，YがXに平成6年度および同7年度の管理職選考試験を受験させなかったことは，Yが日本の国籍を有しないことを理由にXから管理職選考試験の受験の機会を奪い，課長級の管理職への昇任のみちを閉ざすものであり，憲法22条1項，14条1項に違反する違法な措置であるとして，慰謝料請求の一部を認めた。そこで，Yが最高裁判所に上告した。

【上告人の主張】 ①外国人の公務員就任について憲法22条1項，14条1項の保障が及ぶとした原判決はその解釈適用を誤った違法なものである。②Yの本件措置について故意または過失があるとした原判決は国家賠償法1条1項の「故意又は過失」の解釈適用を誤った違法なものである。

【判旨】 ①主文：原判決中上告人敗訴部分を破棄する。前項の部分につき被上告人の控訴を棄却する。

②理由：⑴「地方公務員法は，一般職の地方公務員に本邦に在留する外国人を任命することができるかどうかについて明文の規定を置いていないが，普通地方公共団体が，法による制限の下で，条例，人事院規則等の定めるところにより職員に在留外国人を任用することを禁止するものではない」。「普通地方公共団体が職員に採用した在留外国人の処遇につき合理的な理由に基づいて日本国民と異なる取扱いをすることは，……合理的な理由に基づくものである限り，憲法14条1項に違反するものでもない」。

⑵「公権力行使等地方公務員の職務の遂行は，住民の権利義務や法的地位の内容を定め，あるいはこれらに事実上大きな影響を及ぼすなど，住民の生活に直接間接に重大なかかわりを有するものである。それゆえ，国民主権の原理に基づき，…原則として日本の国籍を有する者が公権力行使等地方公務員に就任することが想定されている」。

⑶「普通地方公共団体が，公務員制度を構築するに当たって，公権力行使等地方公務員の職とこれに昇任するに必要な職務経験を積むために経るべき職とを包含する一体的な管理職の任用制度を構築〔する〕……上で，日本国民である職員に限って管理職に昇任することができることとする措置を執ることは，合理的な理由に基づいて日本国民である職員と在留外国人である職員とを区別するものであり，上記の措置は，労働基本法3条にも，憲法14条1項にも違反するものではないと解するのが相当である」。

【付記】 なお，本判決には，補足意見，意見，反対意見がある。

〔斎藤　孝〕

〔45〕 船橋市立図書館蔵書廃棄事件

最判平17.7.14民集59巻6号1569頁

【事実の概要】 Y市の図書館に勤務していた司書Aは，歴史教科書をつくる団体X_1に対する反感ゆえに，Y市立図書館の資料除籍基準に該当しないにもかかわらず，同図書館に所蔵されていた当該団体X_1及びその会員X_2らの著書を中心とした合計107冊の著書を除籍し廃棄した。これに対して，国家賠償法に基づきX_1らはYに対する損害賠償を請求した。第1審（東京地判平15.9.9）と第2審（東京高判平16.3.3）は共に，X_1らの請求を棄却した。

【上告人の主張】 Yは，本件除籍等によって，X_1らの表現の自由などを侵害した。

【判旨】 ①主文：原判決のうち被上告人に関する部分を破棄する。前項の部分につき，本件を東京高等裁判所に差し戻す。

②理由：図書館は，「図書，記録その他の必要な資料を収集し，整理し，保存して，一般公衆の利用に供し，その教養，調査研究，レクリエーション等に資することを目的とする施設」であり，(1)公立図書館は，この目的を達成するために地方公共団体が設置した公の施設である（図書館法2条2項，地方自治法244条）。そして，図書館は，図書館奉仕（図書館サービス）のため，1)図書館資料を収集して一般公衆の利用に供すること，2)図書館資料の分類排列を適切にし，その目録を整備することなどに努めなければならないものとされている（図書館法3条）。

(2)公立図書館の上記のような役割，機能等に照らせば，公立図書館は，住民に対して思想，意見その他の種々の情報を含む図書館資料を提供してその教養を高めること等を目的とする公的な場ということができる。そして，公立図書館の図書館職員は，公立図書館が上記のような役割を果たせるように，独断的な評価や個人的な好みにとらわれることなく，公正に図書館資料を取り扱うべき職務上の義務を負うものというべきであり，閲覧に供されている図書について，独断的な評価や個人的な好みによってこれを廃棄することは，図書館職員としての基本的な職務上の義務に反するものといわなければならない。

(3)他方，公立図書館が，上記のとおり，住民に図書館資料を提供するための公的な場であるということは，そこで閲覧に供された図書の著作者にとって，その思想，意見等を公衆に伝達する公的な場でもあるということができる。したがって，公立図書館の図書館職員が閲覧に供されている図書を著作者の思想や信条を理由とするなど不公正な取扱いによって廃棄することは，当該著作者が著作物によってその思想，意見等を公衆に伝達する利益を不当に損なうものといわなければならない。そして，著作者の思想の自由，表現の自由が憲法により保障された基本的人権であることにもかんがみると，公立図書館において，その著作物が閲覧に供されている著作者が有する上記利益は，法的保護に値する人格的利益であると解するのが相当であり，公立図書館の図書館職員である公務員が，図書の廃棄について，基本的な職務上の義務に反し，著作者又は著作物に対する独断的な評価や個人的な好みによって不公正な取扱いをしたときは，当該図書の著作者の上記人格的利益を侵害するものとして国家賠償法上違法となるというべきである。

〔山本悦夫〕

〔46〕 在外邦人選挙権訴訟

最（大）判平成17.9.14民集59巻7号2087頁

【事実の概要】 在外邦人であるXらは，平成8年10月20日の衆議院議員選挙において投票できなかったため，在外選挙制度を設けないこと（以下本件立法不作為）は憲法等に反するとして，国を被告として，(a)公職選挙法がXらに国政選挙での選挙権行使を認めていない点で違法であることの確認と(b)1人当たり5万円の慰謝料の支払いを求めて提訴した。その後平成10年の公選法改正により在外選挙制度が設けられたが，対象となる選挙は，当分の間衆・参両院の比例代表選出議員選挙に限定するとされた（同法附則8項）。そこでXらは，第1審において，(c)改正後の公選法がXらに衆・参両院の選挙区選出議員選挙（以下選挙区選挙）での選挙権行使を認めていない点で違法であることの確認の訴え，第2審において，(d)Xらが選挙区選挙において投票する権利を有することの確認の訴えを追加した。第1審東京地裁，第2審東京高裁は，各確認の訴えを「法律上の争訟」にあたらないとして却下し，国家賠償請求は棄却した。そこでXらが，原判決の判断を不服として上告および上告受理の申立てをした。

【上告人の主張】 ①本件立法不作為は憲法等に反する。②本件の確認の訴えはいずれも適法である。③在宅投票制訴訟最高裁判決が示した基準は憲法の解釈を誤っている。仮にこの基準によるとしても，本件立法不作為は国家賠償法上違法と評価される例外的な場合にあたる。

【判旨】 ①主文：本件の確認の訴えのうち違法確認の訴えはいずれも却下する。上告人らが次回の選挙区選挙で投票することができる地位にあることを確認する。被上告人は，上告人らに対して，各5千円を支払え。（以下略）

②理由：(1)国民の選挙権又はその行使を制限することは，「そのような制限をすることなしには選挙の公正を確保しつつ選挙権の行使を認めることが事実上不能ないし著しく困難であると認められる場合」というやむを得ない事由がない限り，原則として許されない。昭和59年に内閣が法案を国会に提出していたことを考慮すると，10年以上に及ぶ国会の立法不作為にやむを得ない事由があるとは言えず，改正前の公選法は憲法15条1項，3項，43条1項，44条但書に反する。また改正後の公選法は，通信技術の発展等により，候補者についての情報を在外邦人に適正に伝えることが困難とはいえなくなっていることなどを考慮すると，本判決言渡し後の直近の選挙の時点では違憲といわざるを得ない。

(2)(d)の訴えは公法上の法律関係に関する確認の訴え（行訴法4条）であり，具体的選挙での投票権の有無という紛争を解決するための適切かつ有効な手段であるかぎり確認の利益が認められる。(d)の訴えには確認の利益が認められる。なお，この訴えが法律上の訴訟であることは論をまたない。

(3)「立法の内容又は立法不作為が国民に憲法上保障されている権利を違法に侵害するものであることが明白な場合や，国民に憲法上保障されている権利行使の機会を確保するために所要の立法措置を執ることが必要不可欠であり，それが明白であるにもかかわらず，国会が正当な理由なく長期にわたってこれを怠る場合などには，例外的に」国家賠償法1条1項の適用上違法となる。本件の立法不作為は例外的な場合に当たる。

〔**小野寺邦広**〕

〔47〕 旭川市国民健康保険料条例事件

最（大）判平18．3．1民集60巻2号587頁

【事実の概要】 国民健康保険の費用の徴収方法には保険税と保険料の二種あるが，旭川市では条例によって保険料を徴収する方法が採用されている。これによれば，条例には算定基準しか明記されていないため，賦課総額及び料率の決定は行政内部に委ねられている。平成6年度から8年度までの各年度分の保険料について市から賦課処分を受けたXは，本条例が憲法84条に違反するとして賦課処分の取消し等を求める訴訟を提起した。

第1審の旭川地裁は，国民健康保険が強制加入制であり，その保険料が強制的に徴収されるものであることなどから，保険料も一種の地方税として憲法84条の租税法律（条例）主義の適用があるとした。その上で，条例の賦課総額規定が自由な裁量による種々の政策的判断を市に委ねている点において賦課要件条例主義に反し，総額の金額の確定を市に委ねている点において賦課要件明確主義にも違反するとした。これに対して，第2審の札幌高裁は，保険料には租税法律(条例)主義は直接には適用されず，また本条例は具体的かつ明確な基準を規定しており，憲法84条の趣旨にも反しないとした。

【上告人の主張】 本条例が定める保険料の賦課総額の算定基準は不明確かつ不特定であり，また，本条例が保険料率を定めず告示に委任していることは，憲法84条に違反する。

【判旨】 ①主文：本件上告を棄却する。

②理由：⑴憲法84条の「租税」とは，特別の給付に対する反対給付としてではなく一定の要件に該当するすべての者に対して課する金銭給付である。国民健康保険の保険料は，被保険者において保険給付に対する反対給付として徴収され，「租税」にはあたらない。

⑵憲法84条は，課税要件及び租税の賦課徴収の手続が法律で明確に定められるべきことを規定するものであるが，「租税以外の公課であっても，賦課徴収の強制の度合い等の点において租税に類似する性質を有するものについては，憲法84条の趣旨が及ぶ」。租税以外の公課の賦課要件が法律又は条例にどの程度明確に定められるべきかなどその規律の在り方については，当該公課の性質，賦課徴収の目的，その強制の度合い等を総合考慮して判断すべきである

⑶国民健康保険は強制加入であり，保険料が強制徴収され賦課徴収の強制の度合いにおいても租税に類似する性質を有するものであるから，これについても憲法84条の趣旨が及ぶが，他方において，保険料の使途は国民健康保険事業に要する費用に限定されており，条例において賦課要件がどの程度明確に定められるべきかは，賦課徴収の強制の度合いのほか，社会保険としての国民健康保険の目的，特質等をも総合考慮して判断する必要がある。

⑷本件条例は，保険料率算定の基礎となる賦課総額の算定基準を明確に規定した上で，その算定に必要な費用及び収入の各見込額並びに予定収納率の推計に関する専門的及び技術的な細目にかかわる事項を，市長の合理的な選択に委ねたものであり，また，見込額等の推計については，国民健康保険事業特別会計の予算及び決算の審議を通じて議会による民主的統制が及ぶ。したがって，本件条例が，保険料率算定の基礎となる賦課総額の算定基準を定めた上で市長に対し，同基準に基づいて保険料率を決定し，決定した保険料率を告示の方式により公示することを委任したことは，憲法84条の趣旨に反するものでもない。

【付記】 なお，本判決には，滝井繁男裁判官の補足意見がある。 〔畑尻　剛〕

〔48〕 内閣総理大臣の靖國参拝事件

最判平18.6.23（判例集未登載），判時1940号122頁，判タ1218号183頁

【事実の概要】 内閣総理大臣Y_1は，公的または私的参拝であるかを曖昧にしたまま，平成13年8月13日に秘書官同行の下に公用車を用い，内閣総理大臣の肩書きで記帳をした上で靖國神社を参拝した。Xら（原告）は，同参拝が政教分離原則を規定した憲法20条3項に違反するものであり，「戦没者が靖國神社に祀られているとの観念を受け入れるか否かを含め，戦没者をどのように回顧し祭祀するか，しないかに関して自ら決定し，行う権利ないし利益」が害され，精神的苦痛を受けたとして，Y_1の靖國神社参拝の違憲確認，国賠法1条1項に基づく国Y_2に対する国家賠償請求，および不法行為に基づくY_1とY_3（靖國神社）に対する損害賠償等を求める訴えを提起した。第1審は，違憲確認等につき却下し，損害賠償については参拝を首相の「職務行為」と認定しつつも，宗教上の不快感が法律上保護された具体的権利ではないため，被侵害利益がないとして請求を棄却した。第2審は，個人の心情や宗教的感情は法益性を欠くために，被侵害利益がないとして，参拝の法的性格には言及せずに控訴を棄却した。

【上告人の主張】 Y_1の当該靖國参拝は憲法20条3項に違反するものであり，戦没者の回顧及び祭祀に関する精神的苦痛を与えたことはXにおける法的利益の侵害であり，これを賠償する責任を生ずる。

【判旨】 ①主文：本件上告を棄却する。

②理由：⑴「人が神社に参拝する行為自体は，他人の信仰生活等に対して圧迫，干渉を加えるような性質のものではないから，他人が特定の神社に参拝することによって，自己の心情ないし宗教上の感情が害されたとし，不快の念を抱いたとしても，これを被侵害利益として，直ちに損害賠償を求めることはできないと解するのが相当である。上告人らの主張する権利ないし利益も，上記のような心情ないし宗教上の感情と異なるものではないというべきである。このことは，内閣総理大臣の地位にある者が靖國神社を参拝した場合においても異なるものではないから，本件参拝によって上告人らに損害賠償の対象となり得るような法的利益の侵害があったとはいえない」。

⑵「したがって，上告人らの損害賠償請求は，その余の点について判断するまでもなく理由がないものとして棄却すべきである（なお，以上のことからすれば，本件参拝が違憲であることの確認を求める訴えに確認の利益がなく，これを却下すべきことも明らかである。）」。

【付記】 本判決には，滝井繁男裁判官の補足意見が付されている。これによれば，「例えば，緊密な生活を共に過ごした人への敬慕の念から，その人の意思を尊重したり，その人の霊をどのように祀るかについて各人の抱く感情などは法的に保護されるべき利益となり得るものであると考える。……このような宗教的感情は平均人の感受性によって認容を迫られるものではなく，国及びその機関の行為によってそれが侵害されたときには，その被害について損害賠償を請求し得るものと考える」。 〔福王　守〕

〔49〕 NHK記者の証言拒絶事件

最決平成18.10.3民集60巻8号2647頁

【事実の概要】 NHK等の報道機関は，Xらの関係する企業グループの日本における販売会社が，所得隠しをし，日本の国税当局から多額の追徴課税を受けたなどの報道をしたが，YはNHK記者としてその報道に関する取材活動をした。Xらは，アメリカ合衆国の国税担当職員が日本の国税庁の税務官に対してXらの税務情報を開示し，それを情報源として報道がされた結果，株価下落等による損害を蒙ったとして，合衆国を被告としてアリゾナ州地区連邦地方裁判所に対して損害賠償請求を提起した。その事件における開示の手続として，同連邦地方裁判所は，国際司法共助により，わが国の裁判所に対し，Yの証人尋問を実施することを嘱託した。そこでYに対する証人尋問が実施されたが，Yは取材源の特定に関する質問事項について，職業の秘密に当たることを理由に証言を拒絶した。第1審，第2審ともこれを認めたためXらが最高裁判所に抗告した。

【抗告人の主張】 Yの証言拒絶には理由がない。

【判旨】 ①主文：本件抗告を棄却する。

②理由：⑴民事訴訟法は，公正な民事裁判の実現を目的として，何人も証人として証言すべき義務を負う（同法190条）とし，一定の事由がある場合に限って例外的に証言を拒絶することができる旨を定めている（同法196条・197条）。そして，同法197条1項3項は「職業の秘密に関する事項について尋問を受ける場合」には，証人は証言を拒むことができると規定している。ここにいう「職業の秘密」とは，その事項が公開されると，当該職業に深刻な影響を与え，以後その遂行が困難になるものを言うと解される。もっともその場合でも，そのうち保護に値する秘密についてのみ証言拒絶が認められると解すべきである。そして保護に値する秘密かどうかは，秘密の公表によって生ずる不利益と証言の拒絶により犠牲になる真実発見及び裁判の公正との比較衡量により決せられるべきである。

⑵報道関係者の取材源は，一般に，それがみだりに開示されると，報道関係者と取材源となる者との間の信頼関係が損なわれ，将来にわたる自由で円滑な取材活動が妨げられることとなり，報道機関の業務に深刻な影響を与え以後その遂行が困難になると解されるので，取材源の秘密は職業の秘密に当たるというべきである。当該取材源の秘密が保護に値する秘密であるかどうかは，当該報道の内容，性質，そのもつ社会的な意義・価値，当該取材の態様，将来における同種の取材活動が妨げられることによって生ずる不利益の内容，程度等と，当該民事事件において当該証言を必要とする程度，代替証拠の有無等の諸事情を比較衡量して決すべきことになる。

⑶当該報道が公共の利益に関するものであって，その取材の手段，方法が一般の刑罰法令に触れるとか，取材源となった者が取材源の秘密の開示を承諾しているなどの事情がなく，しかも，当該民事事件が社会的意義や影響のある重大な民事事件であるため，当該取材源の秘密の社会的価値を考慮してもなお公正な裁判を実現すべき必要性が高く，そのために当該証言を得ることが必要不可欠であるといった事情が認められない場合には，当該取材源の秘密は保護に値すると解すべきであり，証人は，原則として，当該取材源にかかる証言を拒絶することができると解するのが相当である。

〔有澤知子〕

〔50〕 君が代ピアノ伴奏拒否事件

最判平成19．2．27民集61巻1号291頁

【事実の概要】 Xは市立小学校の音楽専科の教諭であり，平成11年4月6日の入学式において，校長から国家斉唱の際にピアノ伴奏を行うように言われたが，思想，信条上の理由からこれに応じなかった。その結果，Xは校長の職務命令に従わなかったことを理由に東京都教育委員会Yから戒告処分を受けた。Xは，この処分の取消を求めて提訴したが，第1審，第2審ともその訴えは斥けられた。そこでXは最高裁判所に上告した。

【上告人の主張】「君が代」は，過去の日本のアジア侵略と結びついており，これを公然と歌ったり，伴奏できない。子どもに「君が代」がアジア侵略で果たしてきた役割等の正確な歴史事実を教えず，子どもの思想及び良心の自由を実質的に保障する措置を取らないまま「君が代」を歌わせる人権侵害には加担できない。校長の職務命令は思想及び良心の自由を保障した憲法19条に違反する。当該戒告処分は違法であり，取消しを求める。

【判旨】 ①主文：本件上告を棄却する。

②理由：(1)Xの考えは「君が代」が過去のわが国において果たした役割にかかわる歴史観ないし世界観及びこれに由来する社会生活上の信念ということができる。しかしながら，学校の儀式的行事において「君が代」のピアノ伴奏を拒否することは，Xにとっては上記の歴史観ないし世界観に基づく一つの選択ではあろうが，一般的には，これと不可分に結びつくものということはできず，本件職務命令が直ちにXの有する歴史観ないし世界観それ自体を否定するものと認めることはできないというべきである。

(2)本件職務命令当時，公立小学校における入学式や卒業式において国歌斉唱として「君が代」が斉唱されることが広く行われていたことは周知の事実であり，客観的に見て，入学式の国歌斉唱の際に「君が代」のピアノ伴奏をするという行為自体は，音楽専科の教諭等にとって通常想定され期待されるものである。そして，上記伴奏を行う教諭等に特定の思想を持つことを強制したり，あるいはこれを禁止したりするものではなく，特定の思想の有無について告白することを強要することもなく，児童に対して一方的な思想や理念を教え込むことを強制するものと見ることもできない。

(3)憲法15条2項は「すべて公務員は全体の奉仕者」であると定めており，地方公務員も地方公共団体の住民全体の奉仕者としての地位を有するものである。学校教育法20条，学校教育施行規則25条に基づいて定められた小学校学習指導要領にも「入学式や卒業式などにおいては，その意義を踏まえ国旗を掲揚すると共に，国家を斉唱するよう指導するものとする」と定めている。本件職務命令は，同校で従来からピアノ伴奏で「君が代」の斉唱が行われたことに照らしても，その目的内容において不合理であるということはできない。

(4)以上の諸点に鑑みると，本件職務命令は，Xの思想及び良心の自由を侵すものとして憲法19条に反するとはいえないと解するのが相当である。 **〔有澤知子〕**

〔51〕 国籍法事件

最（大）判平成20.6.4民集62巻6号1367頁

【事実の概要】 法律上の婚姻関係にない日本国民である父と外国籍の母との間において国内で出生したXらが，父からの出生後認知を理由として国籍取得届を提出したが認められなかったので，日本国籍を有することの確認を求めた。東京高裁は，国籍法3条1項の準正の要件を定めた部分のみが憲法14条に違反無効であったとしても，そのことから，日本国籍を取得すると解することは，法解釈の名の下に，実質的に国籍取得の要件を創設するものだとして請求を棄却した。

【上告人の主張】 日本国民である父の非嫡出子と父母の婚姻により嫡出子たる身分を取得した者との間に日本国籍を取得するについての差別を生じさせている国籍法3条1項の一部分は違憲無効であり，Xらには同項のその余の規定に基づいて日本国籍が与えられる。

【判旨】 ①主文：原判決を破棄する。

②理由：(1)国籍法3条の立法目的は，日本国民である父が出生後に認知した子が，父母の婚姻により嫡出子たる身分を取得することで，日本国民である父との生活の一体化が生じ，我が国社会との密接な結び付きが生ずることから，日本国籍の取得を認めることにある。当時，父母両系血統主義を採用する国の多くは，自国民である父の子について準正のあった場合に限り自国籍の取得を認めた。

(2)しかし，我が国における社会的，経済的環境等の変化に伴い，今日では，出生数に占める非嫡出子の割合が増加するなど，家族生活や親子関係の実態も変化し多様化している。また，我が国の国際化の進展に伴い国際的交流が増大し，日本国民である父と外国籍の母との間に出生する子が増加している。そのような場合，日本国民である父が外国人の母と法律上の婚姻をしたことをもって，子に日本国籍を与えるに足りる我が国との密接な結び付きがあるとすることは家族生活等の実態に適合しない。

(3)日本国籍の取得が，我が国において基本的人権の保障等を受ける上で重大な意味を持つものであるから，このような差別的取扱いによって子の被る不利益は見過ごせないのであり，このような差別的取扱いにつき立法目的との間に合理的関連性はない。

(4)日本国民である父と日本国民でない母との間に出生し，父から出生後に認知されたにとどまる子についても，父母の婚姻により嫡出子たる身分を取得したという部分を除いた国籍法3条1項所定の要件が満たされるときは，同項に基づいて日本国籍を取得することが認められる。

(5)以上のような多数意見に対し，国籍法が，出生後に認知を受けた子の国籍取得について，準正子に届出による取得を認め，非準正子は帰化によることとしていることは，立法政策の選択の範囲にとどまり，憲法14条1項に違反するものではない。また，多数意見によれば，創設的権利・利益付与規定について，条文の規定や法律の性質，体系のいかんにかかわらず，また，立法の趣旨，目的を超えて，裁判において，法律が対象としていない者に，広く権利，利益を付与することが可能となり，法律にない新たな国籍取得の要件を創設することになり，実質的に司法による立法に等しいとの反対意見がある。

〔山本悦夫〕

〔52〕 空知太神社事件

最（大）判平成22．1.20民集64巻1号1頁

【事実の概要】 砂川市が所有する土地に，地域の集会場等である空知太会館が建てられている。この会館の一角には空知太神社の祠が設置され，建物の外壁には「神社」との表示が設けられ，同土地上には鳥居と地神宮が設置されている。この会館及び神社物件の所有者は町内会であり，市は町内会に対し，土地を無償提供している。空知太神社は宗教法人ではなく，神社付近の住民らで構成される氏子集団によって管理運営がされており，そこでは他神社から宮司の派遣などを受けたうえで，初詣，春祭り，秋祭りという年3回の祭事が行われている。

これに対し砂川市の住民は，①市有地を神社施設の敷地として無償で使用させていることは，憲法の定める政教分離原則に違反する行為である，②違憲状態を解消するために敷地の使用貸借契約を解除し同施設の撤去及び土地明渡しを請求しないことが，違法に財産の管理を怠るものであるとして，地方自治法242条の2第1項3号に基づく財産管理を怠る事実の違法確認請求をした。原審が住民側の主張を受け入れたのに対し，市長が上告した。

【上告人の主張】 本件神社物件の宗教性は希薄であり，本件利用提供行為は政教分離原則を定めた憲法の規定に違反するものではない。

【判旨】 ①主文：破棄差戻し

②理由：(1)憲法89条は，公の財産の利用提供等における宗教とのかかわり合いが，我が国の社会的，文化的諸条件に照らし，信教の自由の保障の確保という制度の根本目的との関係で相当とされる限度を超えるものと認められる場合に，これを許さないとするものである。国公有地が宗教的施設の敷地として無償提供されている状態が憲法89条に違反するか否かを判断するに当たっては，当該宗教的施設の性格，当該土地が無償で当該施設の敷地としての用に供されるに至った経緯，当該無償提供の態様，これらに対する一般人の評価等，諸般の事情を考慮し，社会通念に照らして総合的に判断すべきものと解するのが相当である。

(2)本件会館の神社物件は，一体として神道の神社施設に当たるものと見るほかはない。また本件神社において行われている諸行事は，地域の伝統的行事として親睦などの意義を有するとしても，神道の方式にのっとって行われているその態様にかんがみると，宗教的行事として行われているといえる。

氏子集団は町内会とは別に社会的実在であり，宗教的行事等を行うことを主たる目的としている宗教団体であって，寄附を集めて本件神社の祭事を行っており，憲法89条の「宗教上の組織若しくは団体」に当たる。氏子集団は，祭事に伴う建物使用の対価を町内会に支払う以外は，神社物件の設置に通常必要とされる対価を何ら支払わず，その設置に伴う便益を享受している。無償提供は，その直接の効果として，氏子集団が神社を利用した宗教的活動を行うことを容易にしている。

市による本件無償提供は，一般人の目から見て，市が特定の宗教に対して特別の便益を提供し，これを援助していると評価されてもやむを得ないものである。無償提供は，もともとは小学校敷地の拡張に協力した用地提供者に報いるという世俗的，公共的な目的から

始まったもので，本件神社を特別に保護，援助するという目的によるものではなかったことが認められるものの，明らかな宗教的施設といわざるを得ない本件神社物件の性格，これに対し長期間にわたり継続的に便益を提供し続けていることなどの本件無償提供の具体的態様等にかんがみると，当初の動機，目的は上記評価を左右するものではない。

以上の事情を考慮し，社会通念に照らして総合的に判断すると，無償提供は，市と神社ないし神道とのかかわり合いが，我が国の社会的，文化的諸条件に照らし，信教の自由の保障の確保という制度の根本目的との関係で相当とされる限度を超えるものとして，憲法89条の禁止する公の財産の利用提供に当たり，ひいては憲法20条１項後段の禁止する宗教団体に対する特権の付与にも該当する。

⑶違憲状態の解消には，神社施設を撤去し土地を明け渡す以外にも，市有地の全部又は一部を譲与し，有償で譲渡し，又は適正な時価で貸し付ける等の適切な手段があり得る。市長には，相当と認められる方法を選択する裁量権があり，他に選択することのできる合理的で現実的な手段が存在する場合には，市長が神社物件の撤去及び土地明渡請求という手段を講じていないことは財産管理上直ちに違法とはいえない。原審では，当事者は本件無償提供の違憲性を解消するための他の手段が存在するか否かに関する主張をしておらず，原審も当事者に対してそのような手段の有無に関し釈明権を行使した形跡はうかがわれない。これには，怠る事実の適否に関する審理を尽くさなかった結果，法令の解釈適用を誤ったか，釈明権の行使を怠った違法がある。

〔土屋　武〕

〔53〕 一人別枠方式の違憲性

最（大）判平成23．3．23民集65巻2号755頁

【事実の概要】 2009（平成21）年8月30日施行の衆議院議員総選挙について，本件選挙当日における小選挙区間の選挙人数の最大較差は2.304倍に達し，較差が2倍以上となっている選挙区は45選挙区であった。これに対して，東京都内複数の選挙区の選挙人が選挙無効を求め，公職選挙法の選挙訴訟を提起した。

【上告人の主張】 衆議院小選挙区選出議員の選挙の選挙区割りは憲法に違反し無効であるから，これに基づき施行された本件選挙の各選挙区における選挙も無効である（上告人は同時に選挙運動に関する公職選挙法等の規定は憲法に違反し無効であるという主張もしているが，これについては割愛する）。

【判旨】 ①主文：上告を棄却する。

②理由：(1)憲法が要求する投票価値の平等は，選挙制度の仕組みを決定する絶対の基準ではなく，国会が正当に考慮することのできる他の政策的目的ないし理由との関連において調和的に実現されるべきものであり，国会が具体的に定めたところがその裁量権の行使として合理性を有するものである限り，それによって投票価値の平等が一定の限度で譲歩を求められることになってもやむを得ない。そして，憲法は，衆議院議員選挙について全国を多数の選挙区に分けて実施する制度が採用される場合には，定数配分及び選挙区割りを決定するについて，議員1人当たりの選挙人数又は人口ができる限り平等に保たれることを最も重要かつ基本的な基準とすることを求めているが，それ以外の要素も合理性を有する限り国会において考慮することを許容している。

衆議院議員の選挙制度においては，都道府県を定数配分の第一次的な基盤とし，具体的な選挙区は，これを細分化した市町村等が想定され，地域の面積，人口密度，住民構成，交通事情，地理的状況などの諸要素が考慮されるものと考えられ，国会において，人口の変動する中で，これらの諸要素を考慮しつつ，国政遂行のための民意の的確な反映を実現するとともに，投票価値の平等を確保するという要請との調和を図ることが求められる。したがって，このような選挙制度の合憲性は，これらの諸事情を総合的に考慮した上でなお，国会に与えられた裁量権の行使として合理性を有するか否かによって判断される。

(2)区画審設置法は各選挙区における人口較差が2倍以上にならないことを基本としながら，各都道府県にあらかじめ1議席（定数）を配分した上で，残りの議席（定数）を人口比例によって各都道府県に配分する方式を採用している。このいわゆる一人別枠方式は新しい選挙制度を導入するに当たり，直ちに人口比例のみに基づいて各都道府県への定数の配分を行った場合には，人口の少ない県における定数が急激かつ大幅に削減されることになるため，国政における安定性，連続性の確保を図る必要があると考えられたうえで採られた方策であると解される。したがってこの方式にはその合理性に時間的な限界があり，新しい選挙制度が定着し，安定した運用がされるようになった段階においては，その合理性は失われるものというほかはない。

(3)本件選挙時（2009年）においては，本件選挙制度導入後の最初の総選挙が平成8年（1996年）に実施されてから既に10年以上を経過しており，本件選挙制度は定着し，安定した運用がされるようになっていたと評価することができるのであって，もはや一人別枠

方式の合理性は失われていたものというべきである。加えて，この一人別枠方式が本件のような選挙区間の投票価値の較差を生じさせる主要な要因となっていたのであって，その不合理性が投票価値の較差としても現れてきていたものである。そうすると，本件区割基準のうち一人別枠方式に係る部分は，遅くとも本件選挙時においては，その立法時の合理性が失われたにもかかわらず，投票価値の平等と相容れない作用を及ぼすものとして，それ自体，憲法の投票価値の平等の要求に反する状態に至っていた。そして，本件選挙区割りについては，本件選挙時において上記の状態にあった一人別枠方式を含む本件区割基準に基づいて定められたものである以上，これもまた，本件選挙時において，憲法の投票価値の平等の要求に反する状態に至っていた。

しかし，本件区割基準規定及び本件区割規定はいずれも，憲法上要求される合理的期間内における是正がされなかったとはいえず，憲法14条１項等の憲法の規定に違反するものということはできない。事柄の性質上必要とされる是正のための合理的期間内に，できるだけ速やかに本件区割基準中の一人別枠方式を廃止し，本件区割規定を改正するなど，投票価値の平等の要請にかなう立法的措置を講ずる必要がある。

〔畑尻　剛〕

〔54〕 堀越事件

最判平成24.12.7刑集66巻12号1337頁

【事実の概要】 Xは，社会保険事務所に年金審査官として勤務する厚生労働事務官である。国民年金業務課で，相談室付係長として相談業務を担当しており，コンピューターからの情報に基づき，回答・手続を促す作業を専ら行っていた。

2003年の衆議院議員総選挙に際し，Xは，日本共産党を支持する目的をもって，しんぶん赤旗その他・東京民報を土日・祝日の休日に配布した。これが国公法110条1項19号，人事院規則14―7第6項7号，13号（5項3号）に当たるとして起訴された。

第1審は有罪，第2審が無罪で国が上告。

【上告人の主張】 国公法110条1項19号等は合憲であり，Xの行為は国公法102条1項の「政治的行為」に該当する。

【判旨】 ①主文：上告棄却（無罪）。

②理由：(1)国公法102条1項は，公務員の職務の遂行の政治的中立性を保持することによって行政の中立的運営を確保し，これに対する国民の信頼を維持することを目的とする。他方，政治活動の自由という精神的自由は立憲民主政の政治過程にとって不可欠の基本的人権であって，民主主義社会を基礎付ける重要な権利である。そのため，公務員に対する政治的行為の禁止は，国民としての政治活動の自由に対する必要やむを得ない限度にその範囲が画されるべきものである。

規定の文言，趣旨，目的や政治活動の自由の重要性に加え，規定が刑罰法規の構成要件になることを考慮すると，国公法102条1項の「政治的行為」とは，公務員の職務の遂行の政治的中立性を損なうおそれが，観念的なものにとどまらず，現実的に起こり得るものとして実質的に認められるものを指し，同項はそのような行為の類型の具体的な定めを人事院規則に委任したものである。

公務員の職務の遂行の政治的中立性を損なうおそれが実質的に認められるかどうかは，当該公務員の地位，その職務の内容や権限等，当該公務員がした行為の性質，態様，目的，内容等の諸般の事情を総合して判断するのが相当である。具体的には，当該公務員につき，指揮命令や指導監督等を通じて他の職員の職務の遂行に一定の影響を及ぼし得る地位（管理職的地位）の有無，職務の内容や権限における裁量の有無，当該行為につき，勤務時間の内外，国ないし職場の施設の利用の有無，公務員の地位の利用の有無，公務員により組織される団体の活動としての性格の有無，公務員による行為と直接認識され得る態様の有無，行政の中立的運営と直接相反する目的や内容の有無等が考慮の対象となるものと解される。

(2)国公法110条1項19号の合憲性については，同号による政治的行為に対する規制が必要かつ合理的なものとして是認されるかどうかによることになるが，これは，目的のために規制が必要とされる程度と，規制される自由の内容及び性質，具体的な規制の態様及び程度等を較量して決せられるべきものである。

規制目的は，議会制民主主義に基づく統治機構の仕組みを定める憲法の要請にかなう国民全体の重要な利益であり，目的は合理的であり正当なものといえる。禁止の対象は，政治活動の自由ではあるが，公務員の職務の遂行の政治的中立性を損なうおそれが実質的に認められる政治的行為に限られており，その制限は必要やむを得ない限度にとどまり，前記の目的を達成するために必要かつ合理的な範囲のものである。そして，上記の解釈の下における本件罰則規定は，不明確なものとも，過度に広汎な規制であるともいえない。そのため，国公法110条１項19号は合憲である。

(3)一連の配布行為が，人事院規則14－７第６項７号，13号（５項３号）が定める行為類型に文言上該当する行為であることは明らかである。もっとも，本件配布行為は，管理職的地位になく，その職務の内容や権限に裁量の余地のない公務員によって，職務と全く無関係に，公務員により組織される団体の活動としての性格もなく行われたものであり，公務員による行為と認識し得る態様で行われたものでもないから，公務員の職務の遂行の政治的中立性を損なうおそれが実質的に認められるものとはいえない。本件配布行為は本件罰則規定の構成要件に該当しない。

猿払事件の場合は，労働組合協議会の構成員である職員団体の活動の一環として行われ，公務員により組織される団体の活動としての性格を有したものである。勤務時間外の行為であっても，その行為の態様から見て当該地区において公務員が特定の政党の候補者を国政選挙において積極的に支援する行為であることが一般人に容易に認識されうるようなものであった。それゆえ，他の事情を考慮しても，公務員の職務遂行の政治的中立性を損なうおそれが実質的に認められるものであった。この点で本件とは事案を異にする。

〔土屋　武〕

〔55〕 婚外子の法定相続分差別規定違憲訴訟(2)

最大決平成25.9.4民集67巻6号1320頁

【事実の概要】 平成13年7月に死亡したAの遺産につき，Aの婚内子が婚外子Xに対し，遺産の分割の審判を申し立てた。東京家庭裁判所と東京高等裁判所はともに民法900条4号ただし書を適用してAの遺産の分割をすべきものとした（東京家審平24.3.26：東京高決平24.6.22）。これに対して，Xらが当該規定の違憲性等を主張して最高裁判所に特別抗告した。

【抗告人の主張】 民法900条4号ただし書が婚外子の法定相続分を婚内子の2分の1としていることは，憲法14条1項の法の下の平等に違反し無効である。

【判旨】 ①主文：原決定を破棄し，本件を東京高裁に差し戻す。

②理由：(1)一国の相続制度をどのように定めるかは，その国の婚姻・親子関係に関する伝統，社会事情，国民感情などを総合的に考慮することが必要であり，それは立法府の合理的な裁量判断に委ねられている。本件の問題は，相続制度全体のうち，法定相続分に関する区別が，憲法14条1項の禁止する合理的理由のない差別的取扱いに当たるか否かである。

たしかに平成7年7月5日大法廷決定〔39〕は，本件規定を合憲とした。しかし，法律婚主義の下においても，婚内子と婚外子の法定相続分をどのように定めるかについては，上記の「事柄を総合的に考慮して決せられるべきものであり，また，これらの事柄は時代と共に変遷するものでもあるから，その定めの合理性については，個人の尊厳と法の下の平等を定める憲法に照らして不断に検討され，吟味されなければならない」。

(2)(a)1947（昭和22）年法改正当時の国民感情・諸外国の事情などの状況とその後の婚姻・家族制度の形態の著しい多様化と国民の意識の多様化，(b)諸外国の状況の変化と現在の国際的状況，(c)わが国が批准した国際人権条約の内容とこれに基づき設置された委員会からの平等化の要請，(d)婚外子をめぐる法制度の変化（特に，国籍法3条に関する平成20年大法廷違憲判決とこれに伴う法改正），(e)法定相続分に関する法改正の試み，(f)婚外子の数・割合，(g)従来の判例の反対意見・補足意見等における度重なる問題の指摘，(h)補足意見における違憲警告判決の趣旨等が検討されなければならない。たしかにこれらはその中のいずれか一つだけでは本件規定による区別を不合理とすべき決定的な理由とはならない。しかしこれらを「総合的に考察すれば，家族という共同体の中における個人の尊重がより明確に認識されてきたことは明らかであるといえる。そして，法律婚という制度自体は我が国に定着しているとしても，上記のような認識の変化に伴い，本件規定の下で父母が婚姻関係になかったという子にとっては自ら選択ないし修正する余地のない事柄を理由として，その子に不利益を及ぼすことは許されず，子を個人として尊重し，その権利を保障すべきであるという考えが確立されてきている」。したがって，遅くともAの相続が開始した平成13年7月当時においては，立法府の裁量権を考慮しても，婚内子と婚外子の法定相続分を区別する合理的な根拠は失われていたがゆえに，本件規定はその時点で憲法14条1項に違反していた。

(3)本件規定は，国民生活や身分関係の基本法である民法の一部を構成し，また平成13年7月から既に約12年もの期間が経過している。これを考えると，本決定の違憲判断が，先例としての事実上の拘束性という形で既に行われた遺産の分割等の効力にも影響し，いわば解決済みの事案にも効果が及ぶとすることは，法に内在する普遍的な要請である法的安定性を著しく害することになる。「したがって，本決定の違憲判断は，Aの相続の開始時から本決定までの間に開始された他の相続につき，本件規定を前提としてされた遺産の分割の審判その他の裁判，遺産の分割の協議その他の合意等により確定的なものとなった法律関係に影響を及ぼすものではないと解するのが相当である」。

〔畑尻　剛〕

判例索引

〔 〕内の番号は付録－判例セレクト55に掲載のものです。

大審院判例

最高裁判所判例

高等裁判所判例

地方裁判所判例

簡易裁判所判例

事項索引

サ　行

タ　行

マ　行

ヤ　行

ラ　行

ワ　行

著者紹介（執筆順）

古野豊秋　第１章　日本比較法研究所嘱託研究員，博士（法学）中央大学

飯田　稔　第２章　亜細亜大学法学部教授

森　保憲　第３章　桐蔭横浜大学法学部教授

奥山亜喜子　第４章　女子美術大学芸術学部教授

嶋崎健太郎　第５章　青山学院大学大学院法務研究科教授

山本悦夫　第６章・第14章　名古屋学院大学法学部教授

有澤知子　第７章　大阪学院大学法学部教授

武市周作　第８章　東洋大学法学部准教授

工藤達朗　第９章　中央大学法科大学院教授

根森　健　第10章・第18章　神奈川大学法科大学院特任教授

川又伸彦　第11章　埼玉大学大学院人文社会科学研究科教授

土屋　武　第12章　新潟大学法学部准教授

小野寺邦広　第13章　元・大妻女子大学非常勤講師

石村　修　第15章　専修大学法科大学院教授

畑尻　剛　第16章　中央大学法学部教授

光田督良　第17章　駒沢女子大学人文学部教授

斎藤　孝　第19章　岐阜聖徳学園大学教育学部教授

中野雅紀　第20章　茨城大学教育学部准教授

福王　守　第21章　駒沢女子大学人文学部教授

新・スタンダード憲法〔第４版補訂版〕

2003年４月10日　初版第１刷発行
2005年４月10日　補訂版第１刷発行
2008年１月25日　改訂版第１刷発行
2010年４月１日　第３版第１刷発行
2013年４月10日　第４版第１刷発行
2016年５月１日　第４版補訂版第１刷発行
2021年３月30日　第４版補訂版第５刷発行

編者©　古野豊秋
　　　　畑尻　剛
発行者　吉田俊吾
発行所　尚学社
〒113-0033 東京都文京区本郷1-25-7
TEL(03)3818-8784 FAX(03)3818-9737
ISBN978-4-86031-125-4 C1032

印刷・太平印刷社／製本・松島製本